U0896073

中国水利教育协会 编

探索与研究

水利职工教育理论研究优秀作品选集

长江出版社

图书在版编目(CIP)数据

探索与研究：水利职工教育理论研究优秀作品选集/中国水利教育协会编.—武汉：长江出版社，2018.9

ISBN 978-7-5492-6040-9

Ⅰ.①探… Ⅱ.①中… Ⅲ.①水利系统—职工教育—文集 Ⅳ.①G726-53

中国版本图书馆CIP数据核字(2018)第219923号

探索与研究：水利职工教育理论研究优秀作品选集　　中国水利教育协会 编

责任编辑：贾茜

装帧设计：蔡丹

出版发行：长江出版社

地　　址：武汉市解放大道1863号　　邮　　编：430010

网　　址：http://www.cjpress.com.cn

电　　话：(027)82926557(总编室)

(027)82926806(市场营销部)

经　　销：各地新华书店

印　　刷：武汉科源印刷设计有限公司

规　　格：787mm×1092mm　　1/16　　28.75印张　　560千字

版　　次：2018年9月第1版　　2018年9月第1次印刷

ISBN 978-7-5492-6040-9

定　　价：48.00元

编 委 会

前　言

党的十八大以来,在以习近平总书记为核心的党中央坚强领导下,我国水利事业取得长足进步,为推动经济社会发展取得历史性成就作出了重要贡献。在此期间,党中央把人才工作摆在更加突出的位置,对教育工作和人才队伍建设出台了一系列新的方针政策,采取有力措施加以推进,水利人才队伍建设在创新发展实践中硕果累累,水利人事人才工作对水利改革的支撑保障作用得以提升。

中国水利教育协会职工教育分会(以下简称分会)自成立以来高举实践创新和理论研究的旗帜,以实现水利人才队伍建设总体目标,培养和造就一支具有“献身、负责、求实”的水利行业精神,数量充足、布局合理、结构优化、富有活力、勇于创新的水利人才队伍为立足点,不断推动水利职工教育和人事理论研究工作向纵深推进。全国水利职工教育理论研究工作在水利部人事司和中国水利教育协会的正确指导下,在会员单位的大力支持下,在广大职工教育工作者的辛勤耕耘下,涌现出了一批紧密联系实际、深入观察思考、认真总结经验、勇于创新探索的优秀研究成果。为更好总结党的十八大以来水利人事人才工作的新成果、新经验、新思路,搭建水利人事工作者互相学习交流的平台,促进提高理论研究水平,分会决定编辑出版水利职工教育优秀理论研究成果选集。此次重点选取了2012-2015年两届评选活动中的一、二等奖成果和2016年获得中国职协一等奖的成果。

这些研究成果有着共同的特点:紧密联系水利教育培训和人事改革工作实际,紧扣工作热点问题,不断出谋献策,推陈出新。研究成果体裁多样,既有重大课题、调查报告,又有论文、典型案例分析,还有专著、教材。研究工作参与面广,既有水利部直属单位、流域机构,也有地方省厅局、企事业单位,还有水利院校和科研院所。这些成果选题“接地气”,论据既有共性、也有特性,论述体现现代特征,成果具有推广价值和借鉴意义。因限于篇幅,编者将课题和研究报告进行了节选或压缩,适当减少了论文中的图表。希望此文集有助读者拓展思路,继续做好今后的水利职工教育培训和人事人才工作研究。

党的十九大对水利工作做出新的战略部署，把坚持人与自然和谐共生列入新时代坚持和发展中国特色社会主义的基本方略，把水利摆在九大基础设施建设之首。新时代,新征程。面临新的挑战,我们要深刻领会习近平总书记提出的“发展是第一要务,人才是第一资源,创新是第一动力”“强起来要靠创新,创新要靠人才”的新观念和新要求。用工作创新来培养创新人才,以提高水利职工职业操守、职业技能、职业创新为己任,继续发扬“实践——认识——再实践——再认识”的理论研究好作风,紧密围绕新一轮水利改革的重点、难点、热点,深入落实《全国水利人才队伍建设“十三五”规划》,积极探索研究水利人才队伍建设的新经验、新方法、新理论,以建设新时代水利人才为目标,不断创新人才队伍建设政策举措和实践举措，为水利改革发展提供强有力的人才保障和智力支持。

编委会

2018 年 6 月

CONTENTS

目 录

2012—2013 一等奖

2012—2013 二等奖

2014—2015 一等奖

2014—2015 二等奖

2016年中国职协一等奖

2012—2013 一等奖

干部培训需求及培训模式研究①

——人才中心2013年调研及工作研究报告(节选)

郭唐义　陈　伟　王郁夫

为贯彻落实党的十八大关于“加强和改进干部教育培训,提高干部素质和能力”等精神,建设高素质干部队伍,推进长江委事业科学发展。2013年,人才中心组成课题组,就长江委干部培训需求进行专题调研,对近年创新干部培训工作实践进行总结,结合中央关于改进干部教育培训系列指示精神,在综合分析的基础上,力求探索形成更高效、更符合时代要求的干部培训模式,促进长江委干部培训工作科学发展。

一、进一步创新水利干部培训模式的思考

改革创新是干部培训工作永葆生机和活力的源泉。结合2013年9月中共中央颁发的《2013—2017年全国干部教育培训规划》精神,在具体的工作实践中,应以观念创新为先导,以深化改革为动力,通过更新培训理念,创新和完善培训内容,丰富和改进方式方法,创新和健全管理、考核、评估办法制度等,形成更具吸引力感染力和针对性实效性的培训模式,有效提升干部培训工作质量,将干部培训工作与时俱进。

(一)更新理念,把准培训方向要求

干部培训理念是干部培训工作组织实施的出发点,决定着干部培训的方向和成效。一要树立以人为本的理念。在干部培训中坚持以人为本,就是要遵循干部的成长规律,关注干部的学习需求,激发干部的学习活力,促进干部积极主动地参与教育培训活动。按需施教是以人为本的具体体现。二要树立全面发展的理念。人的全面发展,是时代的需要,是社会进步的标志。干部培训必须顺应这一要求,与时俱进,不断创新培训内容、拓宽培训领域,全面提高干部素质;要更加注重能力建设,将能力的培养与提高贯穿干部培训的各环节、全过程。三要树立质效优先的理念。质效问题是干部培训的一项核心问题, 干部培训要以提高质量为主线,把改革创新贯穿于培训的各环节各方面,通过精选内容,优化方法,严格管理等举措,实

① “干部”主要是指长江委处级及以上党政领导干部,其他如专业技术干部等本文未涉及。本文为2013年长江委重要调研及工作研究成果,刊用时节选部分章节。

现数量与质量、规模与效益的有机统一。

(二)精选课程,科学设置内容体系

干部培训,理论武装是根本,知识更新是基础,党性教育是关键,能力提升是主线。围绕以上要求,经过多年探索实践,长江委干部理论进修形成了比较稳定的教学模块。主要有:①马克思主义基本理论与中国特色社会主义理论体系;②领导科学与公共管理;③市场经济与单位改革发展;④党的建设;⑤委情动态和流域管理;⑥廉政教育;⑦领导素质与心理健康等。结合组织、岗位与干部个体三者需要,在干部培训的内容需求调研上,我们设计了六个大的方向。数据表明,长江委干部对提升"综合素质与能力"、"业务知识与技能"的愿望尤为迫切,分别占比 71%与 64%,位列培训内容需求的第一位与第二位。鉴于此,我们认为在今后的培训中,应进一步加大对干部进行诸如国情与形势、政策与法规、水利业务知识、文化科学素养和领导技能等方面的内容培训比重,用多元化的内容体系去丰富完善领导干部的素质结构和提升领导能力。为此,在内容板块和课程设置上,一是注重突出基础理论教育。通过培训,深化干部对共产党执政规律、社会主义建设规律、人类社会发展规律的认识,提高干部运用马克思主义的立场观点方法,认识分析和解决现实问题的能力。突出抓好中国特色社会主义理论体系学习培训,引导干部深刻领会中国特色社会主义的科学内涵和科学发展观的精神实质,准确把握其基本要求与根本方法,进一步提高辩证思维、战略思维和创新思维能力,推动治江事业科学发展。二是加强对国情及国内外政治经济形势教育。培养世界眼光,增强干部分析研判、统筹全局、科学决策和驾驭复杂问题的能力。三是注重突出治江改革发展教育。帮助干部深化理解长江水利发展战略及重点工作,增强生态文明、资源节约、环境保护理念,提高干部水利业务工作及推进美丽中国建设的本领。四是注重突出党性党风党纪及党史国史教育。帮助干部提高政治素质,自觉在思想工作作风上与党中央保持一致。进一步纯洁党性改进作风,坚持为民务实清正廉洁,确保自身健康成长。五是注重突出领导科学和管理知识教育。提高干部沟通协调、化解矛盾、促进和谐、推动发展的本领。六是适当增加新知识的学习。开设诸如系统思维与创新能力、如何与媒体打交道等课程,帮助干部适应新形势,掌握新技能,提升解决新问题的能力。七是适当增加传统文化的学习。将增强干部科学文化素养的课程纳入教材与课程体系之中,帮助干部提升道德境界,丰厚人文底蕴,增强精神力量。开展既全面统筹又重点突出,既特色鲜明又有机联系的教育培训课程内容体系,促进干部树立正确的理想信念、掌握过硬的业务本领,坚持优良的思想作风。

(三)优化方法,高效组合方式载体

长江委干部培训在师资构成上,教授及专家、领导并重。在方式上,组织调训与自主选学相结合。在方法上,将成熟的传统与现代先进方法相融合。既有自学思考与专题讲授、分组讨论与大会交流、调查实践与撰写论文等传统的教学方法,又同时吸收体验式、现场式教学的现代方法，丰富教学的形式。但同时，传统的课堂讲授式依然占有很大比重，理论性学术性的知识内容依然偏多，一定程度上影响了受训者学习的积极性与主体作用的发挥。调研表明，在师资的选聘上，专家型领导和业务专家更受长江委干部欢迎。这说明，学员对课程的实践性、培训的针对性要求更高。为此，一方面要外聘一批理论功底深厚、教学经验丰富的专家教授，另一方面更要尽可能聘请有着丰富实践经验的专家型领导干部、专业学者甚至学员中的领导干部加盟。结合干部在师资和方式方法上的新要求，在培训中应重点要强化三个方面：一是继续坚持长江委及委属职能部门领导上讲台制度。以加强对党风廉政建设、党建工作方法的科学指导，以及长江委治江发展战略的宏观解析。实践表明，贴近长江委干部思想工作实际的专题报告，实效性针对性强，深受学员欢迎。二是继续丰富"学员论坛"。搭建学员交流经验、展示工作才华的舞台，进一步丰富水利专业课程内容和发挥学员主体作用。三是进一步整合优质教学资源。充分利用湖北省委党校，各省级党校或行政学院，中国高级公务员培训中心，中国延安、井冈山、浦东干部学院等名校的课程、师资、教材资源，组合运用专题讲授、情景教学、现场体验等多种学习形式，对干部进行理论武装与党的历史及优良传统作风教育、现代化建设和改革开放的成就经验主题学习，满足干部在战略思维、观念理念更新上的目标需求，帮助干部进一步夯实理论根基、增强党性修养、提升造福人民推动事业发展的使命感责任感。

当前和今后一个时期，是水利改革发展与建设水生态文明重要的战略机遇期，也是涉水问题与矛盾纠纷进一步凸显的改革攻坚期。长江委的干部培训工作应主动适应新时期水利发展的新特点，以增强干部适应新形势解决新问题的素质能力为重点，不断创新方式、改进方法，提升教学质量。

1. 改进讲授式教学

传统课堂讲授的优势是知识系统、信息量大，但是易于形成教师单边灌输局面。应改革课堂结构，采用"2+1"教学模式，联系学员实际增加设问、答疑等互动环节，营造活跃的教学环境，提高教学针对性与学员参与程度。

2. 推进案例式、研究式教学

长江委干部普遍具有较为丰富的实际工作经验或领导工作经历，他们对实际工作生活中出现的问题更加关注，对学习的方式方法更有多样化的需求。为此，应更加注重案例式的分析，增加案例教学比重，设计以问题为导向，以鲜活的事例为论证，以能力建设为核心的学习过程，把学习变为一个在教师主导作用下的启发思考、探究讨论，学员主体作用高度发挥的双向交流的互动过程，增强教学吸引力感染力。当前，全球性的水资源、水污染问题日趋突出，水事纠纷作为一种不可避免的国际或国内社会矛盾，对经济社会的发展与稳定构成潜在的威胁，涉水性的群体事件时有发生。在培训中，可以收集引入典型的社会焦点热点案例，或者是典型的水事纠纷案例，让学员对现状问题、解决问题的途径方法进行理性思考，通过讨论交流，得出正确的思路和化解矛盾的技巧。从中，学员的潜能得到开发，思路不断开阔，并可为今后处置同类复杂事件和依法行政提供思想启示和经验借鉴。

3. 组织实训模拟

如何应对与处置公共危机或突发事件、媒体事件等，已成为衡量领导干部综合素质的一个重要方面。有效应对重大涉水突发事件及自然灾害，保障流域人民生命财产安全，是长江委领导干部的使命与责任。在培训策划和实施过程中，合理设计实训课程，科学组织学员演练，为干部能力提高提供实训平台，有效检验并综合培养干部应急反应、科学决策、统筹资源、组织协调、应对媒体等能力，是解决干部培训理论知识与实际工作脱节，提升干部综合素质能力的有效途径。

4. 适当增加实地考察教学比重

长江委干部对实地调研考察的学习方式意愿很强烈，说明近年来我们在干部培训的课程中对此种载体的选用不突出。今后要继续坚持选择有代表性的历史现场、水利实践成果原模型、我国改革开放的前沿地区和先进典型、示范区等，组织学员实地考察，促进学员感性认识与理论认识的融合。

5. 强化教学实践环节

适当安排形象设计、政务礼仪、演讲口才等方面实践和练习，使干部学会修饰，正确掌握社交礼仪，提升演讲能力，增强人格魅力。

6. 开展自我教育

发扬理论联系实际优良学风，引导学员带着思想及工作的实际问题参加学习，自觉加强主观世界改造，不断增强自我净化、自我革新、自我完善、自我提高的能力。

（四）严格管理，建设优良班风学风

严格管理是提高培训质量的保障。一是要严格执行委党组制定的《关于干部理论学习考核暂行办法》，严格培训证书学时登记制度，促进干部所在单位和干部本人对培训学习的重视，确保其参训率和出勤率；二是完善《干部理论培训班管理办法》和《学员守则》，将学员日常行为规范与中央关于加强干部教育培训管理的最新要求紧密结合，实现干部培训管理工作的与时俱进；三是强化干部培训主管部门派专人到班指导、班主任跟班负责日常管理、班委会负责班级自我管理的保障体系，实现干部培训管理工作的科学化和制度化，促进良好学风形成与培训质量有效提升。

（五）科学评估，持续提升培训质量

总结成绩经验，查找问题不足，改进工作，是保障培训质量永续提高的重要环节。一是坚持组织学员对包含培训项目、课程设置、师资水平、教学管理、后勤保障服务在内的培训质量的综合评估。二是对学员个体包含入学测试、全程考勤、学习笔记、交流发言、毕业考试、结业论文等在内的学习效果的评估。三是创新途径，建议建立跟踪问效机制，对培训内容转化为干部工作能力的情况跟踪评估，根据问效情况调整内容和方法，改进提高培训质量。

（六）完善考核，有效激发动力源泉

调研及统计表明，领导的重视程度与培训结果的运用是影响长江委干部培训工作开展的两大因素。近五年领导干部脱产培训学时的达标率为33%，不足12天的占比42%。鉴于此，建议：一是将干部教育培训参训率和达标率纳入部门、单位的年度绩效考核；二是在长江委的信息化体系建设时，设计建立长江委干部培训档案信息管理系统，将干部的培训情况、学习成绩、综合鉴定，作为组织人事部门对干部进行考核的重要依据。三是开展述学、评学、考学活动，将理论素养、学习能力作为选拔任用领导干部的重要依据。增强激励与约束干部培训的动力机制，能最大限度地调动干部学习的积极性，有效解决干部培训中学用脱节、学风不正问题，将大幅提高干部素质能力的中央要求落到实处。

二、有关建议

以上思考，我们结合了干部培训的组织需求，也充分考虑了干部的岗位需求和个体需求，对建立具有水利特色的干部培训模式进行了探讨，我们将其提炼为，“一条主线、两大层面、三项目标、四个板块、五项内容”的“12345”党政干部培训新模式。其具体内涵为：以质量提升为主线；干部全面发展素质与能力的两个层面；“提高干部思想政治素质、道德品行和精神境界、知识素养和实践能力”的三项目标；“基础理论与形势教育、党的建设与党性锻炼、改革发展与治江事业、知识更新与能力提升”的四个学习版块；“政治理论、政策法规、业务知识、文化素养和技能训练”五项学习内容。“12345”培训模式，即以质量与效益的提升为主线，通过分层分类的理论培训、专题培训与轮训，促进干部通过五项内容、四个板块的学习，实现三大培训目标，达到干部综合素质与实践能力的全面提升。在实施新模式的过程中我们也将面临两大困难：

（一）师资问题

将现代的教学理念方法在培训过程中的贯穿与落实，对教师在课程设计、案例编写、问题设计引导、教学组织与管理等方面提出了更高的要求。将会出现理论水平高、实践经验多、熟悉教学规律的师资难求的问题。需要我们在更大的范围内进一步筛选师资，并将我方的意愿与授课教师进行深度沟通。在目前的条件下，只能整合优质教学资源，依托有实力的干部学院或行政学院进行，在长江委内部培训中，只能逐步尝试推广并适当增加或加强。

（二）经费问题

必要的经费是承办干部培训工作的根本保证，是促进干部培训事业科学发展的必备条件。要实现长江委干部在素质能力提升上的新目标,满足干部个性化的需求愿望,我们需从四个方面着力加强。一是增加调研考察的次数(须有足够的考察经费);二是精选专家型领导和著名的专家教授;三是进一步优化教学环境,配置先进教学设备;四是进一步整合优质教学资源,加大与国家级、省级干部培训机构的合作力度,满足学员在开阔视野、观念更新和提升能力方面的新要求。近年物价上涨加速,现有经费远不能满足培训全部需求,建议长江委逐年增加对干部培训项目的经费投入。

三、结语

干部培训是推进党的事业的重要保障。新时期、新任务给干部培训工作提供了广阔的发展空间,同时也使干部培训工作面临诸多的挑战和考验。在干部培训工作中,我们要用开放的思维拓宽视野,用创新的思维探索路径,用发展的思维务求实效,立足新形势、新挑战,不断创新和优化干部培训模式,努力打造一支高素质的长江委干部队伍,为党和国家及治江事业的科学发展大局服务。

(作者单位:长江水利委员会人才资源开发中心)

河南治黄青年人才现状及发展调研分析报告

——以2008—2012年新入职青年人才为例

张建民　裴志强　卜占锋　刘峰良　何柏林

为深入贯彻落实各级人才工作会议精神,加强全局青年人才培养,奠定青年人才成长成才良好基础,人劳处在全局范围内开展了河南治黄青年人才现状及发展相关调研工作。现就调研工作开展、人才现状、典型分析、存在问题及对策措施等内容形成专题报告。具体内容如下:

一、调研背景和目的

近年来,国家对人才工作高度重视。2010年,中央召开全国人才工作会议,颁布实施《国家中长期人才发展规划纲要》,水利部、黄委及我局相继召开人才工作会议,科学规划、全面部署全国水利、全河和全局人才建设工作,为人才队伍建设与管理营造了良好环境。在治黄事业持续发展中,青年人才具有知识面广、思维活跃、可塑性强、潜力巨大的特点,以其"生力军""新鲜血液"的现时形象,因其"主力军""骨干支柱"的未来定位被寄予希望,是人才队伍建设中极其重要的组成部分。在全局人才工作会议上,局党组就青年人才培养,提出了"加强青年干部培养选拔力度……多渠道、全方位为优秀青年干部脱颖而出搭建平台、提供机会"、"以培养造就青年科技领军人才为重点,建设一支既年轻又富有经验的治黄'生力军'""关注青年专业人才的成长……集中优势资源进行培养,增强高层次专业技术领军人才储备的厚度和深度"等思路。

青年人才如何进行培养,做好调研和情况分析,特别是针对存在问题、难点,提出可行性措施和建议是基础!近几年,河南河务局每年约招录100名的公务员和高校毕业生,充实到河南治黄队伍中去。经过几年的积累和沉淀,这批具有较高学历、具备较好理论功底、具有一定治黄实践经验且富有朝气和活力的青年人,已经成为河南治黄人才队伍的一支重要力量,在河南治黄事业中发挥着越来越重要的作用。对他们的基本情况进行全面了解、准确掌握,明晰他们的所思、所想、所做、所为,总结他们的经验和不足、优势和困惑,将为我局在下阶段理清人才工作思路、科学制定青年人才政策、全面实施青年人才培养计划起到至关重要的作用。

正是在这种背景下，人劳处以近 5 年新招录公务员和高校毕业生为样本，在全局范围内开展了治黄青年人才现状及发展调研，并将这项工作作为 2013 年度全局人才队伍建设重点工作全面落实。

二、调研安排及组织（略）

三、调研项目分析及开展情况

（一）基本信息表

基本信息表由人劳处组织设计，主要从个人基本情况、招录时情况和目前情况三个方面，通过 22 项具体信息的填写，初步掌握调研对象的基本信息。本表由各单位人劳部门填报，并对所报信息负责，要求内容全面、真实、准确。

（二）问卷设计

为保证问卷结果的科学合理，人劳处对调查问卷进行了精心的设计。在问卷设计中主要把握以下原则：

（1）整体性原则。问卷选项考虑一般性常规问题，更要体现河南治黄实际情况的思路来进行设计，以客观性试题为主，兼有少量的主观问答题，力求做到既反映共性需求，又关注个性差异。

（2）科学性原则。围绕调研初衷，考虑调研针对性来设计问卷，确保做到内容全面，突出试卷质量；考虑问卷调查本身的特性，问题数量过少过简，不能说明问题，问题过多繁杂，会降低回答质量，不利于准确反映问题，因此要数量适中，突出时效性。

（3）通俗性原则。充分考虑答卷对象类型和整体特点，使用简单用语表述问题，避免使用专业术语，避免艰涩难懂，使问卷题目适合潜在应答者，使被调查者能够充分理解问句，乐于回答、真实回答，通过问卷调查提高答卷质量，反映实际情况。

根据以上原则，最终设计问卷包含个人基本状态、工作情况、满意度、态度及方法、生活情况、建言献策等 6 个维度，共 50 道答题。本项工作采取匿名方式开展完成。

（三）现场座谈

在座谈安排中，充分考虑座谈覆盖面和典型性，兼顾机关和基层，选取具有代表性的单位及人员组织座谈，因人数较多，每次座谈选取 20 人左右参加，在人员选取时，充分考虑其年龄、性别、籍贯、参加治黄工作时间、招录方式等各种要素，确保各方面均衡。在座谈组织上，不刻意设置主题，围绕单位和个人情况自由发言，面对面更详细了解掌握相关情况。

四、调查结果概况及基本信息分析

人员总体情况。近5年我局招录的468名高校毕业生,目前仍在我局工作的449人,已调离黄河系统的18人,死亡1人。

招录情况。2008—2012年每年分别招录91人、104人、87人、96人、90人。

招录渠道。公务员招考53人,学生招聘415人。

生源地。生源地涉及河南、山东等19个省、自治区、直辖市,其中主要来自河南省,总计413人,占总人数的88.2%。

专业分布。在468名招录的高校毕业生中,水利及相关专业147人,其他非水利专业321人,分别占总人数的31.4%和68.6%。

学历情况。硕士研究生学历48人,本科学历353人,专科学历67人,分别占总人数的10.3%、75.4%、14.3%。

性别比例。男生222人,占总人数的47.4%;女生246人,占总人数的52.6%。

民族分布。民族涉及汉、回等5个民族,其中主要为汉族,总计459人,占总人数的98.1%。

政治面貌。中共党员213人,预备党员5人,群众250人,党员及预备党员占总人数的46.6%。

职称构成。目前仍在我局工作的449人中,350人具备相应职称,其中员级18人,助理级306人,中级26人。

五、问卷情况分析

经统计,2008—2012年我局共招录高校毕业生468人,在岗449人中,由于已调离黄河系统或身在工地、休假在家等原因不方便答题,本次调查共回收到有效问卷405份,问卷回收率为90.2%。

(一)个人基本信息

大部分新任职高校毕业生喜欢读书,热爱学习

调查显示,有37.90%的被调查者业余时间喜欢读书,热爱学习。这说明,近5年我局招录的高校毕业生有相当一部分有志于不断提高与完善自己,态度积极。另外,文艺、体育和其他也占相当的比例,表明大家的业余爱好比较广泛。

(二)工作情况

1. 绝大部分的被调查者经常关注重大治黄事件

调查显示,有76.67%的被调查者经常关注重大治黄事件,不关注的仅占0.50%,远小于

5%的小概率标准。可以看出,我们所招录的高校毕业生职业素质较高。

2. 我们的培训工作还有需要改进和加强的地方

50%的被调查者参加单位或上级组织的专业培训的次数在3次以上,而还有12.38%的被调查者没有参加过此类培训。这说明,我们的培训工作整体班次基本合适,但是覆盖面不够广,不够均匀。

(三)工作满意度

1. 有相当一部分被调查者认为现在的工作不能实现自己的人生价值,或者“不好说”

调查显示,只有27.79%的被调查者认为自己现在的工作“完全能”实现自己的人生价值,稍多于总人数的1/4,其余答卷者均认为不能完全实现自己的人生价值。这既与他们的就业观有关,也存在部分人员所在岗位与所学专业不对口等因素,这对我们的后续培训和后续学历教育提出了新的要求。

2. 多数被调查者坦言在工作中没有很好的发挥自己的能力

调查显示,72.41%的被调查者认为自己在工作中只能部分发挥自己的能力,这说明目前的用人机制和用人方式还需要进一步改善。本次调研的被调查者知识水平相对较高,且年轻有活力,这部分人应当在工作中发挥更多的作用,这样才能人尽其才、才尽其用,更好地促进河南治黄事业的发展。

(四)工作态度及方法

1. 大部分被调查者面对工作中的压力时,会选择主动承受

调查显示,有80%的被调查者在面对工作压力时会选择主动承受。这表明近5年我局所招的高校毕业生绝大部分很有工作热情,在工作中敢于担当,乐于担当,对工作负责,有很强的进取心。

2. 近乎全部的被调查者反应:应当多举办培训

通过本题可以看出:一是绝大部分人思想积极,有不断提高和完善自己的想法,希望通过多参加培训不断提高自己的工作能力,以便将工作做得更好。二是从单位的角度来讲,我们的培训工作虽然已经够努力,但还应该进一步加强,以更好地为职工充电,以进一步适应知识时代的快速发展。

3. 大部分被调查者工作时方法得当

当面对一项新的工作时,55.02%的人选择“自己先想一想再去做”,我们可以认为这部分人遇事冷静,不急躁、不鲁莽,并且自己具备一定的分析和解决问题的能力。另有37.75%的人选择“向他人请教后再去做”,这部分人工作时也较沉稳,并且谦虚谨慎。这两部分占了总人数的92.77%,居绝大多数,所以,可以看出,近5年我局招录的高校毕业生,工作负责,讲方法,工作素质普遍较高。

（五）生活情况

很多被调查者提出，希望单位有好的食宿条件，本题旨在了解被调查者在生活方面最希望单位提供什么帮助，以便我们更好、更准确地做好相关工作。通过调查结果，我们可以清楚地看出，问题的焦点集中在“食宿”方面。通过座谈等其他渠道的调查我们进一步了解到，机关和局直单位主要反映单位能提供住房，而基层单位则希望改善伙食。

（六）建言献策

题43：你认为单位应如何建立促进青年人快速成长机制？（多选）

选项	选择人数	总人数	所占比例
A. 建立竞争性的激励制度	222	405	54.81%
B. 建立重大工程、重大项目参与制度	213	405	52.59%
C. 建立“传帮带”制度	186	405	45.93%
D. 营造学术氛围，带动青年人学习成长	240	405	59.26%

通过本表可以看出，我们所列的四个选项均有较多人选择，这说明，对于如何建立促进青年人快速成长的机制，大家普遍比较关注，且认为应该多种措施并举，齐头并进，形成合力。

题46：你认为单位应采取哪些措施来提升人才队伍水平？（多选）

选项	选择人数	总人数	所占比例
A. 改变用人观念，进一步提高对人才的重视	277	405	68.40%
B. 鼓励各类人才参加各种职业资格考试以促进其进步	262	405	64.69%
C. 进一步完善人才评价发现机制等各种体制机制	252	405	62.22%
D. 进一步优化引进人才的方式	172	405	42.47%

通过本表可以看出，对如何提升人才队伍水平，大家的关注度很高，并且也认为应该综合应用多种方法来实现。这也说明在这方面我们还有很多工作要做。

六、建议与结论

通过以上问卷调查情况分析，综合座谈反映情况，使我们对近5年我局所招录的高校毕业生的工作、生活及心理情况有了更全面了解，在调研的基础上，我们提出如下建议和结论：

(一)对被调查者建议

1. 树立正确的就业观和价值观

要让他们明白就业是为了实现自己的人生价值,同时为社会做出自己的贡献。要摒弃错误的社会舆论,克服追求功利、注重眼前利益、强调经济收入、忽略发展空间、好高骛远、相互攀比等不好的思想。在工作中要能顶住压力、克服困难,勇挑担子、能够挑好担子。立足眼前、放眼长远,增强工作主动性,努力适应工作,自觉地把个人理想与工作紧密联系起来,在轰轰烈烈的治黄事业中实现个人价值和社会价值。

2. 不断完善自己

不仅在工作中,要多做、多总结,不断提高自己的工作水平,积累自己的工作经验。还应该在业余时间多学习,不断给自己充电,拓宽自己的知识面。当自己所在的岗位和自己的所学不是很契合时,要学会从自己身上努力,通过学习来了解和适应,而非完全依赖单位来解决。这样既能够不耽误工作,又能提高自己的竞争力。

(二)对各级单位建议

1. 做好职工思想工作

通过本次调查可以看出,虽然大部分的被调查者表示自己在工作中"很有热情"或"有热情",但仍有超过10%的被调查者表示自己在工作中"没有热情"或"无所谓"。这表明,还有一部分新任职人员没有正确的定位,需要我们进一步关注职工的心态,通过座谈等方式加强与职工间的交流,以准确了解其心理状态,然后有针对性地进行疏导;最大程度调动其工作积极性,使其始终能对工作富有热情,从而提高工作效率,更好地为治黄事业服务。

2. 进一步做好培训工作

通过调查,我们发现,近5年招录的高校毕业生普遍反映工作压力大,业务水平不够高;超过90%的被调查者反映希望多参加培训,以提高工作能力;将近30%的被调查者反映参加治黄工作以来没有或仅有1次参加过单位或上级组织的专业培训。座谈中,与会者也普遍表达了参加培训的渴望和热情。因此,在以后的培训工作中,需要各级单位共同努力,针对座谈中反映的问题进行整改,使我们的培训再上一个新台阶。

(1)新职工入职培训。时间上,适当延长,可考虑3天左右;内容上,改变传统方式,增加业务和个人发展方面基础的实用的知识;方法上,研究制作"入职手册",通过集思广益的方式获取工作中的基本常识。

(2)常规培训。针对性上,要针对具体业务,精选培训内容,学以致用,满足职工迫切希望提高工作能力的希望和要求;覆盖面上,要注重均匀与全面,打破不同部门、不同层次间参加培训的次数和时间的不平衡性,如参考处级、科级培训形式,可适当设置青年职工培训班等;班次上,可适当增加培训班次,延长培训时间,以确保培训的实际效果。

3. 设置形式多样、措施得当的激励机制促进青年成长

座谈中，有同志提出："希望评优时，细化标准、增加种类，以多给年轻人机会。"在会上引起大家共鸣。我们经过认真分析，对如何激励青年人进步提出以下建议：

(1)总的原则和方法是：不断给大家设置阶段性的目标，通过一定的激励措施，刺激其对目标的追求，使其在追求目标的过程中，实现进步的目的。这种"一定的激励措施"，可以是多种形式的、不是很丰厚的，关键是看得见、摸得着、落到实处；激励目标设定有难度，但通过一定的努力可以实现，使其既不望而却步，又必须付出努力，从而吸引更多的人去拼搏和进步。

(2)细化评先评优标准、增加评先评优种类。如有人提出在评优评先中，根据工作年限、人员行政级别层次划分参评人群等建议，可以作为我们制定评优评先政策时的重要参考。

(3)多举办各种竞赛活动，提高青年职工工作主动性和积极性。可通过对竞赛中成绩优异者，予以一定的物质或精神奖励，或将竞赛成绩作为评先评优、上级单位选人用人的参考条件等方式提高其参赛的积极性。

(4)畅通选人用人机制，为基层优秀人才提供更多机会和发展空间。近5年新招录人员中，有18人调离黄河系统，通过了解并比较其现工作单位，发现主要原因还是我们的基层条件艰苦、收入低，很难留住人才。还有部分人员心绪不稳定，工作积极性不高，也是出于这个原因。因此，我们建议进一步拓宽选人用人渠道，增加上级单位人员选调的次数，并通过大型竞赛等方式发现优秀人才，直接选拔选调。

(5)通过鼓励各类人才参加各种职业资格考试或建立竞争性制度、"传帮带"制度、重大工程和重大项目参与制度等方式，提高青年人才工作热情，激励青年人才更快进步。

4. 在允许的范围内做好岗位调整和岗位间的交流

调查显示，将近40%的被调查者认为现在的工作不能实现自己的人生价值或者"不好说"；超过70%的被调查者认为工作中只能部分发挥自己的能力，而我们招录的初衷是希望他们能够人尽其才、才尽其用。为解决这一矛盾，建议在允许的范围内，打破地域、单位界限，根据青年人才特点和特长，做好岗位调整和岗位交流，将合适的人放到合适的岗位上发挥专业特长。

5. 最大限度地提高职工工资薪酬

目前，大学生就业首先考虑的就是经济因素，只有薪酬合理才能留住人才。而调查中，我们发现有45.27%的被调查者对自己的工资薪酬"不满意"，选择"满意"的仅占6.47%。所以，在今后的工作中，我们应进一步关注职工的薪酬水平，在国家政策允许的范围内，最大程度提高职工收入，增加其工作动力，提高其工作热情，为河南治黄事业留住人才。

6. 帮助新进人员解决住房或者住宿问题

调查中,无论是问卷还是座谈,大家反映最多的就是住的问题,尤以驻郑单位人员反映最为强烈。目前很多单位公用住房紧张,很多新招录人员未能安排宿舍,只能在外面租房子住。新入职人员由于刚参加工作,收入不高,承担不菲的租房费用,造成他们生活压力增加,为了节省支出,有的职工在办公室住,有的与他人合租偏远地方房子,造成很多不便,不安全因素增多,对他们工作产生较大影响。建议各单位加强公用住房管理与调控,鼓励有条件单位采取公租等方式,解决青年职工住宿难题,为他们创造良好的住宿环境,让他们能够安安稳稳生活,开开心心工作,共同推动河南治黄事业更好更快发展!

(作者单位:黄河水利委员会河南黄河河务局)

建立以人为本的“三位一体”经营管理人才培养机制

高冠鹏

经济发展的载体是企业,基因是人才。经济发展要依靠人才,要尊重人才,以人为本,最大程度调动人才的积极性;经济发展的目的是民生,也要以人为本,让经济发展的成果惠及民生。河南黄河河务局经营管理人才队伍是“四支队伍”建设的重要内容,也是河南黄河经济和企业发展的重要支撑。

河南黄河河务局经营管理人才队伍建设的总体思路是：以企业经营管理人才培养为重点,着力建设懂业务、会经营、善管理的复合型经营管理人才队伍。以提升市场竞争力为重点,着力实施好经营管理人才培养工程。要坚持组织配备与市场选聘相结合,选拔和使用高层次经营管理人才,把培养懂专业、善管理、有经营头脑的复合型人才作为培养的重点。着眼于增强企业市场竞争力和自主创新能力,积极培养企业发展急需的战略规划、资本运营、市场开拓、项目管理等专门人才。要把经营管理人才的培养纳入企业发展规划,逐步形成企业自主投入、自主实施、自主管理的培养机制。积极营造适应市场竞争、有利于企业持续发展、有利于经营管理人才健康成长的政策和制度环境。围绕这一思路,本单位提出了建立以人为本的“三位一体”经营管理人才培养机制的目标,即高层次经营管理人才培训、中层管理实用人才培训和专业技术岗位技能培训的“三位一体”培训体系,为经济发展提供人才保障。经过近几年的探索,这一培养模式已初步形成。

一是专业技术岗位技能培训体系。每年与中国水利企业协会联合举办水利水电施工企业安全生产“三类人员”培训班和关键岗位人员培训班,针对企业必需的“三类安全人员”和施工员、质量员、安全员、材料员、资料员等五类人员进行培训,既满足了企业资质年检和投标的需要,也提升了技术人员的专业能力。年均培训 200 人次以上。2014 年,为开拓工程养护市场,与黄河水利职业技术学院联合分三期举办了工程养护职业技能培训班,200 多名技术人员参加了培训。此次培训旨在进一步加快全局企业人才培养步伐,提升基层养护企业和二、三级施工企业员工的职业技能水平。

二是中层管理实用人才培训体系。连续 4 年在黄河水利职业技术学院举办河南黄河河务局施工项目经营管理实务培训班。目前已举办四期,培训了近 200 人次。培养对象为局属各企业的施工项目管理业务骨干,培训方式为一个月的理论学习,一个月的施工工地实习,培训结束后,要提交实习报告和进行答辩,通过后颁发结业证书。这一培训极大地缓解局属各企业项目经理缺乏的困境。

三是高层次经营管理人才培训体系。为提高局属企业主要负责人经营管理水平，提升“一把手”企业管理能力，2013年举办了河南黄河河务局第一期企业高层次经营管理人才培训班，由华北水利水电大学管理与经济学院的优秀教授授课。局属35家企事业单位的主要负责人参加了培训。培训重点为企业集团掌控、法人治理结构、领导策略、商务谈判和“一把手”文化等内容，为提升河南黄河河务局高层次经济管理和企业管理人员管理能力起到了重要作用。2014年，按计划还将举办面向分管经济工作的副局长和分管市场开发工作的副总经理的第二期高层次管理人员培训班。

另外，积极组织局属各单位参加上级举办的企业融资租赁研讨班、安全生产标准化评审培训班和经营管理培训班等，多层次全方位建设经营管理人才队伍。

为进一步完善“三位一体”经营管理人才培训机制，我们将继续努力做好以下工作：

一是树立“以人为本 人才第一”人力资源管理理念。在局企业逐渐走向市场的经济形势中，所属企业应对人力资源管理模式进行深入地调整，树立以人为本的管理理念。结合河南黄河河务局经济和企业实际，不断完善和扩大培训层次和规模。经济管理工作具有多学科、实践性强的特点，要求从业人员必须拥有系统扎实的专业理论和工作经验。下一步，要逐步树立尊重人才的良好氛围，着力转变重业务工作轻人才开发的传统观念，充分发挥人才的基础性、先导性、战略性作用，把人才优先发展的思想落实到发展规划、重要政策和工作部署中，切实做到人才资源优先开发，培养经济管理综合性人才。

二是创新方式，多措并举，加大经营管理人才培养力度。要把经营管理人才的培养纳入企业发展规划，逐步形成企业自主投入、自主实施、自主管理的培养机制。在总结各层次培训班经验的基础上，有计划分年度定期开展培训。定期举办经营管理人员培训班，不断提高企业管理人员的整体素质和管理水平。建立经济管理领导干部培训机制，精选培训内容和授课老师，提升培训层次，严格考核结业制度，保证培训质量，增强培训的针对性。建立经济领域专业人员培训制度，凡是新进入经济工作岗位的，都必须进行专业培训学习，掌握经济管理的基础知识、经济发展的主要政策法规等履行职责必须的基本业务素质。要继续加强企业职工队伍的培训管理，努力建设一支具有现代企业管理意识和专业素质的企业职工队伍。

引导企业探索与高职院校合作，有针对性的共同培养人才，高职院校比较重视专业能力的培养，并且对学生参与实践的时间有较高要求，利用在校生解决短期项目的人才短缺问题，企业可以以较低成本获得专业人才，同时学校也解决了学生实习难的问题。要加强干部引进和交流机制，对优秀的年轻经济管理人才进行重点培训和锻炼，作为经济发展核心力量。加强对经营管理人才的组织配备，把那些思想素质好、懂经营善管理、市场竞争意识强的优秀人才充实到经营管理人才队伍中；加强企业与机关、事业单位之间的干部交流，拓宽企业选人用人渠道。

三是完善人才保障政策，解除经营管理人才后顾之忧。进一步贯彻省局党组关于加强经济工作的若干意见，落实企业经营者的相关政治待遇。同时，按照黄委会《进一步促进经济健康发展意见》，解决到企业工作的事业人员的身份和薪酬待遇问题。进一步健全企业经营人才收入分配的激励机制，研究出台企业薪酬管理有关办法；建立秩序规范、活力激发、注重公平、监管有力的薪酬制度。根据企业和职工个人特点，为每位职工建立个人发展规划，将个人发展目标和企业发展目标有机结合起来。企业可根据市场发展需求，采取委托培养、联合办学、函授等方式与高校合作，选派年轻后备人才进修学习，培养企业发展急需的资本运营、项目管理等方面的专门人才。同时物质奖励和精神奖励相结合，鼓励员工考建造师、监理工程师、造价师等执业资格证书。既为企业培养了人才，又为职工个人发展提供了机会。

人力资源管理是一个人力资源战略规划、薪酬管理、教育培训管理、绩效考评、职工激励、职业发展设计等各职能相互影响的系统工程，在不断完善培训体制的基础上，本局还将完善人力资源激励机制，激发经营管理人才工作积极性。指导企业建立更加完善有效的工作绩效科学考评体系。把员工的绩效考评与奖惩结合起来，真正做到依据员工的工作绩效决定员工的岗位、薪酬、晋升和培训，有效激励员工提高工作效率。继续加大对优秀经营人才的评选、表彰力度，对做出重大贡献的单位、团队和个人进行重奖，激发经营管理人才的工作主动性和积极性，营造干事创业的氛围，创建适合人才成长、发展的良好环境，搭建使人才充分发挥才能和展示自我的平台，制定人才职业发展的长期规划，让人才对企业有强烈的归属感及认同感；在工作中增长才干，在企业发展中发挥积极作用，促进事业健康发展。

经营管理人才是实现经济发展的关键，对于河南黄河事业健康发展，全面实现“十二五”目标意义重大。本局以管理水平和市场驾驭能力培养为核心，建立并不断完善“三位一体”经营管理人才培训体系，着力建设懂业务、会经营、善管理的复合型经营管理人才队伍，为保障河南黄河经济和河南治黄事业健康可持续发展做出贡献。

（作者单位：河南黄河河务局经济发展管理局）

创新职工培训模式　打造网络教育平台

尹玉珍　郑明辉　李梓楠

利用远程教育网络平台进行教育培训工作,是一种融自学、函授、网络技术等多种教学手段为一体的培训形式。针对黄河系统目前基层培训现状,积极创新职工教育模式,开发水利行业职工培训远程网络教育系统,对于全面提升职工素质,促进行业可持续健康发展具有十分重要的现实意义。既可以解决目前基层职工教育水平不高的问题,又可以解决目前基层职工教育师资力量不高的情况。利用网络可以综合多方的资源,建立系统的培训平台,就不是一个人、一个单位在干这件事,而且一个群体、一个行业在综合干一件事,我们集中所有的资源建立一个有效的平台,为大家提供一个培训的基地。

一、建立远程网络教育平台的必要性和可行性

当前,水利行业正在着力完善体制机制,优化资源配置,提升网络工作水平,增强竞争实力,管理水平和运行效率有了很大提高,但职工教育培训现状与行业的发展极不匹配,主要表现在现有职工素质与行业发展需要不相适应;教育教训体系与可持续发展的行业未来不相适应;教育培训工作质量与行业对高素质职工的需求不相适应。建立既符合行业实际,又能长效提升职工队伍素质的远程网络教育平台就尤为必要。

一是弥补教育资源短缺的需要。目前黄河系统采取的培训模式,主要有以下几种,一是技能培训,有培训基地,有专业的教师。其他的培训,专门对于业务的很少,能够大规模的培训,往往在基层一线,教育培训工作既没有具备资质的培训师,场地还需要从外面租借,而且少量短期的培训也仅停留在部分骨干和领导干部之间,绝大多数职工没有条件得到系统规范的岗位培训,造成职工素质参差不齐。

二是提高职工整体综合素质的需要。黄河系统目前人员构成参差不齐,职工各类人员都有,人才引进流通渠道的单一,加上缺乏长期系统的人员培训,从而造成职工整体综合素质较差,严重制约了行业适应治黄新形势下发展的要求。随着治黄理念的不断提高,我们的管理理念亟待更新,职工队伍素质亟待提升。

三是降低成本提高培训效率的需要。常规培训需要花费大量的食宿费用,动用大量的车辆和接待人员。2010 年,滨城河务局组织一次较大规模的防汛人员培训,参加人员近 100 人,就花费 10 多万元。同时,在这种短期培训中,职工在培训中清清楚楚,过两天模模糊糊、

一个星期就忘得干干净净,达不到培训效果。

四是解决职工脱岗培训难题的需要。基层职工要承担的任务非常重,各个岗位是“一个萝卜一个坑”,一旦职工因接受教育培训而离岗,其所承担的防汛、工程管理工作就会因此面脱节,给单位甚至是社会都会带来不利的影响。

五是解决常规培训难以监管矛盾的需要。以往的常规培训,督促监管工作只能在短期培训过程中通过巡查和考试的手段进行,不能从根本上解决循序渐进提升职工素质的目的。

目前,行业职工的能够满足家庭购置电脑等网络工作和学习工具的条件,行业的信息网络化建设已达到架构远程网络教育体系的要求, 这些条件使我们建立远程网络教育平台成为可能。

二、建立远程网络教育平台的探索和开发

目前,在黄河基层都有内部网,职工家庭也有电脑、智能手机,使建立远程网络教育平台成为可能。可以解决行业可持续发展和职工素质、与教育培训体系之间存在的矛盾和问题,为单位可持续发展提供人力资源保障。

(一)远程网络教育平台的特点和优势

基层黄河系统远程网络教育平台是为适应单位建设内部培训体系, 创建学习型组织而推出的网络教育培训系统。由系统管理程序、门户网站、分类学习(包括技能培训、专业人员培训、安全培训、新进人员培训、思想政治、理论学习、法律知识、廉政等)、课堂(思想政治、业务、心理咨询、健康)目标训练、在线考试、统计分析、学习交流、问卷调查、闯关竞赛、培训管理、资源开发等模块组成。

网络培训中的学习资源可以采用我们的专业技术人员讲解的现场录像。如防汛培训;各类险情的处理;采取模拟的形式、采取怎样的措施、如何进行计算、采取什么样的材料进行堵漏等。可以采用各类文本、讲义、图形、图像视频音频资料,各类案例、试题库(如初级、中级、高级河道修防工试题库)、各类廉政视频资料、各类思想政治方面的教材等。我们也可以采取同相应专业机构进行合作的方式,建立专业的培训,专题的培训。如心理咨询、健康咨询方面。采取建立相应的模块,采取业余时间或者在工程管理和防汛任务不重的情况下学习的形式。

技术与传统的教育培训方式相比,主要具有以下几个优点。

灵活性。网络教育平台能满足不同职工个性化需要。由于网络教育具有不受时间空间限制的特点,职工的学习时间、学习地点甚至是学习方法都是由自己选择。这种方式使不同岗位、不同工作时间的职工,在不影响正常工作的前提下不间断地、循序渐进地接受培训和辅导,使职工素质的不断提升成为可能。

交互性。网络教育平台上的在线答疑是专业技术人员和职工的交流场所，职工提出问题，由其他职工或专业人员解答问题，专职职工负责系统的管理和导向，另外有一个由学习交流、消息两大功能组成的交流大厅，职工可以互相交流学习经验、工作技能等。

可控性。一是人事培训人员针对培训教材和教学进度，根据双向和交互性的特点，对教学的内容安排、职工的学习情况等方面进行客观的控制；二是职工根据自身实际对自己的学习时间、地点、内容、进度进行自主控制，使学习更为主动和有效；三是人劳科通过管理查询系统可以查询所有职工的培训情况，如职工学习的课时、次数、成绩、课件的学习进度、各种统计分析等，并对整个培训情况进行综合统计分析。

丰富性。平台的课程体系由学前考试、课件学习、目标训练、日常作业、结业考试、案例分析、网上答疑等九大功能区组成。这些丰富的教学形式和内容避免了常规培训的单一和枯燥，从而最大限度地激发了职工的学习热情和兴趣。

及时性。一是职工通过网上交流及时能够获得答疑；二职工通过网上训练能够及时进行自我检测学习效果；三是学习内容的及时更新。

节俭性。因为依托内部网络，这些平台已经建立。只需要投入极少的一部分，这些费用仅是以往一次常规短期培训的费用。

（二）远程网络教育平台的应用和管理

一是健全组织体系，加大管理力度。要求每个单位定一名副局长负责监管此项工作，同时每个单位配备一名专职职工教育人员来配合督查和辅导。

二是建立考核制度。各单位将职工上网学习时间、训练次数、学习进度纳入本人全年工作绩效考核的一项重要指标。特别是针对各类专业人员，如专业技术人员、技能人员、领导干部。采取学分制。网络能够严格的考核各类人员的学习时间、学习质量。不会像传统的形式那样，教授人员在课堂上讲，课下人员学与不学没有考核指标。网络学习可以根据在线人员的学习情况，严格进行考核。

三是完善督查机制。各单位不定期组织抽查，每月对各单位进行考试，并根据网上监控记录和考试成绩评比通报。根据考试成绩可以综合考核技术和专业技术的培训情况。对领导干部还可以监督其进行廉政、党的方针路线和行业内领导讲话的学习，提高领导干部的综合素质。

通过建立这样一个网络化的培训平台，可以解决目前基层职工培训资源中资金、教师短缺的情况。提高职工的素质，为黄河健康可持续发展提供人才支持。

（作者单位：黄河水利委员会黄委山东河务局滨城河务局）

关于技能人才队伍建设情况的调研报告

徐　辉　刘海坤　姚国栋

人民治黄七十年的岁岁安澜离不开奋战在治黄一线技术工人的辛勤劳动，黄河技术工人队伍的成长伴随着人民治黄现代化的逐步发展，从粗放型管理到专业化队伍，从老一辈技术工人的传、帮、带，到具有技术等级职业资格的规范化管理，走过了不平凡的历程。进入新的历史时期，确立了"治河为民"新的治河理念，对高素质人才培育提出了新的要求。当前各级党组织、各级领导高度重视技能人才队伍培育的情况下，黄河基层单位怎样立足现实，加快构筑适应科技治河需要的技能人才队伍，为此，菏泽黄河河务局针对这一问题开展了专题调研。

本次调研主要以问卷调查为主，先后定向发放并回收有效调查问卷726份，调查对象涉及全局各县(区)河务局、维修养护企业、施工企业和有关局直单位。通过本次问卷调查，基本摸清了我局技能人才队伍状况。问卷调查证实，绝大多数职工对近几年技能人才队伍建设持肯定态度；通过座谈调查，基层单位干部及广大技术工人提出了意见建议。

根据调研情况，并结合实际，我局对技能人才队伍现状、存在的问题进行了分析，同时就技能人才队伍建设的途径进行了研究，并对技能人才队伍建设提出若干建议。

一、技能人才队伍现状分析

菏泽河务局2012年底在职职工1116人，其中技术工人800人，目前在职技术工人队伍的构成主要是20世纪七十年代由民工转正的工人和近年来按照《兵役法》规定接收的退役士兵，绝大多数工作在治黄第一线，在防汛抢险、工程建设与管理、后勤保障等各项工作中发挥着重要作用，占职工总数71.7%的技术工人是黄河治理开发的中坚力量。目前技术工人队伍呈现以下状况。

(一)年龄结构状况

全局800名技术工人中，45周岁以上技工452人，占工人总数的56.5%；36-45周岁技工192人，占工人总数的24%；35周岁以下青年技术工人156人，占工人总数的19.5%。技术工人总数比重大，但年龄结构呈现明显的倒金字塔形，年龄结构老化、层次断代是目前技术工人队伍的现实情况。

(二)文化层次状况

黄河基层单位驻地偏僻、工作辛苦、生活条件差，工作性质及历史的治黄需要等原因，造成占工人总数三分之二以上由民工转正的技工只有初中或以下文化程度。目前工人队伍中全局高中毕业 163 人，占技术工人总数的 20.25%，大部分是近年来接收的退役士兵；受过职业技术培训的技校毕业生全局 17 人，占工人总数的 2.1%。技术工人文化层次普遍偏低。

（三）工种结构状况

技术工人开展职业技能鉴定以来，经过多年的努力，技能人才队伍建设取得了显著成绩，技术等级结构全局高级技师、技师 71 人，高级工 527 人，中级工及以下 202 人，分别占技术工人总数的 8.88%、65.87%和 25.25%；目前形成以特有工种河道修防工为主体，拥有汽车驾驶、闸门运行、电缆线务等 21 个工种的技能人才队伍，呈现的特点是高级工技能人才充沛、中级工及以下人才偏少、技术工种分布较广；工种结构人数突出表现在河道修防工居多(占技术工人总数的 64.6%)，通信、工程测量、计算机操作、特种工程施工及养护车辆驾驶操作等工种人数偏少，且上述工种中没有具有技师资格人员，中级工及以下人才偏少将造成技能人才队伍发展没有后劲，随着新的治黄体系的逐步实施，对技能工种结构提出了新的要求，目前的技术工种分布结构难以满足科技治河的需要。

二、技能人才队伍目前存在的问题

（一）认识不足

一方面，管理者对技能人才认识不足。首先，在人才引进上形成单纯以学历为尺度的观念，把人才定位于高学历，每年招募大学生充实到基层工作，就菏泽河务局而言，1999 年接收最后一个技校毕业生，10 余年来引进的全部为大专以上人员，技校毕业的技术工人出现了零增长，重学历教育、轻技能人才仍然存在，各级领导还没有真正形成技术工人也是人才的观念；其次对落实技术工人的权利和义务认识不到位，工人参政议事、福利待遇、工资晋升、教育培训等实际问题与公务员、专业技术人员相比仍然存在较大差距，使技术工人对自身发展失去了信心，不愿在技术工人岗位上学习提高。上述问题是制约技能人才队伍建设的关键问题。

另一方面，技术工人自身认识不足。部分文化层次低的技工安于现状，本身就不愿意培训学习，看不到提高技术的重要性，满足于完成工作任务、足额发放工资、按时退休养老；部分青年职工对技术工人的价值认识不足，认为当一辈子工人前途渺茫，同时与公务员(管理人员)的办公、生活条件相比在心理上产生了失落感。部分青工通过在职后续学历教育、参加社会化职称考试等方式，在努力打造自身硬件建设的基础上，便纷纷“脱离”生产一线，或进办公室，或当管理者。

（二）培训欠账多

近年来，通过职业技能鉴定工人技术等级得到了提高，技术水平得到了改善，但对技术工人的培训仍然存在错误的认识，部分管理者认为工人就是一线的直接生产者，搬石抢险、平整堤坝技术含量低，职业技术培训单位投入资金、影响了工作，不能产生直接经济效益，对技能人才的培训没有引起足够的重视，培训投入不足。工作经验证明，除职业技能鉴定考前培训班外，各级针对技术工人举办的岗位技术培训几乎为零。近年来，虽然在技师评审申报中提出了继续教育奖励加分的要求，推行了教育培训机制，但没有给他们提供培训的空间，只使用、不培养的做法则进一步加剧了技术工人队伍的滞后，培训欠账多是影响技术水平提高的主要因素。

（三）知识更新慢

“人与自然和谐相处”治水理论。确保黄河岁岁安澜，坚持“治河为民”的宗旨，实现这一伟大目标，必须依靠科学理论的指导，需要一支高素质水利人才队伍的支撑。目前传统教材与现代新型技术工人知识更新不相适应，传统授课方式与现代活跃的职工思想不相适应，知识更新慢，特别是特有工种河道修防工的培训，延续了多年的培训教材，已不能满足高速发展的科技治河需要。

（四）技师、高级技师匮乏

近年来通过申报评审、技术比武、推荐参加技师专修班培训等方式，技师和高级技师在数量和质量上都有了一个飞跃，但仍存在着高层次技能人才匮乏问题，菏泽河务局目前全局技师 62 人，占技术工人总数的 7.75%；高级技师 9 人，占技术工人总数的 11.25‰。技师、高级技师与技术工人总数相比偏少，与当前科技治河及黄河基层单位水管体制改革后的发展不相适应。

（五）机制不到位

没有形成对技能人才的评价、激励和流动的机制。在技能人才晋升方式上，存在资历和身份等界限，而在技能人才的激励上，没有建立鼓励生产操作一线技能劳动者钻研业务技术，努力提高自身素质的收入分配、教育培训、岗位考核等机制，相对怠慢了技能人才的培育。

三、技能人才队伍建设的有效途径

（一）树立技术工人也是人才的观念

“不唯学历、不唯职称、不唯资历、不唯身份”的人才评价机制，为更新人才评价标准、努力营造治黄人才辈出的生动局面提供了尺度，特别是把文化知识相对较低，直接从事一线生产的技术工人再次提高到一个新的高度来认识。俗话说“三百六十行，行行出状元”，即是说人人都可以成为人才，同样一个单位的发展，人才的结构也应该有技校生、中专生、大学生乃至研究生共同组成的管理人才、技术人才、后勤服务人员来推动单位的发展，因此，技术工人只要是在本职岗位上做出自己的贡献都是治黄工作的有用人才，是人才队伍中的重要组成部分。

转变人才观念首先要从提高领导干部意识入手，把技能人才开发列入单位重要议事日程和目标考核的重要组成部分，纳入治黄发展整体规划统筹考虑；其次在人才招聘规划中把技校毕业人才列入招聘范围，引进具有专业技能知识的技校毕业生，改善技术工人队伍知识结构状况；再就是要把技术工人培训放在全局职工教育计划中去思考、去定位，以发展为主题，以新的治黄框架体系为主线，以转变人才观念为动力，通过实施技能人才开发工程，来推动技能人才队伍的优化升级。

（二）加快技能人才培育步伐

根据经济和治黄工作发展需要，加快技能人才培育步伐。在培育的目标上，要着眼于尽快培育一批能够与治黄理论框架体系接轨、懂得高新技术的高层次技能人才。在培育的内容上，要着力在更新知识培训上下功夫，尽快提高技能人才队伍的创新能力和创造能力。在培育方式上形成行业指导、单位自主、个人自觉的培育运行机制和终身学习体系。

在具体操作上，一是实施高层次培育工程。加速培育高技能人才，加大技师、高级技师的考评力度。目前黄河基层单位的技术工人实践经验丰富、业绩材料形成少，打破现有技师评审方式，建议推行“以考代评”并侧重于实践操作的考评方式；加大技师培训力度，选拔文化层次相对较高、业务技术骨干、年富力强的技术工人对他们进行脱产强化培训，在严格考试考核和职业技能鉴定的基础上直接确认技师；深化工人技术比武，工人技术比武是发现高超技术人才的最佳方式，通过技术比武获得的技师、高级技师更能体现实际技术水平。给晋升技师、高级技师创造多方位的环境，对改善高层次技能人才匮乏的现状，促进技能人才队伍的成长将起到积极的推动作用。

二是搞好岗位技术培训。针对技术工人文化素质偏低，理论水平和操作技能滞后的实际情况，首先单位要适时对一线工人进行业余文化知识补课，使其掌握一定的初、高中文化知识；其次鼓励职工报考成人函授和职工大(中)专脱产学习，进行专业学历教育，提高职工的专业文化水平；再次把技能人才培训列入年度职工教育计划，根据治河发展需要，围绕更新知识，提高工作能力，采取电视讲座、专题培训、研修班等形式，举办岗位技术培训班，分期分批进行专业轮训，使技术工人达到年内规定的继续教育天数，以尽快提高职业技能，并激发技工积极学文化、学技术的热情；推行岗位成才，发挥首席技师、技师、高级技师的辐射作用，进一步深化传、帮、带的技术传授优良传统，走工学相结合的路子，提高技术水平和操作技能，通过强化培训，把具有一定工作能力的人员安置到重要技术岗位发挥其聪明才智，体现人才效能的最大化。

三是加强对外合作。采取请进来、送出去的方式，把本单位突出技能人才选派到职业技术学院、业务对口单位学习，以提高其理论知识和技术操作水平；借助外脑，聘请专家，特别是通用工种本单位缺乏的高技能专家担任某工种的顾问，邀请其举办项目交流或专题讲座。

在抓好传统技能知识培训的同时,融入现代治黄高新知识,使工人技能知识进一步适应现代治黄需要。

四是增加技能培训经费。设立技能人才开发培训基金,加大岗位技术培训力度,根据基层单位年度培训计划,划拨专项培训经费。同时充分利用本单位拥有的师资力量和办学场所,把技能人才培训作为公益性活动,在减免培训费的同时压缩班务费开支,解决基层单位培训经费不足的问题。

五是建立健全管理网络。建立市局及以下基层单位技能人才队伍建设专职管理机构或设置专职管理人员,形成上至水利部下至黄河县级单位的技能人才队伍专职管理网络。

(三)建立技能人才激励机制

技能人才队伍建设是一项系统工程,既要转变人才观念,又要有计划地对技工进行培训,还要建立健全激励机制。

一是建立技术工人考核机制。制订技术工人技术效能考核体系,把技术工人业绩纳入年度考核,形成与岗位聘任、正常升级、奖励工资相联系的激励措施,打破技术水平一个样、学与不学一个样、享受待遇一个样的局面,强力推进岗位学习、岗位创新。

二是建立技术工人拔尖人才选拔机制。加快建立以职业能力为导向,以工作业绩为重点,并注重职业道德和职业知识水平的技能人才评价新体系,对于在本职岗位上建功立业,取得突出成绩的人员,积极推荐技能大奖、技术能手、首席技师评选,列入行业拔尖人才,树立技能人才权威。

三是建立技术工人奖励机制。提高高技能人才待遇水平,对在技术工人岗位上做出突出贡献,获得一定荣誉的,在职业技能鉴定中破格晋升技术职务,并给予大力表彰重奖,把优秀技术工人的经济待遇、生活待遇落实到位,并逐步实现技师、高级技师与相应专业技术人员在工资福利等方面享受同等待遇。

四是建立精神激励机制。大力宣传优秀技术工人业绩,开展向全国优秀工人技师许振超、水利行业技术能手、全国技术能手学习等活动,树立本单位职工自学成材的典型,鼓励职工学习科学文化知识,激励广大技术工人立足岗位成才。

总之,搞好技能人才队伍培育,建设高素质的技能人才队伍,是一项难度大复杂而系统的工程,只有在对技能人才建设有了正确认识的基础上,始终坚持与时俱进的思想,适应新的治水理论框架体系需要,逐步探索、改进、提高,创造一个愉快和谐的工作环境,才能使技能人才队伍素质真正得到提高,从而适应治黄改革发展的新理念。

(作者单位:山东黄河河务局菏泽黄河河务局)

加强青年干部“四德”教育探索与研究

刘海坤

道德是一个人,一个民族,一个国家的灵魂。“德才兼备,以德为先”是中央反复要求、经过实践证明的正确的用人标准,“官德正,则民风淳;官德毁,则民风降”,“常思前车之鉴、常修为政之德”是广大党员干部的基本功课,对于青年干部更值得铭记,更须躬行。

一、政治品德

(一)青年干部在政治品德方面存在的主要问题及原因分析

在我国社会主义现代化建设进程中,大多数青年干部能够立党为公、执政为民,兢兢业业地贡献力量,显现出崇高的政治信念和高尚的道德情操。但受社会一些不良风气的影响,一些青年干部政治素质和品德修养还不适应新形势的要求,主要表现在以下几方面:

1. 政治意识淡漠

少数青年干部政治意识淡漠,忽视了马克思主义理论的学习,学用脱节,理想信念动摇,主要表现为物质生活的过度奢华、精神生活的过度空虚和对权钱的过分崇拜与追求。个别青年干部在贪欲的诱惑下抛弃了共产主义的理想和信念,专注于个人前途的设计和构想,专注于权力的扩张。

2. 纪律观念淡薄

十八大以来,中央为广大党员干部的廉洁自律制定了新的行为准则和规范。但也有少数青年干部纪律观念淡薄,廉洁自律意识不强,忘记了党的根本宗旨,对国家、对人民、对社会缺少责任意识,致使在遵守法律法规、政治纪律、组织纪律和“八项规定”等方面出现问题。

3. “为官”目的模糊

有些青年干部宗旨意识淡薄,脱离群众,脱离实际,“四风”现象严重,忘记了全心全意为人民服务的根本宗旨,认为“为官”就是出人头地,将“为官”从政视为升官发财的工具和手段,严重损害了党员干部在人民群众中的威信。

4. 政治责任缺失

个别青年干部对自身的地位与权力没有正确认识, 反运用手中之权为自己和家人谋取私利,更有甚者一步一步走向犯罪。究其原因主要在于这些青年干部党性不强,没有崇高的政治追求,没有形成责任信念,没有自觉履行党的宗旨、党员的神圣职责和使命,人民群众的疾苦都被抛于脑后。

5. 贪图个人享受

受社会不良风气的诱惑和影响，个别青年干部放松了对自己世界观的改造，从办公楼建设装修、公款宴请、超标用车到公款旅游等违反规定和奢侈浪费现象屡禁不止，使个别青年干部越来越脱离广大人民群众，严重损害了青年干部的形象。

（二）青年干部政治品德标准

1. 要有坚定的政治信仰

广大青年干部要树立坚定的共产主义理想信念，立志为共产主义事业奋斗终生。在大是大非和政治原则问题上，青年干部要立场坚定，自觉地同党中央保持高度一致，坚决维护党的团结和党中央的权威，对危害党、国家和人民利益的行为，善于甄别真伪，坚决纠正和制止。在信念上忠于党、忠于国家、忠于人民，始终保持坚定的政治信念和严明的政治纪律，积极投身社会主义现代化建设。

2. 要注重加强自身的理论修养

增强学习意识和学习能力，首先要解决好“学什么”的问题，认真学习党的基本理论、纲领、经验，增强政治素质、理论根基和政治敏锐性，提高理论水平和执政本领。创造性地将政策转化为工作努力方向，不断提高为民服务和解决实际问题的能力。

3. 要有廉洁自律的品格

青年干部要端正心态，重视“修身”，把其作为一种内在品质和高尚的精神境界。要心存敬畏，常修为政之德，常思贪欲之害，常怀律己之心；要时刻保持警惕，严守拒腐防变的重要防线，切实做到“慎独、慎微、慎行、慎交”，切实克服各种错误思想的影响和侵蚀，自觉接受监督，不断增强拒腐防变的自觉性，从而树立正确的权力观、人生观和价值观。

4. 要有政治抉择的果断

在各项政治活动中，不可预料的事情时有发生，在周密考虑的前提下，迅速做出判断，适时付诸行动，是对青年干部政治素质的基本要求。面对突发性事件，青年干部要具备敏锐的政治洞察力和果断的政治抉择能力，清醒地估计各种可能出现的结果，在利益和原则之间迅速权衡轻重、决定取舍、果敢选择。

5. 要敢于坚持原则

坚持原则必须旗帜鲜明，率先示范，在关键时刻、是非曲直面前，要坚决同不良倾向做斗争，不做“墙头草”。对违反党的原则、损害人民群众利益的事要敢“言”，对复杂矛盾、棘手问题要敢“碰”，对工作疲沓、不负责任的人要敢“批”。树立青年干部可亲、可信、可敬的良好形象。

6. 要具备大局观念

每一位青年干部所从事的工作，都是整个党的事业的一部分，只有统筹全局，将自己所负担的责任和大局联系起来，才能洞悉全局，处理好局部和全局的关系，处理好“得”与“失”的关系，工作才会有方向、有成效、有章法。

（三）加强青年干部政治品德教育的建议

1. 强化教育

教育青年干部自觉筑牢拒腐防变的思想道德防线，树立清正廉洁的公仆形象。同时要加强廉政文化建设，注重理论联系实际，高雅与通俗结合，使廉政文化建设逐步走向常态化、长效化轨道。

2. 强化制度

党风廉政应从制度上规范权力运行，针对容易产生腐败的环节和领域，必须用制度规范从政行为，规范青年干部廉洁从政的道德标准，只有通过公正严明的惩治手段，减少和降低腐败发生的机率，青年干部才能更好地为人民群众服好务。

3. 强化监督

大量事实表明，青年干部在批评监督中成长，在放任自流中堕落，缺乏有效的监督就容易滋生腐败。要充分发挥组织监督、群众监督、舆论监督的作用，使青年干部思想品德、政治作为、经济状况处于合法合理、行之有效的监督之下。

4. 强化考核

青年干部的思想政治状况是动态的、变化的，应建立和完善青年干部思想政治品德状况定期考核分析制度和定期党性分析制度，并进一步细化、量化政治品德考核指标，以“德考”倒逼政治品德的提升。考核指标应包括政治态度、思想品质、理论素养、作风状况、道德品质、精神状态、组织纪律观念、廉政情况等方面。要完善民主测评方法，改进民意调查和个别谈访谈方式。同时建立考核评价结果公示、公议、反馈、申诉制度，进一步增强考核工作的透明度。

5. 强化廉洁

廉洁自律是青年干部的必备素质，是党对青年干部的政治要求。无论何时何地，青年干部都应遵纪守法，累于进德，勤于为民，自重、自省、自警、自励，切实筑牢思想道德防线。

二、社会公德

（一）青年干部在社会公德方面存在的主要问题及原因分析

1. 缺乏对祖国的热爱

青年干部的责任感来源于对党的忠诚和对祖国的热爱，在任何情况下，维护国家尊严，捍卫国家的利益是我们最基本的社会公德。然而有些青年干部对维护国家的尊严和荣誉及热点难点问题漠不关心，对自己的得失却精心算计。

2. 缺乏遵守法律的意识

有些青年干部因缺少法治思维或为了自己的贪欲,特权思想严重,不依法按章办事,对法律缺少敬畏,怀着侥幸心理玩弄职权,把法律法规置于脑后,突破了法律底线,逾越雷池,最终东窗事发,身败名裂。

3. 缺乏诚实守信意识

个别青年干部存在急功近利,不能够脚踏实地、言行一致,甚至出现弄虚作假、隐瞒欺骗、违法乱纪等现象,最终失信于公众,失信于组织,“诚实守信”道德基石缺失。

4. 缺乏公共秩序意识

目前个别青年干部遵守社会公共秩序状况也存在不能令人满意之处,主要表现在公共场所大声喧哗、抽烟,开车闯红灯、加塞,不遵守乘车、乘机规定等陋习,这些缺少现代文明素养的行为所产生的影响,甚至已经发展到有损我国公民形象的地步。

5. 缺乏保护弱者意识

受社会“不排队”“不让座”“扶不起”等不良风气的影响,个别青年干部在公众利益受到损失或弱势群体需要帮助时表现为麻木不仁,事不关己高高挂起,将公众利益弃之而不顾,缺乏爱心,作风粗暴,见难不帮,见义不为,见死不救,视社会公德与公共责任于身外。

6. 缺乏保护环境意识

现代文明的重要一点就是人要有生态环境意识,保护环境是做人的基本道德水准。但是一些青年干部环境保护意识淡薄,在所谓“政绩工程”背后已对生态环境造成无法弥补的破坏。在日常生活中,个别青年干部不注意个人环境卫生,且在公共场所表现不轨,这些细节都体现出青年干部行为修养低下。

(二)青年干部社会公德标准

1. 要遵纪守法

青年干部要认识到各项法律法规和道德规范不是我们的“紧箍咒”,而是我们的“保护伞”;要正确对待手中的权力,防微杜渐,不得以任何形式以权压法、以权谋私、恣意妄为,真正做到情为民所系、权为民所用、利为民所谋。

2. 要明礼诚信

青年干部要把明礼诚信作为自己修身养性、立业交友的行为准则,只有明礼仪、懂谦让,尊老爱幼,以诚待人,以信立业,率先垂范,严格遵守各项秩序规范,才能赢得他人的尊重和信赖。

3. 要公平正义

青年干部作为社会公平正义的维护者,必须牢固树立公平正义理念,要不断增强责任感和使命感,把做好具体工作同维护公平正义结合起来,勇于担当,惩恶扬善,切实保护好人民群众的利益。严禁滥用权力和暴力,肆意践踏社会公平正义。

(三)加强青年干部社会公德教育的建议

1. 强化引导

青年干部一言一行都具有社会公德的示范作用,因此,社会公德宣传教育必须列入青年干部教育培训的必修课,不仅要从文明礼仪、助人为乐、爱护公物、保护环境、勤俭节约等方面有针对性进行宣传,而且还要从积极践行群众路线出发,引导青年干部自觉约束自己的一言一行,用良好的道德形象取信于民。

2. 强化实践

青年干部的道德品质、人格魅力,需要在实践中塑造和完善。以活动为载体,吸引广大群众积极参与,是新形势下加强社会公德建设的重要途径。通过"文明市民""诚信工程""爱心工程"等实践活动,引导青年干部从自身做起,以实际行动塑造青年干部可亲、可信、可敬的良好形象。

3. 强化制约

要及时修订完善员工守则、道德规范和各类规范性措施;加大对不文明行为的处罚力度,对违反社会公德的具体行为在教育、劝导的同时,实行必要的经济处罚;扰乱公共秩序等行为要依法快速打击,对存在的丑恶现象要坚决清除。

4. 强化长效

在开展社会公德活动实践中,不仅要大胆创新、积极探索,还要认真总结经验,对行之有效成功的做法,用制度、评比、纪念日等形式固定下来,坚持下去,逐步形成长效机制。如经常性深入开展学雷锋活动,"青年先锋号"岗位评选,成立志愿服务队、义工服务组织进社区开展服务活动,设立监督员和监督举报不良现象电话等等,都是促进青年干部社会公德教育形成长效机制的积极做法。

三、职业道德

(一)青年干部在职业道德方面存在的主要问题及原因分析

1. 急功近利思想严重

一些青年干部却受社会不良风气影响,惰性思想严重,在工作岗位上态度冷淡,谋求私利,假公济私,职业道德下滑,弄虚作假等现象屡禁不止。在急功近利心态影响和驱使下,有些青年干部不经过调查研究就不切实际的提出一些空口号和空目标,而下级则疲于应付,弄虚作假,瞒天过海,给党和国家的利益造成一定的损失。

2. 腐败现象严重

受经济社会不良现象的冲击,部分青年干部的职业道德观念在逐渐淡化,价值观开始扭曲，相互攀比、贪图享受、奢侈浪费、生活腐化堕落思想严重，权钱交易、权权交易、权色交易等腐败现象不断滋生、蔓延。这种腐败现象不仅严重侵蚀着青年干部队伍，而且直接影响着党和政府的公信力。

3. “四风”现象严重

重点在形式主义方面：把握宏观、抓大事、谋长远的意识淡薄，深入了解基层实际少，调研流于表面，对深层次的原因缺少透彻分析，提出的意见建议缺乏针对性和有效性。在官僚主义方面：缺乏与群众的沟通交流，不了解基层人员的思想、工作和生活状况，为基层排忧解难少。在享乐主义方面：缺乏忧患意识和创新精神，思想上“懒”、作风上“散”、纪律上“软”，过于计较个人利益，工作责任心不强，自我提升积极性不高。在奢靡之风方面：勤俭节约意识淡薄，浪费现象时有发生，经费使用效率有待进一步加强。

（二）青年干部职业道德标准

1. 要有崇高的职业理想

在实现中华民族伟大复兴“中国梦”实践过程中，青年干部应树立权为民所用、情为民所系、利为民所谋的服务意识，职业理想的落脚点都应是为了国家的安定团结，为了社会主义现代化建设的顺利进行。

2. 要有端正的职业态度

秉公用权，清正廉洁，是对青年干部职业态度的核心要求，广大青年干部一定要严格执行廉洁从政的各项规定，做到掌权为公、用权为民、一身正气。真正以清正廉洁的职业道德规范来约束自身的行为，只有这样才能保持其权力的纯洁性和严肃性。

3. 要有高度的职业责任感

青年干部的职业责任感是对党、对社会、对国家应负什么责任的一种内心体验和道德情感。强化职业责任感，最重要的就是广大青年干部在从政为政的过程中，始终坚持自律，依法履行职责，不滥用权力，不失职渎职。在工作中，忠于职守，精益求精，自觉遵守行业纪律，乐于奉献，以自律的精神铸造全心全意为人民服务的品格。青年干部职业责任感的实现取决于自身的道德自律，始终做到自重、自省、自警、自励，把社会整体利益当作至高无上的追求，将广大人民群众的利益作为职业责任的根基，其他一切属于个人的愿望和要求，都要无条件地服从于社会公共利益、服务于人民群众的整体利益。

4. 要有务实的职业义务

青年干部是人民群众利益的忠实代表，“讲实情，讲真话”也是各级青年干部必须履行的基本职业义务。不仅要在重大问题上实事求是地贯彻执行党的路线、方针和政策，而且在日常工作中也应当做到不隐情、不掺假，既敢于向上级负责，又要善于对下级和广大群众负责，当好人民的公仆。

5. 要有公正的职业良心

青年干部受到职业良心的约束和激励，会在本职岗位上积极进取，以所从事的职业为荣。青年干部的职业良心还表现为要为人正直，办事公道。要有高度的职业荣辱感和义务感，并在内心“道德法庭”——职业良心的监督和约束下，为人要正直正派、刚正不阿、办事公道、坚持真理，不断有所开拓、有所创造、有所前进、有所作为。

6. 要有严格的职业纪律

青年干部的职业纪律是指遵守的行业秩序、命令及相关职责。青年干部无论何时何地，无论职务高低，都要必须服从组织的调遣，接受组织的监督。要提高遵守财经纪律的意识，遵守财经纪律监督，减少或杜绝违规违纪问题的发生。

(三)加强青年干部职业道德教育的建议

1. 强化学习

要教育和引导青年干部自觉加强对马克思主义、毛泽东思想、邓小平理论、“三个代表”重要思想、科学发展观和积极践行群众路线为主要内容的学习，加强对《公民道德建设实施纲要》和先进典型等方面的学习。让青年干部树立起正确的荣辱观和政绩观，懂得人生的价值在于奉献，懂得艰苦奋斗是青年人应有的政治本色，从而爱岗敬业，增强事业心、责任感。

2. 强化自觉

青年干部在个人的实践之中，经常地、主动地内省，勇于改正自己的缺点与错误，提升道德境界。青年干部要不断提高忠诚、勤政、公正、廉洁意识，谨守爱岗敬业这一基本准则，珍惜每一份工作。

3. 强化管理

要逐步建立、健全、完善青年干部职业道德管理机制，使之成为监督和制约青年干部职业道德失范行为的重要手段。同时要严格监督机制，定期进行考核，以进一步激励和鼓舞青年干部积极进取、奋发有为的精神。对那些不讲诚信、不守法纪、不尽职守的少数青年干部要坚决进行严肃处理。

4. 强化熏陶

青年干部刚刚走上社会，世界观可塑性很大，因此，优化环境，靠良好的环境来熏陶、影响青年干部是十分必要的。通过各种新闻媒介宣传褒扬高尚的道德行为，揭露和抨击不道德的行为，形成有德光荣、失德可耻的道德氛围。党、团组织和行政领导一起抓职业道德培养教育工作，且要长期坚持，形成传统，对青年干部产生潜移默化的影响。要发挥先进典型的示范作用，使青年干部耳濡目染，近有所学，远有所追。

四、家庭美德

（一）青年干部在家庭美德方面存在的主要问题

1.意识淡薄、缺乏认识，认为家庭道德问题是小事、私事，是自己的私人空间，往往表现为家庭意识淡薄，家庭观念弱化。

2.要求不严、管理不力，对家人和亲属利用自己的工作关系谋取不正当利益视若无睹，甚至“一人得道，鸡犬升天”。

3.思想腐化、道德败坏，在感情上见异思迁、喜新厌旧，甚至以权谋色、权色交易。

（二）青年干部家庭美德标准

1.带头处理好夫妻关系，不仅要履行好各自责任和义务，还应做到相互尊重、理解、包容和信任。

2.带头处理好亲子关系，对父母应以敬为孝、体贴关怀，对子女应以教为养、全面关心，既切忌家长制作风，又切忌对子女放纵。

3.带头处理好邻里关系，做到相互尊重，相互理解，相互帮助。四是带头发扬勤俭持家的优良传统，时刻树立节约光荣、浪费可耻的思想观念。

（三）加强青年干部家庭美德教育的建议

1.强化约束。加强对青年干部权力运行的监督，不该去的场所不去，不该交的朋友不交，并把青年干部家庭和谐情况列为提拔任用的参考依据。

2.强化自律。教育引导青年干部多学知识，少搞娱乐，通过培养健康情趣来净化身心，以无欲则刚和宠辱不惊的平常之心来加强自律。

3.强化“治家”。“一屋不扫何以扫天下”，青年干部应以身作则，对配偶不嫌不宠，对子女不娇不惯，对老人不厌不烦，对亲戚不亲不疏，真正做到公事家事两分开。

4.强化感恩。“羊有跪乳之恩，鸦有反哺之义”，青年干部要做到常怀感恩之心，孝敬父母，尊老爱幼，夫妻互敬互爱、邻里互帮互助。

5.强化宣传。要充分利用电视、报纸、微信等媒介的舆论引导作用，广泛宣传家庭和谐的先进典型，对不和谐的案例进行谴责，使家庭美德建设形成良好的社会氛围。

（作者单位：山东菏泽黄河河务局养护公司）

关于四川省都江堰管理局创建学习型组织的案例分析

肖 帆 孙小铭

党的十七届四中全会提出建设马克思主义学习型政党的重大战略任务。2010 年 2 月中共中央办公厅印发了《关于推进学习型党组织建设的意见》。2013 年 11 月，党的十八届三中全会要求，要“建设学习型、服务型、创新型的马克思主义执政党，提高党的领导水平和执政能力，确保改革取得成功。”四川省都江堰管理局早在 2006 年 3 月就正式拉开了集中创建学习型党组织、学习型机关活动的序幕，其连续 5 年的集中创建活动和之后的常态化建设，积累了一些经验，取得了丰硕的成果，值得我们深入剖析和研究。

一、创建学习型组织的背景

四川省都江堰管理局是一个承担着都江堰灌区 7 市 37 县(市、区)1000 余万亩农田的灌溉、成都市重点企业和城市生活供水，以及防洪、发电、水产、养殖、林果、旅游、环保等多项目标综合服务的水利事业单位。2005 年，四川省都江堰管理局共有在岗人员 750 人。其中，学历为研究生的 3 人，占 0.4%；大学本科 113 人，占 15.0%；大学专科 185 人，占 24.7%。由于之前开展了“三讲”集中教育和保持共产党员先进性教育等活动，党的思想建设、组织建设、作风建设、制度建设和思想政治工作得到加强，干部队伍素质不断提高，供水管理、水利工程建设、水利改革都稳步推进。与此同时，认真开展了精神文明创建活动，2005 年底还获得了全国文明单位荣誉称号。

但是，都江堰管理局也还存在一些困难和问题。在水利管理上，面对不断扩大的用水需求和水资源承载能力不足的矛盾，以及水生态环境和水公共安全对水利工作提出的新要求，干部职工的理念还不能完全适应水利发展的新趋势；在经济发展上，观念和体制性障碍仍未完全破除，政策性约束因素和市场风险正在增加，职工发扬“献身、负责、求实”的水利精神和追求更高的幸福指数还存在一定矛盾；在体制改革上，随着事业单位改革进入攻坚阶段，职工和单位的承受能力将面临新的考验；在队伍建设上，职工的整体素质和队伍结构与水利现代化建设的要求还不完全相适应；在发展环境上，条块之间和条条内部的关系需要进一步理顺和协调，各级政府对水利的政策支持需要进一步争取，水利发展的法制环境需要进一步强化，这都为水利人提出了更高的智慧要求。

二、创建学习型组织的必要性

（一）创建学习型组织是现阶段搞好党的先进性建设的迫切需要

从实践中看，虽然广大共产党员的个体素质总体是好的，但有一些党组织先进性的体现和发挥仍然不理想。四川省都江堰管理局就思考怎样从组织的角度创造一个使党员的先进性能充分发挥出来的组织机能。对此，他们提出了要创建学习型党组织的思路，借鉴先进的企业管理的经验，来提高党组织自身的组织机能，以提高组织的先进性，来带动党员个体的先进性。因此，他们开展创建学习型党组织、学习型机关活动，是着眼于党的先进性建设的目的来考虑的。

创建学习型组织是积极探索新时期党的建设和机关建设的新机制、新方法，增强党组织和单位的创新力、凝聚力的迫切需要。世界著名学习型组织专家彼得·圣吉博士提出的建设学习型组织"五项修炼模型"，即自我超越、改善心智模式、建立共同愿景、团队学习、系统思考，这对都江堰管理局探索加强基层党组织建设和机关建设的新途径、新方法具有良好的启示作用。通过"五项修炼"，可以不断提高党员、干部和职工的个人素质，提升组织学习力和创新力，促进思想观念统一，明确共同奋斗目标，增强适应能力和应变能力，从而提高组织机能，激活党员和全体职工个体的活力，进而增强组织的创新力、凝聚力。

创建学习型组织是不断提高广大干部和职工素质，全面提升单位核心竞争力的迫切需要。近年来，都江堰水利事业得到了长足的发展，这同都江堰灌区有一支综合素质较高的水利干部和职工队伍是分不开的。要保持这种良好的发展态势，实现新的跃迁，仅靠传统的和经验型的管理模式已很难。特别是中央、水利部及省委省政府提出的治水新思路对灌区的水利工作提出了更高要求。通过创建学习型党组织、学习型机关，将在单位内部建立起学习力→创新力→发展力→竞争力的传导机制，有效地提高水利干部、职工学习力和对市场经济规律的认识水平，促进干部和职工队伍全面发展。也将全面提升单位管理水平，使单位的核心竞争力不断增强。

创建学习型组织是加强单位先进文化建设，构建和谐单位的迫切需要。都江堰有着2000多年深厚的文化积淀，逐步形成了许多良好的自身文化。特别是党的先进性教育活动期间，他们提出的"求实创新、风正心齐、和谐发展、造福灌区"的主题口号，体现了都江堰管理局的核心理念和价值，是其单位文化的精髓。他们创建学习型党组织、学习型机关就是要在单位优秀文化传统的基础上，克服存在的不利于水利现代化建设和构建和谐单位的某些因素，进一步加强单位文化建设，提炼出富有都江堰特色的、以"和谐"为核心的单位价值理念和组织文化，推动其三个文明的协调发展。

三、集中创建活动的做法

都江堰管理局创建活动共分为四个阶段进行，分别是理念开发，宣传动员阶段；搭建平台，完善载体阶段；全面实施，典型示范阶段；形成文化，完善制度阶段。

第一阶段：理念开发、宣传动员阶段。首先，对单位组织结构、基本制度、人才队伍培养、人力资源管理和经营管理等工作中存在的问题和文化建设等情况进行深入调查研究；其次，根据调研情况，结合单位党的建设和水利改革发展的实际和要求，制定了创建学习型党组织、学习型机关的规划和具体的实施方案。这个阶段的工作要做到了“三个到位”：一是安排部署到位。组建了一支由领导小组、创学办、内训队和指导小组组成的专门工作班子。创学办具体执行领导小组下达的各项任务，落实各项创建工作；内训队对本支部、部门全体职工普及宣传学习型组织的相关理论，制定本部门的学习计划和团队活动；指导小组在各阶段举行专题讲座，并对内训员进行辅导。二是动员宣传到位。通过专题讲座、印发《创建学习型组织简明读本》、制作宣传专栏等形式引入理念、营造氛围、普及知识，在全体党员、干部和职工中进行深入动员，使创建活动深入人心。三是学习制度到位。建立了定期分析研究制度、内训员制度和学习日等制度，完善《职工教育管理办法》，定期对学习效果和学习内容进行检查考核，并把检查结果作为支部建设目标管理和部门年度目标管理考核的重要内容。

第二阶段：搭建平台、完善载体阶段。这个阶段他们注重为职工搭建“三个平台”，并以各种活动为载体，大大提升团队的学习力。一是搭建组织学习的平台。通过完善中心组学习制度，坚持每月一次的党支部组织生活，坚持每周一次的部门组织学习，鼓励和支持“八小时以外”的学习，定期举行专家报告演讲会，组织成立职工兴趣小组等，建立了全方位学习系统。二是搭建交流共享的平台。通过完善网上“学习型组织”栏目，开通读书博客，制定《干部和技术人员外出学习考察管理办法》，定期组织学习心得交流等，建立资源和知识共享系统，变被动的个人学习为主动的组织学习、成长性学习和创造性学习。三是搭建展示才能的平台。通过举办各种知识技能系列比赛，逐步推行中层干部公推公选制度等，进一步完善和优化人力资源管理的各项制度、规程等，为职工提供展示才华的机会，提升组织结构资本。

第三阶段：全面实施、典型示范阶段。主要搞好了愿景体系的建设。一是引导个人愿景，实现人生价值。开展《职工职业生涯规划问卷调查》，填写《职工个人愿景》表格。通过集中培训、反思找差、广泛讨论、深度会谈、树立标杆，使全体党员干部、机关职工打破心智障碍，规划人生目标，明确努力方向，实现自我超越，建立起具有个性化的个人愿景。二是设计部门愿景，找到共同目标。各部门在对部门职工个人愿景充分归纳提炼的基础上，由部门领导者提出，经过告知、推销、测试、共同创造这四个阶段，形成所有团队成员都认可并接受的部门愿景，并成为单位愿景的补充和支撑。三是体验共同愿景，制定发展规划。一方面在全单位范围内征集共同愿景,使每个职工都热情参与;另一方面,对个人愿景和团队愿景进行归纳、整理和提炼,形成共同愿景讨论稿。最后,以头脑风暴的方式提炼出最代表所有职工愿望的共同愿景——“传承古堰文明,引领现代水利”。同时,以网络和标语宣传、愿景解读等方式,使愿景深入人心,成为众心所向。并结合实际制定单位发展规划。

第四阶段:形成文化、完善制度阶段。他们在创建中深度挖掘单位精神、制度、行为和物质文化,努力形成了以学习文化为核心的水利文化体系。一是加强精神文化建设。将水利行业精神、李冰治水精神和抗震救灾精神结合起来,开展水利单位精神大讨论,打造新的水利精神品牌。同时,通过文化论坛、政研会、课题调研、文艺表演、兴趣小组等活动,丰富了精神文化载体。二是加强制度文化建设。进一步建立健全制度体系,形成《制度汇编》。建立学习型党支部、学习型处室和学习型个人的评价指标体系,完善了学习考核与工作目标考核相结合的督促激励机制,并总结形成了《创建学习型党组织、学习型机关制度汇编》。三是加强行为文化建设。注重引导、调整、控制个体行为,将创建学习型组织活动与创建文明单位紧密结合,引导党员和职工做文明水利人、做文明公民,将个体行为凝聚到促进水利事业可持续发展上来。在组织行为上,建立健全鼓励创新行为、鼓励奉献行为、激励多做贡献行为方面的机制,完善涉水组织行为模式。四是加强物质文化建设。搞好机关环境整治、水利工程文化风貌改造等,特别是在学习的基础上,把水的问题放到人口、资源和环境协调发展的社会大背景下重新审视,努力建设民主化、数字化、法制化和生态型、节水型灌区。

四、取得的成效

经过五年多的集中创建和之后的常态化建设,都江堰管理局创建学习型党组织、学习型机关活动达到了提升队伍素质,增强团队核心竞争力,促进都江堰水利事业发展的既定目标。

(一)自我超越,职工的素质大大提升

学习型组织的创建为职工提供了一个自我反省、自我认识的过程,职工对自己进行职业生涯设计,不断给自己设定新的目标,并不断自我超越,带动个人心态、思维、能力向积极方向转变,并让这种转变落实到个人工作绩效的提高上,形成良性循环。通过创建活动,职工树立了“终身学习”“学习工作化,工作学习化”的理念,“反馈、反思、共享”成为职工的自觉行动,改善心智模式得到改进,发展的、科学的、系统的思考论证之风初步形成,职工自我加压、自我充电、互相交流、知识共享的学习分析和执行能力广为增强。他们将学习理论与学习专业技能、各种新知识结合起来,形成了《都江堰灌区水利现代化规划》等重大成果。专门组织了川农大水工建筑、水电站等专科、本科研究生学历等学习,还针对职工举办了“闸门运行工”培训班、都江堰灌区信息化培训班等专业技能培训,使职工更加注重提高自己的学历文

凭和实际工作能力。到2013年,四川省都江堰管理局共有在职人员605人。其中,学历为研究生的21人,占3.5%;大学本科149人,占24.6%;大学专科183人,占30%。分别比2005年提高了3.1、9.6、5.3个百分点。

(二)团队学习,核心竞争力大大提高

都江堰管理局通过开展深度会谈、比赛、活动、讨论和经验交流等学习方式,不断在团队中和团队之间进行沟通交流,将个人智慧逐步转变为"1+1>2"的团队智慧。一是从"提一个问题"开始,实践研究式的学习方法,改变学习和工作脱节的不良状况,鼓励大家采用"目标、任务和问题驱动"的学习方法,对制约部门发展的难题反复研究和实践,探讨解决方案。二是交流碰撞思想,实践反思式的学习方法,改善传统的只重视对未来发展进行思考的学习方式,使职工在都江堰水利事业发展的反思中发现新问题,并积极寻求解决问题的有效途径和方法。三是树立先进榜样,实践差距式的学习方法,改善学习内容普遍乏味、缺乏针对性的状况,在全单位形成一种具有自身特色的"差距"文化,他们鼓励职工立足岗位,"找差学习";互相沟通,"询差"学习;竞争对手,"比差"学习;教育培训,"补差"学习。团队学习,使个人能力发挥得淋漓尽致,使团队的工作绩效不断提高,管理局也连续三次获得和保持了全国文明单位的荣誉称号。

(三)系统思考,都江堰水利事业又好又快发展

随着学习型组织理念的深入人心,职工的凝聚力、创造力和战斗力更加增强,他们将深入学习实践科学发展观与系统思考结合起来,用实际行动深化理论学习的成果:供水管理上,树立以人为本理念,积极推行节约用水、计量用水、合同供水,灌区年均节水已达到3亿立方米,实行了优质服务,实现了水资源的优化配置和科学调度,灌区工业供水保证率达100%,农业用水保证率达98%以上,即使是遭遇了2008年的"5·12"特大震灾和2010年泥石流洪水灾害,也确保了灌区农田的适时满栽全种和成都市的生活、生产、生态用水;工程建设上,树立人水和谐的理念,搞好续建配套与节水改造,加强末级渠系改造,推进"数字都江堰"工程。信息系统化、灌溉自动化、技术网络化、管理科学化和供水、用水、治污、旅游等有机结合的30万亩水利现代化示范区建设初见成效。2013年都江堰内江采取古法与现代技术相结合,顺利断流维修。先后被评为全国水利建设与管理先进单位、全国水利信息化工作先进集体;水利改革上,树立富民强局的理念,积极推进了水管体制改革、职工聘用制改革、水价改革、综经项目经营方式改革,单位经济实力不断增强,职工收入稳定增长。

五、经验总结

创建学习型党组织是长期而艰巨的任务,它不是一项独立的活动,必须紧紧围绕事业的发展,贯穿中心工作始终,最终把学习的成效转化成单位的核心竞争力。

（一）要提高认识，树立正确的理念

不能简单地把加强组织职工学习等同于创建学习型组织。而所谓学习型组织，是指“组织和组织成员为了实现共同愿景，坚持全员学习、终身学习的理念和文化，善于通过坚持不懈的学习（包括个体学习、团队学习和全员学习），积累和增强人力资本，不断改革和创新组织功能，实现学习力→创新力→发展力→竞争力的传导，持续地提升核心竞争力的系统。”

（二）创建学习型组织活动要始终围绕并服务于中心工作

学习目的就是推动工作，工作的好坏验证学习成果，创建学习型组织不是一项独立的活动，它必须紧紧围绕事业的发展，贯穿中心工作始终，最终把学习的成效转化成单位的核心竞争力。一旦脱离中心工作，创建工作就会失去意义。创建学习型组织活动必须与加快发展结合起来，使工作思路更加清晰，定位更加准确，重点更加突出，目标更加科学。

（三）创建活动要以制度建设为保证

创建学习型组织必须在加强制度建设中来保障，只有落实在制度上，才能产生导向力和约束力，避免随意性和主观性。同时，把创建中的成果和经验用制度的形式确定下来，才能使它发挥长期性的作用。因此，在活动一开始就要确定学习日、内训员、领导联系制度等日常制度，并狠抓领导者、组织者和督导者，把职工和团队学习的好坏纳入目标考核的范畴。在活动的最后，还要认真总结创建过程中好的做法和经验，并形成《制度汇编》，确保创建学习型组织活动进入常态后仍然保持强劲势头。

（四）创建活动要以团队建设为抓手

团队是为一个共同的目标和为实现这个目标而走到一起的队伍。在学习型组织创建中，必须高度重视部门、支部及整个单位的团队建设，在各部门、支部强化合作观念、强化整合意识、强化奉献精神。不仅在支部、部门内部开展深度会谈，在支部、部门之间也要更多地开展思想的交流和碰撞，还要扩宽内部和外部的交流方式，提升整个团队战斗力。要建立起一支年龄结构合理、知识结构齐备，政治强、思想硬、业务精的班子队伍、党员队伍和职工队伍，逐步使人才队伍结构得到优化。

创建学习型组织是一个复杂的系统工程，需要精心的组织和策划，需要有优化的学习环境和良好的学习条件，更需要各级党组织的重视和广大党员及职工的积极参与。同时，创建学习型组织也是一项开放的系统工程，需要结合实践不断深化、不断提高、不断探索、不断创新。

（作者单位：四川省都江堰管理局）

《高职院校“校中厂”管理体制与运行机制研究》研究报告

李家坤 吴 琦 汪 锋 夏 勇 张贤斌 熊 巍

一、项目概述

“校中厂”是高职教育在借鉴新加坡“教学工厂”基础上创建的办学模式和人才培养模式，将学校和企业两种不同的教育环境和资源深度融合，是适应高职职业综合素质培养的教学目标的。校中厂的创建，在教学、实训、实习等各环节中，起到了弥补课堂教学不足，提高教学质量，提供实习机会等作用。高职院校通过建立“校中厂”引企入校，把工厂搬进校园，校企合作建立实训实习基地、人才培养基地。将企业生产设备、运行资金、技术人员等资源引入，与学校场地、设备、师资有机整合，将办学与生产融合，实现校企深度融合，让学生在真实的工作环境中学习，使学生的知识技能与相应的工作岗位无缝对接。

“校中厂”是高职院校谋求自身发展、实现与市场接轨、是校企合作深度融合的重要举措。“校中厂”是学校提供场所和智力资源，利用企业的设备和技术实现优势互补、资源共享，由校企双方共同所有的为学生提供生产实训条件的校内生产性实训基地。建立“校中厂”式的工学结合办学模式，实现校企深度融合的办学平台，既是高职教育办学的基本理念，又是高职院校工学结合办学模式的实践，更是高职院校改革发展提高高端技能型人才培养目标的重要途径。“校中厂”是校企深度融合的实践，是校企合作的深入，实质在于通过合作、融合形成你中有我，我中有你，互惠双赢，共存共荣的利益格局，具有可持续的长效机制。

“校中厂”办学模式的发展对高职院校教学模式改革起着至关重要的作用，但是在实际管理与运行过程中，因为相关体制的欠缺或者不健全，往往制约了“校中厂”的发展和日常的运行。本课题结合省内外现状及我院实际情况，对高职院校“校中厂”管理体制与运行机制进行了研究，研究的基本内容包括以下四个方面。

1)省内外“校中厂”管理体制和运行机制对校企合作实训基地建设的启示；

湖北省教育科学“十二五”规划研究课题【项目编号】2012B312

课题负责人：李家坤

项目组成员：李家坤 吴琦 汪锋 夏勇 张贤斌 熊巍

2)贯彻落实我国教育法及政府的相关政策对“校中厂”实训基地建设有效促进的研究;

3)“校中厂”实训基地管理体制模式创新研究;

4)“校中厂”实训基地运行机制创新研究;

目前我国高职教育“校中厂”式工学结合、校企深度融合的主要问题,对“校中厂”式实训基地办学体制、运行体制、财政投入体制及管理体制等方面内容研究还出于初步探索阶段。本课题作为实证和教育实践研究,难点是研究建立校企双发方互惠互利的高校“校中厂”管理体制和运行机制。

二、项目研究的意义及现状

(一)研究意义

建设高水平高职院校校内生产性实训基地,既能提高学生创新和应用能力,又能提高教师队伍素质,促进教学设施的现代化建设。搞好实践性教学环境、培养创新型技术人才创造条件是高职院校实训基地建设的发展方向。

“校中厂”使我们的学生走进课堂是学生,走进车间是工人,是企业的员工。这种双重身份决定了学生可获得与传统教学不一样的收益:一是能得到知识与技能紧密结合的实践训练;二是能得到学校教师与企业员工的共同指导;三是能得到校园文化和企业文化的双重熏陶;四是能通过顶岗实践,经济条件得以改善,就业竞争力得以提升。

学校通过“校中厂”运行模式,让企业参与进来,共同进行高职教育教学改革,使专业人才培养方案设计与企业需求相吻合,更能反映出社会发展的需求。“校中厂”为培养高素质“双师型”教师队伍提供了条件。

面向区域经济社会建设培养高素质技能型专门人才的人才培养目标定位,紧扣“依托专业办产业”的先进职教理念,大力推进校企合作,深入探索具有特色的“校中厂”实训基地建设,创新工学结合人才培养模式改革,着力培养毕业生就业、创业能力,提升毕业生就业水平;深入探索具有特色的“校中厂”的运行机制与管理体制建设提高我国高职院校高端技能人才的培养水平;研究“校中厂”的运行机制与管理体制对推进工学结合、校企合作办学模式具有理论指导意义;研究高职院校“校中厂”的运行机制与管理体制对高职院校深化校企合作具有示范引领作用。

(二)研究现状

随着职业教育的发展,出现了一系列先进的校企合作模式,其代表有以企业为主体的德国“双元制”英国的“工读交替”,以学校为主体的新加坡“教学工厂”,美国“合作教育”模式,等等。我国自改革开放以来,经济飞速增长,高等职业教育蓬勃发展,高等职业院校探索出了许多成功的经验,如“企业办学”模式、“订单培养”模式、“校企联合培养”模式、“职业教育集团"模式等。我国的高等职业教育事业经过 20 多年的发展，其办学规模、内涵外延建设、人才培养的质量都取得了一些成绩，尤其在工学结合、校企合作创新与改革人才培养模式方面积累了一些经验。目前，我国高等职业教育"校中厂"式工学结合、校企深度融入还处于探索和初步实施阶段。省内外对建立深度融合的"校中厂"实训基地还处于起步阶段，对"校中厂"的管理体制和运行机制的理论研究很少。

在"校中厂，厂中校"基地建设过程中，校企双方各自发挥了自身的优势，实现了资源的优化配置。双方共同参与制定了相关人才培养方案和计划，根据地方经济的特点和发展趋势，调整了课程设置，在传统的教学过程中引入了真实的工作情景，培养了具有更强竞争力的毕业生队伍。然而"校中厂"的运行和管理缺乏一套有效的组织管理体系。很多专业的"校中厂"仅仅只是作为学生实习和实训场所，校企双方缺少沟通和交流，使得学生的实习和实训与实际情况脱节。为了确保"校中厂"最大程度上发挥作用，校企双方需要建立完善的专、兼职教师队伍，组成完整的组织管理机构，明确在教学过程中的责任和义务，建立完善的运行管理和考核制度。

三、研究方案

（一）研究内容及方法

本课题结合当前高职院校"校中厂"实践的现状情况，进行广泛的调查分析"校中厂"的管理体制和运行机制。根据我院校中厂实施情况与研究工作相结合，通过调查访谈，将问题发展成研究主题进行系统的研究。研究的主要内容有：

1）省内外"校中厂"管理体制和运行机制对校企合作实训基地建设的启示；

2）贯彻落实我国教育法及政府的相关政策对"校中厂"实训基地建设有效促进的研究；

3）"校中厂"实训基地管理体制模式创新研究；

4）"校中厂"实训基地运行机制创新研究。

针对以上研究内容，课题组成员主要利用行动研究法、文献法、调查分析法、个案研究法等方法，对课题进行深入研究。

行动研究法：针对当前高职院校校企合作的开展情况及"校中厂"实践中的问题，在行动研究中不断地探索、改进和解决"校中厂"管理体制和运行机制的实际问题。根据我院校中厂实施情况与研究工作相结合，将问题发展成研究主题进行系统的研究。把研究和实践结合起来，边行动边调整研究进程，获得经验指导自己的工作，使自己的行动得到改进和发展。

文献法：了解分析当今"校中厂"管理体制和运行机制的状况和实践效果，探究现行职业教育校企合作模式的"校中厂"管理体制和运行机制的形成的渊源。

调查分析法:调研武汉、黄冈、襄樊、广东、江苏等发达地区富有特色职业学校现行“校中厂”的实训模式和现行“校中厂”的管理机制及运行机制,进行研究分析。

个案研究法:将一些具有特色,具有指导引领作用的“校中厂”作为个案加以研究,最终将这些个案进行梳理、归纳、总结。

(二)组织分工

课题组负责人李家坤教授负责课题的申报、立项;拟订课题研究实施方案,开题报告和结题报告;分配每个参研人员的研究任务,定期召开课题组人员会议,了解研究情况,加强研究指导;及时收集能够反映课题成果的主要资料和过程性材料,资料整理要规范,要注重研究成果的物化;做好课题研究的阶段性总结,对前期研究中出现的问题及时进行补救,布置下阶段工作。

课题组参与人吴琦协助李家坤教授负责课题研究制度建设,协调课题研究的各个环节,负责课题研究会议督查,负责课题研究笔记检查,参与项目的研究。课题组参与人汪锋、夏勇、张贤斌负责完成课题组分配的研究任务,进行具体的实践研究,随时收集、整理过程性研究材料,并进行阶段小结,负责课题资料收集与整理,完成研究论文。课题组参与人熊巍负责协助项目负责人李家坤教授完成结题报告、研究报告的撰写,结题资料的收集整理等工作。

(三)研究进度

本课题结合当前高职院校“校中厂”实践的现状情况,进行广泛的调查分析“校中厂”的管理体制和运行机制。根据我院校中厂实施情况与研究工作相结合,通过调查访谈,将问题发展成研究主题进行系统的研究,从 2012 年 9 月立项开始,到 2013 年 12 月结束,为期一年有余,整个研究过程分为以下四个阶段:

1)第一阶段(2012 年 9 月—2012 年 12 月)

本阶段为课题研究的启动阶段,主要进行了“校中厂”管理体制和运行机制的调研,通过查阅大量文献资料,对比研究了国内外、省内外“校中厂”的管理体制与运行机制现状,收集了相关资料。结合我院实际情况总结“校中厂”实施情况,完成了《“校中厂”管理体制和运行机制调研报告》。

2)第二阶段(2013 年 1 月—2013 年 5 月)

结合前一阶段的调研成果,继续查阅文献资料,走访附近高职院校调研,收集“校中厂”运行过程中的管理体制与运行机制的相关资料,结合我院及兄弟院校“校中厂”开展情况建设经验和建议,完成了《“校中厂”实训基地的运行机制》调研论文一篇。

3)第三阶段(2013 年 4 月—2013 年 8 月)

在前期调研基础上,结合我院校企合作共建实训实习基地的工作经验,对日常运行过程中存在的问题进行系统分析，总结经验，提炼“校中厂”管理体制和运行机制，完成研究论文《高职院校“校中厂”实训基地的管理体制的探索》。

4)第四阶段(2013年6月—2013年12月)

归纳、总结、分析前期的调研成果，召开课题组成员研讨会议，完成课题的研究报告。

四、研究成果

通过一年有余的课题研究，项目组成员在李家坤教授的带领下，主要完成研究成果有：调研报告1份、研究论文3篇、研究报告1份。

序号	成果名称	作者	备注 (出版社名称等)
1	高职院校“校中厂”实训基地的管理体制的探索	夏勇、熊巍	《价值工程》
2	教育法及政府政策对“校中厂”实训基地促进作用研究	吴琦、李家坤	《中国电力教育》
3	“校中厂”实训基地的运行机制研究	熊巍、张贤斌	《教育教学论坛》
4	“校中厂”管理体制和运行机制调研报告	汪锋	调研报告
5	《高职院校“校中厂”式校企合作模式的运行机制与管理体制》研究报告	李家坤、熊巍	研究报告

五、结论

(一)重要观点或对策建议

高等职业教育具有高等教育和职业教育双重属性，以培养生产、建设、服务、管理第一线的高端技能型专门人才为主要任务。按照“到2020年，形成适应经济发展方式转变和产业结构调整要求、体现终身教育理念、中等和高等职业教育协调发展的现代职业教育体系”要求，必须坚持以服务为宗旨、以就业为导向，走产学研结合发展道路的办学方针，以提高质量为核心，以增强特色为重点，以合作办学、合作育人、合作就业、合作发展为主线，创新体制机制，深化教育教学改革，围绕国家现代产业体系建设，服务中国创造战略规划，加强中高职协调，系统培养技能型人才，努力建设中国特色、世界水准的高等职业教育，在现代职业教育体系建设中发挥引领作用。高等职业院校的教育需要与企业协商合作，共同营造有利于人才培养的环境，创新校企合作模式，利用校内自身的资源培养适应市场需求的高素质高技能型人才，是高等职业教育发展永久不变的主题。

本课题组成员经过一年多的调研和理论研究，对于校企共建“校中厂”实训基地的运行管理机制，形成以下观点。

1)加强资源整合,建立健全合作机制,打造高端技能型人才培养模式

离开企业,工学结合就成了无源之水,所以学校要主动与企业联系,积极引进对口的企业。我院从 2009 年起就聘请企业专家和能工巧匠为学院专业建设指导委员会委员,让他们参与专业建设、人才培养模式改革、实训基地建设、课程开发、教材开发和实训指导等工作。参与校企合作培养人才工作的统筹规划和组织协调，制定企业所需要的高端技能人才培养发展规划、教学计划,以及相关的激励政策和方法,形成鼓励学校和合作企业共同培养技能人才的制度和环境。以我院电力工程系为例,我们选择了 5 家管理规范、技术先进的企业作为紧密型校外实训基地,开展长期稳定的合作,并且将其中一家在省内知名的电气公司的组装车间搬到学校,成立了系部领导、车间负责人和带队教师、工人师傅组成的三级管理小组,统一规划,统一管理。学生在校中厂根据企业需要定岗位、定任务,按企业要求完成任务。让学生带着作业来,带着产品走。用产品对学生进行考核,促进学生职业技能和职业适应能力得到较大的提高。

2)加强生产与实习的结合,增强就业竞争力

为了让学生提早体验生产实践,提高就业竞争力。我院在大三的学生中开展准员工式的实习,就是让学生在校中厂进行生产性实习。在学生学习的第五学期,让学生进入生产岗位。采用学徒学习与教师辅导相结合的方式,完成岗位技能和岗位素养的学习和锻炼。在学生学习的第六学期,此阶段为顶岗实习阶段,让学生自愿报名,由企业按照招收员工的标准进行面试,双向选择,企业择优录用。这样学生利用校中厂进行生产性实习训练,培养了学生的职业素质和技能,学生将学习与打工结合起来,即完成了学业又获得了一定的经济收入。同时企业招收的实习员工既节约了劳动资源，又缩短了培养新员工的时间，使他们尽快融入企业,还为企业创造了利润,实现了学校、企业、学生的三赢。

3)利用企业科研项目,提高专业教师研发能力

在校中厂教师不再以教学为主,教师也要以员工的身份进入校中厂,进入企业的技术开发、产品研发项目中,承担相应的研发任务,企业对工作成果进行考核验收,教师也可获得相应的报酬。企业通过合作研发,可以获得技术,教师在参与生产和研发过程中,得到了学习和锻炼,提高了专业水平。

4)实施多元化的学生综合评价体系

校企共同结合具体工种或岗位,通过设立顶岗实习学分、顶岗职业素质学分和实施学生综合测评办法等措施,建立起突出学生职业素质、实习全程评价、校企多元考核的开放性评价体系。以岗位需求作为质量考核标准,重点考核学生的职业素养,职业能力。采用“三取代、一过程”的多元考核方式,即职业资格考试取代传统的考试,上岗达标测试取代课程考试,完成规定项目或任务取代课程考试,强化过程考核,用过程的产品达标测试取代考试。同时,将

企业管理员工、考核员工的机制融入对学生的评价指标,实现在真实职业环境中,学生和教师评价与生产实践过程中的各个环节和要素全方位结合。着重把顶岗实习与生产实践有机结合起来。此外,对未按要求完成实习的学生,取消评先评优资格;对表现优秀者,优先推荐就业,提高学生实习的积极性。

高职院校探索建立“校中厂”是专业建设、人才培养模式改革的重要内容,是校企深度融合,合作育人、合作发展的有效途径之一。校企合作对于高职院校来说是不可或缺的基础条件,它涉及高职教育中的实训基地建设、双师型教师队伍建设、培养目标的制定、教学效果的评价以及教学内容的更新等诸多方面。因此“校中厂”在学校、企业、教师、员工、学生之间建立了一条绿色通道,能较好地解决“工学结合”实践教学过程中的一些问题,是一种值得推广的校企合作教学模式。

“十一五”以来,全国的省、市、县三级职业教育实习实训基地建设取得了长足发展。如何培养出符合社会需要的人才,是高职院校发展到现阶段思考的主要问题。为此,各高职院校通过校企合作,工学结合,在办学模式、人才培养模式和教学模式方面进行了积极的探索与实践。课题组在取得上述研究结论的同时,也对我省今后“校中厂”这一校企合作模式提出了以下几点建议。

1)强化政府职责,加大经费投入力度

为从根本上改变我省实训基地建设的薄弱现状,我们认为:一是要制定政府承担购买实训设备、并适时更新设备的专项资金的政策,制定政府购买实习实训岗位的专项经费、加大对职业教育尤其是实训基地建设的支持力度的政策;要逐年增加省职业教育专项经费,重点支持示范性、区域性、综合性实训基地建设。二是政府要出台相关法规和优惠政策,鼓励通过多种渠道依法筹集实训基地的建设资金,鼓励更多的企业参与基地建设或增加对实训基地建设的投入;基地建设要采取出资方认可的经营形式,以体现出资人的意愿,保证出资人的利益。由于职业培训机构在基础条件、经营意识和能力等方面的先天不足,校企联合建设实训基地是目前大多数地区较认可的一个方式。无论选用何种经营形式,关键都在于利益的切分,只有保证实训基地参与各方的社会效益和经济效益,才可能实现实训基地建设的可持续发展。所以,可以考虑从企业利润中预留 1%~2%的资金,用于实习实训基地建设或用于员工培训以及就业、再就业培训等。三是政府应组织行业、企业、院校相关专家等进行科学论证,制定实习实训基地建设的规范和统一标准,强制实训基地建设设施设备达标。

2)集中使用资金,加强综合性、区域性和专业性实训基地建设

要以中职学校实训基地建设与我省经济发展相适应为原则,要求省、市两级职业教育专项经费应集中投入综合性、区域性、专业性的实训基地建设中。一是建立在职业院校和企业相对聚集的中心城市的综合性实训基地;二是在市区范围内选择在相应专业领域能起骨干

示范和辐射作用的职业院校和企业,建立区域性实训基地;三是在县(区)范围内建设在某一专业领域能起骨干示范和辐射作用的专业性实训基地。新建设的实训基地应是学生技能实训、社会职业培训、工种技能鉴定、企业订单培养和培训等具有多种服务功能的基地。力争使实训基地既解决辖区内中等职业学校实习实训问题,又能承担高素质技能人才培训、劳动力转移和农村实用人才培训、成人继续教育和再就业培训等多项任务。

3)建立在职教师到企业实践和兼职教师评聘制度,加强实习实训指导教师队伍建设

提高教师的实践指导能力,建设一支"双师型"的教师队伍,是职业教育发展的关键。一是省里要出台企业接收教师实习的优惠政策和制定教师定期到行业、企业实践的制度。二是加强对实习实训指导教师的培训,使他们了解专业教学要求,积极参与教学改革。要建立专业教师定期轮训制度,支持教师到实习实训基地进行实习和工作,积累实训教学需要的技能和实践经验,改善教师的知识结构,提高教师的专业能力和实践教学能力。三是设立专项经费,支持和鼓励学校从行业一线引进或聘请有实践经验的学历高的专业技术人员做学校的专兼职教师,以充实教师队伍。

(二)成果的学术价值、实践意义和社会影响

高职院校探索建立"校中厂"是专业建设、人才培养模式改革的重要内容,是校企深度融合,合作育人、合作发展的有效途径之一。校企合作对于高职院校来说是不可或缺的基础条件,它涉及高职教育中的实训基地建设、双师型教师队伍建设、培养目标的制定、教学效果的评价以及教学内容的更新等诸多方面。因此"校中厂"在学校、企业、教师、员工、学生之间建立了一条绿色通道,能较好地解决"工学结合"实践教学过程中的一些问题,是一种值得推广的校企合作教学模式。

本课题研究立足区域经济社会建设培养高素质技能型专门人才的人才培养目标定位,紧扣"依托专业办产业"的先进职教理念,大力推进校企合作,深入探索具有特色的"校中厂"实训基地建设,创新工学结合人才培养模式改革,着力培养毕业生就业、创业能力,提升毕业生就业水平;深入探索具有特色的"校中厂"的运行机制与管理体制建设提高我国高职院校高端技能人才的培养水平;研究"校中厂"的运行机制与管理体制对推进工学结合、校企合作办学模式具有理论指导意义,对高职院校深化校企合作具有示范引领作用。

(三)本项目的特色、创新及推广应用价值

教育部《关于推进中等和高等职业教育协调发展的指导意见》(教职成[2011]9 号)明确指出:"以对接产业为切入点,强化职业教育办学特色。以经济社会发展需求为依据,坚持以服务为宗旨、以就业为导向,创新机制体制,推进产教结合,实行校企合作、工学结合,促进专业与产业对接、课程内容与职业标准对接、教学过程与生产过程对接、学历证书与职业资格证书对接、职业教育与终身教育对接。"这五个对接清晰地指明了职业院校办学的基本内容、

途径和要求。高职院校通过建立“校中厂”将企业引入到学校，把工厂搬进校园，将企业生产设备、运行资金、技术人员等资源引入到学校，与学校场地、设备、师资有机整合，将办学与生产融合，实现校企深度融合，让学生在真实的工作环境中学习，使学生的知识技能与相应的工作岗位无缝对接，这就是“校中厂”建设的目标。

本项目通过对国内外、省内外大量相关研究的对比调研，走访兄弟院校和合作企业，收集了“校中厂”管理、运行过程中的大量意见和建议，形成了研究结果。项目研究成果立足区域经济，对职业教育改革和“校中厂”校企合作模式的建设与推广有着理论上的指导意义，对深化校企合作、提高人才培养水平、人才培养模式改革、双师素质教师培养等方面有着引领示范作用，研究成果值得大力推广。

（作者单位：长江工程职业技术学院）

浅析高职院校职业技能鉴定站质量管理体系建立

宋峻峰　陈小梅

随着我国高等职业教育的发展,职业教育规模进一步扩大,在中共中央办公厅、国务院办公厅《关于进一步加强高技能人才工作的意见》中指出:“在职业院校开展职业技能鉴定工作,大力推行职业资格证书,努力使学生在获得学历证书的同时,获得相应职业资格证书。”随着职业资格证书制度的影响力不断增强,“双证”毕业生,在人才市场具有较强的竞争力,受到用人单位的青睐。

鉴定质量是鉴定的生命线,是一个永恒的问题,关系着职业技能鉴定站的生存和可持续发展,职业技能鉴定质量管理工作越来越引起社会关注。高职院校 职业技能鉴定站,既是学院的职业技能鉴定活动的管理和实施机构, 又是职业技能鉴定质量管理工作的关键性组织保证,其管理水平和服务质量的高低,直接影响到职业技能鉴定的质量,涉及学生和用人单位的切身利益,关系到职业技能鉴定站可持续发展。因此,高职院校职业技能鉴定站都应该转变观念和改革管理模式,建立自己的质量管理体系,加强自身质量管理, 才能真正保证鉴定质量,维护职业资格证书的严肃性和权威性。

目前高职院校的鉴定事业处于快速发展时期,有些院校存在某些一味强调鉴定通过率,片面追求数量而忽视质量及考培不分,考评行为、考评秩序不规范等现象,这些都使职业技能鉴定的有效性受到质疑。发生这些问题的原因是多方面的,从外部环境看,当前与鉴定工作的法律法规尚不健全,体制和制度改革缓慢,监管机制不完备等是发生质量问题的重要原因;从内部环境看,大多数高职院校鉴定机构尚未建立和实施质量管理体系,还没有建立起自我监控、自我约束、自我完善、自我改进的内部管理机制也是发生质量问题的根本性原因。

为加强高职院校职业技能鉴定质量,我们可在总结以往做法和经验的基础上,积极转变观念,借鉴国际质量管理体系的理念与原则,在高职院校职业技能鉴定工作中引入全面质量管理方法,建设有高职院校特色的职业技能鉴定质量管理体系,从而达到全面提高高职院校的职业技能鉴定质量管理水平,提升内部管理能力的目的。

一、建立高职院校职业技能鉴定站质量管理体系的理论基础

全面质量管理,即 TQM(Total Quality Management)就是指一个组织以质量为中心,以全员参与为基础, 目的在于通过顾客满意和本组织所有成员及社会受益而达到长期成功的

管理途径。在全面质量管理中,质量这个概念和全部管理目标的实现有关,这个思想同样适用于职业技能鉴定活动。

2003 年劳动和社会保障部根据《劳动法》和《职业技能鉴定规定》等有关法律法规文件,参照 GB/T19000-2000 国家标准,制定和颁布了《职业技能鉴定机构质量管理体系标准(试行)》(以下简称体系标准),为高职院校职业技能鉴定机构建立质量管理体系提供了理论依据。《体系标准》向职业技能鉴定站阐述了一个标准化质量管理体系的模式,它包括管理职责和权限、资源管理、鉴定服务过程实现、信息管理和测量、分析与改进等方面的内容和要求,这几方面相辅相成,共同保证了质量体系的有效建立和实施。

二、高职院校职业技能鉴定站质量管理体系的主要内容

高职院校职业技能鉴定站可依据《体系标准》,参照《体系标准》的理念,建立有高职院校自身特点的职业技能鉴定站质量管理体系(以下简称质量管理体系)。高职院校职业技能鉴定站在质量管理体系中提出了本站的质量方针和目标,明确了组织机构及职责、服务对象和服务范围,描述了体系的过程及相互作用,并对鉴定服务过程、质量控制要求做出了具体规定。高职院校职业技能鉴定站《质量管理体系》的主要内容:

1. 一个焦点:以顾客为关注焦点

《体系标准》中强调"以顾客为关注焦点",这对职业技能鉴定站而言,就是必须强化服务观念,将学生和社会的需求作为职业技能鉴定站开展工作、谋求发展的重心与焦点。建立高职院校职业技能鉴定站的质量管理体系目的是规范管理,提高顾客的满意度,因此质量管理体系强调以顾客为中心,一切顾客为关注焦点。质量管理体系明确要求职业技能鉴定站必须监控顾客满意度的,将用顾客满意度作为对质量管理体系的评价。

2. 两个重点:职业技能鉴定站的质量方针与质量目标

职业技能鉴定站质量管理体系的核心内容是建职业技能立鉴定站满足顾客要求和符合职业技能鉴定站宗旨的质量方针,在质量方针的框架下制定长期质量目标和年度目标,并且将质量目标分解到鉴定站的相关职能部门,明确各个职能部门的岗位职责和权限,通过过程控制方法,逐步实现质量目标,从而将质量方针落到实处,进一步确保鉴定质量。

3. 三个层次的质量管理体系文件

质量管理体系文件一般分三个层次,第一层次是质量手册,质量手册阐明职业技能鉴定站的质量方针与质量目标,是质量体系文件中最高层次,描述职业技能鉴定站质量体系,并对体系文件做出必要说明。第二层次是程序文件,描述质量体系所涉及的活动,并规定实现这些活动的途径,这也是体系文件的核心部分。第三层次是作业指导文件,包括岗位说明书、支持性文件、质量记录表三部分,作业指导文件是质量体系的保障性文件。这个三个层次是

从上到下的控制关系，从下到上的支撑关系，它们共同组建一个完整的质量管理体系，任何一个层次都缺一不可。

4. 四个管理过程

职业技能鉴定的实施是通过一环一环的过程来完成的，因此职业技能鉴定站质量管理体系是以过程为基础的一种模式，涉及的过程包括资源管理、鉴定服务实现、信息管理、测量分析改进等四个主要过程。质量管理体系就应当通过对职业技能鉴定站内部工作过程的管理控制来实现。

5. 五个保证措施

为了保证职业技能鉴定站质量管理体系的建立、实施和持续改进，必须建立保证措施，即五个保证措施：内部审核、管理评审、纠正预防、持续改进管理和认证评审。这五个措施是质量体系中监视与测量、分析与改进的部分，具有很强的操作性。

6. 必须遵循的八个原则

做好质量管理体系的建立，首先要理解和掌握八项质量管理原则。即以顾客为关注焦点、领导作用、全员参与、过程方法、管理的系统方法、持续改进、基于事实的决策方法和与供方互利的关系。这些既是鉴定质量管理必须遵循的原则，也是职业技能鉴定站质量管理体系的理论基础。

三、建立高职院校职业技能鉴定站质量管理体系的必要性

1. 建立高职院校职业技能鉴定站质量管理体系是高职教育快速发展的需要

随着我国高职教育的快速发展，高职院校的学生逐年增加，为提高学生就业的竞争力，高职院校逐渐推行“双证毕业制度”，这就要求高职院校的职业技能鉴定站也必须适应时代发展的新形势和新变化，改革和创新职业技能鉴定的管理模式，将质量管理体系引入正处于经验管理阶段的高职院校职业技能鉴定站后，必将是对高职院校职业技能鉴定站的管理理念、方式和模式一次革命，也是提升鉴定质量和社会效益的一项创新举措。

2. 建立高职院校职业技能鉴定站质量管理体系是市场竞争的需要

高职院校的学生技能水平已经成为企业选择学生的重要依据，《体系标准》中“以顾客关注为焦点”的管理理念，以顾客满意为目标建立的质量管理体系，有助于高职院校职业技能鉴定站更贴近市场需求，更能有效地提高学生的核心竞争力，更好地为学生服务，更好地为服务企业，这样必然会让高职院校职业技能鉴定站在社会上获得良好的口碑，提高其市场的竞争力。高职院校职业技能鉴定站建立质量管理体系，并对质量管理体系进行第三方认证，通过外部认证机构的审核，能进一步增加职业技能鉴定站的信任度和信誉度，最终使职业技能鉴定站在市场竞争中赢得有利的地位。

3. 建立高职院校职业技能鉴定站质量管理体系将成一种发展趋势

质量标准是国际化组织颁布的世界通用的质量管理和质量保证标准，是全世界质量管理和质量科学的精华，是管理思想和经验的总结，如今已经被100多个国家和地区采用，涉及40多个行业。许多国外的教育机构都通过了质量管理体系的认证。我国加入世贸组织后，国外的职业培训已经进入我国的职业教育市场，高职院校职业技能鉴定站用国际统一的质量标准规范管理，将有助于促进职业技能鉴定站的管理能力与国际接轨，也为参与市场竞争提供了一条有效的途径，适应了当前国家大力发展职业教育，全面提高鉴定质量的需要，顺应了职业技能鉴定国际化发展的潮流。

四、建立高职院校职业技能鉴定站质量管理体系的重要性

1. 建立高职院校职业技能鉴定站质量管理体系有利于引进先进的质量管理观念

职业技能鉴定站所有鉴定服务工作都是通过“过程”来完成，只有保证过程的有效控制，才能有效地保证鉴定结果的质量。鉴定质量是多方位的，多环节的质量反映，从某种意义上说，鉴定中各个工作环节，各位员工的工作质量会不同程度影响鉴定质量。为保证鉴定质量必须树立全过程质量管理的观念，建立高职院校职业技能鉴定站质量管理体系，对鉴定的各个环节实现全面质量管理。

质量体系中“全员参与”原则，就是人人关心鉴定质量，全员参与质量管理工作，进而促使每位员工都明确自己的职责，都能积极主动地参与到质量管理的全过程中，并深刻认识到自己的每一项工作都关系到鉴定质量，大大提高员工的素质，增强员工的质量意识。质量体系中“持续改进”的原则，能促使职业技能鉴定站不断发现问题，然后又不断改进问题，促进不断完善进步。

质量管理体系是一种科学、规范的管理体系，它有客观实际的操作程序，使鉴定活动中的每一个环节都职责分明，把鉴定质量全过程的各个环节和有关因素都控制起来，确保鉴定的质量以及鉴定的公平、公正、公开、透明。

2. 建立高职院校职业技能鉴定站质量管理体系有利于规范鉴定服务管理，提高鉴定质量

随着社会的进步和科技的发展，社会对从业者的素质和技能的要求也在不断提高，国家大力推行国家职业资格证书制度。质量是职业技能鉴定永恒的主题，提高鉴定的质量，就成为一项亟待解决的重要工作。要提高鉴定质量，就应树立“以质量求生存，以质量求发展”的质量意识，规范鉴定服务管理，不断完善各项制度，促进各项管理工作科学化、制度化、规范化，只有这样才能保证鉴定活动的正常进行，才能有效地提高鉴定质量。因此建立高职院校职业技能鉴定站质量管理体系是非常重要的。按《体系标准》要求，结合高职院校职业技能鉴定站的实际情况，编制《质量手册》《程序文件》及《作业指导文件》一整套体系文件，可促进高

职院校职业技能鉴定站管理水平提升，强化员工的质量意识，优化鉴定流程，使得鉴定管理工作程序化、规范化。职业技能鉴定站的日常工作应按照程序的要求认真执行，对鉴定过程每一个环节都进行控制，并留下可追溯的记录，可克服传统鉴定管理中的随意性、随机性，保障了鉴定质量，提高了鉴定管理水平。质量管理体系中鉴定管理过程的控制、纠正和预防措施、内部评审及管理评审等措施，使鉴定过程中出现的问题能及时得到纠正和预防，有利于规范鉴定服务管理，有利于职业技能鉴定站可持续发展，最终真正地提高鉴定质量。

五、结束语

质量是职业技能鉴定的生命,职业技能鉴定站是职业技能鉴定活动的管理和实施机构，其工作质量的优劣直接影响到鉴定质量的好坏。GB/T19000 质量标准是通用的标准，高职院校职业技能鉴定站将其引入到鉴定领域中，需要根据鉴定的特点，并结合职业技能鉴定站自身的实际情况，对《体系标准》灵活运用，促进质量管理体系的站本化。质量管理体系其实是一个动态的质量管理标准，形成了从计划、实践到测量、改进的闭环管理模式，也是一种利用内外信息促进自我完善、持续改进、超越现在、达到卓越绩效的管理机制。建立高职院校职业技能鉴定站质量管理体系是规范内部管理的必要保证，是鉴定质量有力的保证措施；是用人单位和学生切身利益的保证，也是高职院校职业技能鉴定站自身发展的需要。

（作者单位：湖北水利水电职业技术学院）

广西水利电力职教集团在基层水利人才队伍建设中作用探索

肖华中　万玉文　阮富坚　卢兑荣　梁旭敏　张志秀

水利人才是支撑水利事业发展的第一资源，现代化水利技术和理念如“数字水利”“生态水利”“民生水利”等已经普遍应用，急需大批精技术、懂管理的水利人才队伍。

一、广西水利行业人才队伍建设现状

广西地处亚热带，水利资源丰富，集雨面积 50 平方公里以上河流 937 条，年平均降雨量 1600 毫米，水资源居全国第 4 位，是国内平均水平的 1.8 倍。兴建有一大批水利工程，其中有大型水库 27 座，中型水库 4100 余座，拥有蓄水库容 229 亿立方米，各类引水工程 13 万多处，提水排灌工程装机 60 多万千瓦，海河堤防 2600 余公里，对广西发展工农业生产、抗御水旱灾害、保护人民生命财产安全发挥了重要作用。随着《中共中央国务院关于加快水利改革发展的决定》文件精神深入，水利提升到国家安全战略高度逐渐被人们认可，水利为国民经济服务的深度及与国计民生联系越发紧密，迫切需要建设和拥有一支精技术、懂管理、素质优良，结构合理的水利人才队伍。

据 2013 年广西基层水利职工队伍基本情况统计，水利职工队伍总人数为 35569 人，其结构如下：

1. 职工队伍结构

- 党政人员9%
- 专业技术人员19%
- 经营管理人员5%
- 工勤技能人员68%

2. 学历结构

- 硕士及以上0.2%
- 大学本科9.1%
- 大学专科31.5%
- 中专21.3%
- 高中及以下38%

3. 职称结构

- 高级职称0.39%
- 中级职称7.2%
- 初级职称16.7%
- 见习及其他75.7%

4. 年龄结构

- 35岁以下19.6%
- 36-45岁45.7%
- 46-54岁26.1%
- 55岁以上8.5%

统计结果可见目前广西基层水利人才队伍在专业技术、高技能、经营管理方面数量偏少,人才队伍总体上文化层次偏低,人员老化较严重;高层次专业技术人才和高技能人才严重不足;与广西水利大省的结构、形势和任务要求非常不相适应,是制约广西水利发展的“瓶颈”之一。

二、广西水利电力职教集团在行业培训中独特高地优势和地位分析

《全国水利人才队伍建设“十二五”规划》指出:水利人才是支撑水利发展的第一资源,在“十二五”期间要实现高层次高技能人才规模稳步增长;人才队伍文化和专业素质大幅度提高;人才结构进一步优化;人才分布趋于合理;基层水利人才短缺局面得到明显改善,等等。这些目标的实现仅靠引进、培养或大专本科院校的补充是远远不够的。必须创新具有水利特色的人才开发体系才能实现规划目标。

广西水利电力职业教育集团成立于2010年,由96家成员单位组成。广西水利电力职业技术学院是职教集团成立的牵头单位和理事长单位,职教集团成员单位涵盖广西水利电力类高、中职技校,水利电力企业、行业协会、科研、设计院所等职业教育资源。其宗旨和任务是:遵循“以集团为平台,以行业为依托,以市场为导向,以项目为纽带,加快人才培养,服务广西经济社会发展”的理念,主动适应广西经济社会尤其是水利电力行业的发展需要,重点为中国—东盟、北部湾经济发展服务,充分发挥职业院校和企事业单位各自的优势,优化教育培训资源配置,促进专业建设、职工培训、技术服务、实训基地建设和就业工作,通过集团建立一体化的服务体系和运行机制,打造水电职业教育品牌,实现集团成员的优势互补、互惠互利与共同发展。

职教集团成员单位汇集了多个政府主管部门、水利行业协会、水利行业骨干企业、多家职业院校和科研机构,其各自资源集成共享具有极大的优势和可行性。

政府行政部门:政府在发展终身学习和教育方面拥有制定发展战略,优化结构,加快体制改革,形成政府引导和办学、社会力量参与相结合的政策和信息资源。这是职教集团共享政府终身教育政策资源承担社会服务功能的主渠道。

水利行业协会:水利行业协会是起联系政府、市场和企业的桥梁纽带作用的组织。在加强行业服务和自律管理、制定相关行业政策、规范和标准等提供建议、服务和支撑。特别是在制定水利行业职业教育和培训发展规划;引领水利行业职业培训教育发展,积累水利行业企业的信息资源、搭建水利行业和职业教育互相促进的平台上有独特优势。

水利行业企业:水利企业需求是水利职业教育办学的方向,水利企业自身的发展需要大量的高技能人才,这为职业教育带来活力。水利企业拥经营管理经验丰富、实践经验强的专业技术人员及完善的设备,是职业教育可利用的优质共享资源。校企职业教育合作和人才资

源整合共享,是基层水利人才队伍建设可持续发展之路。

水利类职业院校:水利类职业院校与水利行业企业有着天然密切合作关系,职教集团为学校和企业的资源提供了共享的平台,水利职业院校有水利行业特色的专业、课程、师资等丰富的教育资源,水利企业有先进的设备。共享不仅增加了可利用双方的资源而且拓宽了设备资源利用的途径;师资源共享方面,优秀的专业教师不但服务于所在单位,还可满足培养企业的高技能人才需求;企业专业技术人员作院校专兼职教师,给院校带来前沿的企业管理理念文化和实践经验。产学合作、资源集成共享成为水利职业院校自身发展的必然选择。

水利类科研院所:在水利科学研究和技术开发、发展民生水利、保障经济社会可持续发展有最前沿的技术和实验场所,对水利类职业院校师资教学和研究能力的提高具有重要的作用,是水利高层次人才队伍建设和教育共享的最优质教育资源。

三、水利职教集团在水利行业培训中的保障机制分析

水利职教集团在行业培训中以水利基层人才队伍为主要对象,以提升县级及以下水利基层单位人才问题和人才专业能力为重点,提升基层人才队伍素质,培养基层水利实用技术和管理人才。

(一)水利行业主管政府部门大力推动和政策支持

《国家中长期教育和发展规划纲要(2010—2020 年)》指出:"以推进政府统筹,校企合作,集团化办学为重点,探索部门、行业、企业参与办学机制。"明确了政府部门在职教集团中的引领地位。广西水利厅在组建、协调及政策方面给予了水利职教集团极大的扶持和关注,同时对水利职教集团在行业培训给予的强力的政策支持。

1. 水利职教集团组织结构保障

职教集团组织结构中成立了五个专门委员会正常运行职教集团,其中"职工培训委员会"的主要职责:关注水利行业需求,开展水利行业职工继续教育业务;协调集团内的培训资源;协助有关部门做好职业资格鉴定等工作。有了这个平台,就将 96 家职教集团成员单位的职教资源整合共享,极大丰富和保障了成员单位的培训项目和质量。

2. 水利职教集团核心学校的高地建设

政府统筹、核心学校主导、校企合作是职业教育集团化办学最成熟模式,核心学校是职教集团的轴心和凝聚力所在,它本身发展关系到职教集团的兴衰成败,它必须要自身做大做强,建立灵活的市场机制,有先进的办学理念和教学模式,能有效地组织集团内教育资源,承担起成员单位的职工培训任务,为企业的发展带来良好的人才队伍建设环境,引领集团实现可持续发展,得到成员单位的高度认同和需求。

广西水利电力职业技术学院在高地建设中不断创新，如以创建国家骨干示范性职业院校为导向来推进核心学校高地建设；以项目合作为纽带实现校企合作，与职教集团成员单位间实现了良性循环；以水利行业发展所需为重点，推动行业核心学校专业高地建设；在推进国家民族地区职业教育综合改革和北部湾经济区整合发展政策中实现职业教育核心学校高地建设等工作，极大提升了学院综合实力和为社会的服务能力，成为广西水利电力职业教育集团名副其实的核心学校。

3. 水利职教集团成员内共享资源丰富

1）水利行政部门的政策和财政资源

水利主管部门在人才队伍的建设政策制定上有组织领导和监督检查的功能，对人才队伍建设的政策导向起着举足轻重的作用。

在《全国水利人才队伍建设“十二五”规划》和《广西水利人才队伍建设“十二五”规划》中均对人才队伍建设有了明确的“落实经费保障”措施，要求列入年度财政预算，保证对水利人才发展的经费投入。

2）职业院校教育资源

职业院校作为培养人才重要场所，有十分优越的地理、人文等教育资源，有较为完善的水利行业实训和实验场所教学资源。水利行业职业院校教师多从事行业理论研究，现在均要求教师有一定的行业实践工作经历，建立“双师”型的教师队伍。在与企业合作过程中，教师能充分利用自己的知识储备和对科技前沿的研究，帮助企业解决实践工作中遇到的问题。

3）成员单位的社会和人力资源

水利行业企业的先进技术和设备资源、企业文化资源及企业实践经验丰富工程技术人员资源是水利人才队伍建设的基础。水利企业要在现代水利发展中有所作为和发展，必须要解决水利职工队伍中能力和素质问题，必须有一批具有一定专业知识或专门技能、进行创造性劳动并为水利发展做出贡献的水利人才。这些就是水利职教集团为企业服务要解决的重要工作。

四、广西水利电力职教集团在基层水利人才队伍建设中的实践、发展思路及远景思索

（一）广西水利电力职教集团在基层水利人才队伍建设中的实践

职教集团成立4年来，充分利用这个平台，服务行业，服务广西水利经济，为成员单位的基层水利行业人才队伍建设中做了许多工作：如水利行业职业资格鉴定；水利行业工种等级考核鉴定；南方电监会进网电工培训考证；承接广西水利厅实施“广西基层水利人才培养工程项目”，培训具有达到水利急需专业本科学历层次学员；职教集团主要成员单位员工岗位

培训;职教集团主要成员单位的"人才培训基地"设在职教集团核心学校广西水利电力职业技术学院内;协助开办广西乡镇水利站长培训班等工作。累计培训、鉴定及考核成员单位各类人员达4万多人次,为成员单位员工提升专业学历接受高等函授教育取得本、专科毕业人数为8000多人,成为广西基层水利人才队伍建设的主要渠道。

(二)发展思路及远景思索

1. 完善职教集团内部服务基层水利人才队伍建设共享资源制度

人力资源共享:校企合作,实现培训教师的多元化。在职教集团内部实行专职和兼职培训教师,专职教师一般由学校的专业教师构成,兼职教师由企业娴熟技能的工程技术人员或师傅构成。

物力资源共享:包括课程资源和实训设备资源,企业利用先进的设备,学校利用良好的教学条件及实训场所实现互为补充。

财力资源共享:人才队伍建设培训的经费一般有两个渠道,一个是政府的财政经济支持,另一个就是企业的投资。《全国水利人才队伍建设"十二五"规划》和《广西水利人才队伍建设"十二五"规划》中均对人才队伍建设有了明确的规定。

信息资源共享:主要指水利行业的用人需求,包括人才的数量及类型以及对未来水利行业对专业人才的需求预测等信息。

2. 在水利人才队伍建设中,树立终身学习观念,建立完善管理制度

引导水利职工树立终身学习理念,推行符合成人认知规律的终身学习模式,鼓励和支持通过多渠道、多形式参加培训学习,满足个人多样化的学习和发展需要。

3. 要有人才队伍建设的经费保障措施

把人才队伍建设经费列入年度财政预算,建立人才发展经费增加机制,要在重大水利建设项目中安排部分经费用于人才发展与人才培训,建立多元化的人才队伍建设投入机制。

(三)重点在基层水利人才队伍建设

以提升县级及以下水利基层单位人才问题和人才专业能力为重点,不断改善基层人才队伍结构,提升基层人才队伍素质,培养一批基层水利实用技术和管理人员人才。

(作者单位:广西水利电力职业技术学院)

水利行业职业技能鉴定工作改革及对策

刘玉来　段亚玉　岳利萍

职业技能鉴定是一项基于职业技能水平的考核活动,属于标准参照型考试,它是对劳动者应掌握的技术理论知识和实际操作能力做出客观的测量和评价。水利行业自实施职业技能鉴定制度以来,成立了 78 个职业技能鉴定站,培训了数千名职业技能鉴定考评人员,并组织编写了培训教材和职业技能鉴定试题集。据 2011 年统计, 水利系统工人总数 537124 人(技术工人总数为 445337 人),其中无等级 25504 人,初级工 86460 人,中级工 125626 人,高级工 173438 人,技师 32720 人,高级技师 1589 人。黄河水利委员会(以下简称"黄委")作为水利部流域机构,在开展职业技能鉴定工作中进行了认真探索,本文就黄委职业技能鉴定工作开展情况阐述一下水利行业职业技能鉴定工作改革及对策。

一、黄委职业技能鉴定工作回顾

众所周知,黄河是世界上最复杂最难治的一条河流。因此,在黄河治理开发与管理事业的发展进程中,不仅需要大批高水平的治河专家,而且也需要一定数量的高技能人才。据统计,截至 2013 年年底,黄委职工总数为 25600 人,其中技术工人 12900 人,约占全河职工总数的 50.4%,他们分布于河道修防、水文勘测、水土保持、闸门运行、坝工混凝土、水工防腐、汽车驾驶等工作岗位,是黄河治理的一支重要力量。近年来,黄委紧紧围绕治黄中心工作,大力创新人才工作机制,不断加大技能人才培养力度,积极开展职业技能鉴定工作,取得了可喜的成绩。

(一)完善评鉴体系,为技能鉴定工作提供组织和制度保障

1999 年以来,黄委职业技能鉴定工作按照劳动和社会保障部办公厅《关于加强职业技能鉴定质量管理有关工作的通知》精神,在水利部职业技能鉴定指导中心指导下,成立了黄委职业技能鉴定指导中心,并在山东黄河河务局、河南黄河河务局、三门峡枢纽管理局建立了水利行业特有工种职业技能鉴定站和国家职业技能鉴定所。建成了以河道修防工、水文勘测工、水土保持防治工、闸门运行工、坝工混凝土工等工种为主体的具有黄河特色的技能人才培训基地,以及四大社会通用工种技能人才培训基地。

为促使职业技能鉴定工作良性发展,黄委根据水利部《水利行业职业技能鉴定实施办法(修订稿)》和《水利行业特有工种职业技能鉴定站管理办法》,制定了《黄河水利委员会职业

技能鉴定实施办法》《黄委会关于加强工人技能培训工作的指导意见》，各职业技能鉴定站(所)也制定了职业技能鉴定工作制度。在管理体制上，建立了由黄委人劳局统一领导、各局(院)人劳部门负责管理、各鉴定站具体实施鉴定的分级管理体制，从而使黄委职业技能鉴定工作步入了规范化和制度化的轨道。

(二)加大考评员培训力度，建立一支职业技能鉴定考评员队伍

实施职业技能鉴定工作以来，黄委职业技能鉴定指导中心把考评员培训作为职业技能鉴定工作的一项重要内容，每年都选派热心职业技能鉴定工作且具有高级技师资格或工程师以上专业技术职务的人员参加水利部举办的职业技能鉴定考评员资格培训班。同时，还分别于2006年、2007年在山东河务局、河南河务局举办了两期水利行业职业技能鉴定考评员资格培训班，通过十余年的培养，黄委已建立了一支基本满足职业技能鉴定工作需要考评员队伍。

(三)狠抓鉴定质量，确保职业技能鉴定工作的权威性

职业技能鉴定质量是职业技能鉴定工作的生命，劳动和社会保障部一直非常重视，颁发了关于加强职业技能鉴定质量管理的有关文件，开展了全国性的职业技能鉴定质量大检查活动。黄委在开展职业技能鉴定工作中，严格按照劳动和社会保障部及水利部的要求，切实采取措施，加强职业技能鉴定质量管理。

一是统一考试时间。从1999年开始，除实行全国水利行业统一理论知识试卷统一考试时间以外，对实际操作考试也严格要求黄委各个考点执行统一时间，即实际操作考试每一道题都规定统一时间开封、考试，从而保证了职业技能鉴定考试的公平。

二是加强考务管理。认真做好试卷传送过程中的保密工作，所有试卷均由巡考人员统一管理。同时，严格考场纪律，实行现场督考。黄委每年都派遣政治素质高、组织原则性强、工作认真负责并已取得职业技能鉴定质量督导员证书的质量督导员到各个考点进行现场巡视、督考。

三是认真进行阅卷评分。在阅卷评分过程中，黄委要求评卷员必须反复研究标准答案和评分标准，熟悉各得分要素的评分标准，客观公正地进行评分。

(四)重视对技术工人的技能培训，为技能人才快速成长铺路搭桥

职业技能培训是提高技能人才素质的重要途径，近几年来，黄委把加强技能人才队伍建设作为当务之急，积极开展对技术工人的培训工作。一是坚持岗前培训，对新上岗或转岗的技术工人，要求各单位必须进行专业(工种)学习培训，凡不参加培训的不允许上岗、转岗。二是坚持鉴定前培训，凡参加鉴定的人员必须进行培训坚，不培训者不允许参加鉴定。三是坚持开展经常性的新知识、新技能培训。要求各抢险队都要充分利用非现场抢险的空隙练习埽工技术，学习抢险技能。四是积极开展技能岗位师带徒活动。指定业务强、技术精的高技能人才与青年工人结成对子,言传身教,手把手传授技艺。如山东黄河河务局郓城黄河河务局闸门运行工高级技师、"全国技术能手"获得者亓传周带徒传艺,他所带徒弟23人在技能竞赛中取得优异成绩,13人晋升技师。

(五)做好技师评审和高级技师推荐工作,促进高技能人才成长

为使黄委技师和高级技师评聘工作真正做到选"能"选"才",黄委严格按照《水利行业技师和高级技师考评办法》认真进行技师任职资格评审和高级技师任职资格推荐工作,自开展职业技能鉴定工作以来,黄委在90多个工种中共评出技师5028人,高级技师567人,对促进黄河治理开发与管理事业起到了积极的推动作用。

(六)开展技能竞赛,选拔水利行业职业技术能手

2004年,黄委在全河大力实施技能振兴行动,规定各单位每两年进行一次技术竞赛,全河每三年进行一次技术比武,同时,积极组织参加国家及水利行业职业技能竞赛和评选,使一大批技艺高超、业绩突出的高技能人才脱颖而出。2002年以来,黄委在技能人才培养方面已经获得各种省(部)级以上集体荣誉项目17项,个人荣誉项目103人(次)。

截至2013年年底,黄委有1人获得国家技能人才表彰最高奖——"中华技能大奖",3名技术工人享受国务院政府特殊津贴,14人被授予"全国技术能手",19人获得"全国水利技能大奖",41人被授予"全国水利技术能手",5人被授予"全国水利行业首席技师"。10人被授予"山东省首席技师",2人被授予"山东省技术能手",3人被评为山东省有突出贡献技师,8人被授予"河南省技术能手"。

二、黄委职业技能鉴定存在的主要问题

(一)职业技能鉴定培训教材编写不够完善

2008年以前黄委职业技能鉴定培训教材是按照1993年劳动部、水利部颁布的《中华人民共和国工人技术等级标准·水利》和1997年水利部颁布的《水利行业特有工种技师和高级技师标准》要求编写的,随着水利科技的发展,国家职业标准的修订,原教材已不能很好适应职业技能鉴定培训。尽管近几年黄委组织有关专家对一些培训教材进行了编写、修订,但有些教材编写的仍有不完美之处。如黄委组织编写的《河道修防工讲义(试用)》及《河道修防工》,由于时间仓促等种种原因,新的教材仍然没有脱离原有教材的模式。

(二)新工人职业技能鉴定培训学习积极性低

近年来,黄委吸收了一大批新工人,这些新工人大部分是按照政策被安置到父母所在单位的复员军人,文化水平不是很高,受此局限,在鉴定培训中,授课内容听不懂,不能安心上课,对传统的抢险技术、埽工操作技能也不屑一顾,不能认真学习。

（三）鉴定质量有待进一步改善

自特有工种职业技能鉴定站建立以来，黄委就一直强调职业技能鉴定质量，建立完善了各项管理制度和办法，但笔者认为仍有两方面原因影响职业技能鉴定质量。

一是职业技能培训效果不佳。黄委基层单位工人工作环境差，技术要求低，平时很少主动学习，仅靠每年职业技能鉴定前培训学习一点知识，可说是蜻蜓点水，很难使其掌握所需要的技能知识。

二是监考不严。该问题虽然只是极少数情况，但其负面影响不能忽视。一方面使考生不认真对待培训，存有侥幸过关的心理；另一方面损害了职业技能鉴定的权威性和公正性。

（四）技师任职资格评审追求数量现象严重

2004 年水利部在《关于加强水利行业高技能人才队伍建设的意见》中明确提出实施水利行业“三年三千名新技师培养计划”，即从 2004—2006 年，在全国水利行业水利工程施工、水利工程管理、水文勘测、农村水利水电、水土保持等 5 大专业领域的 32 个特有工种中培养 3000 名新技师，自此，水利行业技师、高级技师任职资格评审数量逐年增加。黄委自 2004—2013 年底，通过评审、竞赛以及技师专修班培训，共有 4098 人获得技师任职资格，446 人获得高级技师任职资格。特别是 2008 年和 2009 年，黄委仅评审技师任职资格人数就分别达到 703 人和 839 人。在太追求数量的情况下，难免有不太称职的现象。

三、职业技能鉴定工作改革对策

鉴于以上问题，建议从以下几方面进行改革。

（一）编写出版符合实际需要的培训教材

培训教材编写工作应紧密结合水利行业实际，编写出重点突出，具有一定前瞻性和导向性的教材。笔者根据职业技能鉴定培训工作实践，认为教材编写除严格按照国家职业技能标准外，要从以下几个方面考虑：

1.按等级制原则编写教材。教材按职业等级分级别进行编写，即每个工种的教材，按照初级、中级、高级、技师 、高级技师 5 个级别分别进行编写，如《×××工(初级)》《×××工(中级)》……通用知识部分可编写一本，供各个级别共同使用，如《×××工(基础知识)》。教材各等级内容遵循高级别覆盖低级别的原则，同时各等级内容间应尽量避免重复，深度应明确区分。

2.开发多媒体教材，完善职业技能培训教材体系。要开发图文声像并茂的多媒体教材，向学员讲授有关技能的标准化操作方法，解决部分培训基地缺乏配套仪器设备无法有效开展培训的问题。

3.公布技能操作试题库。建议公布水利行业技能鉴定实际操作试题库，使鉴定培训能够按照试题库开展训练，规范操作方法。职业技能培训和鉴定，不仅仅只是让技术工人获得一纸证书,而是真正让技术工人在操作技能上有所收获,有所提高。

(二)严把职业技能鉴定入口关

治黄事业上的"新二代"是黄河治理开发与管理事业的生力军,他们是从部队复员后按照政策安排到黄河基层工作的,由于文化基础薄弱,理解能力较差,因此,加强对这部分工人的培训、考核应作为黄委职业技能鉴定工作的重点。建议初级工、中级工技能鉴定培训严格按照《河道修防工国家职业标准》中培训期限的要求执行,初级工鉴定培训不少于25天,中级工鉴定培训不少于23天。理论考试监考要从严要求,成绩评定不划定合格率,以及格线以上成绩为通过标准。只有这样,才能更好地督促新工人学习业务、学习技术,才能维护职业技能鉴定工作的科学性、公正性和权威性。

(三)提高职业技能鉴定考评质量

职业技能鉴定质量是树立职业资格证书权威性的重要基础,因此,必须进一步完善职业技能鉴定质量保证体系,抓好事前、事中、事后三个环节的质量管理。

1.坚持不培训不鉴定原则。凡是参加职业技能鉴定的技术工人,必须参加职业技能鉴定培训,凡不参加技能鉴定培训的一律不予鉴定。

2.严格职业技能鉴定考务、评判等环节的质量管理。黄委职业技能鉴定指导中心在职业技能鉴定过程中,要选派工作人员进行现场监考巡视。同时要加强对鉴定机构人员的培训,督促其认真学习鉴定法规,钻研鉴定业务,提高自身素质。

3.加强对考评员的考核管理。一是分工种、分等级建立考评人员信息数据库,对考评人员队伍培训和使用情况实行绩效管理,做到考评人员使用派遣的科学、快捷。二是不断完善评价手段。实行日常考核与年度考核相结合机制,并将考核结果纳入考评人员考绩档案,实行污点记录和淘汰制度。三是抓好换证续聘工作。考评人员聘期届满,根据本人的申请进行换证培训。在换证续聘中对考评人员实行存优汰劣,以实现从职业道德素质、考评技术水平等方面优化考评人员队伍结构。

4.建立鉴定质量督导制度、巡视制度,充分发挥质量督导员的作用。

(四)从严把关,认真做好技师和高级技师任职资格的评审工作

要抓好技师和高级技师的评审工作。要继续实行技师和高级技师评聘分开的制度。打破技师和高级技师评审数量的比例限制,严格按照水利部《关于印发水利行业技师和高级技师考评办法的通知》精神评审技师、高级技师任职资格。不惟数量,只求质量。同时,要对受聘技师、高级技师实行年度考核和任期考核,不称职的要予以解聘,对做出突出贡献的技师和高级技师要给予适当奖励。

(作者单位:河南黄河河务局干部学校)

福建省基层水利人才现状调研报告

江 勇 孙晓波 林 辉 张美新

要推进福建省水利建设与管理事业更好更快的发展,基础要素有两个,一是水利设施建设与管护,二是水利人才培养及其使用。前者作为水利事业发展的基础,而后者则是水利工程发挥作用的保障。一方面,全省水利基础设施有了长足发展,已建成了防洪、排涝、供水、灌溉、发电等多功能的水利工程体系。但另一方面,却出现重建轻管的情况,即“建工程千军万马、管工程单枪匹马”的失衡现象。同时水利管理机制不合理,组织结构臃肿,人员学历、职称层次低,年龄结构老龄化,专业结构不合理,人员整体素质与现有水利工程设施管理要求难以匹配,已经严重地制约着全省水利事业的发展和水利现代化的正常推进。为实现福建水利科学发展、跨越发展,福建水利电力职业技术学院组织人员深入到全省 23 个县市区基层水利单位调研,通过座谈会、走访、信函等多种形式开展调查,并引用了全省水利普查的部分成果,分析基层水利人才现状,提出提升基层水利人才供给的模式及其实现路径,以期为我省水利事业的发展和上级领导部门决策提供参考和依据。

一、福建省水利系统人才队伍的总体现状

截至 2011 年底,福建省基层水利事业单位在岗职工 11752 人,乡镇水利管理单位从业人员 5219 人,编制内人员 4822 人,基层事业单位和乡镇水利管理单位之间存在着较大的差异,其基本分布状况如下。

(一)福建省基层事业单位人才队伍的现状

1. 学历

全省水利系统共有硕士以上学历工作人员 156 人,其中龙岩市、宁德市、厦门市人数较少,硕士主要集中在福州市、三明市,福州市作为省会城市人才聚集效应较为明显,而三明市有全省最多的硕士 68 名,主要原因在于福建水利电力职业技术学院位于三明,除去其所属 67 名硕士,三明市将处于全省下游水准。省水利系统职工学历主要是大学本科和大学专科层次,其中宁德市和漳州市在本科层次的职工所占百分比明显低于全省水平。省水利系统高中及以下学历职工 4459 人,占全省职工 37.94%,其中宁德市、莆田市、厦门市、漳州市的高中以下学历职工比例超过 40%强,所占比例过高。

综上所述,全省高学历职工比例较低,所属区域较为集中。应加强在职培训、高层次职工

引进的力度。

2. 职称

全省高级职称职工尤其是正高职称主要集中在福州市、泉州市，聚集效应明显，这与两地的经济发展水平是相吻合的，龙岩市、厦门市的高级职称职工人数较少。在职工初中级职称分布中，宁德市、厦门市、三明市(除掉福建水电学院所属人员外)、漳州市比例均低于全省平均水平。

3. 技术等级

全省技术工人分配水平较为平均，值得注意的有两点：其一，高级技师主要集中在漳州市，共计 43 名，占全省高级技师的 76.79%；其二，三明市技术工人数量和百分比明显低于其他各地市，其原因主要在于福建水电学院地处三明，作为高校，教职职工学历水平和职称层次较高，但是教学单位中技术工人数量较少，所以三明市在技术工人的比例上呈现了明显的劣势。

4. 年龄分布

省水利系统 35 岁以下青年职工比重稍低，后备人才储备较少，中年职工是水利系统主力军。从地市角度来看南平市、厦门市和漳州市青年职工比重甚至低于全省平均水平，这一状况值得注意。

(二)福建省乡镇水利管理单位人才队伍的现状

1. 学历

从乡镇水利管理单位人才统计信息来看，全省和各地市分布趋于一致，学历层次偏低，这与乡镇处于水利系统最底层、工作条件较差等客观因素有较大关系。全省乡镇水利管理单位至 2011 年末从业人数为 5219 人，在编人员 4822 人，397 人有岗无编，占全体从业人员的 7.61%，这说明水利大发展时期，在建工程、已建工程较多，急需大量水利人才，同时也显示从“建水利”到“管水利”的转型过程中，基层职工数量不足的一种现状，因此在今后一段时期，在乡镇水利管理人才方面的培养应加大力度。

2. 职称

乡镇水利管理单位职称分布比较平均，各地市之间较为平衡，其中南平市、厦门市、漳州市初级及以上职称职工所占百分比与其他地市相差较大。

3. 技术等级

在全省乡镇水利管理单位，南平市的乡镇水管单位职工技术等级较为突出，而漳州市初级工占职工总数的比例严重偏低。

二、人才队伍现状分析

(一) 职工队伍学历结构

全省水利系统职工学历结构不合理，高学历职工比例较低，所属区域较为集中，对于全省水利事业的发展、制度创新、做强做大水利产业产生了较大的制约，今后应加强在岗职工的教育培训、高层次职工引进的力度。

（二）职工队伍职称结构

全省基层水利事业单位职工职称结构与学历结构较为相似，整体结构不合理，高职称职工比重较低，这说明虽然水利事业较为发达，但是中高级技术、管理人才较少，比重较低，今后一段时间如何培养和引进水利中高级人才是福建省人才培养工作的重心。

（三）职工队伍年龄结构

从我省基层水利事业单位职工年龄结构来看，35 岁以下的青年职工只占职工总数的 22.01%，与合理的青、中、老比例 4∶4∶2 的水平相比比例偏低，这说明我省水利事业后备力量不足，这固然与“减员增效”的改革有很大关系，但是从中老年职工比例偏高而职称、技术等级偏低两个现象来看，说明我省水利事业在人才培养方面存在严重不足。

（四）职工队伍中高技能人员分布

全省基层水利事业单位技术工人分配水平较为平均，从整体来看，我省高级技师和技师数量相对缺乏，如高级技师平均到每个地市才 7 人，有些地市如三明市、厦门市甚至一个高级技师都没有。省高级技师主要集中在漳州市，共计 43 名，占全省高级技师的 76.79%。

（五）乡镇水管单位人员状况

从乡镇水利管理单位人才统计信息来看，全省和各地市分布趋于一致，学历层次、职称、技术等级偏低，但是分布比较平均，各地市之间较为平衡，这与乡镇水管单位处于水利系统最底层、工作条件较差等客观因素有较大关系。全省乡镇水利管理单位无编员工占全体从业人员的 7.61%，这说明我省目前水利大发展时期，基层职工数量不足的一种现状，因此在乡镇水利管理人才方面的培养应加大力度。

三、基层水利人才培养分析

（一）通过对在职基层水利人才进行培训提升人才结构

进行基层水利人才培养主要就是提升员工的学历水平、职称级别或者技术等级，因而在进行员工培养的时候，要根据单位的性质和年龄状况来确定培养的途径。从全省基层人才现状出发，对水利系统在职员工进行培训的重点应该放在 40 岁以下的乡镇水利管理单位从业人员，对这部分员工进行培训对改善水利系统人才状况效益最大。其次是 40 岁以下的基层水利事业单位从业人员。

（二）通过引进新的人才改善人才结构

除了通过对在职员工进行培训来改善全省水利人才结构外，还可以通过人才招聘的方式引进新的人才，逐步改善水利人才结构。目前全省基层水利事业单位引进新人才的主要途径也是公开招考,但目前在省水利人才供给上存在着这样一个结构性矛盾:基层水利事业单位人员引进实行公开招考,除了要求为水利类专业外还要求达到大学本科学历,但福建省只有福州大学开设水工本科专业,其余缺口人才只能通过省外水利院校引进,常常出现无人报名或者报名不足达不到开考要求。省水利厅直属的福建水利电力职业技术学院每年培养大量水利、工程类专业人才,但是囿于其专科的培养层次,达不到报名条件无法报考。所以对于基层水利事业单位新进新人才的主要限制在于本省缺乏自主培养本科水利专业人才院校。

对于乡镇水利管理单位引进新人才存在的问题就更加尖锐，目前全省的乡镇一级水利管理机构(水利工作站),除漳州龙海市是由水利局直管之外,其他大多数地市情况都是由乡镇代管,并入农业服务中心。全省各地区普遍反映是基层水利人员奇缺,同时要招聘专门的水利人才极为困难。

由此可以发现，福建省水利人才使用和供给的主要矛盾在于基层水利人才的大量需求和省内院校人才培养的学历层次之间不对等，从而产生的结构性供给障碍。要解决这一困境,方法之一是基层水利管理单位降低人才招考标准,学历条件放宽至大学专科,这既是一个短期解决方案,又与我国实施人才兴国战略的理念相背离;方法之二是提升本省水利类院校的人才培养层次,从长期发展来看,这才是一个切实可行的途径。

四、福建省水利人力资源培养对策研究

要改变全省水利人才结构现状,必须要加大水利人才培养、培训的力度,这是一个长期的系统工程,具体的举措可以归结为以下三种实现途径:

(一)长期供给渠道建设

为了满足全省对水利人才长期的需求,一方面要提升福建省水利院校的办学层次,只有自主培养所需的水利人才才能长期稳定的为省水利事业发展提供人才支撑；另一方面要加大人才培养方案的改革力度,在人才培养上要从专业教学向水利综合能力素质教学转变。

从目前水利单位公开招考和从业人员情况来看,问题最为严重的是乡镇水利管理单位,对福建水利电力职业技术学院2011级和2012级在读高职生进行的就业倾向调研中发现,愿意去乡镇水利管理单位就业的学生不足1%，学生们普遍认为乡镇水利管理单位工作环境较差、条件比较艰苦、发展潜力不大、薪资较低。因此想要为省乡镇水利管理单位提供稳定的人才供给,必须采取一些特殊的培养方式。对于乡镇水利管理单位可以采取定向委培的方式,在福建水利电力职业技术学院专设教学班级——水利工程管理专业(乡镇水利管理班),每个乡镇水利工作站所在地定向招生1~2名,培养费用由水利厅或地方专项拨款并进行适当减免,毕业后必须返回委托培养的乡镇水利工作站就业。

(二)短期供给渠道建设

基层水利人才的长期供给要依靠水利专业院校，而想要短期之内改善全省基层水利人

才的状况，只能依赖于在职培训。在职培训可分为两类：其一，是入职的岗前培训；其二，是在职人员转岗培训。通过这种基层水利工作站人员培训项目可以在一定程度上缓解省基层水利人才在使用上的障碍，合理有效提升省基层水利工作人员的技能水平，提高基层水利工作人员的职称等级。

（三）可持续发展培养方案

目前对于基层水利员工尤其是技术工人，所持有的初级工、中级工、高级工、技师、高级技师的证书都是一次考试通过终身有效，这显然已经不适合水利科技快速发展的现状。为了有效提高技术工人的技能水平，可以借鉴注册职业资格证书的培训理念，对工种也实行继续教育，即每隔一段时间（两年或者三年），就对各等级工种进行阶段性培训，将最近的水利科技进展、新仪器仪表、操作技能予以培训，以便于水利新技术的推广使用，推进全省水利现代化普及和实现。

五、结语

综上所述，要改变福建省基层水利单位人才队伍现状，应该从三个方面进行考虑：

其一，要加大人才引进力度。这种人才的引进指的是福建省同其他省份竞争人才，而不仅仅是省内各地市之间的人才竞争，虽然各地市之间人才流动可以使水利人才在省内的配置趋于合理，但是不能改变本省整体的人才状况，因此要从宏观的角度制定更有利的人才引进策略，与其他省市竞争，才能改变全省的水利人才状况。

其二，实施科教兴水战略。把水利改革与发展转移到依靠科技进步和提高劳动者素质的轨道上来，通过制定合理的继续教育和培训政策，通过提升现有职工的学历层次、技能水平，全面提高水利职工队伍的整体素质，才能为全省水利事业持续、快速、健康发展提供强有力支持。

其三，加大对于水利院校的投入。福建省除水利厅直属的水利电力职业技术学院外，只有福州大学设置水利类专业主要培养水工人才，而其他的如水文与水资源、水利水电工程管理、水利工程监理、水土保持、水电站动力设备与管理等专业，目前本科以上的学历的人才只能通过向省外水利院校引进，高职（专科）层次主要依靠福建水利电力职业技术学院培养与输送，这就使得本省水利人才来源渠道狭窄。为了破除这种限制，福建省应该加大对水利高等教育院校投入，提供支持政策，提升办学层次和办学水平，才能为全省水利系统人才培养提供有力支撑。

（限于篇幅，删减了部分表格）

（作者单位：福建水利电力职业技术学院）

城镇化建设对福建省高职教育发展影响的研究

吴伟民　林　辉　颜志敏

改革开放30多年的经验表明，城镇化建设对农村劳动力转移、产业结构调整和经济全面发展起到巨大的推动作用，是一条符合国情的农村工业化、城镇化、现代化之路。2010年福建省确定了21个小城镇综合改革建设试点乡镇，大力推进小城镇建设，这对"夯实海西中心城市经济基础，持久扩大内需、促进经济持续较快增长，统筹城乡协调发展、从根本上解决"三农"问题，优化产业结构、提高小城镇竞争力，有效实施主体功能区规划、完善空间布局"意义十分重大。同时，小城镇的繁荣，对农民落后生活方式的改变、国民素质的提高以及农村科技、教育、文化等各项事业的发展，都起到了有力的推动作用。

一、城镇化与高等职业教育发展之间的关系

（一）高等职业教育对促进产业结构调整至关重要

1. 职教层次多样化

现代社会对人才的需求是多方位的，我国长期以来由于经济不够发达，职业教育的基础相对薄弱，因此职业教育的人才培养以中、初等层次为主。面对高科技的日新月异及经济的快速发展，要求从业人员具有更好的理论基础和更强的实际工作能力，能够把科学发现转化为工艺流程、把宏观决策转化为微观管理，而这类人才的培养必须通过高层次的职业教育来完成。

2. 培养领域全面化

根据2011年的统计数据，福建省共有举办高等职业教育的院校53家，共设有130个高职专业点，按专业点数计算，其中3.9%为第一产业，46.9%为第二产业，49.2%为第三产业。与福建省现有产业结构比例基本吻合（如图1所示），并有领先产业结构调整的趋势，这将为福建省经济又好又快发展提供有力的保证。

（二）高等职业教育对人口素质提高和农村劳动力转移作用明显

从发达国家走过的城镇化道路分析，当一个国家工业化、城镇化率达到30%左右时，将进入城镇化的加速期。目前，我国已具备了加速城镇化的必要条件和良好机遇。而教育体系中的职业教育与城镇化进程有着良性互动的关系，职业教育不仅对从业人员的实际操作技能和职业能力进行培养，同时也非常注重科学文化知识的提升，促进转移农民适应城市生活

方式、遵循城市的行为规范、养成城市的行为方式,真正融入城市现代文明,完成其社会身份的市民化转换。因此,职业教育对城镇化进程中人口素质的提高,特别是从业人员素质的提高意义重大。

此外,根据国际上城镇化的经验,构建完备的职业教育体系是提高农村剩余劳动力教育水平的重要途径。一般来说,农村剩余劳动力转移的方向主要是生产效率较高的非农产业。从总体上看,生产效率较高的产业对于劳动力的素质要求也比较高。职业教育程度决定着农村剩余劳动力转移的难易程度、影响着转移后的职业稳定性和现实收入、左右着转移的方向和距离。

三、福建省城镇化过程中高等职业教育发展存在的问题

(一)政策法规不完善,职教办学模式有待进一步完善

尽管国家和地方对于高等职业教育发展都非常重视,并出台了许多政策倡导和支持"校企合作"的职业教育办学模式,但在实际实施过程中,由于政策的配套不够完善,对企业缺乏必要的引导和约束,使得"校企合作"的职业教育办学模式在绝大多数中高职院校的教学过程中难以得到落实,校企深度融合的合作关系("厂中校"或"校中厂")难以建立,企业在"人才培养模式"制定、高水平稳固的校外实训基地建立、外聘兼职教师承担实践教学、师资队伍实践能力培养、合作开发科研项目方面发挥的作用不够。同时,许多高等职业院校自身也有一个适应办学模式转变的过程。所以,真正实现"校企合作"的办学模式还需要一个较长的过程。

(二)经费投入不够,教学模式转变有待进一步加快

研究发现,福建省公办高校招收普通高等职业教育学生的生均经费虽已增至 3000 元,学费标准平均为 6000~8000 元,但这些经费对于需要进行大量实践教学的高等职业教育,特别是现代制造业类、高新技术产业类等需要大量设备投入的专业(如汽车类专业、数控专业、生物类专业等)来说显然是远远不够的,办学经费成为高职发展的一个主要问题。此外,由于近年来高职院校的规模的迅速扩展,教师和学生数量的大幅增加,师资队伍结构的不合理性、高水平实训教师的严重不足、硬件设施的投入费用十分巨大等都影响"工学结合"教学模式的有效设施。

(三)办学规模不足,职业技术人员紧缺的矛盾突出

随着福建省经济的快速发展,生产和服务第一线急需受过良好职业教育和培训的高素质的劳动者,然而,当前福建省职业教育发展的规模尚难以满足要求。福建省农业科学院科技创新团队项目组的研究表明,截至 2008 年 5 月 31 日,福建省约有农村劳动力 1360 万人,已外出转移 782 万人,占总数的 57. 5%,这部分转移的劳动力 80%以上未受过或仅受

过简单的职业教育(培训),不具备技术等级,主要从事劳动密集型、技术含量较低的建筑、纺织、服装鞋帽、服务业等,工资收入较低,工作流动性较大。而从事第二产业(特别是现代制造业)的技术工人数量严重不足,尤其是中高级技术人才短缺,呈现出“有岗无人”和“有人无岗”的结构性紧缺现象。

(四)职教方法缺乏创新,各类教学资源整合效果不佳

当前,福建省对于农村劳动力移民的培训工作还存在一些问题。例如,目前农村基础教育和成人教育的重点仍是学历教育,农民技术培训的重点也仍是“绿色证书”教育等农业科技培训,而急需的职业技术教育则相对薄弱,这与目前农村有近60%的劳动力已转移到第二产业、第三产业的现状很不适应。此外,福建省现有多数职业院校转型较慢,职教方法缺乏创新,资源整合力度不够,普高、中职、高职、本科相互间缺乏融合、渗透,教学体系脱节、重复现象较为严重,与现代职业教育要求存在差距,这既不利于职业教育的发展、也不利于职业人才的培养。

四、城镇化进程中高职教育教学改革和发展的策略

(一)不断加大扶持力度,建立完善的现代职业教育体系

政府要切实把职业教育纳入经济社会发展、人才培养和产业发展规划,加快建立符合经济发展、产业发展、职业教育、人的需求规律的现代职业教育体系,创新建立普通教育与职业教育课程互通体系、中等职业教育与高等职业教育的课程衔接体系、职业教育与终身教育的衔接体系,为学生个性成长、未来职业选择、高端技能型人才培养及完善体现终身教育理念的职业教育奠定基础。同时进一步制定和完善职业教育国家制度和国家标准,建立健全政府主导、行业指导、企业参与的职业教育办学机制,制定促进校企合作办学法规,吸收企业参加教育质量评估,推进校企合作制度化。此外,要坚持“学校教育与职业培训并举,学历教育与非学历教育并行,全日制与非全日制并重”的多元办学方式,逐步形成以政府为指导、以利益机制为基础的校企合作、资源共享、合作共赢、共同发展的职业教育集团化发展模式。

(二)加大办学经费投入,不断改善职业院校的办学条件

从100所国家骨干性职业院校办学经费收入情况表(见表1所示)可看出,国家财政投入为47.6%,远低于发达国家近70%的水平;学费偏高(41.0%)、企业参与度不够(1.9%)成为高职办学中的突出问题,福建省内非示范(骨干)性院校的情况更加突出。因此,职业院校办学经费除了政府要进一步加大投入力度外,在政策方面还要加以调整和引导。

表 1　　100 所国家骨干性职业院校办学经费收入情况表

费用名称		收入(万元)	比例(%)
学费		4280	41.0
财政投入	财政经常性补贴	3170	30.4
	中央地方财政专项投入	1791	17.2
社会(准)捐赠		197	1.9
其他(科研、技术服务、培训、资产租赁、校办企业)		987	9.5
校均收入总额		10425	100

资料来源:表中数据来源于国家 100 所骨干性职业院校 2009 年度"高等职业院校人才培养工作状况数据采集平台"

(三)认真研究办学规律,系统培养现代职业技术人才

围绕区域发展总体规划和主体功能区定位对不同层次、类型人才的需求,合理确定人才培养规格和数量,特别对制造业发展重点方向、战略性新兴产业和生产性服务业等,要调整专业设置,逐步编制和推广与职业教育相衔接的专业教学标准。

进一步明晰职业教育人才培养目标,系统设计、统筹规划课程开发和教材建设,明确教学重点,制定课程标准,调整课程结构与内容,完善教学管理与评价,推进专业课程体系和教材的衔接。同时,改革以学校和课堂为中心的传统教学方式,重视实践教学、项目教学和团队学习,研究借鉴优秀企业文化。此外,应大力开发数字化教学资源,促进优质教学资源共享,拓展学生学习空间。

探索中、高职贯通的人才培养模式,搭建终身学习"立交桥",为职业学校毕业生在职继续学习提供条件。支持和鼓励行业主管部门和行业组织开展各级各类技能型人才需求预测,参与专业设置建设、人才培养方案设计。

(四)正确把握发展方向,职业教育需与产业政策相吻合

福建省"十二五"规划纲要结合本省特点提出,重点对"交通运输、机械制造、电子信息、土木工程、旅游酒店、医药卫生和农林牧渔等专业领域进行拓展。"现以"支柱产业地位显著,与城镇化建设关联度大,在全省高职院校专业举办中具有代表性"的建筑类专业为例,分析产业发展对专业设置和调整的影响。其他行业与高等职业教育的关系可参照本方法进行分析。

将福建省高职院校现有开设专业与《福建省建筑业"十二五"发展规划》比照,并结合各地产业优势及传统,提出《十二五福建省高职院校土建类专业调整设置建议方案》。

方案以培养建筑业紧缺的建筑施工、设计、设备、工程管理、市政为主,同时考虑部分城市、地区及院校招生的特殊性,增加了房地产和其他土建类专业两个项目。

本课题的研究立足于福建省城镇化建设的实际, 立足于福建省高职教学发展的变革与创新,通过学习和借鉴其他国家和地区高职教育发展与城镇化建设相互促进的先进经验,系统分析了福建省在城镇化建设中,职业教育存在的问题和应采取的对策措施,研究成果具有较强的针对性和实用性,对促进福建省高职教育的又好又快和可持续发展、促进福建省城镇化建设有积极的推动作用和重要的现实意义。

(刊用时删减部分表格)

(作者单位:福建省水利水电职业技术学院)

卓越工程师教育培养计划的创新与实践研究

——以河海大学"港口航道与海岸工程"专业为例

陈　达

"卓越工程师教育培养计划"(以下简称"卓越计划")于2010年6月正式启动,是教育部为贯彻落实《国家中长期教育改革和发展规划纲要(2010—2020年)》和《国家中长期人才发展规划纲要(2010—2020年)》实施的重大改革项目。"卓越计划"旨在培养造就一大批创新能力强、适应经济社会发展需要的高质量各类型工程技术人才,对促进高等教育面向社会需求培养人才,全面提高工程教育人才培养质量具有十分重要的示范和引导作用。河海大学作为"卓越计划"的首批61所试点高校之一,把实施"卓越计划"作为其发展的重要契机和重大教学改革工程,积极探索工程教育专业人才培养的新模式。为切实贯彻落实"卓越计划",河海大学于2011年启动了港口航道与海岸工程专业"卓越工程师教育培养计划",联合中交第三航务工程局有限公司于2011年8月签订了教育部"卓越工程师教育培养计划"合作协议,拟组织建立"港口航道与海岸工程"国家级工程实践教育中心,并为该工程实践教育中心的高效实施制定了科学合理的运行模式方案以确保港口航道与海岸工程专业"卓越工程师教育培养计划"的顺利实施。

一、港口航道与海岸工程专业"卓越工程师教育培养计划"

河海大学港口航道与海岸工程专业为港口海岸与近海工程学院特色专业之一,是国家级重点建设学科和首批博士学位授权点。河海大学港口海岸与近海工程学院前身可追溯到1952年由已故两院院士严恺先生创办的华东水利学院水道及港口工程系,多年来坚持"港航并重、海河兼顾"的办学特色,先后开办水道及港口水工建筑、军港建筑工程、海洋工程水文、港口及航道工程、海岸及海洋工程、船舶与海洋工程、海洋技术、交通工程、海洋科学等专业,为国家培养了6000余名水运、水利、海洋和海军等领域的栋梁,支援了国内外港口及航道工程、海岸及海洋工程、海洋科学与技术等学科专业的创建和发展。学院在多年的办学过程中,根据国家经济建设需要,不断调整和完善港口航道与海岸工程专业人才培养目标和人才培养模式。

中交第三航务工程局有限公司是国家特大型航务施工企业,具有港口与航道工程施工总承包特级资质。主要从事各类港口和航道工程，公路、铁路、桥梁、水利、船厂、房屋、隧道、海上风电建造工程，市政工程、地基和基础工程以及混凝土预制构件制作等专业领域，是集投资建设、设计咨询、设备安装、物流商贸、船舶服务等业务为一体的综合性建筑企业。公司管理和技术研发能力处于国内领先、国际先进水平，公司技术中心被认定为国家级企业技术中心，每年均获得多项国家级技术专利、国家级科技成果奖励等技术创新奖项。且该公司长期致力于高等学校的创新教育，能够结合企业实际，利用公司现有的工程项目为实践学生提供本科生毕业设计题目或研究生的毕业论文课题，选派专业技术人员参与具体指导。

港口航道与海岸工程专业"卓越工程师教育培养计划"借助河海大学港口海岸与近海工程学院半个多世纪的教学和科研实践经验与中交第三航务工程局行业领军者的综合实力以培养造就一大批创新能力强、工程实践能力突出，同时拥有良好职业素养并适应社会经济发展需要的高质量港口航道与海岸工程专业的工程技术人才为目标。为有效实现这一目标，切实落实港口航道与海岸工程"卓越工程师教育培养计划"，河海大学与中交第三航务工程局有限公司在教育部"卓越计划"指导精神与实施框架的指引下，积极申报"港口航道与海岸工程"国家级工程实践教育中心，并充分利用创新思维，共同研究制定了一套科学合理的校企联盟人才培养模式方案以确保该工程实践教育中心的顺利运行。新模式主要包括三大模块，具体如下。

（一）组织管理模块

为了做好"港口航道与海岸工程"国家级工程实践教育中心的教育、教学、管理等工作，中交第三航务工程局有限公司和河海大学联合计划成立工程实践教育中心建设工作组，形成工程实践教育中心的组织管理模块，制订工程实践教育中心工作计划及实施方案，为强化工程实践教育中心建设和管理提供政策支持和条件保障，协调处理建设中的重大问题。工程实践教育中心的日常运行由企业负责，依托公司的规章制度对学生进行管理，加强对教师选派、教学安排、质量评价等关键环节的管理。学校根据工作需要将建立由分管领导和相关职能部门负责人参加的协调机制，负责协调落实有关要求，制定配套政策，并定期进行考核。

（二）实施模块

为了"港口航道与海岸工程"国家级工程实践教育中心能够顺利运行，切实做好港口航道与海岸工程"卓越工程师教育培养计划"工作，打造"港口航道与海岸工程"工程实践教育中心优质品牌，河海大学和中交第三航务工程局有限公司采取一系列措施。如河海大学与中交中交第三航务工程局有限公司共同签订合作协议，共同制定港口航道与海岸工程专业"卓越工程师教育培养计划"培养标准、港口航道与海岸工程专业"卓越工程师教育培养计划"人才培养方案。

港口航道与海岸工程专业"卓越工程师教育培养计划"人才培养方案，借助河海大学以往教学经验,以“卓越计划”为平台,将“产学研一体化”教学模式应用于本次教学改革之中。如本科教学实施“3+1”的产学研教育——本科生前3年在校进行系统的理论学习,第4年结合生产、工程、科研实践全年在企业进行学习实践,完成专业实习和毕业设计;中交第三航务工程局有限公司结合企业实际,利用公司现有的工程项目为实践学生提供本科生毕业设计题目或研究生的毕业论文课题,并选派专业技术人员参与具体指导;硕士层次实施“1+1”的教育模式——工程硕士于第2年进入企业,学习企业文化,结合企业实际课题开展研究,并完成工程硕士论文,参加河海大学组织的硕士论文答辩。同时,积极引进国外先进的工程教育资源和高水平的工程教师,努力为学生配置双语教学课程,并鼓励学生参与实习国外的工程项目。此外,毕业生在中交第三航务工程局有限公司将享受优先聘用权,

(三)保障模块

为充分保障港口航道与海岸工程专业“卓越工程师教育培养计划”的有效实施,建好“港口航道与海岸工程”国家级工程实践教育中心,河海大学与中交第三航务工程局有限公司还计划加强教学实践条件、师资队伍和经费三方面的建设。

1. 实践条件建设

公司现拥有完备的检测设备和生产设备,规范的管理制度,先进的企业文化,为建设好“港口航道与海岸工程”国家级工程实践教育中心,借助于公司的研发实力和公司产品的生产需要,拟建立3000平方米的生产车间,并提供可以容纳1000人的食宿场地,可以满足300人同时进行实践教学,实际动手操作。计划提供的研发场地7000平方米,研发设备总值一亿元以上,接收100学生参与企业技术创新和工程开发。同时,利用公司研发的成功项目为本科生和研究生提供毕业设计题目或毕业论文课题,并选派专业技术人员100名参与具体指导。

2. 师资队伍建设

对教师进行了职业培训,对工程技术人员和高级管理人员进行了教育教学能力培训,预备筹建成一支具有较深理论功底、较强工程实践能力的“双师型”师资队伍。工程实践教育中心高校专职教师达到14人,高级职称的占100%,具有博士学位的教师占71.4%;实践教学一线指导人员中,高级职称以上的工程技术人员和高级管理人员14人。同时,工程实践教育中心准备制定教师、工程技术人员和教学指导人员的培训计划以及落实的具体措施,并建立相应的激励机制。

3. 经费建设

中交第三航务工程局有限公司计划每年投资约300万元用于“港口航道与海岸工程”工程实践教育中心建设,还与河海大学每年共同投入约30万元用于工程实践课程体系改革、教师补贴、学生项目实践等工程实践教育中心日常运行经费。同时,预备设立兼职教师聘请

专项经费，约20万元。此外，“港口航道与海岸工程”工程实践教育中心每年将给予学生0.2万元补贴，用于学生工程项目实践。

三、港口航道与海岸工程专业“卓越工程师教育培养计划”运行方案创新之处

港口航道与海岸工程专业“卓越工程师教育培养计划”运行方案具有以下创新之处：

（一）创立高校与企业联合培养人才的新机制

企业由单纯的用人单位变为联合培养单位，学校和企业坚持“以学生为主体，以能力培养为核心，坚持知识传授与能力培养相结合，实践教学与理论教学并重”的实践教学理念，依托港口航道与海岸工程国家级重点学科，以强化工程能力与创新能力为重点改革的人才培养模式，共同制定“卓越计划”的人才培养标准，培养方案，创立高校与企业联合培养人才的新机制。

（二）立足行业实践前沿，实现高校与企业的强强联合

河海大学港口航道与海岸工程学院与中交第三航务工程局的合作，申请建设“港口航道与海岸工程”国家级工程实践教育中心，凭借河海大学港口海岸与近海工程学院悠久的办学历史与中交第三航务工程局行业领军者的综合实力将实现教学改革的强强联合，运行方案以学科研究与实践相结合为理念，立足于本行业工程实践中最迫切需要解决的问题，可有效提高学生的实践能力和竞争力。

（三）注重保障工作建设，实现实践条件、师资、经费的优化配置

运行方案打破只注重教学工作建设的传统，更加注重保障工作的建设。实践条件方面，将提供一流的条件接收学生参与企业技术创新和工程开发，并进行一对一的具体指导；师资方面，计划建立一支理论与技术水平一流的队伍；经费方面，充分考虑了师生两方面的需求，制定了科学合理的经费体系。

（四）拓宽学生视野，实施国际化培养策略

“港口航道与海岸工程”国家级工程实践教育中心的运行方案中提到积极引进国外先进的工程教育资源和高水平的工程教师，努力为学生配置双语教学课程，积极组织学生参与国际交流、到海外企业实习的联合培养项目，拓展学生的国际视野，提升学生跨文化交流、合作能力和参与国际竞争能力。并鼓励学生参与实习国外的工程项目，旨在培养熟悉外国文化、法律和标准的国际化工程师。

（五）达到三方共赢，实现毕业生就业与企业需求的无缝对接

“港口航道与海岸工程”国家级工程实践教育中心的运行方案，坚持走“校企”合作人才培养之路，充分校内和企业资源按照社会经济发展需要，企业用人规格、标准加强对学生的工程实践与创新能力训练和培养。借以增强学生对工程技术工作的适应性，提高毕业生解决

实际问题的能力，以实现较高层次的战略合作关系，实现毕业生就业的无缝对接，达到学校、学生、企业的三方共赢。

四、总结

"卓越工程师教育培养计划" 作为我国高校和行业企业联合培养人才的一种新的机制，将进一步发挥学校与企业在工程人才培养中的作用，增强工程人才的创新能力和竞争力。河海大学为切实做好港口航道与海岸工程专业的"卓越工程师教育培养计划"联合中交第三航务工程局有限公司申请建设"港口航道与海岸工程"国家级工程实践教育中心，并提出一种高校和行业企业联合培养人才的科学合理的运行模式方案。该方案创建一种高校与企业联合培养人才的新机制，具有立足行业实践前沿，实现高校与企业的强强联合，注重保障工作建设，实现实践条件、师资、经费的优化配置，拓宽学生视野，实施国际化培养策略，实现毕业生就业与企业需求的无缝对接等创新之处，必将抒写"卓越工程师教育培养计划"历史篇章。

（作者单位：河海大学港口航道与海岸工程学院）

基于"云服务"的行业培训模式研究

张　军　吴爱华　陈青生

行业通常是指生产同类产品,具有相同工艺,提供同类服务等经济活动的类别。基层是行业工作的基础,人才是行业进步的动力,教育是行业发展的支撑。一般来讲,行业的基层人员分布广,岗位种类多、层次多。当前许多行业的基层单位人才瓶颈问题相对突出,基层人才队伍结构不尽合理,偏远地区职工培训机会偏少,人才培养针对性、实效性不强,需要探索适应行业改革发展的人才培养模式。

在计算机和网络通信技术的支撑下，网络远程教育已成为当今社会教育服务的重要形式之一。许多学者从不同角度对网络教育的新方式和方法做了研究。有许多优秀的网络培训平台,在不同领域发挥了很好的作用。但目前运行的多数这类网络培训平台,其设计理念和运行模式大多数基于一个教育机构,面向相互之间松散联系的服务对象,提供与该教育机构自身能力相对应的教育服务,适合于教育机构直接管理学员,或面向社区教育的服务。对于具有层级式社会结构和特定教育需求的行业类服务对象，教育服务模式的创新具有一定的必要性。

一、行业的社会结构和教育需求

在构建终身教育的公共服务体系中，面向城镇市民的社区教育和面向行业职工的行业教育是两种比较典型的公共教育服务模式。两者之间有许多的共同点,比如服务对象人数众多、服务对象的受教育程度参差不齐等。同时,两者之间也存在着一些不同的社会结构和教育需求特征,分析这些不同的特征和需求,对于构建与之相适应的教育服务模式是很有意义的。

首先,社区教育服务对象的空间分布相对集中,而行业培训服务对象的空间分布很广,有的岗位流动性很大,有相当部分的行业职工长期工作在交通很不便利的偏远地区。其次,社区教育的服务对象相互之间呈现相对松散的联系，城镇行政组织对个体的控制或约束力相对很弱,而有的行业呈现很强的层级管理结构,有的行业甚至具有层级隶属关系,行业组织对个体具有很强的控制力或约束力。第三,社区教育服务对象的年龄跨度大,而行业培训的服务对象主要是在岗人员。第四,社区教育的类型从学前教育到老年大学,覆盖了社会生活的各个方面,而行业培训则注重与行业知识相关的教育内容,具有明显的行业岗位能力需求特征。第五,社区教育一般是由教育服务主体提供和引导,行业培训则通常是服务客体采用计划管理。

行业培训通常具有以下方面的特点:服务对象的空间分布广,行业内具有很强的层级管理结构,服务对象主要是在岗人员,教育内容注重与行业内不同岗位知识相关,培训具有计划管理等特征。这些特点决定了单个教育机构很难通过传统模式为一个行业提供全面的、有针对性的教育服务。

二、关于“云服务”

“云服务”概念来源于“云计算”,是指依托通信网络构建利益共享的无边界服务联盟,以提升整体的服务能力为目标,以需求为导向,虚拟富集分散独立的资源,各服务主体遵循统一的规则,自主、协同、有序地共同为服务客体提供互补、无缝、高效、优质的整合型订单式服务。

“云服务”是现代服务业的一种创新模式,它有以下四个明显的特征:

(一)以联盟为形式,成员协作为方式。联盟成员间没有集团式的层级结构,无隶属关系,依靠共同目标和规则聚合协作,而不是依靠指令控制。

(二)以服务为中心,资源为基础。依托现代网络通信技术,虚拟富集大规模资源,有针对性地提供大规模服务。

(三)以目标驱动的自组织为机制。各服务主体通过协同形成有序的自主服务,整体上提供互补、无缝的整合型服务。

(四)以“云端化”服务面向客体。对于服务客体,不需知道服务来自何处,感受到的是一个庞大的集群所提供的无处不在、高效和优质的个性化服务,即所谓的“云端化”服务。

教育服务是现代服务业的一种类型,构建教育服务联盟是实现“云服务”的组织基础,搭建基于“云服务”模式的网络培训平台,是实现“云服务”的条件保障。

三、行业教育服务联盟的构建

水是生命之源、生产之要、生态之基。兴水利、除水害,事关人类生存、经济发展、社会进步,是治国安邦的大事。水利是现代农业建设不可或缺的首要条件,是经济社会发展不可替代的基础支撑,是生态环境改善不可分割的保障系统。加快水利改革发展,不仅事关农业农村发展,而且事关经济社会发展全局;不仅关系到防洪安全、供水安全、粮食安全,而且关系到经济安全、生态安全、国家安全。水利事业的改革和发展,人才是根本。基层水利单位是水利改革发展的主战场,现代民生水利事业发展需要大量的基层水利专业队伍。基层水利职工的培训是水利人才队伍建设的主要内容。由于水利系统的培训几乎囊括了上述行业培训的所有特点,因此本文以基层水利队伍培训工程为例,阐述行业教育服务联盟的构建模式。

（一）联盟单位

在水利部人才培养主管部门的指导下，牵头高校与水利教育协会共同构建了一个汇集数十所水利行业定点培训机构和相关水利科研院所的行业教育服务联盟，以创新适应水利行业改革发展需求的教学模式为目标，发挥不同层次、不同类型学校和教育机构的教学特长，针对水利行业各类人才的培养规划，为基层水利人才专业与文化提升提供公共教育服务,支撑水利系统构建学习型行业。

（二）教师队伍

汇集行业教育服务联盟各成员单位的优质教师资源。以水利相关的科研机构、学校、工程单位、水利相关仪器和设备研制等单位的专家、学者、教师、技术人员,以及具有丰富水利行业实际工作经验和具有一定教学能力的人员,组成服务水利行业培训的优质师资队伍。

（三）服务对象

行业教育服务联盟的服务对象是水利行业的各类在岗职工，服务范围覆盖全国数千个县级以上水利主管部门与工程单位。结合水利行业多层次、多样化的学习需求,改革继续教育课程体系、教学方法、教学模式,进一步增强课程内容的针对性、实效性。行业教育服务联盟提供学习环境、技术支撑、资源建设、教务管理等教学支持服务。

（四）课程体系

培训工程的课程体系包括三大类。一是岗位专业知识类培训课程。依据水利行业各岗位的专业知识要求,有计划地制定培训方案,组织培训联盟成员单位编写教材,开展示范培训和制作网络培训课程资源。二是水利科技前沿类培训课程。追踪国内外科技前沿,以开拓水利职工创新思维为目标,主要介绍与水利事业发展相关的新思维、新方法、新政策、新标准、新规范、新材料、新技术、新工艺、新仪器、新设备等。三是文化素质提升类培训课程。根据国家文化建设总体框架,以科学发展为主题,以建设社会主义核心价值体系为根本任务,以培养水利职工高度的文化自觉和文化自信,增强行业文化软实力为目标。

（五）培训方式

各教学实施单位可以通过多种教学方式开展教学活动,包括网络远程教学、面授教学、实践培训基地教学、典型案例现场教学等。提供多种方式相结合的学习模式,水利行业职工可以根据有组织的培训项目要求参加相关学习,也可以根据自身工作需要,自主学习相关课程并获取相应电子培训证书。

（六）互利共赢

结合现代信息技术广泛应用,建立数字化学习资源开放服务模式与机制,共建共享各类优质网络教育资源。发挥不同类型教育机构的教学特长,优势互补,在服务水利职工教育的过程中实现互利共赢。一方面,非盈利性的运行模式,大幅降低学习成本;共建共享资源,降低重复建设成本;及时获取和共享培训信息,降低管理成本;多样化的学习方式,降低差旅和时间成本;相关水利知识的汇聚,降低行业创新发展的成本。另一方面,教育联盟提供了在全行业范围服务各类人才培训的平台,教师可以获得更多参与行业建设的机会,学校获得良好的社会声誉,也可以获得更多行业政策、资金等支持的机会。

四、基于“云服务”的网络培训平台

基于“云服务”的网络培训平台借鉴“云计算”中的SaaS模式,聚合多结点的数字化教学资源,融合多结点的网络教学服务能力,通过公共通信网络组成柔性的公共网络教育服务体系,突显规模与特色优势,实现知识积聚、优势汇集,为行业职工提供无边界云端化的学习环境,以适应基层从业人员工作地点分布广、流动性大、偏远地区学习条件简陋等客观情况,有针对性地提供教育服务。网络培训平台的关键功能有以下几个方面:

(一)教学计划安排

水利行业所有县级以上水利主管部门都可以利用“云服务”培训平台提出培训需求、编制培训方案、选择培训课程、下发培训计划、自主或委托培训机构组织相关培训。培训平台可以实现多级培训计划的制定和下发,灵活多样的培训项目和培训方案的制定。培训计划包括:培训目标、培训对象、培训人数及分配方案、培训课程、培训项目起止时间、培训计划编制信息等。其中培训计划的课程包括必修课和选修课,培训计划编制信息包括:计划编制单位、计划编制人、计划上报人、计划审核人、计划批准人、计划编制时间等。

(二)电子教学秘书

对于联盟形式的教育服务主体,电子教学秘书的功能及其重要,是所有用户连接的关键点。电子教学秘书分为面向行业单位、面向教育联盟成员单位、面向学生、面向教师、面向系统管理员、面向内部档案管理等,能自动完成包括信息汇总、信息通知、报表生成与发送等工作。电子教学秘书针对教学管理采用教学“计划”流程控制的方式,信息推送式的协同控制,自动调度和协调各个应用系统协同工作,把传统的“用户访问/系统响应”的被动工作模式,转变为以事件驱动为主要特征,实现“计划安排/管理调度/用户响应/系统协同”的主动工作模式,达到教学过程管理的规范化和一定程度的智能化。

(三)配置教学资源

培训联盟建立统一的课程建设技术标准和内容质量控制管理办法,采用多种方式建设网络培训课程资源,包括来自教育联盟、行业单位、社会合作等。平台采用教学资源分散建设和存储,统一管理和调度的方式。通过多点远程海量数据同步系统,把任一结点的教学资源快速同步到所有其他需要的结点,组成并行、柔性的自适应网络支撑结构,形成同时服务数万人网络学习的能力，同时也实现了数据的冗灾备份。依据培训计划配置教学资源也包括灵活的教师资源配置，把适当的教师配置到适当的培训教学过程中。

（四）教学质量评估

通过平台的管理与评估功能模块，实现以培训计划目标为导向的统一教务管理、教学过程质量控制和学习结果评估分析，自动生成培训情况分析总结报表，为规范行业培训的质量管理提供基础信息。评估分析包括计划执行效率分析、学习效果质量分析、教学效果质量分析、教学机构服务质量分析，以及学习行为偏好分析、各子系统的使用负载分析、各类因素的相关分析等。

（五）防伪电子证书

学员在完成规定的学习内容并通过相应学习过程的评估和学习效果的考核后，可以获得培训项目学习的电子证书、单项课程学习的电子证书或相关从业资格证书等。防伪电子证书包括正本和副本，正本发送给培训组织单位和个人，副本用于网上验证。电子证书采用防伪设计，多层叠加合成，包括底层、固定信息层、变动信息层、条码信息层、印章层、网纹层等。电子证书中包含学员的学号、身份证号码、性别、所属单位、本次学习的课程、学习效果评估等个人信息，使用二次加密方法保护。第一次加密采用加密算法，第二次加密形成二维条码，可以有效保护个人隐私，同时极大地增加了仿制的成本。

（六）数字版权保护

对于通过平台提供教育服务的所有数字化教学资源，都采用数字版权管理技术处理，保护联盟成员单位各方的利益。通过网络培训平台为各类网络培训提供在线学习和下载离线学习，同时记录所有课程资源的实际使用情况，作为向网络课程版权所有人、课程资源建设单位或个人支付相应有偿使用费的依据。经过数字版权保护的教学资源可以通过联盟自有的服务器群，或通过网络公共服务提供商的服务器群，多渠道送达学员，以减轻支撑在线学习的负荷，同时丰富学员的学习方式。

汇集与行业教育相关的教育机构，组建行业教育服务联盟，依托基于“云服务”模式的网络培训平台，实现优质教育资源的共建共享，构建覆盖全行业的继续教育公共服务体系，是提供行业类继续教育服务的创新模式，期望能对类似的继续教育公共服务提供借鉴。

（作者单位：河海大学继续教育学院）

2012—2013 二等奖

干部培训与领导干部的人格魅力修养

陈　伟　段海燕　方小凤

领导干部人格力量的强弱，直接关系到党的领导水平和执政水平。党的十八大报告对加强党的执政能力建设、先进性和纯洁性建设提出了新的要求。干部培训在提高干部理论素养、思想品德、管理水平，完善其专业知识结构、塑造完美人格方面具有重要作用。水利领导干部要重视学习培训与个体实践，不断提高自身修养，增强人格魅力，以高尚的人格力量感召和带领广大职工全面开创中国特色的现代化水利事业新局面。

一、领导干部的人格魅力及内涵

领导干部的人格魅力是指由领导干部的职务、地位、权力以外的人的心理特征及特有的素质、能力和道德品质等在社会生活中的体现而产生的感召力、吸引力和影响力。领导干部的人格力量，直接决定国家政权质量。邓小平同志说："共产党人干事业，一靠真理的力量，二靠人格的力量。"领导干部的人格魅力是一种信仰力、凝聚力、战斗力、影响力。领导干部人格越高尚，就越具凝聚人心、鼓舞斗志、团结和带领群众落实科学发展观的力量。领导干部的人格魅力具有广博而深刻的内涵。他是多元化构成元素的积累和积淀。体现在良好风度气质、口才语言、精气神韵、情感智商、性格个性、心理素质、品格气节、思想智慧、领导才能、学识才华、道德情操等多个方面。坚定的理想信念、正确的价值观追求、睿智的理性思维、和谐的人际关系、高超的领导艺术、高雅的情趣爱好，以及不断提高的感召力和向心力，是领导干部人格魅力的主要体现。其中，个人品行是基础，综合素质是保证，党性修养是核心。

（一）个人品行是基础

"正、诚、善、实"是人性道德的根基。"正"是人的精神骨架，灵魂所系，立身之本。廉洁从政被视为"仁者之德"、从政之本。只有正派做人、公道做官、扎实做事、敦品立德，领导干部的生活事业才能丰厚，精神风貌才能昂扬向上，人格魅力才能散发光芒。品行端正是干部具备人格魅力的基础。

（二）综合素质是保证

领导能力是干部思想水平、理论修养、政策水平、工作经验、思维方式等多方面素质的综合体现。由正确的世界观、远大的人生理想、优秀的思维品质、坚定的意志品质、奋发的精神风貌，以及务实的作风、廉洁的准则、稳定的心境、健康的心态等要素构成的综合素质，是使领导干部在群体中闪现出耀眼人格光芒的根本保证。

(三)党性修养是核心

为人民服务是党的根本宗旨,诚心诚意为人民谋利益是共产党人行使权力的终极目的。领导干部只有勤政为民、清廉奉公,在解决群众反映强烈的问题和涉及群众切身利益的问题上真抓实干,在服务群众、造福百姓的过程中陶冶道德情操、锤炼意志作风,形成与人民的血肉关系,才能最大限度地凝集民心民智,激发群众建成小康社会的无限热情。高尚的境界、纯洁的党性,是领导干部强大人格魅力内涵的核心。

处在加快水利改革发展的重要战略机遇期,如果众多的水利干部能在更高起点,以更高标准,加强学习修养,打造符合时代精神和中国传统文化精华的人格魅力,通过高尚的人格力量来影响和引领群众,党的执政基础就会更加牢固。蓬勃开展的水利事业,必将成为促进经济社会发展、不断夺取全面建成小康社会新胜利的坚实支撑。

二、干部培训对干部人格魅力修养的影响

(一)党对干部的教育培训及新期待

高度重视领导干部的教育培训,是中国共产党的优良历史及传统。从党建立之初起,党就十分重视干部的教育培训,为各个历史时期培养造就了一批又一批、一代又一代适应革命、建设和改革需要的领导骨干和宏大的干部队伍,为我们党战胜各种艰难险阻,始终保持强大的凝聚力和战斗力,不断从胜利走向胜利提供了坚强的人才保证。党的十六大以来,中央提出了一系列建设干部队伍的指示精神,党的十七大做出了新一轮“大规模教育培训干部、大幅度提高干部素质”的战略部署,党的十八大报告强调“加强和改进干部教育培训,提高干部素质和能力”。加强党的执政能力与先进性纯洁性建设,努力造就一支政治坚定、能力过硬、作风优良、奋发有为的高素质干部队伍,是党对干部教育培训工作的新期待,也是各级干部教育培训机构职责使命之所在。

(二)干部培训对干部人格魅力修养的影响分析

近年来,长江委干部培训工作在促进干部人格魅力修养提升方面进行了有益的探索,干部培训工作取得明显成效。长江委领导干部理论进修班,是长江委干部培训的主体班次。首期领导干部理论进修班于 2004 年上半年开班,截至 2012 年 5 月,共举办进修班十期,长江委机关及各委属企事业单位共 509 名处级领导干部受到培训。

撰写心得体会是领导干部进修学习的重要环节,注重对干部学习成效的分析,是为了对教学内容的设计更加优化与完善,对施教模式与学习形式进行更加有效的改进与创新。我们收录了有代表性的学员心得体会,摘录如下:转变更多需要全局观点,不同角度都说明一个观点,系统思维,大局观点,全面发展的人。本人原是一个地质技术人员,熟悉和较精通于工

程地质勘察技术工作，到领导岗位后，遇到的和要解决的工作问题发生很大变化，但分析和处理问题时仍有较浓厚的专业观点，日常管理和协调工作经常感到事倍功半、效果不佳。通过培训期间的学习思考，发现主要原因与自身角色转换不彻底、领导艺术修养不够相关。这充分反映出专业技术人员转换成领导干部后，企业管理知识和经验偏弱的共性问题。分析长江委干部理论进修班学员取得的成效，我们认为：

1. 干部培训与干部人格修养在目标上具有一致性

加强干部培训，就是为全面建成小康社会、加快推进社会主义现代化提供思想政治保证、人才保证和智力支持。培养信仰坚定、执政本领过硬的干部队伍，是党的事业保持欣欣向荣、不断取得新发展的重要保证。加强人格魅力修养的目的是使干部个体既具优良的思想政治素质，又具过硬的工作能力本领；既具高尚的道德情操，又具健康稳定的情感心智，能更有效地履行领导岗位职责，团结凝聚引领广大人民群众，为推进伟大事业与实现美好目标共同奋斗。

2. 干部培训在干部人格修养方向上具有指向性强化性

理论素质是领导干部思想政治素质的灵魂。长江委干部教育培训十分注重理论学习的系统性和完整性，同时紧扣干部能力建设这个重点，注重以创新能力的提升为核心、以胜任本职工作为目标的相关能力的培养。一是在理论基础方面加强马克思列宁主义、毛泽东思想、邓小平理论、“三个代表”重要思想和科学发展观的教育；二是在战略思维方面加强党的重大战略和方针政策的教育，特别是加强对学员进行党的新思路、新决策的教育；三是在世界眼光方面进行当代世界经济、当代世界科技、当代世界法制、当代世界军事、当代世界思潮等方面知识的教育；四是在党性修养方面加强党章、党史、党性修养和党风廉政教育。通过这些方面的学习和培训，帮助干部牢固树立马克思主义权力观、地位观、利益观，进一步提高改造客观世界和主观世界的自觉性坚定性，进一步提高贯彻党的基本理论、基本路线、基本纲领、基本经验的自觉性坚定性。

3. 干部培训在干部人格修养的内涵结构上具有补充性完善性

专门开设的“治江事业与改革发展”板块，有利于帮助干部对中国特色水利现代化科学内涵、长江水利发展战略的深化理解；将增强干部科学文化素养的课程纳入自修教材与课程体系之中，有利于帮助干部增强科技意识、培养科学思维，有利于帮助干部吸收传统文化精髓，增强精神力量；坚持对培训内容进行不断拓展完善，增加了领导科学、管理艺术的含量，加强了对干部心理调适、保持健康心态方面的指导。长江水利改革与发展、领导艺术、国学、心态修炼、公务礼仪与形象塑造等课程的开设，开拓了学员的视野，完善了干部人格魅力修养的知识能力内涵结构，体现了实效性与时代要求。

4. 干部培训在干部人格修养的目标功能上具有夯实性提升性

系统的学习培训，帮助干部认清了理论上的误区和盲点；加深了干部对马克思主义基本原理的理解，扫清了马克思主义过时论、马克思主义多元化的认识障碍；清晰了中国特色社会主义理论的脉络体系；充实了政策理论知识；深化了对国际形势和国情党情的认识；强化了对长江流域水行政管理、水资源管理、防洪调度等重点工作的了解。从而坚定了干部坚持科学发展观、走中国特色水利现代化道路的信心和决心，夯实了理论基础、启迪了思想智慧，提升了修养境界。

(三)干部培训是干部人格魅力修养与提升的重要途径

通过系统的培训学习，第一使干部理论水平进一步提高。系统化培训使干部对马列主义、毛泽东思想、邓小平理论、“三个代表”和科学发展观重要思想，对领导科学与公共管理、宏观经济形势政策与改革发展、党的建设等方面的理论有了进一步了解；对正确把握党的宗旨、中国特色社会主义道路、科学发展观等重大理论问题及中央重要战略部署有了更深的理解。第二使干部分析解决问题的能力进一步增强。干部理论联系实际，运用所学理论知识，紧密联系长江水利发展战略，思考本单位的改革与发展，创新工作思路，在其学习体会和论文中，提出了许多有价值的见解和建议。第三使干部的战略思维能力进一步培养。学员以世界眼光、正确把握世界和中国发展大势、分析复杂形势的战略思维能力、运用马克思主义基本原理解决实际问题的能力进一步增强。第四使干部的党性修养进一步提升。牢固树立起正确的世界观人生观价值观，牢固树立起科学的政绩观人才观群众观。第五使干部的知识结构进一步优化。精选的课程内容，多方位地对领导干部的理论修养与思想素质、角色自觉与管理艺术、专业素养与综合能力、压力舒缓与团队合作等方面进行强化培训，干部观念得以更新，领导意识得以增强，管理知识得以完善，干部人格魅力修养的知识能力结构得以优化。可见，干部培训是干部人格魅力修养与提升的重要途径。

三、进一步创新水利领导干部培训的工作思路

创新水利领导干部培训工作思路，一要认真贯彻落实《干部教育培训工作条例(试行)》精神，二要认真分析研究判定水利干部队伍素质能力现状，三要结合水利改革发展新阶段对水利干部的新要求，统筹谋划科学的水利干部培训课程体系、有效的培训手段和载体。通过加强和改进干部教育培训，努力造就一支高素质的水利领导干部队伍，为抢抓黄金十年水利发展新机遇，奋力推进水利改革发展新跨越，提供坚实的人才保障和智力支持。

(一)构建科学的干部人格魅力修养培训内容体系

提高干部人格魅力修养的主要途径是加强对领导干部人格魅力有提升作用的相关内容的培训，把提高干部的政治水平、理论素养、道德情操、文化素质和领导能力作为领导干部培

训的重要内容，使干部不断吸取学识、思想、能力、作风、精神等多元化“养分”，用多元化的培训内容体系去塑造、丰富和提升干部的人格魅力。一要以思想理论建设、党性教育、道德建设为统领，突出理论武装，组织水利干部全面、准确、深刻理解马克思主义理论的科学体系、深刻内涵和精神实质，坚定理想信念，真正把最新的理论成果转化为指导思想的“魂”和统领工作的“纲”。二要全面落实“质量建党”各项任务，努力提高领导干部推动水利科学发展跨越发展，促进社会和谐的本领。长江委领导干部理论进修班在课程设置上，一是注重突出基础理论与形势教育，提高干部认识、分析和解决改革发展中热点难点问题的能力；二是注重突出领导科学和管理知识教育，提高干部领导水平和工作能力；三是注重突出治江改革发展教育，提高干部业务工作本领；四是注重突出党建及廉政理论教育，坚定理想信念，提高干部在市场经济条件下拒腐防变的能力。强化理想信念、党风廉政、作风建设专题教育；强化中国特色社会主义道路、水利科学发展与改革创新主题学习；穿插国际局势、国内经济形势、文化与道德建设辅导学习；增设领导科学、创新思维、心态调节与形象塑造等观念更新能力提升板块学习。既统筹考虑干部个体全面发展需要，又突出核心素质与能力要求的课程内容体系，对于提升干部人格魅力修养水平、建设高素质干部队伍具有重要意义。

（二）结合水利事业的发展与特点，继续丰富提升领导干部人格魅力的培训形式与实践载体

围绕党对干部核心的素质能力要求，既发扬传统教学模式讲授系统、信息量大的教学优势，又组合采用小组讨论、实地考察、户外拓展等灵活的学习形式，有效促进实现干部领悟深刻、感受生动的学习效果。近年来，我们对干部教育的培训形式与载体进行不断探索，进一步丰富了培训学习的形式，收到了良好成效。一是坚持委及职能部门领导上讲台制度。各级领导对长江治江发展战略的解析，贴近干部工作实际，专业性实效性强。同时，激励了学员对委领导学识才华、人格魅力的效仿力。二是开辟“学员论坛”。搭建了学员交流经验、展示才华的舞台，体现了水利专业性特点，学员主体作用发挥突出。三是整合教学资源。充分利用延安、井冈山干部学院等良好的课程师资教材资源，通过现场体验、激情参与、红色故事会等多种学习形式，对干部进行了党性党风党纪教育，学员在脑海中留下了深刻的延安精神、井冈山精神的烙印。四是引入实训课程。对干部进行了突发事件处置的案例分析与情景模拟。演练式教学，为提高干部现场处置突发事件能力提供了实训平台，突出了党对干部的核心能力训练要求。

当前和今后一个时期，是水利改革发展与建设水生态文明重要的战略机遇期，也是涉水问题与矛盾纠纷进一步凸显的改革攻坚期。水利干部培训机构应主动适应新时期水利发展的新特点，不断创新形式和载体，使继续深化的干部培训成为提高水利干部综合素质与领导能力的主渠道。干部培训也应成为塑造领导干部完美人格、建设高素质干部队伍的重要途径。

一要持续开展干部培训需求调研，坚持以人为本，逐步满足干部个性化、差异化的培训需求。二要进一步整合培训资源，充分发挥各级党校、行政学院在实践载体培训手段方面的主渠道优势，满足水利领导干部在战略思维、观念理念更新上的目标需求。三要坚持改革创新，进一步丰富教学方法培训手段，突出学员主体地位，增强培训工作实效性。

1. 开展自我教育

发扬理论联系实际优良学风，适当增加案例研讨交流环节，让干部在学习人格修养理论的同时，适时总结正反两面经验，自觉加强主观世界改造，不断提升官德官品修养境界，增强教育启示性深刻性。

2. 引入“开放式教学”

突出培训对象主体地位，增强师生互动，提高教学感染力和吸引力。

3. 组织实训模拟

引进案例分析，实施情景模拟，加强学员全局性、应变性、敏感性、拓展性训练，提高干部应对突发事件的能力。

4. 强化实践环节

适当安排形象设计、政务礼仪、演讲口才等方面实践和练习，使干部学会修饰，正确掌握社交礼仪，提升演讲能力，增强人格魅力。

人格修养是一个复杂并且长期的过程。人格修养理想目标的实现，不仅有赖于追求高尚人格的强烈愿望，还有赖于对高尚人格目标不懈追求的毅力与意志，有赖于进行人格修养的正确途径与科学方法，唯有笃行不倦、孜孜以求者方能达到胜利的彼岸。水利领导干部，一要勤奋刻苦努力学习，二要在实践中锻炼磨砺，三要自重自省自警自励。努力做到将所学的理论知识，运用到实践的各个方面，在学习中不断进步，在实践中日渐成熟。这样，领导干部的人格魅力才能够香远益清，历久弥新，甚至穿越时空，魅力永存！

（作者单位：长江水利委员会人才资源开发中心）

河南黄河技能人才培养工作实践与机制建立分析

李明生　张东升　卜占锋　马宜飞　王　俊

技能人才是治黄人才队伍的重要组成部分,是基层一线防汛抢险、生产运行与工程维修养护的主力军。在全国水利人才队伍建设"十二五"规划中,水利部将高技能人才队伍作为五支人才队伍之一,赋予了更多的责任和寄托,其重要性由此可见一斑。在多年的工作实践和探索中,技能人才的培养始终作为河南黄河人才队伍建设重中之重的任务被贯彻落实。在具体工作中,我们能够认真执行上级关于技能人才培养的方针政策,采取了一系列培养措施,全面提升河南治黄技术工人的技能技艺水平,逐步形成了数量充足、水平提升、业务娴熟、保障有力的基层一线技能人才队伍。

本文着眼于技能人才局面形成、措施建设、培养培育、存在问题及改进方向等多个维度分析的基础上,就技能人才培养工作实践进行总结,并根据技能人才发展需要,对技能人才培养与机制建立进行探索分析,力图通过现实情况和工作探索,促进技能人才更好更快成长,推动河南黄河技能人才队伍的更进一步发展,为治黄事业提供坚强的基层人才保障。

一、技能人才良好局面逐步形成,工作取得显著成效

(一)技能人才结构更趋于合理

截至 2013 年底,河南河务局技术工人总数达到 4875 人,分布于河南治黄一线的 6 个行业特有工种和 46 个社会通用工种岗位上。技能等级上,高级技师 99 人,技师 1272 人,高级工 1603 人,中级工 576 人,初级工 1086 人,高技能人才(高级工以上)占技能人才总数的 61%;年龄层次上,45 岁以上有经验技术工人、36~45 岁中年技术骨干、35 岁以下有活力青年生力军分别占技术技能人才总数的 31%、27%、42%,基本实现了老中青合理搭配;学历层次上,技能人才更加注重学历层次提升,大学专科以上学历占技术工人总数的 44%。

(二)高技能人才培养成效显著

截至目前,34 名技术工人获得过省部级以上荣誉称号,其中"中华技能大奖"1 人次,"享受国务院政府特殊津贴"1 人次,"全国技术能手"6 人次,"全国水利技能大奖"8 人次,"全国水利技术能手"11 人次,"河南省技术能手"17 人次,"全河技术能手"32 人次。

(三)技能人才作用更加突出

在平凡的一线基层岗位上,技术工人常年承担大量的防汛抢险、生产运行、工程维修维

护等常规业务,工作任务的圆满完成,确保了黄河的岁岁安澜。同时,长期的技能技艺历练,让他们成为“行家里手”,经常被上级单位派出,作为技术骨干完成急难险重工作任务:

——2008 年汶川大地震。150 多名河南黄河技术工人组建 3 支机动抢险队, 历时 3 个月,圆满完成抗震抢险救灾任务,为保护当地人民生命财产安全、挽救当地经济损失做出了艰苦卓绝的贡献。

——2010 年舟曲特大山洪泥石流救灾。黄河应急机动抢险队冒着生命危险,在堰塞湖应急排险及白龙江淤堵河道清淤疏通工作中,勇挑重担,敢于攻坚,为清除城关桥淤堵及城区淤积物做出重要贡献。

——2012 年驰援内蒙古抗洪抢险。接到黄河防总指令后,我局紧急抽调 35 名年轻力壮并富有经验的抢险队员,集结大型抢险装备后,长途跋涉的 1300 多公里的路程,仅 26 小时便投入抗洪抢险救灾战斗中。

——2012 年、2013 年全省抗旱供水。河南中原地区遭遇了历史罕见大旱,根据河南省整体部署,河南黄河技术工人日夜奋战引黄灌溉一线,保证闸门顺利供水输水,为抗旱保苗、小麦丰收做出巨大贡献,获得水利部、河南省、黄河水利委员会的嘉奖。

——2013 年嫩江、松花江、黑龙江流域性大洪水防御。按照水利部、黄河防指统一部署,河南黄河技能抢险专家飞奔吉林,用高超技能技艺指导当地防汛队伍抗洪,再次谱写了水利技能人才的英雄事迹。

(四)技能人才技术创新成果斐然

引导技能人才对工作实践的总结和探索,大批优秀技术成果不断涌现。由技术工人参与完成的 675 项成果在创新、技术革新等评比中取得了可喜成绩,其中 88 项成果获得过水利部、河南省、黄委会表彰,587 项成果获得河南河务局科技进步奖、科技火花奖、创新成果奖。传统防汛抢险技艺黄河埽工和黄河文化 “土硪号子” 被河南省评为 “河南省非物质文化遗产”,被国务院评为“全国非物质文化遗产”。

二、搭建技能人才培养平台,健全培育培养机制

(一)形成了职业技能人才竞赛选拔机制

把举办职业技能竞赛选拔人才作为一种制度长期坚持下来,每年选择 1~2 个工种开展全局性的职业技能竞赛活动,通过竞赛活动激发全局技术工人“比学赶超”的良性竞争氛围,发掘有潜力、技艺高、业务精的优秀技能人才。经过竞赛选拔出的选手,均成为河南治黄一线骨干力量。

(二)创建了“首席技能人才”选拔机制

2006 年制定了全局首席技能人才评选管理办法,每两年进行一次评选,鼓励治黄一线骨干、科技创新带头人,或具备“绝招绝技”的“土专家”报名参评。目前评选活动已举办三届,共命名“河

南河务局首席技能人才”30人。评选出来的首席技能人才,在岗期间享有一定的技术津贴。

(三)构筑了“首席技师”评选成长平台

为进一步加强高层次技能人才队伍建设,2012年,我局出台办法,创建了首席技师评选机制,每三年进行一次评选,给予一次性资金奖励,为首席技师建立工作室,组建工作团队,实行“技术项目倾斜、优势资源集中”的政策,为他们培植沃土,让他们在自己专长的技术领域成长壮大,最终将他们培养成为所从事技术工种的“领军人才”。

(四)建立了“师徒金搭档”长效机制

鼓励技术精湛的高级技师、技师、高级工教授学徒,把自己的绝招、绝技及工作中积累的经验毫无保留的传授给青年技术工人。这种培养机制一方面使老一代技能人才的技能经验得到传承,另一方面有利于青年技术工人快速掌握技能,起到了薪火相传的作用。通过这种“传帮带”机制,许多年轻技术工人成为高技能人才,林喜才同志的8名徒弟获得了“全河技术能手”荣誉称号;肖秋林同志的徒弟姜建胜荣获了“全国水利技术能手”荣誉称号;王万社同志的徒弟王占国不仅获得了“全国水利技术能手”荣誉称号,还被评为“黄委十大杰出青年”。

(五)搭建了“一专多能”技能人才培养机制

本着“全方位、多角度”培养思路,鼓励技术工人优质、高效完成本职工作的前提下,跨工种学习知识,掌握更多技能,提高个人综合能力。引导技术工人掌握大型机械、设备、仪器的综合操作技能,与传统防汛抢险技能结合,提高防汛抢险、工程维修养护、工程管理等方面实战水平。

(六)建立了“十百千技能人才管理体系”

以省局、市局、县局作为三级分管平台,省局本级负责培养管理10名左右领军型的高层次人才,局属本级单位、基层县局各司其职,分层级培养管理100名高技能人才、1000名中级技能人才。在管理体系中,始终坚持动态管理,综合考虑年龄、知识结构、技能水平、成果贡献度等多个因素,递进式补充、完善各层级人选。

(七)搭建了职业技能评鉴平台

1996年、1997年成立的河南黄河河务局水利行业特有工种职业技能鉴定站和河南黄河河务局国家职业技能鉴定所,历经近20年运转,制度、人员、配置、运行及管理等各个方面不断成熟、完善,成为部、委及省人社厅认可的技能人才培训鉴定的“品牌站所”。在培训鉴定工作中,我们始终将技能培训鉴定考核与治黄技能人才培养相结合,始终坚持“质量第一”的原则,强化考务管理,规范鉴定行为,增强培训效果。截至2013年底,河南河务局职业技能鉴定站共鉴定6216人,通过人员5195人,合格率为83.5%。

技能人才培养的心血付出,得到了国家、水利部、黄委等各级的认可和鼓励。2002年,我局被国家劳动和社会保障部评为“国家技能人才培育突出贡献奖”;2006年,我局所属的水利行业特有工种职业技能鉴定站被评为全国优秀职业技能鉴定站;局属6家单位被水利部评为“全国水利行业技能人才培育突出贡献奖”;2012 年,由我局申报的“国家级技能大师工作室”获国家人力资源和社会劳动保障部批准;2013 年,水利部下发通知,对我局职业技能鉴定站在质量督导工作中表现给予表扬。

三、技能人才培养工作中存在的问题分析

虽然河南河务局在技能人才培养和职业技能鉴定工作取得了显著成绩, 积累了丰富的工作经验,但仍然存在一些问题和不足。

(一)高技能人才培养工作遭遇瓶颈

“十二五”期间,全局高技能人才队伍老龄化现象明显。一大批防汛抢险经验丰富、工程管理、河道工程维修养护的技术工人将退休, 而青年技术工人防大汛抢大险的实战经验不足,全局技能人才队伍整体建设存在“断层”现象。

同时,中、青年高层次技能人才缺乏。全局获得省部以上荣誉称号的高层次人才中,50 岁以上获奖者有 16 人,40 岁至 50 岁获奖者仅 5 人,40 岁以下人高技能人才非常少。

(二)技能人才培养经费不足

按照国家、部、委和我局加大技能人才培养精神,我们计划在当前及今后一个时期,大规模开展技术工人培养工作,为技术工人举办多种竞赛活动和各类培训班。但目前,经费不足限制了培养工作的开展,解决技能人才培养经费不足的问题成为当务之急。

(三)青年技术工人爱岗敬业思想认识不稳定

随着经济、社会关系发展,技能人才培养工作也出现了种种困难,很多基层年轻技术工人工作积极性不高,主动学习治黄业务知识黄河治理工作的技术工人不多,从人力基础上影响了河南黄河技能人才队伍的发展建设。

四、切实完成河南黄河技能人才队伍建设的重点任务

“十二五”期间是推进河南黄河技能人才队伍建设实现跨越式发展的黄金时间,我局将深入贯彻落实水利部、黄河水利委员会有关文件精神,重点从以下几个方面开展工作:

(一)加强组织领导,高度重视技能人才队伍建设

坚持全局推动技能人才培养战略,加强组织领导,细化各级分工培养,确保技能人才工作任务部署到位、责任到位、落实到位、督导到位,按照各级关于技能人才培养的方针、政策,建立健全技能人才培养制度,创新技能人才培养思路,多想技能人才培养的好办法好点子,保证全局一盘棋,从领导到各级单位,齐心协力推动技能人才队伍发展壮大,推动技能人才工作再上新台阶。

(二)注重高端引领,拓宽高技能人才培养平台

“国家级技能大师工作室”“首席技师工作室”等重点工作室基本建成。在下步工作中,我

局将全力推进高技能人才振兴计划,围绕“国家级技能大师工作室”和“首席技能技师工作室”建设,加强建章立制,完善软硬件,完善团队运行管理,着力培养培育“高层次技能领军人才”。同时,充分发挥工作室和高层次技能人才效能和作用,让工作室逐步成长为高技能人才培养基地,真正成为助推人才成长成才的“孵化器”“助推器”,在其引领下,技能大师、首席技师充分发挥在带徒传技、技能攻关、技艺传承、技能推广等方面的重要作用。

(三)强化激励措施,创造技能人才成长成才良好环境

一是坚持实行技能人才创新“直通车”制度,对在技术创新和技能竞赛活动中涌现出来的优秀技能人才,符合条件的人员直接晋升职业资格或优先参加技师、高级技师考评。二是加大奖励力度,按照《河南河务局人才奖励管理暂行办法》,对获得省部级以上称号、取得高级技师资格的高技能人才进行奖励,激励他们干事创业的热情。

(四)坚持岗位成才,大力提升青年技术工人岗位技能

一是继续坚持技能竞赛制度, 每年选择 1~2 个工种开展全局性的职业技能竞赛活动。二是大力实施“师徒金搭档”工程,做好“传帮带”。三是积极推进防汛抢险基地和技能训练基地建设,强化技能培训和岗位练兵,加强技能人才思想政治、职业素质和岗位技能培训。四是积极开展技师研修和技术交流等活动。五是加大急需紧缺技能人才的培养力度,在重大项目工程和急难险重工作中锻炼青年技能人才。

(五)开展业务培训,促进技能工人技术水平的提高

一是将技术工人治黄业务知识培训班作为一项常规业务坚持下来。我局将按照更加严格、更加规范地要求,精心筛选参训人选,精心设置培训内容,精心挑选授课老师,全力做好服务,真正将其办成精品班。二是以技能鉴定工作开展为平台,强化鉴定前培训。鉴定培训每期安排 20 天左右,通过培训活动的科学、合理安排,规范管理,不但满足学员鉴定所需技术知识、实践能力的掌握,更要统筹安排工种各等级知识全面性、整体性的学习掌握。三是鼓励、指导各基层单位开展专项培训。让各基层单位积极行动起来,根据技术工人业务工作需要,各自组织开展防汛抢险、工程养护、闸门运行、汽车驾驶、机械维护等各专项业务(工种)的培训。

(六)规范鉴定管理,推动技能人才评鉴工作高质量运行

一是严格按照《质量管理体系标准》(GB/T19000-ISO9000)质量控制标准,明确职业技能鉴定站职责分工、资源管理、鉴定结果的判定、分析和改进等过程,规范材料整理、归档和保存等工作。二是持续改进、不断研究新方法,完善内控管理制度,完善质量管理体系,满足不断更新的质量要求。三是加强职业技能鉴定组织管理,配合水利部职业技能鉴定质量督导和黄委质量巡考,不断提高鉴定管理水平,提高评鉴质量,促进河南河务局职业技能鉴定工作的全面可持续发展。

(作者单位:河南黄河河务局)

浅谈创新基层水利职工教育培训方式

杨 珍 刘纪安 宋 勇 张春焕

水利事业的发展需要有强大的人才队伍做保障，教育培训是人才队伍充满活力和永葆青春的有效途径。做好教育培训工作，大力开发人力资源，运用新的管理理念和科学技术，全面提高基层水利单位管理水平，是摆在水利工程管理单位面前的一个崭新课题。如何创新基层水利职工教育培训方式，打造出一支高素质的职工队伍，是每个单位都一直关心和探讨的问题。

台前河务局所辖河道 68.5 公里，担负着 49 公里堤防、14 处险工控导工程(护岸)工程的管理、维修养护、防汛抢险、河势观测等工作，以及 3 座引黄涵闸的日常保养、农田灌溉等任务。目前，现有在职职工 298 人，其中本科以上学历 70 人，大专学历 71 人，高中及以下学历 157 人。职工素质参差不齐，堤线点多线长，流动分散，人员难以集中，学习时间受限制；再加上治黄业务技术性强等特点，职工教育培训工作难度大。

作为一名水利工作者，结合二十几年的基层治黄经验，浅谈创新基层水利职工教育培训方式的思考。

一、着力创新培训内容

职工教育培训内容要以岗位知识和技术为主转为对职工综合素质的培养，以适应现代市场经济发展和现代社会发展对职工的社会意识和心理素质的要求。对技能人才来说，应以岗位技能、相关技能的培训为重点，培养他们专业知识的同时，发挥出他们的潜在能力；对专业技术人才应以新理论、新技术、新信息、新知识、新方法的应用和提升为重点，使他们在知识更新中实现素质提升，形成对新技术、新方法的应用。另外，结合单位发展和个人发展过程的不同阶段、需要解决的不同问题，确定不同的培训内容。

二、着力创新培训方法

根据教育培训内容、职工喜好程度和现代科技环境确定多种方式方法，努力改变职工教育培训方式手段陈旧单一的状况，克服单纯灌输的倾向。如基层河势观测的培训工作，理论讲解比较抽象，枯燥乏味，缺乏吸引力，将学员带到靠河工程现场，由经验丰富的高级技师面对具体的实物再进行讲解，形象直观，事半功倍，既提高了学员的学习兴趣，又加深了对理论知识的理解，达到了互教互学、教学相长、共同提高之目的。另外，应对职工开展多层次技术等级培训和岗位技能提升培训。通过开展职工技术比武、技能比赛、技术交流活动，为技术工人立足本岗成才搭建平台、创造条件。开展职工经济技术创新成果展示、评比活动，如技术革新成果、合理化建议和“金点子”征集评选等，推动职工创新成果转化为现实生产力。这种除了传统培训形式方法外，采取组织现场教学、岗位技能比武等生动活泼的形式，把经验交流与总结工作、学习理论和工作实践相结合，可充分体现职工在培训中的主体地位和主动参与的特点，从而通过培训，切实达到学以致用和提高职工素质与能力的目的。

三、着力创新培训形式

采取集中与分散、脱产（或半脱产）与业余，辅导与自学、内外培训相结合的形式，由学历教育为中心的单一化学习向岗位业务技术、技能培训以及适应性培训为重点的多元化形式转变。根据不同培训内容和不同学员的特点，灵活运用研讨式、互动式、案例式、体验式、模拟式等多种方法开展培训；结合水利治黄工作实际，经常组织专家和高技能人才深入工程管理一线，采取现身说法、实操示范、现场解答、观摩点评、共同研讨等大家喜闻乐见的方式，面向一线工管人员讲理论、传技能、谈体会、指门道、授绝招，帮助大家学技术、练技能，推动人才快速成长。尝试聊天式学习形式，充分利用班前会、工作间隙、茶余饭后等碎片时间，组织大家自由探讨学习业务知识。充分利用现代化高科技手段，如互联网等，拓宽职工获取新思想、新知识、新技能的平台，使培训形式能够与时俱进地发展。

四、着力创新激励措施

建立系统的奖励措施是做好职工培训教育的保证。单位应始终坚持把奖励考核作为职工素质提升工程的一项重要保障举措，建立完整的激励机制，制定职工培训教育考核办法、职工技术比武和技术练兵管理办法、开展劳动竞赛管理办法等。建立职工档案、台账，健全完善督学、考勤、奖惩等培训教育机制。做到学习时间、内容、人员、措施、考核和效果“六落实”，使培训有目标、有考核、有奖惩、有记录，公开职工学习成绩、技术成绩，实现职工培训教育有的放矢。通过一系列的考核、激励机制，激发广大职工学技术、提技能的积极性，调动广大职工自觉地进行学习、提升，变过去“要我学”为“我要学”的局面，真正提升职工素质。

随着时代的进步与发展，应不断探索和开拓基层水利职工教育培训工作的新方法，走具有自身特点的教育培训之路，为治黄的发展提供有力的支撑和保障。因此，应将职工教育与实际工作紧密结合，在教育上坚持以业余自学为主，业余与脱产、半脱产相结合，努力克服并缓解工学之间的矛盾；在内容上坚持有的放矢、按需施教，理论与实践相结合，即用什么学什么，干什么教什么；方法上采取多层次、多规格、多种类、多形式的教学手段，如让老同志讲解好的工作经验、让年轻同志走上讲台讲解工作中应用的新知识、新工艺、新技术等，不断提高职工的业务能力和技术水平，提高职工的综合素质。

"十年树木，百年树人"。打造一支高素质的基层水利职工队伍是一个长期的循序渐进的过程，只有坚持以人为本，勇于探索，大胆创新，才能找出职工教育培训工作更多的新路子，凝练出更好的经验，以适应水利现代化发展的需求。

（作者单位：河南黄河台前黄河河务局）

多措并举强化企业人才队伍建设 扎实推进郑州治黄事业健康发展

杨秀丽

近年来,郑州黄河河务局高度重视人才队伍建设,牢固树立人才是第一资源的观念,积极营造育才、聚才、用才的良好环境,在全局形成人才培养、引进、使用的良性运行机制,造就了一支高素质、高绩效的人才队伍,为促进郑州治黄事业持续、健康发展提供了人才保障和智力支持。2012 年 4 月,我局被黄委授予"十一五"人才工作先进集体。

截至目前,全局具备大专及以上学历 583 人,中级以上技术职称 225 人,技师及以上技术职称 242 人。其中企业人才队伍中,45 岁以下占 77%;大专及以上学历 323 人,占 50%;中级及以上技术职称 56 人,技师及以上技术职称 113 人,中高级专业技术、技能人员占 60%。企业人才知识结构不断优化,越来越多有技术有能力的高素质人员充实到企业队伍中来,企业人才知识水平进一步提升,人才队伍结构日趋合理,企业活力进一步增强。

一、积极探索实践用人新方式,优化企业经营管理人才结构

(一)配强企业领导班子

为确保企业有一支能打硬仗的领导班子,局党组以能力及工作业绩为主要依据,精心研究,客观评价,充分酝酿,大胆启用一批优秀管理人员进入企业领导岗位,调整、交流了一批工作成绩突出、管理经验丰富的企业骨干到多个企业领导岗位上接受锻炼,促进各企业相互融合、优势互补、共同提高。

截至目前,局属企业间共调整、交流、提拔干部 72 人次,经过充实调整,企业领导班子平均年龄 39 岁,本科及以上学历占 67%,中级及以上职称人员占 70%。一个结构优化、专业化程度高、富有朝气和活力的企业领导干部团队已经形成。

(二)落实企业中层干部职级待遇

水管体制改革前,局属水电公司、建设公司、牟山公司由县局直接管理,企业中层干部没有职级,无法享受相应的行政职级待遇,一定程度上影响中层干部的工作积极性。为规范企业机构设置,确定企业干部职级待遇,建立健全激励机制,提高企业干部职工干事创业的积极性。根据省局党组关于进一步加强经济工作的若干意见, 2010 年 10 月,经我局党组研究,出台《郑州河务局局属施工企业机构设置和人员控制意见》。局属施工企业内设机构调整后,

一级资质企业领导班子成员及内设机构部门正职均为正科级，部门副职为副科级；二级资质企业领导班子成员为正科级，内设机构部门正职为副科级。按照企业资质，精简企业内设机构，明确各级负责人员的职级待遇，控制内设机构人员数量，规范企业管理，促进企业更加有序的运行。

（三）打牢企业后备人才基础

为加大企业优秀青年管理人才培养选拔力度，局属水电公司、牟山公司不拘一格选拔人才，多措并举完善用人机制，实行民主推荐、竞争上岗及上岗考试等多项措施，将一批表现突出、能力较强的青年干部选拔到企业管理岗位上来，享受相应的职级待遇，作为企业提拔干部的后备力量；公开选拔企业优秀青年技术人员进行工程项目管理封闭学习，有计划、有重点地培养企业经营管理骨干。为企业的经营发展注入了活力，同时也为企业可持续发展储备了人才。

二、改革培训措施，加大教育力度，提升企业人才队伍整体素质

（一）鼓励干部职工“走出去”

创新培训方法，积极组织干部职工“走出去”。为激发职工工作热情，增强机关凝聚力，我局分别于 2011 年 11 月、2012 年 4 月组织机关全体干部职工及局属企、事业单位领导班子开展了外出拓展训练活动。通过外出拓展，让全局上下干部职工深入感受克难攻坚、团结协作的力量，增进单位之间的交流，营造全体干部职工凝心聚力谋发展的良好局面。

有计划、有重点组织企业骨干参加上级培训。连续三年，有重点地选派施工企业优秀管理骨干参加黄委青年干部培训，为企业管理者提供更多知识更新、能力提升的机会；有计划地组织企业领导干部外出学习考察，找差距，谋发展，提高企业市场竞争能力，促进企业持续健康发展。

（二）塑造、培养青年技术人才

不唯学历、身份，为优秀青年技术人才的成长搭建良好的平台。将有发展潜力的青年技术人才放到重大项目、重点工程中，砥砺品质，锤炼作风，增长才干，从而促使他们快速成长为企业的技术骨干。以“师带徒”形式培养青年技能人才。选派经验丰富、技能熟练、责任心强的高级技师或技师指导企业新进人员，“一对一”或“一对多”，签订师徒协议，确定师徒金搭档，在日常的工作中随时随地、手把手地进行业务指导和技能训练。在单位经济发展和工程管理中发挥了突出作用，为企业持续发展提供了支持。

（三）鼓励职工积极参加各类学习

为全面提高企业职工的综合素质，各施工企业都出台了一些激励政策，鼓励职工参加各类学习。“十一五”期间，我局所属企业共选派到高校进修学习人员累计 181 人次；鼓励企业

职工积极报考水利工程、工程管理等专业在职研究生,攻读硕士学位。

目前,已获取硕士学位10人,在职攻读5人,不断提高企业人才队伍的学历层次及专业素养;组织参加各项培训2000余人次,考取一级建造师19人,二级建造师105人,获取各类证书300多人次。企业管理队伍整体综合素质得到了全面提高,为施工企业的健康发展提供了强有力的人才保障。我局所属企业先后荣获“水利部AAA级信用企业”“全国质量安全优秀施工企业”“全国安康杯优胜单位”“黄委青年文明号”“河南之星最佳先进企业”“河南省信用建设示范单位”“文明工地”“中国水利优质工程大禹奖”等多项荣誉。涌现出楚景记、炊廷柱、李武安等一大批“优秀项目管理者”“优秀项目经理”“优秀企业家”“黄委青年岗位能手”。

三、合理进行收入分配,创新用人机制,完善企业激励制度

(一)深化分配制度

水管体制改革后,为尽快建立健全企业内部工资分配激励机制,我局组织相关人员深入施工企业调研,广泛征求意见,于2007年率先在河南河务局出台施工企业收入分配制度改革实施方案及配套考核办法。各施工企业参照市局实施方案,完善收入分配办法,实行岗位工资、绩效工资、奖励工资、出勤工资等一系列收入分配措施。打破了分配上的平均主义,在企业营造了健康向上的竞争激励氛围。

(二)建立适应企业发展的用人机制

根据企业发展需要,面向社会公开招聘急需人才,对录用人员实行劳动合同聘任制度,缴纳养老保险、医疗保险、住房公积金。截至目前,施工企业累计内聘专业技术人员50余人,在企业的工程投标、工程管理、财务管理等领域发挥着各自的专业所长,弥补了企业专业技术人员不足的现实,为企业的发展奠定了基础。

总之,不断强化的企业人才队伍建设为我局各项事业的发展注入了活力。我们将在新的起点上加快实施人才战略,立足实际、深入调研,查找不足、扎实工作,为全面提升郑州治黄职工队伍素质,促进郑州治黄事业又好又快发展提供强有力的人才保障。

(作者单位:郑州黄河河务局)

加强抗洪抢险队伍培训 提升黄河防汛能力

李红章 贺乔静

黄河抗洪抢险队伍由黄河专业抢险队伍、群防队伍和中国人民解放军、武装警察部队3支力量组成,如何对其进行有效培训,不断提高其防汛能力,成为黄河防汛成败的重要因素。笔者认为对黄河抗洪抢险队伍进行有效培训应从以下五方面加大工作力度。

一、突出黄河防汛特殊性,将黄河防汛的特点培训好

黄河与我国其他河流相比主要有以下特点:一是河流含泥沙量大,而且泥沙颗粒很细,有时河水甚至呈泥浆状态;二是水沙时空分布不均,给下游防洪带来了很大压力;三是由于黄河泥沙长期淤积,形成了地上悬河;四是洪水灾害频繁且破坏力强。针对黄河以上特点,在黄河防汛队伍进行培训时就要做到有的放矢,把黄河防汛的特殊性体现出来。

(一)要通过黄河洪水知识培训,提高防汛人员对各级洪水的识别能力

黄河防汛依据洪水流量大小将其分为不同等级,不同等级洪水的防御要求也是不同的,黄河防汛由于洪水不仅有水而且还有泥沙,因此要求防汛人员不仅要具备较强的洪水识别能力,而且还要对洪水泥沙情况有一定程度的了解,只有这样才能对黄河洪水有一个全面客观的认识。

(二)要通过黄河防汛工程知识的培训,有针对性地提高防汛人员的防汛技术

黄河防汛的重点主要集中在地上悬河上,为防御洪水,确保黄河沿岸人民生命财产安全,黄河沿岸修筑了堤防、控导、蓄滞洪区等防洪工程,不同的防洪工程抢险的方法是不同的,这就要求参加防汛人员应对不同的防汛工程一旦出险,采取什么样的措施要有一定的了解。

(三)要通过黄河河势基本知识的培训,提高防汛人员观测能力

黄河河势观测也是黄河防汛抢险人员应具备的能力之一,黄河河道有宽有窄,有的地方主流摆动的幅度很大,再加上有的河段表面河水非常平静,但水下却暗流涌动,漩涡连连,这些都会对黄河防汛带来很大的影响,因此,在培训中要结合黄河河势特点,引导防汛人员提高洪水的观测能力。

二、突出黄河防汛艰巨性,将黄河防汛的重点培训好

人民治黄60余年,黄河治理与开发取得了举世瞩目的成绩,黄河防洪能力得到了不断

加强，但作为世界上最为复杂、最难治理的河流，黄河的问题还远远没有得到彻底解决，黄河防汛形势仍然十分严峻，黄河防汛任务还十分艰巨。

（一）通过防汛形势教育，提高防汛人员思想重视程度

防汛工作人员需要对黄河所面临的形势有一个全面清晰的认识，在黄河防汛人员的培训上要把防汛形势教育列为一项重要内容，通过介绍黄河防汛形势的现状，分析存在的问题，结合工作实际对防汛人员需要注意的事项进行明确，从思想上引导参加防汛抢险人员，要高度重视防汛工作，客服麻痹大意思想。

（二）集中对黄河防汛重点知识进行培训

黄河防汛形势总体不容乐观，抗洪抢险任务仍很重，很多防汛知识都需要培训，但黄河防汛知识培训也要有重点，尤其是黄河防汛特有技术和技能要重点培训，一旦黄河发生大洪水要确保黄河防汛技术管打管用。

三、突出黄河防汛复杂性，将黄河防汛的难点培训好

黄河防汛既具有一般河流防汛工作的共性，同时他还有自身特点，防汛工作要比其他河流还要复杂，洪水含沙量大，河床淤积严重等都对防汛工作提出了更高的要求，参加防汛人员不了解黄河防汛工作中的难点问题，就很难在实践中不断探索黄河防汛新技术。

（一）认真总结黄河防汛工作中的难点问题

应该说我们现在的防汛技术已经比较成熟，对各种险情都有相应的抢险措施，同时我们也不能否认，在防汛过程中也确实存在一些我们目前仍无法解决的难题，这就需要参加防汛人员不断探索，不断创新，在工作中不断寻找解决问题的方法。

（二）黄河防汛知识难点培训的对象要明确

黄河防汛知识的难点一般专业性都比较强，同时，难点问题的解决需要长期在黄河防汛工作中不断探索，因此，黄河防汛知识的难点培训主要针对黄河专业抢险队伍。

（三）黄河防汛知识难点培训方式要特殊

对黄河防汛知识的难点，有的已经有解决办法，但一般人员不易掌握，有的则是处于探索阶段，所以对防汛知识的难点进行培训应采取开放互动方式，创造宽松的环境，充分发挥参加学习人员的积极主动性，引导他们对防汛工作的难点提出好的意见和建议。

四、突出黄河防汛长期性，将黄河防汛的要点培训好

无论是从现在还是从今后一个时期来看，黄河防汛工作都只能加强不能放松，黄河防汛具有长期性，如何通过培训才能适应黄河防汛长期需要，个人认为只要将黄河防汛的要点掌握好就能以不变应万变，就能适应黄河防汛需要。

(一)黄河防汛要点培训的范围要尽量大

黄河防汛培训的要点就是参加黄河抗洪抢险人员应掌握的基本原则和方法，参加防汛人员都要了解掌握,才有整体指导意义。尽管参加防汛人员的组成不同,采用的培训方式可能有别,但无论采用什么培训方式,所有参加防汛的人员都要尽量培训到,只有这样才能在防汛中形成合力,最终赢得防汛抢险的胜利。

(二)防汛要点的培训方式要根据不同对象尽量多样化

承担黄河防汛任务的 3 支力量由于人员组成不同,承担的任务也不同,在防汛要点的培训上要结合各自不同特点采用不同的培训方式,如黄河专业抢险人员要集中进行培训,要求充分发挥其技术骨干作用;对群防队伍可选代表进行集中培训,也可通过开展各种活动把防汛知识送到他们手中;对中国人民解放军、武装警察部队要通过短期集中突击培训,使其在最短的时间内掌握要领。

(三)防汛要点的培训内容要简单明了

黄河防汛要点的培训由于涉及的人员范围广,涉及面大,且有的时间要求还比较紧,因此在培训的内容上要花大力气,努力做到简单明了,尽量把专业性强的知识通过图画、标注等形式直观展现在被培训对象的眼前,从而在最短的时间内收到最好的效果。

五、突出黄河防汛的专业性,把黄河防汛的关联点培训好

黄河防汛队伍既是黄河防汛专业抢险队伍,更是水利专业抢险队伍,特别是近年来在其他流域抗洪救灾、四川等地抗震救灾中黄河抢险队发挥了很大作用,有力支援了当地救灾工作。黄河抢险队伍要想在今后的抢险中发挥更大作用，必须在熟知黄河防汛相关知识的同时,对相关联的其他知识进行培训。

(一)加强治黄知识之外其他水利知识的培训

黄河防汛知识作为水利专业知识的一部分,具有一定的代表性,但作为一条河流并不能涵盖所有水利知识。黄河防汛队伍要想更具有水利抢险队伍专业性,就需要在黄河防汛知识的培训基础上加强其他水利知识的学习。通过相关知识的培训进一步增强防汛抢险能力,不仅能够服务于黄河抢险需要,还能够支援其他水利专业抢险需要。

(二)加强水利知识之外其他相关知识的学习

黄河抢险队伍不仅承担着黄河等水利抢险任务，同时还按照上级要求承担了抗震救灾等应急任务,因此,在加强防汛救灾等水利知识培训的同时还要有针对性地开展抗震救灾等相关知识的学习培训。

(三)防汛相关知识培训的重点是黄河专业队伍

由于其他相关知识的培训在平时的黄河防汛工作中接触的相对较少，因此在培训时要

针对不同的对象区别对待。培训的重点是黄河专业抢险队伍,尤其是黄河专业机动抢险队更是培训的重点,为了支援其他流域抗洪救灾,如果没有较为全面的知识就不可能战胜这些灾害。其他防汛力量可结合自身实际通过多种形式加强黄河防汛之外其他知识的学习。

(四)防汛相关知识培训要敢于走出去

由于黄河防汛队伍经常接触黄河,黄河知识的培训已融入平时的工作生活中,但其他相关知识的培训,由于平时接触少,有的甚至没有接触,因此在培训的方式上要区别于黄河防汛知识。黄河防汛之外相关知识的培训除理论学习外,还要敢于走出去,一是可组织参加其他流域或其他行业组织的救灾演习;二是通过参加支援其他流域和其他行业的救灾行动提升自身能力。

(作者单位:山东黄河河务局济南黄河河务局)

浅议加强培养使用高技能人才

刘　岩

“黄河是世界上最难治最复杂的河流，同时黄委的管理体制不同于其他流域机构，是自上而下管到底的。因此，在黄河的治理和管理事业发展中，我们不仅需要大批的高水平治河专家，而且也需要大批的高水平技能人才。希望有关部门进一步采取有效措施，使黄委在治河专家和技能人才的培养上取得更大成绩！”这是黄委主任李国英对黄委高技能人才队伍建设提出的明确要求。

水利高技能人才严重不足，已远远不能满足水利可持续发展的要求，已经成为水利事业发展的一个瓶颈。因此，加快高技能人才的研究工作，选拔和培养一大批高级技工、技师和高级技师等高技能人才迫在眉睫。这就要求我们必须认清形势，增强责任感、使命感和紧迫感，坚持以人为本，树立和落实科学发展观和科学的人才观，实施高技能人才培训工程，为维持黄河健康生命和可持续发展提供强有力的技术支撑和人才保障。

一、高技能人才的内涵

高技能人才是随着社会经济和科技发展不断变化的一个动态概念。当今的高技能型人才除了掌握主流的技术技能外，还要不断了解技术发展的前沿，能够从事智能化高新技术的运用与维护等劳动，是技能与智能相结合的复合型人才。

高技能人才主要包括在技术技能劳动者中取得高级技工、技师和高级技师职业资格及相应水平的人员。高技能人才是“科学技术”，是“第一生产力”的实践者，是推动技术创新和实现科技成果转化为生产力的重要力量。

近几年，我们工人队伍的状况是技术工人与工程技术人员的比例失调，高级技术工人与初、中级技术工人的比例失调，高学历人员与高技能人才的比例失调，结构性缺口矛盾非常突出，这些比例失调与我国至今尚未建立适合我国经济发展的人才结构模型有关，在很大程度上制约着我国经济持续、健康的发展。

二、高技能人才的现状

1. 高技能人才队伍基础薄弱

这主要表现在：①高级技术工人比例较低，队伍结构不尽合理。②技术工人的技能等级偏低，技术素质堪忧。③高技能人才年龄构成偏高，技师、高级技师青黄不接。

2. 对高技能人才培养重视不够

相对于学历教育而言，对职业教育和培训的重视程度还不够，鄙薄职业教育的观念依然根深蒂固。相对于多数国家都把再就业培训作为政府行为并给予大力支持而言，我们的重视程度还不高，支持力度还不够大。尽管在行动目标上提出要加快培养适应现代化建设要求的数以亿计的高素质的劳动者，但在实际落实上尚未形成整套的、具有合力的、互相衔接的行动计划和政策措施。

3. 对高技能人才培养机制不健全

改革力度不够大，机制转换不到位，还没有真正的市场化、社会化培训机制，对迅速变化的劳动力市场需求缺乏灵敏的反映；结构、布局不合理，教学内容相对陈旧，教学手段相对落后，跟不上技术进步的步伐和企业对人才需求结构的变化；政策不配套，培训与就业衔接得不紧，就业准入落实不到位，职业资格证书在劳动力市场中的通行证作用还没有得到充分发挥；职业技能鉴定基础工作薄弱，创新意识不够强，职业资格证书含金量不高。

三、高技能人才培养的方法与途径

针对以上这些问题，我们应当采取以下措施予以提高、加快高技能人才的培养。

1. 创造高技能人才成长的良好环境

政府应努力做到改进技能人才评价方式，完善国家职业资格证书制度；建立高技能人才开发交流机制，促进其发挥更大作用；提高高技能人才的待遇水平，引导更多的技能劳动者岗位成才；加大对高技能人才的表彰奖励力度，加大宣传力度，提高他们的社会地位。要在全社会确立“工人伟大、劳动光荣”的价值观和“江山代有才人出、自古行行出状元”的人才观、成才观、教育观，从物质、精神、情感等方面建立对高技能人才的激励导向机制，提高他们的经济待遇和社会地位。要让全社会感觉到一个明确的信号：科学家、工程师是专家，高技能人才也是专家，刻苦钻研技术技能同样是成才的阳光大道。

2. 大力发展职业技能教育与培训，充分启动和利用职前培训和在职培训两个手段

依托各级各类职业培训院校和高级技工学校开展高技能人才培养，大力推动职业培训院校和技工学校进行教学改革。树立现代职业技能教育理念，在调研和分析的基础上，探索高技能人才形成的有效途径，如建立新的课程体系；编写新的教学大纲；开发新的教材；采用互动型教学方法等，将“以人为本”贯穿教学过程的始终。完善教学方法，突出专业技能训练，强化新知识、新技术、新工艺、新方法的内容，充分发挥在培养高技能人才方面的作用。

各类职业教育与培训部门要努力把自己建成“高技能人才的摇篮”，就要给高技能人才的基本训练，在“应知”（即理论知识）方面应该达到技师的要求，在“应会”（即技能水平）方面

应该达到中级或高级的标准,部分优秀者可以通过高级技能认定,即便在校期间不能完全达到高级技工或技师的水平,也要为达到这种能力和水平奠定必要的理论和实践基础。要以“双证书”制度为切入点,努力使教学内容与职业资格标准相互沟通与衔接,推动人才培养模式的改革,提高实践教学的效能。

3. 广泛开展“师带徒”活动

山东黄河现有在职职工 7000 多人,其中技术工人 3000 多人,占职工总数的 40%多。主要有河道修防、闸门运行、水工爆破、仓储保管等 50 多个工种,是治黄事业的中坚力量。不断的深化改革,使基层河务部门一部分老职工或退休,或转岗,一部分年轻职工初出茅庐,对治黄工作不熟悉。为解决关键生产岗位技术断层和治黄绝招绝技濒临失传问题,山东河务局在事业单位创造性地制定了《关于开展师带徒活动的实施意见》,广泛开展 “师带徒”活动,即发挥老技师的传帮带作用,辅佐年轻职工学习新知识、掌握新技能。凡产生的各类大奖主要参与者、技术能手获得者,都有带徒责任,都要“一对一”或“一对多”结对子,进行传帮带。

4. 加大对高技能人才培养的投入

高技能人才培养是高成本的,除了需要理论教学所需要的基本办学条件外,还需要建设与现代生产技术水平相适应的实验、实习、实训实施,设备投入、维护管理、实训耗材等成本费用很大。特别有很多职业技能教育与培训机构,既无经费投入,也无基建、专项设备经费投入,只能靠学费和贷款维持低成本运作或通过扩大招生规模来弥补经费的不足。这种状况如得不到改善,势必会严重影响高技能人才的培养质量。在现阶段,高技能人才培养要引入市场投资机制,多渠道、多方式筹措资金,但是绝不能削弱政府投入的主导地位,相反应该加强政府投入的主渠道作用。

经过几年的努力,才能逐步形成全方位的高技能人才培养体系。其中包括指导思想体系、政策法律体系、技术制度支持体系,也包括实际工作体系,形成以法律法规为保障,以技术手段为支持的职前和在职齐头并进的高技能人才培养模式。

(作者单位:山东黄河河务局垦利黄河河务局)

提高青年干部队伍素质的几个途径

李志真

青年干部是我们干部队伍的主力军，因为他们在年龄上占有优势，有知识、有精力，但往往缺乏系统理论的学习，没有扎实的理论功底，缺乏政治生活的严格锻炼。要建立一支高素质的青年干部队伍，必须在思想上、纪律上、作风上，业务上和行为上高标准严要求。下面就提高青年干部队伍素质的途径上，简单地谈一下我的几点看法。

一、思想政治工作要加强

很多青年干部把思想政治工作看成是“虚”的东西，表现在平常的工作中，往往重于说教而轻于做实际工作和解决具体问题，给人一种不实在的感想。这是由于我们政工干部没有从根本上做好他们的思想政治工作，使他们在实际工作中往往偏离正确的政治方向，遇到具体的问题便没了主见、束手无策，有一种眼高手低之感。因此，这就要求我们政工干部必须在工作、生活等各方面帮助他们，同他们打成一片，在感情上同他们互相沟通，从而达到感情上的“共鸣”，使青年干部在安排部署工作中必须把握正确的政治方向、分析判断形势、掌握政治态度，时刻保持清醒的政治头脑，坚持党的基本路线，全心全意为人民服务。青年干部要树立正确的政治方向，在政治上始终与党中央保持高度的一致，坚持正确的政治立场不动摇。

二、纪律上要严明

纪律是现代化的生命线。现代化的生产把我们带进了广阔的自由天地，但他对青年干部提出了更多更高的要求。青年要做遵纪守法的模范，对于应该坚持什么，反对什么必须毫不含糊。在物质文明和精神文明越来越发达的今天，有极少数青年干部平时不注意加强纪律方面的培养，纪律非常松懈，违犯纪律的事情时有发生。有的青年干部因贪污受到法律制裁，有的青年干部利用手中之权随意铺张浪费，给单位带来巨大的经济损失。因此，要求每一位青年干部都应自觉遵守社会主义法制，在新的历史条件下，要做解放思想、实事求是的模范；做艰苦奋斗，全心全意为人民服务的模范；脚踏实地，勤奋工作，忠于职守的模范。坚决与贪污盗窃、损公肥私、铺张浪费等错误思想和不法行为进行斗争，同一切破坏社会主义制度的行为进行斗争，以保证国家法规条例的有效运行。

三、作风上要正派

每一位青年干部都要有强烈的事业心和责任感，勇于接受任务，不怕艰难困苦，百折不挠，敢打硬仗。但是在青年干部中确实有一部分同志，工作敷衍了事，得过且过，做一天和尚撞一天钟，或因不注意生活中的小节，而毁了自己一生的清白。因此，这就要求青年干部越是时间紧任务重越要拼命干，越是苦事脏事越要抢着干，越是处在困难中的越要好好干，始终保持高尚的情操。

四、业务上要精通

在当今世界，世界各国竞争十分激烈，从某种意义上说，国家的竞争是经济实力上的竞争，经济的竞争是科技力量的竞争，科技力量的竞争实际上是人才的竞争。在建设有中国特色的社会主义的今天，作为青年干部肩负着历史赋予的神圣使命，青年干部所从事专业工作必须有科学文化知识和专业技术能力。如果青年干部不学知识，没有文化，科技就不能进步，经济就不能发展，更谈不上社会主义现代化的建设。在新的历史时期，要做到业务上精通，不仅是一项艰苦的工作，也是一项复杂、细致的工作。尤其是在当今世界科学技术飞速发展、知识更新不断加快的条件下，更需要青年干部发奋图强、学习文化、学习科学、学习技术、学习各种业务知识，能够独当一面地处理日常事务，成为精通业务的行家里手和具有多方面知识的人才。

五、行为上廉洁

青年干部要在思想上筑起一道拒腐防变的钢铁长城，必须坚持原则，廉洁奉公，不徇私情。首先要做到：一要加强思想防线的建设，不贪小便宜，做到货币经手千百万，一分一厘不私沾。要警钟长鸣，自觉抵制不正之风的侵袭。二要严把制度防线，坚持原则，有效地堵塞不正之风的漏洞。三要秉公办事，不徇私情，对那些滥用手中权力，搞不正之风，拉关系，为个人和小团体谋私利，甚至行贿受贿的，坚决予以抵制揭露。青年干部要做到一身正气，两袖清风，在加强党风廉政建设方面起表率作用。

总之，青年干部是祖国的未来、社会的希望，在各方面要起表率作用，青年干部要做到理论与实践相结合，努力把自己培养成为社会主义事业的建设者和接班人。

（作者单位：山东黄河河务局牡丹黄河河务局）

对构建黄河基层单位合理人才队伍的思考

秦素娟　李金涛

国以才立，政以才治，业以才兴。对于黄河治理开发与管理事业来说同样如此。黄河水利委员会作为所在流域的水行政主管单位，目前约有职工4万人，机构设置和人员分布与其他行业一样呈“金字塔”形，大部分职工分布在最基层的县一级河务部门，履行水行政管理和水利工程管理职责，肩负着黄河安澜与兴利的重任。可以说，黄河基层单位是治黄事业的前沿和基础，其人才队伍状况与治黄方略的贯彻落实、治黄技术的创新实践密切相关，构建配置优化、结构合理的人才队伍甚为重要。

一、黄河基层单位人才队伍发展状况

人民治黄以来到20世纪70年代初，黄河基层单位的职工来源多为农村青年零星招工。十一届三中全会后，黄河建设事业进入新的发展时期，但治黄专业队伍在文化知识结构尤其是年龄结构上出现老化问题，根据国家职工离退休制度规定，老职工相继退休。按照黄河水利委员会和沿黄省份劳动部门的计划，1976—1979年间陆续招收了一大批青年，治黄队伍得到强力补充。以山东黄河河务局为例：1976年该局有固定职工、临时职工、计划外用工共5746人，1977年猛增到14177人，1978年达15435人；作为黄河最基层单位的山东梁山黄河修防段（后升格更名为梁山黄河河务局），1979年即一次性招工89人。这一时期的黄河基层职工队伍平均年龄大幅下降，整体文化水平普遍较低，针对这一情况，先后开展了大规模的扫盲运动、业余初等和中级教育、在职学习、离职轮训等，着力提升职工队伍素质。

此后，黄河基层单位没有再进行大量招工，后续为学校分配的大中专生、技校生以及复转军人和接班工人。进入20世纪90年代后，工人接班制度和大学生分配制度逐渐取消，黄河基层人才队伍进入相对维持和缓慢发展时期。这一时期，因后续学历教育和职工在职培训力度加大，队伍素质得到进一步提升。

“十一五”中期，高校毕业生公开招聘开始成为黄河基层单位吸纳人才的新途径，但岗位设置较少。而同时，20世纪70年代后期的“黄河大招工”人员开始进入退休高峰，职工人数连年下降。以梁山黄河河务局为例，2009—2013年共退休职工60人，尤其是2013年退休达16人。截至2013年底，该局有中层以上干部28人，其中50岁以上15人（包括5名局领导中的4人），40~49岁10人，30~39岁3人，30岁以下0人；所辖3个管理段共有职工29人，其中50岁以上12人,40~49岁5人,30~39岁2人,30岁以下0人。干部队伍和一线职工队伍年龄结构出现严重“头重脚轻”现象,急需加强调整。

二、黄河基层单位人才队伍现状原因分析

(一)“黄河大招工”的影响

“大招工”虽强力弥补了治黄人力不足,但也使黄河基层单位短时间内人员一度饱和,客观上阻碍了后续人才的注入和更新,而且“大招工”人员年龄过分集中,也造成退休时间相应集中,机关部门有的甚至出现一年退休3人的情况,而调配新人则需要一定的岗位适应期,难免给工作造成影响。

(二)人才管理机制问题

黄河基层单位人才流动极其缓慢,部分干部在同一部门的副职、正职岗位上连续工作长达十几、二十年,管理段的一线职工“一岗而终”现象也极其普遍。尽管长期从事同一工作,具有经验丰富的优势,但长时间固定在同一岗位上,也会因业务熟练而缺乏闯劲,容易弱化奋斗目标、削减工作激情,不利于调动工作积极性。

(三)人员身份限制问题

2006年,黄河基层单位全面进行了水管体制改革,形成了水管单位、维修养护公司、施工企业三驾马车并驾齐驱的治黄新格局,人员身份也分解为国家公务员、事业人员、企业人员三种形式。根据水管体制改革方案,中层以上领导干部和部门重要岗位大都设置为公务员岗,由于身份限制,也为人才的选用、调配增加了难度。

(四)理想追求问题

受社会大气候和优越生活环境的影响,黄河基层单位年轻职工的“务实、开拓、拼搏、奉献”精神与黄河老职工相比有所减退,个别职工甚至崇尚享乐主义,没有崇高的人生目标和事业追求,缺乏高度的责任感和急难险重工作锻炼,成熟、成长较慢,难以得到组织的选拔和重用,致使后备人才不足。

三、构建黄河基层单位合理人才队伍的探讨

(一)立足实际,加强人才队伍梯队培养

进入“十二五”后,招考成为黄河系统吸纳新生力量的唯一途径。但招考设置的岗位有限,不可能大批进行,而治黄事业的发展时不我待,也不可能被动等待高素质人才的缓慢加入。所以在争取招考指标、做好招考工作的同时,要立足于现有的人才队伍,制订切实可行的培养选拔计划,充分盘活现有存量人才资源,逐步形成老中青相结合、年龄结构合理的人才梯队,积极防控人才青黄不接现象,保证治黄工作顺利开展。

（二）加强人才流动机制研究和实践

针对黄河基层单位中层以上干部年龄老化的现状，应着手研究干部逐步退出机制，具体年龄可根据不同岗位、不同工种、不同技术要求等区别对待，力戒“一刀切”，以免造成人才浪费。对于中青年干部，可采取交流、提拔、挂职、后备等形式，适人、适岗地进行培养和磨炼，以加快人才流动和成长。要逐步打破身份限制，因事设岗、因岗选人，做到人岗匹配、才尽其用，同时要从德能勤绩廉等方面，加强对人才队伍的考核和管理，真正形成能上能下、能进能出的人才管理工作机制，激发人才队伍活力。

（三）加强年轻职工的思想政治教育

年轻职工是黄河基层单位的有生力量，承载着治黄事业的未来和重任。要加强对年轻职工的思想政治教育，牢固树立正确的世界观、人生观和价值观，继承并发扬黄河前辈的优良传统，做好治黄事业的接班人。要加强对年轻职工的励志教育和黄河精神教育，传播正能量，培养责任感，引导年轻职工自觉以黄河治理和开发事业为己任，为治黄事业贡献自己的智慧。

（四）营造良好的人才生态环境

要树立正确的用人导向，在民主推荐和培养选拔时，要论实绩不论关系，论能力不论亲疏，重用干事、想事、成事的人，不让埋头苦干的同志吃亏、寒心，让全体职工看到单位发展的希望。要通过教育、制度、监督、惩处等多种措施，净化人才生态环境，努力形成多琢磨事、少琢磨人，多琢磨业务、少琢磨关系的良好氛围，让人才能够静心工作、潜心钻研。

构建合理的黄河基层人才队伍非一朝一夕之功，也非一蹴而就之事，但凡事预则立、不预则废，况且人才队伍不合理现象已在黄河基层单位初现端倪，所以应及早筹划、提前行动，以做到有备无患，为黄河治理开发与管理事业提供源源不断的人才支持。

（作者单位：黄河水利委员会新闻宣传出版中心　山东黄河河务局阳谷黄河河务局）

创学习型组织　走人才兴企之路

崔岱勇　张亚军

面对日趋激烈的市场竞争以及电力企业新设备、新技术、新知识的更新换代，企业职工教育培训工作显得尤为重要，而养成终身学习、创建学习型组织更是保持企业可持续发展的关键。三门峡水电厂在厂党委的正确领导和大力支持下，加大职工教育培训工作力度，按照集团公司职工教育培训工作的总体部署，本着"强化全员素质，加强组织管理"的原则，结合该厂工作实际情况，在实践中积极探索和发展，不断创新和完善职工教育培训工作，以强化职工队伍建设，提升企业安全生产"软实力"为目标，形成"抓教育、强管理、增素质、促发展"的良好局面，实现了企业与员工共赢的良好局面。

一、三门峡水电厂的职责及人力资源概况

三门峡水电厂承担着三门峡水利枢纽的电力生产运行，水电厂生产、计划、安全、质量、技术和设备等各项管理，水利枢纽防汛设备的供电管理、8 号钢管启闭设备的运行维护和厂房防正灌、防倒灌，水电厂计划投资项目的管理，大坝坝区供电、供水管理、消防等职责。全厂共有正式职工 232 人，研究生 3 人，本科学历 85 人，大专学历 69 人，中专中技以上学历 34 人，高中及以下学历 41 人。其中，中层管理人才 23 人，专业技术人才 95 人，工勤技能人才 114 人。

二、三门峡水电厂职工教育培训的指导思想

三门峡水电厂在职工教育工作中，坚持以"十二五"人力资源发展规划为指导，以发电生产为中心，以"岗位要求"和"职工发展"为核心，以企业可持续发展为目标，以贴近实际的培训内容、灵活多样的培训方式、严格规范的培训管理，对职工进行多层次、分层面的教育培训。进一步培养职工接受和理解理论知识的能力、独立完成业务工作的能力、团队协作的能力、总结提高的能力，从而建立起一支爱岗敬业、业务过硬、结构合理、梯队完善，能适应和满足水电厂发展需要的职工队伍，进一步提高水电厂的人力资源核心竞争力，为实现全年各项目标任务提供人力资源保障。

三、深入分析人力资源现状，按需制定施教方案

结合水电厂人员变动和工作实际情况，分析人力资源现状：

(一)新进厂大学生逐渐增多，形成一线班组学员增多，业务技能和实践经验掌握相对薄弱，必须加快培训步伐，使学员尽快掌握业务技能。

(二)近些年来，由于支援西部开发，一部分骨干力量外派新疆，造成厂内人力资源力量短缺，唯一途径是培养一专多能的员工，来弥补人力资源的不足。

(三)随着电网的不断发展和技术水平的日益提高，机组改造和设备更新速度加快，许多新技术、新设备、新材料的大力推广和应用，对职工队伍的整体素质要求也越来越高。必须结合设备更新、改造情况，及时跟进新技术的培训，掌握新技能，积累新知识的沉淀。

结合人力资源现状分析，水电厂年初进行深入调研，结合岗位工作实际情况，征求广大职工意见，按照岗位需求和职工本身综合素质，本着“缺什么、补什么”，坚持“学用结合、按需施教”的原则，制定了详细的年度职工教育培训计划方案。以强化职工队伍建设，提高职工整体素质，提升企业“软实力”，作为年度职工教育培训工作的目标。

四、创新培训模式，注重培训内容，解决实际问题

2013 年电厂教育培训工作严格遵循“学用一致、按需施教，干什么学什么、缺什么补什么”的原则，加强理论学习，注重实际能力培养，灵活掌握培训模式，注重培训内容全面性、实用性。

(一)对新进入厂大学生进行特殊教育培训。制定了严格的入职三级(厂级、分场级、班组级)培训计划，并进行了全面的安排部署。先后对新入厂的大学生进行了厂情教育、厂规厂纪和法律法规教育、职业道德教育、消防知识教育、安全教育、廉政宣誓等方面的培训。完成了大学生由学校到工作岗位的角色转变。

(二)深入开展“导师带徒”经典培训。岗位日常培训工作以“导师带徒”培训为主，签订师徒合同，在保证日常工作之余，师傅负责在签订合同日期内将徒弟培养成规定专责，并通过集中考试合格后方可晋级上岗的合格人才。2013 年 11 月底，电厂两对师徒，经过多年“导师带徒”工作经验，总结撰写了高质量的经验交流材料，被邀请参加水利部办公厅关于水利行业高技能人才进修班进行典型经验交流和学习。

(三) “专人负责，集中受训”模式的培训。在“导师带徒”与“自我学习”的基础上，根据工作实际情况和学员多少，按照培训需求，适时安排专业培训，指派专业技术过硬的技术人员，专人负责进行集中授课，及时传授、共享新知识、新技术，提高全员业务能力。

(四)根据职工培训需求，深入开展“请进来”与“走出去”相结合的培训方式，请专业指导

老师为职工授课;组织和支持职工到设备厂家、同行业厂家进行设备学习和经验交流,培养大批创新型及技能型人才,加强与同行业先进企业间的交流,学习先进的管理和技术,使管理和技术人才开阔眼界,不断提高自身素质。

五、以考促学,建立奖惩机制,激发职工学习的积极性

三门峡水电厂在抓好日常培训工作的同时,还通过组织业务技能竞赛、技术比武、技术人员评比等活动,为大家提供一个展示自我的平台,来激励广大职工的学习热潮。

(一)积极组织职工参加集团公司举办的各种技能竞赛活动。水电厂积极准备各种专业书籍和各种材料工具,并联系专业教员进行理论知识讲解和实际操作技能培训。使员工在参加考试过程中,不仅取得很好的成绩、展示自己的能力,同时,也在考前培训过程中掌握更多的理论知识,加强实际动手能力,提高解决实际困难的能力。另外鼓励职工参加更高级别的技能竞赛,如河南省电力公司举办的“直调电厂及大用户运行人员保护调考”等项目,电厂一名值长就在全省 56 个参赛选手中,脱颖而出,取得了第七名的好成绩。这些参赛的职工,通过考试这个平台,锻炼了自己,证明了自己,对外为企业扬名、添彩;对内作出了榜样、增强了实力。

(二)举行岗位大练兵活动。为提高工作效率,提高职工业务能力,在水电厂内部举行“岗位大练兵”等活动。2013 年针对运行职工举行了《电气运行和机械运行操作票拟写大赛》,运行职工全员参加比赛,大部分职工在准备比赛的过程进一步加深业务知识的学习,提高了拟写操作票的能力,增强了自身业务素质,达到以考促学的目的。

(三)对专业技术人员进行年度考评。为加强全厂技术干部的管理,健全激励机制,为全厂技术干部进行年总考评为专业技术人员干事创业提供平台。水电厂建立专门的专业技术人员考评体系,成立专门的考评小组,准确、客观地评价专业技术人员一年来的工作业绩、能力和态度,以达到调动专业技术人员的积极性,促进水电厂各项工作的顺利进行。

2013 年电厂在培训方面狠抓落实,加大培训力度,通过增加授课老师的补贴和岗位晋升来鼓励大家努力学习。并在年底,对本年度竞赛中的优胜选手和专业技术人员考评优秀者进行物质和精神奖励,以激发广大职工的学习和工作的热情。

六、建章立制,完善机制 ,规范职工教育培训体系

三门峡水电厂结合工作实际情况,在实践中进一步探索,规范和创新了职工教育培训工作体系,使职工教育工作更加制度化、规范化、科学化、合理化。

(一)训前有计划。该厂要求各部门年初根据需要制定年初培训计划,并按照培训计划认真开展各种培训班。

(二)训中有跟踪。职工教育培训工作人员对各类培训班进行现场跟踪和指导,记录培训内容和参加人员,检查培训纪律。

(三)训后有评估。电厂2014年在汛期浑水发电重点工作期间,采取"安全生产督导、评估"的方式抽查生产一线业务知识培训效果,重点检查各班组职工在本职工作范围内对业务技能的掌握程度、设备操作的熟练程度、事故应急判断处理能力,以及相关规程规范的执行情况等,并将抽查情况进行认真记录、考评和反馈。通过抽查,检查职工教育培训情况,查找不足,进一步加强了引导、整改落实,提高汛期安全生产系数和工作效率。

(四)培训资料和参加人员有备案。该厂进一步规范培训档案管理工作,每次培训结束后,都将培训课时、内容、参加人员登记在《培训登记表》中,并将《培训登记表》和《培训课件》进行登记备案,将参加培训的职工培训情况登记在个人《水利行业培训证书》中。同时,在电厂OA论坛中设立内部培训学习窗口,将每次不同专业、不同工种的培训课件上传到OA中,供大家共享学习,加大该厂内部业务知识的沉淀。

七、职工教育培训取得良好的成果

2013年度,水电厂按照职工教育培训总思路,认真开展各种培训班,全年先后组织维护分场一次、二次专业知识,运行电气、机械业务知识、消防安全、安全驾驶、安规与安全业务知识等厂内部培训35次,共计600余人次。组织职工参加运行班值长培训、青年干部培训、专业技术人员继续教育专题讲座、企业管理、水轮发电机基础知识等专业理论培训6次,共80余人次。参加设备厂家组织的外部培训15次,共28人次。全年,共有42人次通过了各级专责的晋升考试,其中11人通过了主值班员的考试,2名同志被选拔为值长岗位。全厂新晋升高级工3人,助理工程师9人,工程师2人,高级工程师1人,为水电厂技术人才储备提供了新的力量。截至2013年12月31日,全年发电安全生产5679天,破历史最高纪录,超额完成全年发电生产任务,实现了企业发展与个人成长的双赢局面。

职工教育培训工作对三门峡水电厂来说是一个常态化工作,养成职工自我学习的习惯和创建学习型组织也是企业发展的战略目标,需要长期坚持下去,不断创新、加强职工教育培训,保持良好的学习风气,才能实现个人成长与企业的长远发展。

(作者单位:三门峡黄河明珠(集团)有限公司水力发电厂)

多渠道促进职工培训工作

李 军

21世纪是经济全球化、知识化、信息化空前发展的时代,企业间的竞争早已从产品竞争、科学技术竞争演化为人才的竞争,谁拥有高素质人才的优势,谁就拥有了竞争和发展的优势,谁就能够抢占市场竞争的制高点。而拥有一批思想上进、勤奋工作、懂技术的高素质的职工队伍更是其必不可少的条件。

由于当前很多企业的职工素质参差不齐、人员结构不合理、文化层次高低不同,在企业形成核心竞争力上设置了一个难以逾越的障碍。先天不足,后天补,加快人才培养成了企业发展当务之急的头等大事。但企业如何才能通过制定严格的培训计划,上下一心的贯彻实施,造就一支思想过硬、技术过硬和文化过硬的高素质职工队伍,值得很多企业去分析和深思。

在现实中,很多企业在进行人才培养过程中,始终走不出一个怪圈:企业的决策层认为,在职工技能培训上,每年钱没少花,精力没少投入,总感觉效果不明显,是管理层没有尽心去开展;管理层认为,活没少干,事情没少做,真不知道现如今的职工到底需求什么;职工认为,上级搞技能培训思路不正确,也不管是否对口,也不分岗位是否对口,人员文化水平高低,也不区分年龄阶段,使很多培训疲于应付、学而无用。久而久之,职工自然形成一种学习惰性,使最初的培训目的没有达到,职工所学习的培训内容没有转化为生产绩效。

从部分企业调查和职工反映的问题可以看出, 由于受企业激励机制和体制不合理的困扰,企业的技能培训没能提高职工继续自我学习、自我钻研业务的热情,使得技术的作用得不到最大程度发挥,掌握技术的人得不到应有的报酬和尊重,造成职工对技术的学习、钻研兴趣越来越低。

一、加强形势任务教育,让职工为企业发展主动学习

结合企业发展广泛深入开展形势任务教育,是教育引导职工群众统一思想、转变观念的重要手段。企业应把开展形势任务教育,贯穿于生产经营活动和企业改革发展的全过程,凝聚人心,鼓舞士气。开展形势任务教育,大到国内外,小到企业上下,各种形势都要讲,但重点要放在企业内部,把大道理化小,做到以理服人。

随着市场经济的发展, 为企业发展开辟了广阔的前景, 同时也给企业带来了许多新情

况、新问题。开展形势任务教育必须坚持以企业发展为中心任务，以改革、发展、稳定为大局，对职工的宣传教育，要做到有针对性、讲求实效、解决问题、深入浅出、小中见大、统一思想、凝聚力量。

实践证明，找准企业发展的关键点，以实事求是、解放思想、与时俱进为先导，要原原本本宣讲党和国家的方针政策，要讲对企业的影响，更要讲给职工群众带来的利益和损失；要讲国家的大形势、大环境，又要讲所在企业的有关情况，更要讲本单位遇到的困难、问题和原因，提出解决问题的方法、加快发展的措施和企业美好的前景。这样，职工就会消除理论上的困惑、思想上的疑虑、心态上的失衡，同心同德为企业深化改革谋发展。

随着企业的发展，形势的变化，职工“口味”也随之提高，开展形势任务教育也要与之相适应，不断满足广大职工的需求，增强教育的实效性。针对职工提出的问题，笔者认为在新的形势下开展形势任务教育，要改变“你讲我听”的传统做法，要注重搜集和整理发生在企业内部、职工身边的生产、经营、质量、工艺、安全等各方面的典型事例，要学会“算账”，用事例、图表、数字教育职工；要选出思想观念转变快、知识面宽、思维活跃的典型，用职工身边的典型作为“参照物”，拉近职工与典型的距离，再组织职工谈身边的人，讲身边的事，说身边的理，职工群众听起来会觉得实实在在，就能达到事半功倍的效果。

开展形势任务教育是企业一项长期的、艰苦复杂的工作，因为它面对的是职工各种各样的思想问题，不可能一成不变，也不可能一劳永逸，必须经常抓、反复抓，常抓不懈。否则，抓一阵，停一阵，抓抓停停，搞“一阵风”，那是很难奏效的。因此，作为企业要充分认识到开展形势任务教育的长期性和艰巨性，要把形势任务教育的开展作为企业长期开展的中心工作之一，紧紧把握“转变职工的思想观念，调动职工的积极性”这一主线，结合不断变化的新形势、新任务，分阶段、有重点、持之以恒地把形势任务教育开展下去，在企业内部营造良好的氛围，让职工自觉参与到活动中来，转变职工的思想观念，不断提高职工的思想认识、调动职工的积极性，促进企业发展。

二、做好不同类型培训的需求分析，让职工乐于学习

在人力资源管理中培训是至关重要的一环，也是企业如何用好人才的关键所在。虽然企业决策者都开始重视培训，并也大力开展各项职工培训工作，但往往让管理者们感到矛盾的是培训工作所产生的大量人力、物力支出，却并不一定能即刻带来立竿见影的成效与回报。归其结果，这是因为企业的培训活动对象是一批思维成熟的成年人，他们有独立的主观判断思维，因而造成培训内容中部分信息内容无法全盘接收的现象。针对这种情况，企业的决策者和实施培训的管理部门，应着重抓好事前培训需求分析和调查。

企业培训需求调查的手段有调查问卷、面谈等多种形式。一般而言，结合多种形式来开

展企业文化培训需求调查，以克服单一性培训需要调查形式所产生信息的片面性。

培训需求调查的范围与层次要从满足企业经营发展需要和企业文化建设工作目标实现的角度出发。企业培训需求调查涉及企业长期战略、愿景规划、工作效率、生产质量、人才培养、激励机制、沟通渠道等，所反映的是企业的经营管理与工作作风，因此一定要广开言路，加强与基层职工的沟通交流，全员发动、全员参与，才能为企业文化理念深入人心打下坚实的基础。

企业培训人员在掌握了培训需求后，就需要运用科学的方法去分析。从形式上说培训的需求分析是一个过程，也是引导职工广泛响应，快乐学习的过程。确定培训需求是否符合客观实际，企业的所有培训必须符合企业总的发展规划和目标。作为企业培训管理人员，在进行培训需求分析时，应了解企业的培训方针、政策及企业的一些基本情况，只有如此，才能确定主观提出的培训需求是否符合客观实际。

针对不同的培训需求，培训管理人员对职工所规划的培训重点也有所不同，只有按照不同的培训政策去实施不同的培训项目，培训工作才能够做到有的放矢，培训的效果也才能够体现出来。一是确定参加培训的对象、人数和培训的时数，在确定了培训需求并提出了解决问题的建议之后，就开始对培训需求进行定量分析，即确定培训学员的对象、人员数量和开展培训需要的时间，最好加以说明，以增强说服力。二是对提出的培训方案进行可行性论证，即使培训需求的项目符合企业的培训方针政策，作为培训管理人员仍需要对所提出的培训项目进行可行性论证。

但在开展培训需求前，应该明白一个道理，企业进行职工培训，并非人力资源一个部门的事情，必须得到各单位、部门的全力配合和支持，及时提供所在单位、部门职工的岗位要求和培训需求，便于培训主管部门准确把握企业中不同层次的各类人员关注点和发展需求，并在一定程度上加以引导。

三、开展岗位练兵和技术比武活动，让职工在竞争中去学习

在市场竞争中求得生存与发展，关键是要挖掘人的潜能，努力造就一支高素质的职工队伍。近年来，很多企业决策者对提高职工队伍素质越来越重视，职工队伍整体素质有了明显提高，但部分职工的素质、经验、技能与企业发展的要求还不相适应。

一个企业，如果新技术、新设备应用与职工业务技能较低的矛盾还没有彻底解决，可以说，提高职工素质是一项长期而又艰巨的任务。企业决策者只有站在生存发展的高度，充分认识提高职工素质的重要性、紧迫性和艰巨性。企业工会、团委要扎扎实实开展好岗位练兵技术比武活动和青年岗位能手活动，培养一支与社会主义市场经济、与企业改革发展相适应的合格的职工队伍和接班人队伍。

把职业道德教育放在首位，努力提高职工的职业道德水平。良好的职业道德，是职工成为岗位能手的前提。要广泛开展爱国主义、社会主义、集体主义和社会公德、职业道德、家庭美德教育，顾大局、讲奉献、创优质、争一流的企业精神教育和鼓舞职工，强化职工的主人翁责任感，引导职工把个人需要与本职工作的需要结合起来，干一行、爱一行，学一行、精一行，艰苦奋斗、爱岗敬业，为企业两个文明建设贡献力量。

以提高业务技能为重点，努力提高职工的职业技能。过硬的职业技能，是职工成为岗位能手的基础。要在职工中形成学技成材的良好风气，引导职工刻苦学习科学文化知识、钻研业务知识，在岗位上学习本领、在实践中增长才干。

要加大职工的技术比武力度，针对职工素质的实际，制定好岗位练兵技术比武活动计划，抓好工作落实。要广泛开展群众性岗位练兵活动，继续深化导师带徒、岗位练兵、技术比武活动，在职工中形成学技术、钻业务、比贡献的良好氛围。

以经济效益为检验标准，积极引导职工投身企业生产经营实践。岗位工作效益，是评价职工是否成为岗位能手的主要尺度。要引导广大职工在本职岗位上争创一流业绩，为本单位发展献计献策，在各项急难险重任务中把职工的积极性和创造性凝聚到为企业发展做贡献上来。

同时，企业要通过开展岗位练兵、技术比武活动，努力培养一岗多能的复合型人才，提高职工的应变和适应能力。随着市场经济的发展和企业的不断深化，岗位靠竞争、岗位能上能下已成为必然，因此在抓好岗位技能培训的基础上，积极开展企业发展需要的多种技能演练，培养一支复合型人才队伍，以适应市场经济和企业深化改革的需要。

四、组织技术专题课题研究小组，让职工在团队协作中去学习

目前，很多企业在进行科技攻关、技术革新过程中，参与者大多是企业领导、中层管理人员、生产技术人员，往往忽视了基层一线职工。一旦在某一项项目中取得突破，随后的推广运用和执行中，基层职工在技术准则的领会上、在技能操作的规范上都很难掌握，致使一些好的成果达不到预想的效果和收益。

作为企业，应把开展课题攻关活动作为群众性经济技术创新工程的重要内容。以培养知识型、技术型、技能型职工为目的，紧紧围绕施工生产的需要开展课题攻关活动，采取有力措施，多渠道、多层次地把创新成果推广应用到具体实践去，以期持续提升整体基层职工施工能力和核心竞争力，特别是在新技术、新工艺、新材料、新设备的应用上。各级工会组织应根据项目安排实际，重点落实项目部生产一线课题攻关小组的组建、课题的选定及攻关的材料、设备、费用的落实。

以科技创新活动为载体，深入开展群众性科技攻关活动，推动企业科技事业的发展。技

术创新能力的高低,直接影响着企业市场竞争力的高低。提高技术创新能力,是企业发展壮大的必由之路。企业要把职工科技创新活动作为重要的内容来抓,建立有利于职工技术创新人才脱颖而出的机制,增强职工的创新意识,提高职工创新能力,引导职工投身创新实践。

企业设备技术改造,就是对传统的工法、工艺、工装进行改进与创新,以达到降低成本、保证质量、提高工效的目的。工会组织应积极协调,把项目对口岗位的骨干职工吸收到课题攻关小组中,全程参与企业把新工法转换成先进操作法。这样可以在以后工艺的操作中,以骨干带动班组,以班组推动工艺的实施,进而带动整个创新攻关活动的开展,使新工艺、新工法不断涌现。

工会、共青团组织要积极引导和带领广大职工,特别是青年职工大力开展科技创新活动,以及“六小”成果、QC 成果、先进操作法、专利发明等活动。团委要坚持以生动活泼的形式来吸引青年,将活动渗透到生产管理的各个领域,渗透到一线职工、管理人员、科技人员等各个群体,不断拓展活动的覆盖面,形成浓厚的科技攻关氛围,为推动本部科技事业的发展做出贡献。

企业只有通过开展课题攻关活动,才能推动群众性经济技术创新工作的蓬勃发展,职工学习业务技术、创新的积极性会不断提高,技术结构也将发生深刻变化,进而促进企业的壮大和发展。

五、重视培训评估环节,让职工在感受成功中去学

培训评估是监督和检查培训效果不可缺少的一个环节,只有重视培训的全面评估,不仅能够改进培训质量、提高培训效率、降低培训成本,同时也能让职工体会到学习新知识所带来的成功和喜悦。

很多企业每年虽然在培训方面投入数以万元的经费来增强人才力量,赢得竞争优势。然而,很少有企业对其培训所带来的收益和职工参与培训所取得的成效给予恰如其分的评估,虎头蛇尾,使职工感受不到通过学习所带来的成就感,既没有给学习热情高涨的职工予以鼓励,也没有给学习不积极的职工予以促进。

培训前的需求分析和培训后的结果评估应首尾相接,一个企业如果把事前培训分析做得再扎实,一旦忽视了培训后的评估,还是无助于提升企业效率,无法有效地观察到职工在培训前后是否发生变化,是否推动职工及单位自身工作质量地提高。

进行培训评估一是能够了解参加者的客观反映:他们是否喜欢这一课程,对课程内容的理解程度,还有其他多方面的意见等等。二是了解培训者是否通过培训学到了东西。在培训课程开始之前测试受训者的知识和技能可以提供基本的标准,在培训后对其重新测试就可以了解到进步之处。三是认知结果被用来判断受训者对于培训项目所强调的原则、事实、技

术、程序或流程的熟悉程度。四是用来评价受训者的技术或运动技能水平及其行为的一种指标。五是用来判断培训项目给企业所带来的回报，效果性结果的例子包括职工工作效率提高、成本节约、产量增加或者顾客服务质量改善等。六是通过评估肯定学习效果突出的职工。学习成果得到了认可，使其感觉有一种成就感。同时也要鼓励那些学习效果不佳的职工，令他们感受到组织的关心和良好的学习氛围，并帮助他们分析原因，让他们在对待学习这个问题上，既有压力又有动力。

知识改变命运，学习成就未来。创新观念靠什么？接受新思维、新举措的洗礼。企业发展靠什么？要靠学习，靠培训。要通过学习培训，不断创新思维，以创新的思维来研究解决面临的困难和问题，以创新的思维应对竞争挑战。所以说，培训不能是一种形式，不能把它当成一项任务去完成，要把培训提升到职工个人前途发展的层次，让职工知道，企业开展培训，不仅是为企业创造效益，最关键的是为职工个人发展提供强力支持，最终实现在激励职工成长的同时，企业也得到发展双赢态势。

（作者单位：三门峡黄河明珠（集团）有限公司）

新形势下如何创新水利职工教育培训方式

马　勇

随着全球经济化和就业竞争的加剧,创新职工教育培训变得至关重要。在当今的知识经济时代,激烈的市场竞争的实质其实就是人才的竞争,谁拥有高素质的人才的优势,谁就拥有了竞争和发展的优势。而建设“三条黄河”,实现“维持黄河健康生命”的终极目标,关键就在于人才。

新的治黄理念,新的治黄方略,新的治黄目标,都给黄河基层单位人才队伍建设提出了新的更高的要求。这就需要我们加快基层单位人才队伍建设步伐,创新职工教育培训工作,努力培养和造就一支素质优良、结构合理、配置科学的高素质治黄人才队伍。

目前,水利工程黄河维修养护公司已经运行十余年,其运行状况能否达到建立市场化、专业化、社会化的维修养护体系的要求,本文以德州翔宇黄河水利工程维修养护公司为例,分析公司的现状、前景,提出存在的问题,对如何创新水利职工教育培训方式进行探讨。

一、德州翔宇黄河水利工程维修养护公司的运营现状

德州翔宇黄河水利工程维修养护公司隶属于德州黄河河务局,由山东黄河经济发展局及德州黄河河务局共同出资,于 2005 年 6 月 29 日注册成立,注册资金 101.10 万元。机关设总经理 1 人、副总经理 2 人,有综合部、财务部、工程部 3 个部,与水管单位管理段相对应,沿堤设 6 个养护队。

(一)人员现状及分布情况

公司现有人员 107 人,实际在岗人数 88 人,不在岗的人员为:退休 25 人,市局借调 3 人。在岗职工中公司机关 26 人,基层养护队 62 人。

基层养护队员共 101 人(管理段 39 人)。其中:潘庄 12 人(管理段 4 人),官庄 12 人(管理段 4 人),阴河 14 人(管理段 6 人),豆腐窝 20 人(管理段 9 人),王庄 20 人(管理段 7 人),小八里 23 人(管理段 9 人);各养护队设队长 1 人,技术员 1 人,司机 1 人,管理段副段长 1 人协助队长管理。用于一线施工的养护队员实有 77 人。

(二)目前人员存在的问题

水管体制改革后成立的养护公司,其人员多数为原管理单位人员,且在改革时按照先事业后企业的顺序竞争上岗,使得养护公司人员在年龄结构和知识结构上不尽合理。

1. 年龄结构不合理

在年龄结构上,养护公司职工年龄偏大,45 岁以上的占全体职工的42%,且有 95%的工作在养护一线,很多职工因年老体弱多病,已不适宜从事体力劳动,承担繁重的养护任务,力不能及。基层一线职工人才队伍特别是高级技术人才年龄结构偏大,又缺乏补充的年轻人,后续力量严重不足,新老衔接有断层。

2. 知识结构不合理

由于历史原因,黄河基层单位人才队伍底子薄,职工文化素质普遍偏低,全日制本科及以上学历人才、高职称的人才偏少,经济管理、法律、计算机应用、外语等方面的人才偏少,且大部分人员专业单一,知识面较窄,缺少懂技术、会经营、善管理的复合型人才。在基层一线养护队中,河道修防工多,掌握驾驶技术、施工机械操作技术、树株草皮养护技术的则寥寥无几。

二、教育培训工作中存在的问题

(一)创新能力不足

黄河基层单位很多职工虽然通过后续教育取得专科及以上学历,但原始学历偏低,专业技术人才再教育培训是一个薄弱环节,导致专业技术人才知识更新不快,墨守陈规,创新能力不强。

(二)教育经费不足

由于人才队伍比较庞大、线多面广,有限教育培训经费不能满足新形势下人才的培训要求,使得对人才进行系统规模培训很难组织到位。

(三)紧密结合不足

单位无论为职工提供何种培训,其目的都是为实现单位的总体目标,然而在实际培训过程中,往往容易出现内容、方式、课程与单位总目标联系不紧密的情况,培训只是流于形式。

(四)培训人数不足

这种现象在黄河基层不少单位都存在, 有的领导认为培训管理人员应该重点培训那些经过挑选、有发展潜力的人员。每次不管培训什么内容都让他们参加,从而忽视了所有不同层次人员的培训需求。

(五)培训时间不足

培训注重短期效应,没有为单位的长远发展打好基础。一个单位在其中长期发展中,应该对要达到的中长期目标及早进行预培训,否则到了需要用人的时候青黄不接,以至影响单位整体工作的发展。

三、加强职工教育培训的措施和改进建议

事业要发展,人才是关键。目前,黄河的治理开发与管理正处于由传统治黄向现代治黄转变的重要时期,治黄现代化进程的不断深入,向基层治黄人才队伍提出了严峻的考验。而如何提高职工队伍素质,使治黄职工既具备必要的专业知识,又具有高科技素质;既能不断更新知识结构,又具有很强的适应性和应变能力。最直接、最有效的办法就是创新教育培训工作,要想做好这项工作必须做到以下几点:

(一)必须积极探索培训方式的创新

建立健全水利系统培训制度要从传统的培训教育方法转变到现代的培训教育方法上来。根据水利系统职工的文化知识水平、实际工作经验和日常工作的特点,大胆探索并积极采用一些科学有效的培训方法先进的教学手段,将业余自学与集中授课、实地考察与经验交流、面授培训与网络教学有效结合起来,充分调动职工在培训中的主动性、参与性和创造性。

(二)培训教育的形式应多样化

培训教育工作要做到科学规划、有效组织、合理安排、形式多样、因材施教。通过不同的方式使每个职工都有不断学习、不断提高的机会,有系统的政治思想教育和业务技术培训的机会。学习方式可以采用外派学习、集中辅导、岗前教育、脱产培训、以老带新、现场观摩等等。对机关管理人员应进行社交礼仪、安全生产、财务知识、计算机技术、企业形象及基础管理等方面的继续教育工作,全面提高机关管理人员的综合素质,在管理中更好地为一线服务、为广大职工服务。对生产一线的职工要根据所在岗位的需要安排文化知识、生活技能等为内容的学习培养,使之更好地适应生产力的发展要求。

(三)培训教育应与长远规划与短期计划相结合

加强职工教育培训与考核工作是一项长期的战略任务, 要坚持长期规划与短期计划相结合的原则,有条不紊地做好这项工作。首先制定长期规划,明确管理人员、操作人员的业务素质达到什么目标,建立一套可行的教育培训激励与约束机制,全方位多层次搞好职工的适应性培训工作。在实施培训计划中,要做到机制、组织、费用、时间的落实。

(四)培训教育应全方位、多层次实施

教育培训是一个系统工程,必须进行全方位、多层次的培训工作,才能达到预期的效果。在培训方式上可以按照在岗培训、短期培训、脱产培训相结合,充分挖掘内部师资力量。此外,教材一定要紧密结合生产实际,通过技术人员授课,达到技术人员和操作人员技术水平双提高的目的。

(五)必须强力推进培训机制的健全

培训机制的健全是推进培训工作的首要前提。没有机制,培训工作无从谈起。因此必须

强力推进培训机制的健全。要实现培训工作规范化、科学化,各级应制定出台培训工作的规范化政策,从制度上体现终身教育的思想,把对水利系统干部的培训和继续教育作为长期连贯的教育,保证水利系统职工及时参加培训,有效提升水利工作的能力和水平;同时根据各地实际情况制定培训规划,强化培训激励机制。针对不同类型的培训,确定不同的培训内容,以增强针对性和衔接性;要以实际需要为向导,以提升能力为目标,建立分层次、分类别、分渠道、多形式的培训格局,保障学用一致,力戒训非所用和多头重复培训。

随着科学技术的发展和社会的进步,各种职位对工作人员的智力因素和非智力因素的要求都在迅速提高。今天还是很称职的职工,如不坚持学习,明年就有可能落伍。而要解决这个问题的最重要的就是人员的培训。即通过必要的培训手段,使其更新观念、增长知识和能力,重新适应职位的要求。百年大计,教育为本,单位人才的开发,职工素质的提高,必须在不断创新教育培训中实现,只有这样,才能不断提高单位或企业的综合素质。总之,创新职工教育培训工作是提高劳动生产率、降低成本、创造效益的重要途径之一,也是科技进步、继续教育不断发展的需求。

(作者单位:山东黄河河务局德州黄河养护公司)

打造特色培训 强化培训管理
不断提高水利干部职工综合素质

蔡海平

近年来，中央从全面推进新时期党的建设新的伟大工程，加强党的执政能力建设和先进性建设的战略高度，对干部教育培训工作做出了一系列部署，提出了“大规模培训干部、大幅度提高干部队伍素质”的要求，珠江水利委员会(以下简称“珠江委”)按照中央和水利部的安排部署，紧密围绕 “技术立委、人才强委”战略，以“强化学习意识，增强做事本领，引领工作作风，提高综合素质”为目标， 不断创新培训方式，完善教育培训体制机制，大力推进干部职工教育工作，逐步形成具有水利特色的干部教育培训体系，干部教育培训规模明显增长，水利干部职工的综合素质不断提高，为水利改革发展提供思想政治保障、人才保障和智力支持。

一、加强职工教育培训重要性意义的认识

当前，贯彻中央治水兴水的决策部署，在新的历史起点上推动水利跨越式发展，任务艰巨，责任重大，迫切需要建设一支高素质的水利干部队伍，切实发挥干部教育培训在水利干部队伍建设中的先导性、基础性和战略性作用。近年来，珠江委大力开展职工教育培训，有力促进了珠江委人才队伍建设，但是随着经济社会的快速发展，尤其是深化水利改革、推进水利跨越式发展的要求，对广大干部职工培训的要求越来越高。在今后贯彻落实水利部关于全面深化水利改革、加快推进水生态文明建设的重要部署，全力推动绿色珠江建设规划实施中，更需要一支信念坚定、为民服务、勤政务实、敢于担当、清正廉洁的高素质的水利干部队伍，为水利改革发展提供思想政治保障、人才保障和智力支持。

二、多措并举、创新方式，大力开展各项干部教育培训工作，不断提高职工的综合素质和业务能力

为了不断满足水利改革发展对水利人才队伍的需求，近几年来，珠江委坚持“按需施教、学以致用”原则，以能力建设为中心，以“强化学习意识，增强做事本领，引领工作作风，提高综合素质”为目标，遵循人才成长规律，立足事业发展需要，结合珠江委的人才队伍特点，拓展培训渠道，创新培训形式，分层次、分类别打造特色培训项目，不断完善工作机制，提升培训效果。

(一)以思想政治建设为重点,着力加强领导班子和干部队伍建设

高度重视领导干部政治理论学习。实行选派领导干部到中央党校、行政学院和干部政治理论培训、委党组中心组学习相结合,不断提高领导干部的政治理论素养。以创先争优、党的群众路线教育实践活动为抓手,着力解决各级党员领导干部思想、作风方面存在的问题,不断保持党的先进性、纯洁性。加大委机关干部的交流力度,有针对性的选派有发展潜力的优秀年轻干部到委属单位、企业、扶贫单位等基层挂职锻炼,使年轻干部在急、难、险、重的艰苦环境中,开阔视野、磨炼意志、经受锻炼。近四年来,珠江委派出近 100 名干部到外挂职锻炼。

(二)因材施教、整合培训资源、拓宽培训渠道,开展特色培训班

按照"缺什么补什么"的原则,结合重点工作需求,针对不同岗位、不同人才的实际需求,利用社会优质教育资源,特别是高校教育培训力量,大力提高干部教育培训工作成效。先后和香港科技大学、清华大学、河海大学、武汉大学、厦门大学、延安、井冈山、浦东干部学院等合作,举办了多期机关企事业单位人员培训班,形成了一批具有特色的培训班。例如,在香港科技大学举办的"水资源与公共管理"培训班,珠江委依托香港科技大学丰富的教育资源优势,开展有针对性的教育培训,取得很好的培训效果。该培训项目作为委最具特色、最富发展潜力的培训活动,已连续举办 7 期。同时,珠江委还针对不同群体工作需求,举办了高层次技术人员培训班、处级干部培训班、经营管理人员培训班、青年干部培训班、新入职员工培训班等重点培训班。各业务处室根据职能需求,开展相应的各类业务培训。目前珠江委逐步形成特色培训重点推进、基础培训全面跟进的培训格局。

(三)强化干部职工教育培训计划执行,不断提高干部职工综合能力

近年来,珠江委严格按照中央"大规模培训干部、大幅度提高干部队伍素质"的要求,结合水利部确立的"建立组织调训为主、自主选学为辅"的干部参训机制,全力推进全员培训。

一是强化培训计划执行,进一步提高全委干部职工教育培训率与培训达标率。每年初按照水利部有关干部职工培训要求,结合委中心工作任务,认真制定珠江委培训计划,在全委范围内开展富有针对性的各类别、各层次的职工教育培训工作。

二是广泛开展自主选学。为了解决职工工学矛盾,2013 年开始,珠江委除了继续推行自学书目、集中学习、各类讲座等自主选学形式外,首次在全委范围推行了网络选学活动,全年共有 807 人报名参加,共选取培训课程 11025 门,通过 8580 门,通过率为 77.8%,共取得 48330 学时,人均达到 59 学时。

三是积极参加上级单位组织各类培训。珠江委除了自办干部培训教育,同时以外派等形式,选派处级以上领导干部参加国家行政学院,延安、井冈山、浦东干部学院,水利部党校培训。仅 2012 年、2013 年,珠江委共派出 34 名处级以上领导干部参加外派培训。

四是委属各单位积极开展各类培训活动,有效推进单位培训达标率。在近三年内,珠江委干部职工教育脱产培训调训率和干部参训率由 2010 年的 85%提升到 2013 年的 100%,达标率由 2010 年的 6.8% 提升到 2013 年的 45.6%

(四)创新培训形式,精选培训课程,提高培训质量

一是针对不同的培训班,采用不同的培训形式,以达到更好的培训实效。在传统的课堂讲授的基础上,综合运用案例分析、情景模拟、专题研讨、演讲辩论、拓展训练、课题研究、现场教学等现代培训方法,增强互动,不断提高培训的吸引力,增强干部学习的兴趣。

二是区分对象、量体裁衣,精选培训课程。针对培训对象、培训内容、培训目的,精心选择培训课程。针对领导干部的培训教育,以理论武装为根本、党性教育为核心、能力提升为主线,着力提升政治素养和综合能力,培养把握全局、开拓创新、推动水利事业科学发展的能力和民主团结、清正廉洁的作风。针对专业技术人才的培养,主要侧重于知识更新工程与学术与技术型带头人的示范培训。针对委青年干部培训,组织举办青年干部综合管理培训班,加强青年干部横向交流。针对新入职员工,组织珠江委新员工入职培训班与培训月活动。

(五)不断完善教育培训体制,进一步规范培训管理

一是在工作中主动加大宣传落实水利部有关培训要求的力度,特别是教育培训激励约束机制和教育培训量化指标要求,取得领导重视。目前珠江委培训工作逐步形成各负其责、齐抓共管的良好局面,以组织调训为主、自主选学为辅的干部参训机制得到明显加强。委领导每年年初审核确定全年培训计划,落实培训预算,明确培训要求,同时领导带头学习。

二是严格落实培训制度,加强办班管理。先后印发了《珠江委奖励培训实施办法》《珠江委职工自主选学实施方案》等多项培训制度,认真贯彻落实《水利部关于在干部教育培训中进一步加强学风建设的实施意见》等制度,明确培训纪律,强化培训登记制度,做好培训学时统计工作,建立培训档案,开展培训质量评估,推进培训班办班规范化管理。

三是加强培训能力建设。为适应开展大规模干部职工培训的需要,成立珠江水利水电培训中心,不断提高培训办班能力;同时加大力度开展培训资源的建设,指导委属各单位培训工作。

经过近几年的努力,珠江委职工教育培训工作取得明显进展:

一是培训体系逐步完善。2010 年以来,每年面向全委干部职工召开各类培训班均超过 20 个,四年共办培训班次 86 项次,打造了一批包括专门业务培训、水资源管理知识更新、香港奖励培训、青年干部综合培训、入职培训等一系列具有水利行业特色的培训班,逐步形成覆盖全委各层次、各业务的培训体系。

二是全委干部职工参训率与培训达标率也明显提高,2013 年珠江委干部职工参训率达到 100%,人均培训学时从 2010 年 35 学时提高到 2013 年的 83 学时,培训达标率也从 6.8% 提升到 45.6%。

三是培训机制不断完善。目前珠江委培训工作逐步形成各负其责、齐抓共管的良好局面，以组织调训为主、自主选学为辅的干部参训机制得到明显加强。

四是不断加强培训能力。一方面大力宣传落实水利部有关培训要求，特别是教育培训激励约束机制和教育培训量化指标要求，广大干部职工自主培训意识明显提高；同时不断加强珠江委培训能力建设，特别是成立了珠江水利水电培训中心，承担培训实施任务，培训逐步规范化，培训质量进一步提升。

三、存在的问题及下一步工作

经过近几年的努力，珠江委在职工教育培训工作方面取得一定的成绩，但还存在诸多的困难与不足：一是培训资源不足。这方面是优质师资力量明显不足，包括内部师资力量与相对固定的外部师资力量；另一方面培训课程体系尚未建立，这些均制约培训质量提高。二是培训经费还存在不足，还不能满足大规模的培训需求。三是目前培训还不能满足广大职工的个性化培训需求，培训针对性还需进一步提高。在今后的工作中，珠江委将严格按照《2014–2017 年水利干部教育培训规划》要求，重点做好以下工作。

一是加强宣传，提高广大职工对教育培训重要性的认识。为贯彻落实好《2014–2017 年水利干部教育培训规划》，促进珠江委干部教育培训工作上新台阶，必须加强对规划内容的宣传，制定落实工作方案，明确各部门、各单位职责，加强组织领导，落实经费投入，强化监督管理。

二是立足实际，分类指导，强化培训管理工作。进一步细化、完善各类培训制度，建立教育培训责任制，明确各级教育培训工作的职责要求，形成科学、规范、高效的教育培训运行机制和良好的教育培训氛围，有效促进教育培训工作的落实。做好培训计划，严格执行。加大对委属单位培训指导力度，进一步加强对培训激励约束机制的宣传，提高职工教育培训的主动性，并严格落实。

三是注重培训成效，扎实做好重点培训项目实施。继续做好香港奖励培训、青年科级干部培训、知识更新培训以及新增的处级干部培训、高层次技术人才培训、企业管理人员培训等重点培训；做好组织调训人员推荐工作，继续推行网络选学，加大自主选学力度，鼓励在职后续学历教育，千方百计满足各类人员的培训需求。

四是大力开展教育培训能力建设。进一步加强培训信息化管理，计划 2014 年在委机关率先实现培训登记、统计与分析的信息化管理，并酌情在全委范围内推行。实行全委干部职工年度培训情况报备制度，规范委属各单位日常培训管理。开展内部培训师建设，推行领导上讲台制度；拓展教育资源，开展培训课程建设。

（作者单位：珠江水利委员会人事处）

干部教育培训评估问题研究

白　麟

培训质量问题,始终是干部教育的核心问题,培训质量不高,就会造成干部教育培训学而难用、学而不化,使干部教育培训工作达不到理想的效果。因此,培训评估是培训工作不可或缺的一个重要环节,加强干部教育培训评估,对检验干部教育培训工作水平、提高干部教育培训质量、强化培训结果应用等均有重要意义。下面通过对海委海河下游局近年来在干部教育培训评估方面的实践与探索进行总结,并结合当前干部教育评估工作中的普遍现象,对培训评估中存在的问题和原因进行分析,通过对培训评估相关理论问题进行探讨,提出改进干部教育培训评估工作的建议。

一、深刻认识培训评估的内涵与必要性

近年来,从国家到地方各级部门都越来越重视干部教育培训改革,培训评估成为培训改革创新的重点要求。中组部《2010-2020 年干部教育培训改革纲要》、人力资源和社会保障部《公务员培训规定(试行))》等文件,均对加强干部培训评估工作做出了明确的要求:要不断深化质量评估,对培训项目的前期准备过程、培训项目的实施过程和培训实施效果进行多角度、深层次、全过程评估。高度重视评估结果的应用,进一步改进培训工作,达到以评促改、以评促建的目标。

培训活动是一个完整的流程, 它包括培训需求分析、培训教材与师资开发、培训活动组织实施以及培训活动效果评估。培训评估是通过运用一定的方法,科学制定评估标准,收集培训信息,对教学质量进行评估的一种活动。从下游局培训评估实践及国内多数机关事业单位的培训情况看,传统的培训评估多是针对培训实施效果这一环节。但一个完整、有效的培训效果评估应该贯穿于培训活动全过程,不仅需要对学员培训后的效果进行评估,掌握学员参加培训的情况,以提高培训的实效性,而且需要对培训项目的组织实施情况进行评估,理顺培训活动各环节之间的关系,规范培训流程和培训管理。

当前,干部教育培训评估模型有很多种,如柯氏“4R”评估法、考夫曼五层次评估法、CIRO 评估法、CIPP 模型、菲力普斯投资回报率评估模型等。其中,最为流行的柯氏“4R”评估法将培训评估分为四个层次:反应评估是第一级评估,即在课程刚结束的时候,了解学员对培训项目的主观感觉和满意程度; 学习评估主要是评价参加者通过培训对所学知识深度与

广度的掌握程度，方式有书面测评、口头测试及实际操作测试等；行为评估主要评估学员在工作中的行为方式有多大程度的改变，采取观察、主管的评价、客户的评价、同事的评价等方式；结果评估主要评估由培训项目引起的业务结果的变化情况。

下游局培训评估工作尚处于起步阶段，加强培训评估工作不仅将有利于检验培训工作，提高教学质量与组织水平，而且有利于了解学员学习情况，完善培训结果应用机制。如果没有考核和评估，管理手段就会失效，预定目标就不能实现。所以，实施科学有效的培训效果评估，有助于树立成本意识，扭转培训目标错位的现象，是提高培训质量的有效途径，也是提高培训体系有效性的基础工作。

二、下游局干部培训评估的工作现状

目前，主要通过以下三个环节来进行：

（一）训前评估

每年年末，局人事处都会征求各单位、各部门对培训工作的意见与建议，摸底下一年度主要培训需求。正式发布征求下一年度干部教育培训项目（办班计划）通知后，人事处对各单位、各部门报送的培训项目进行汇总审核、事前评估，拟定年度干部教育培训计划，报局办公会研究后执行。

训前评估主要包括四个方面：一是培训目的是否明确，业务培训内容是否围绕工作中心和重点，综合素质培训是否扣紧时事热点与综合素质要点，主题是否具有针对性和实效性；二是对培训主讲人进行初步评估，了解其理论水平、口才与授课水平；三是培训班的时间、对象、规模等是否合理；四是培训班的方式、方法是否丰富、科学，课程设计是否合理。例如，为了提高业务知识大讲堂活动系列专题讲座的效果，仅对主讲人评估一个环节，就通过网络新闻报道、论坛评论、主讲人授过课的单位、社会培训机构等渠道，对主讲人进行多方面的了解、评估，以确保讲座质量。

下游局干部教育培训在训前评估这个环节，做得相对比较到位。近些年来，举办的各项干部教育综合素质培训，训前评估率达100%。训前评估的实施，使培训质量控制的关口前移，从而对全年度的培训项目的实施提供质量保证。

（二）训中评估

这一环节主要包括评估培训组织情况、受训者的满意度等，其目的在于一方面了解和调整培训执行情况，保证培训活动按照计划进行；另一方面了解培训对象的反馈，找出培训的不足，总结经验教训，以便改进今后的培训，同时能发现新的培训需要，从而为下一轮的培训提供依据。

训中评估主要有以下三个方面：一是对参训状况进行预测与监测。每场综合素质专题讲座开办前，局人事处一般都会提前通过政务内网通知培训日程安排、参训要求等，各参训单位依据培训主题、时间、要求与相关干部的岗位特征、兴趣爱好以及工学矛盾状况，提交干部参训名单。对培训项目的场地、后勤保障等工作做出安排。举办培训过程中，局人事处进行学员签到与随机点名，以便确保培训实施的严谨与效果。二是对培训内容与进度等进行评估监测。培训项目实施过程中，局人事处对全程进行跟踪，包括对培训班课程的安排顺序、场地、主讲人、培训内容、培训强度等，进行动态监测、微调。三是对受训者满意度进行评估，一般通过书面问卷调查、座谈会等方式，了解学员对培训班的内容、主讲人授课水平、培训方式方法、培训效果效益、培训班的后勤保障工作等方面的评价，在培训过程及时提供反馈信息。此项工作，目前主要应用在年度培训工作评估方面，例如通过前两年的反馈，干部职工普遍反映报告式培训方式效果好，后来逐步发展成为下游局培训班的风格特色。

训中评估的实施，可以作为改进培训内容、培训方式、教学水平、组织保障等方面的建议或综合评估的主要依据，从而对培训活动及时进行调整，意义重大。

（三）训后评估

干部教育培训项目实施完成以后，针对培训项目的效果评估，主要通过以下两方面进行：一是对学员进行考核考查式的评估。如新录用人员培训采取新员工总结或撰写培训心得体会、召开座谈会的方式，让学员对学习培训情况进行梳理，对新员工的培训成果做出综合评价。二是对学员的学习行为进行效果评估，考察被培训者的知识运用程度。在培训结束后的一段时间里，由参训学员的上级、同事、下属观察他们的行为在培训前后是否发生变化，是否在工作中运用了培训中学到的知识。这个层次的评估可以包括参训学员的主观感觉、下属和同事对其培训前后行为变化的对比，以及参训学员自评。这通常需要借助于一系列的评估表来考察受训人员培训后在实际工作中行为的变化，以判断所学知识、技能对实际工作的影响。

此外，下游局还通过不断完善干部教育培训管理办法和处室绩效考评管理办法，加强对干部职工的考核评估。2012 年出台了干部教育培训学时制管理办法，对教育培训学时要求、培训形式、学时计算标准与审核登记等进行了明确和规范。管理办法中明确规定，每年年底前由干部个人上报年度培训情况，包括培训内容、时间、方式、学时、考试考核结果等，由所在单位和部门汇总后，上报人事处进行年度审核登记，并存入干部培训学习档案。领导干部任职与教育培训相结合。单位和个人年度考核评优评先与教育培训相结合，干部培训不达标，年度考核不能评为优秀等次。专业技术人员技术职务评聘与教育培训相结合，培训不达标的专业技术人员，不能申报晋升专业技术职务。

三、干部教育质量评估中存在的问题

通过对近年来在干部教育培训评估方面的实践总结，结合当前干部教育评估工作中的普遍现象，笔者认为干部教育质量评估在观念、制度、操作方面主要存在以下问题。

（一）对教学评估重视程度不够

没有充分认识到教学评估对教学培训的重要作用。一是重培训，轻评估；二是机构不健全，没有专设机构或处室负责评估工作，评估发挥教学监督的作用不够；三是现有的评价机构中，人员不到位，构成不合理，专业化程度不高；四是认识不统一，在教学管理层和教师之间，对教学评估还存在模糊的认识；五是一些学员参与教学质量评估的积极性不高。

（二）评估基本理论研究不够深入

缺乏符合中国国情的干部教育评估理论指导。具体表现在：一是套用西方理论，缺乏针对性。目前，我国构建公务员培训效果评估体系的理论基础主要套用的一些理论如培训需求评价理论、培训迁移理论、人力资本理论、新公共管理学、人力资源会计理论、行政生态学理论等都是西方国家的理论，对中国特色的干部教育评估针对性、指导性不强。二是常用的干部教育评估模型主要来自西方，具有中国特色的、适应党管干部原则，符合不同层次类型领导干部培训考核的标准没有形成，缺乏评价常模。三是科学的、权威的各层级领导干部的基于胜任力的能力框架尚未建立，缺乏不同层次类型领导干部任职资格和素质要求的科学标准，培训效果评估缺乏目标参照。

（三）评估的导向不明确

评估没有发挥其对教学的引导作用。目前，在许多培训机构，评估还停留在只评教学质量，而不是评教学对组织需求、岗位需求、个人发展需求的满足。评学员通过培训的学习收获、工作绩效的提高及对组织的推动，评培训项目的设计和培训机构的教学管理，这种导向是以教师教为中心，而不是以学员学为中心，评估内容相对比较狭隘，以偏概全。

（四）评估方法不规范、手段单一

评估方法多元化、多样化是培训评估科学化的保证。填写问卷、测试、网上打分是培训机构经常使用的评估方法，但干部教育培训对象在层级、职业背景、教育程度、培训需求等方面存在很多差异，仅仅依靠问卷调查等单一方式难以及时、准确地对培训效果做出评估，缺乏参与性、互动性。而且，受各种因素影响，问卷调查的信度、效度有很大的局限性。

（五）培训评估流程有待优化

没有实现全程评估。一个完整、有效的培训效果评估应该贯穿于培训活动全过程。目前的教学质量评估更多地关注了培训活动组织实施这个环节，评估往往只停留于学员对培训的满意度、对课程或教师授课的满意率等表面的量化指标，对其他教学环节的评估基本没有涉及或重视不够。特别是对培训项目、培训需求的评估不够。评估与实际工作脱节，对培训是否满足组织需求、岗位需求、学员的个人发展需求及满足程度，还有哪些潜在需求没有挖掘。

（六）对学员培训效果评估不够全面

一是对学员的培训效果评估重视不够，流于形式，往往以培训后撰写的学习心得等作为评估依据；二是评估仅仅只评估了学员的反映层和学习层，对行为层和效果层评估没有进行，而学员培训后知识结构、行为态度和工作绩效的改善和实际能力的提高才是最能体现培训效果的重要评判标准。

四、改进教学质量评估的对策建议

（一）完善培训效果评估机制和办法

一是要对学员学习培训情况进行评估。要根据党中央的文件精神和国家重要领导人的讲话精神，根据干部教育培训规划，以及干部人事制度改革的有关文件，研究制定培训标准和评估标准。要建立公共知识量化指标，充分考虑各级各类干部的特点，既要突出干部全面素质的高标准，又要体现出干部各不同素质基础的等级，同时还要考虑各不同工作性质干部的专业工作特点，要体现基本理论及德、能、勤、绩、廉的要求，制定切实可行的培训实施标准。要将培训考核与学员已有的知识基础、以前在工作中的表现、培训过程中的表现和培训后工作绩效发生的变化等联系起来。既要考核干部掌握基本理论和基本知识的情况，又要考核干部理论联系实际的情况，把考核重点放在学以致用上，对学员的培训收获进行综合考核评估。针对不同层次类型领导干部的不同形式的教育培训，探讨相应的培训考核方式、考核内容、考核标准和操作实施步骤。对于各种不同类型的培训，应深入研究相应的培训考核方式。

二是要探讨领导教育培训考核的机制。在组织学员培训时，首先要让学员能积极主动参加培训，把参加培训作为自己发展的一种内在需求；组织和部门要给予支持，积极创造条件让干部参加培训，将干部个体的培训需求和组织的培训需求结合起来，在此基础上，对学员培训后所要达到的目标做出规定和要求，作为评估依据。注重考用结合，把干部理论学习情况作为对领导班子和领导干部考核的重要内容，把理论学习的考核结果作为选拔任用干部的重要依据。要建立培训激励、绩效考评、动态改进三位一体的员工培训保障机制，以保证员工培训的有效性及动态适应性。把个体知识技能水平改进状况作为动态合理配置人力资源的依据，使培训与员工晋升、职业发展密切关联。建立培训考核择优上岗的新机制，按照先培训后上岗、先培训后使用、先培训后提拔的原则，逐步实行持证上岗制度和岗位任职资格考试制度，把培训情况与岗位聘任和职位晋升结合起来。对经过培训并取得优秀成绩的后备人选，经考察可以重点培养、优先使用。

(二)建立健全培训项目评估制度与流程

为保证培训项目更有针对性,使培训方案更具可行性,在培训方案付诸实施前,要对培训项目进行评估。从这个意义上说,评估也是一种论证,是对培训项目开发的价值及其开发方式,以及对培训方案设计进行的论证,主要对培训需求、培训目标等进行评估或论证,以确保培训项目更有价值,培训方案更为有效地实施。在培训实施过程中或培训实施后,要对培训需求的确定,以及在此基础上选择的培训目标本身是否合理可行做出判断。虽然这种评估不一定能对该培训项目开发和培训方案设计本身提供前期研究论证,但有助于对下一阶段该项目的实施提供反馈和参照信息,对项目实施加以调整,对于以后开发培训项目和设计培训方案,也具有十分重要的价值。因此,培训项目评估实际上包括培训前的论证和培训过程中或者培训后对项目实施状况的评估。一般来说,培训项目评估应该包括以下步骤:分析培训需求、确定培训目标、选择评估方法、设计评估方案、实施培训评估、撰写评估报告、评估结果反馈与使用等。

(三)健全完善培训机构教学质量评估制度

开展培训机构教学质量评估,一是制定合理的评估指标体系。评估指标应体现培训机构办学的条件、过程、目标与结果相结合,评估内容包括办学方针、培训质量、师资队伍、组织管理、基础设施、经费保障等方面,各项指标要量化,指标数据要易于采集、科学合理。每一项指标根据其在培训工作中所起的作用不同赋予不同的权重系数,规定相应的分值。二是制定规范简便的评估办法。评估程序一般为:拟定评估方案,组建考评组;培训机构自评,上报自评报告及相关材料;派出评估小组到培训机构进行实地考察,对照评估指标体系,逐项评定等级或打分,形成评估结论或评估报告,并反馈评估结果。三是完善评估的组织形式。组建教学质量评估专家库,抽选相应专家组成评估小组,独立承担评估任务;发展中介组织,部分社会化培训机构可委托中介机构进行评估。四是充分运用评估结果。干部教育培训管理部门依据评估结果,择优选择培训机构,并对干部培训专门机构的建设与发展提出指导性意见。培训机构应自觉根据评估结果,不断改进干部教育培训工作。

(作者单位:海河水利委员会海河下游局人事处)

明确任务 深化改革 注重实效
全面落实大规模干部培训工作

张 扬

近年来,中央从全面推进新时期党的建设新的伟大工程、加强党的执政能力建设和先进性建设的战略高度,对干部教育培训工作做出了一系列部署。2010年中央印发了《国家中长期人才发展规划纲要》和《2010-2020年干部教育培训改革纲要》,党的十八大做出了加强和改进干部教育培训,提高干部素质和能力的决策部署。2013年9月中央又印发了《2013-2017年全国干部教育培训规划》,10月中组部召开了全国干部教育培训工作会议,对干部教育培训工作做出全面部署,对推动干部教育培训工作改革创新和科学发展提出了新的要求。2014年2月水利部结合水利工作实际,制定了《2014-2017年水利干部教育培训规划》。为做好海委干部培训工作,结合中央和水利部对培训工作的要求,对近年来海委干部培训工作进行回顾,总结经验,发现问题,并提出全面落实大规模培训干部工作的思路和具体措施。

一、干部教育培训工作情况介绍

为落实中央关于做好新一轮大规模培训干部任务,海委以党的十八大和十八届三中全会精神为指导,认真学习贯彻中央水利工作会议、全国干部教育培训工作会议精神以及《2013-2017年全国干部教育培训规划》《2013年全国干部教育培训工作要点》等重要文件精神,以加强干部队伍能力建设为目标,紧紧围绕全委中心工作,大力实施人才强委战略,积极开展干部教育培训,一手抓政治理论教育,一手抓知识更新和岗位业务培训,统筹兼顾,努力创新培训内容,改进培训方法,提高培训质量,干部教育培训工作取得了良好成效,干部素质得到了有效提升。

(一)主要做法和经验

1. 严格施行教育培训学时制管理

根据水利部干部教育培训学时制管理暂行办法,2011年制定下发了《关于实施海委干部教育培训学时制管理的通知》,对学时要求、培训形式、学时计算标准及审核登记程序等做了明确规定,并提出了有关要求,使学时制的施行有据可依。同时,建立了人事部门、干部所在单位(部门)和干部本人共同分担培训学时任务的工作制度。各级人事部门每年要为本单位干部提供人均不少于20学时的培训时间,干部所在单位(部门)每年要为其提供人均不少于40学时的培训时间,干部本人每年自主学习时间不应少于40学时,充分调动了各方面参与培训的积极性,人均培训学时和培训达标率逐年上升。2013年,全委干部人均受训学时达到98学时,达标人数为1695人,达标率为71%。

2. 大力推进干部自主选学

按照水利部推行干部自主选学的要求,2012年8月制定印发了《海委干部自主选学方案》,明确了干部自主选学的总体要求、选学方式和内容、学时要求和组织管理等,委直属单位也分别制定了自主选学方案,自主选学工作在全委得到迅速推进。为拓宽干部自主选学渠道,在全委大力推广应用中国水利教育培训网,购置了专门的服务器,将中国水利教育培训网在委内进行了分级部署,解决了因网络带宽的影响而不能正常观看培训视频的问题,2014年4月前委系统各单位都已正式开通了学习账户,注册学员609人。中国水利教育培训网在海委开通以来,学员学习热情普遍较高,积极利用平台开展自主选学,学员反映教育培训网培训内容丰富,学习形式便利,培训效果较好。2013年上半年海委部署开展处级以上领导干部学习贯彻党的十八大精神轮训工作,组织已开通中国水利教育培训网账户的处级干部进入培训网"十八大精神培训专栏"上学习相关课程。学员只需要在规定时间内学习、参加在线考试并且考试合格的便可以按照规定登记学时,充分体现了网络自主选学的灵活性和易操作性。为充分发挥教育培训网的作用,海委建立了联络员制度,层层抓好落实。要求机关各部门,直属各单位指定一名职工为本部门(单位)联络员,具体负责本部门(单位)职工网络在线学习相关事宜,协助委人事处做好海委教育培训网管理工作。同时,对学员参加在线学习提出了要求,要求学员高度重视网络在线学习,拟定在线学习计划并报委人事处备案,学习课程必须通过考试后才能取得相应学时。委人事处还对各部门和单位参加在线学习情况进行定期统计分析,并在一定范围内通报。另外,根据部人事司统一部署,自2013年起组织海委全体部管干部参加中国干部网络学习网上学习。同时,海委还在机关阅览室建立了"干部自主选学书架",购买了第三批全国干部学习培训教材等书籍供广大干部借阅选学,并定期对选学书籍进行更新补充。通过大力推进干部自主选学,既能完成培训学时任务,又能很好地满足干部个性化的培训需求,干部培训热情普遍高涨。

3. 落实干部教育培训激励约束机制

按照水利部进一步完善干部教育培训激励约束机制的意见,海委积极推进教育培训与干部上岗、任职、专业技术职务评聘、年度考核评优评先"四个结合"。针对新录(聘)用人员,海委一直依据公务员法等有关规定,举办为期12天左右的新招录(聘)人员岗前培训班,要求所有新录(聘)用人员必须参加,培训合格人员方可入职。对于新提拔的处级干部,海委定期举办处级干部任职培训班,并积极选派人员参加水利部举办的任职培训班和处级干部党校进修班。在职称评审中,对于参加继续教育达到规定学时的人员按规定予以赋分,未达到要求的不赋分。自2013年度起,达不到培训要求的专业技术人员,不允许申报专业技术职务评审。海委把干部教育培训达标率作为部门(单位)和个人年度考核评优评先的必要条件。培训时间不达标的干部,其年度考核不能评为优秀等次。年度干部教育培训达标率低于60%的部门(单位),其主要领导和分管领导不能评为优秀等次。

4. 切实加强培训日常管理

加强培训班计划管理,增强培训的针对性。按需施教,由计划培训转变为按需培训,通过问卷调查、个别访谈等形式,广泛了解干部职工多样化、个性化的学习需求。围绕海委中心工作,制定各类干部培训班的培训重点,使各单位对人才的能力需求和干部个人的特殊知识需求同时得到满足。每年年初由各部门各单位上报培训班计划,经人事处审核汇总后,由委统一印发年度面向委系统举办的培训班计划,主办单位下发培训班通知还需经人事处会签,培训班结束后七天内,培训班档案要报人事处备案。同时做好教育培训登记、培训质量评估等日常管理工作。

(二)存在的问题和建议

海委干部教育培训工作虽然取得了一定成绩,但仍然面临着一些问题和困难,制约了工作的进一步深入。

一是培训经费不足,制约培训效果。由于受经费不足地制约一些基层单位难以开展正常的干部教育培训工作,不同程度地存在着培训层次和培训质量不高的问题,影响了培训效果。

二是存在重计划、轻落实的现象。个别部门(单位)存在年度培训计划落实不到位的情况, 部分干部职工在开展自主选学过程中也存在不能按照个人年度自主选学计划完成选学任务的问题,培训监督检查机制有待于进一步完善。

针对上述存在的问题, 下一步应该注重加强以下方面工作进而保证干部教育培训工作地深入开展。

一是加大教育培训经费投入。将干部教育培训经费列入年度财政预算,保证工作需要。特别是加大基层干部教育培训经费投入力度, 建议对经费不足的基层单位给予适当的政策倾斜和补贴。

二是成立联合检查组加大对干部教育培训工作的监督检查力度。成立由人事部门牵头、多部门参与的联合检查组,定期对各部门(单位)落实大规模培训干部、年度培训计划、自主选学以及干部教育培训激励约束机制等相关情况进行监督检查、统计通报,推动干部教育培训工作深入开展。

二、全面落实大规模培训干部工作的思路和具体措施

为全面落实大规模培训干部工作,海委将按照《2014-2017年水利干部教育培训规划》

要求，紧紧围绕海委“4+1”工作格局，以坚定理想信念、增强履行岗位职责本领、提高科学发展能力为重点，以创新培训机制为动力，更新培训理念，拓宽培训渠道，完善培训内容，改进培训方式，认真落实年度培训计划，全面推动干部自主选学工作，不断健全和完善海委干部教育培训体制机制。

具体措施如下：

一是建立健全管理体制。切实加强对干部教育培训工作的领导。各级人事部门要强化指导、管理职能，由办培训向管理培训转变，由管微观向管宏观转变，由管具体事务向管方向、管政策转变，充分发挥业务部门组织开展专业培训的积极作用，切实加强整体规划、宏观指导、协调服务、督促检查和制度规范；要统筹安排培训任务，提高培训计划的科学性，切实解决有的干部重复培训、有的干部多年不训和重要岗位干部调训难的问题。要理顺管理关系，进一步明确人事部门与业务部门、干部教育培训机构的职责分工，调动各方面支持和参与干部教育培训工作的积极性，形成党组(党委)统一领导，人事部门主管，业务部门分工负责，分级管理、分类实施、协调配合、运转高效的干部教育培训分级管理体制。

二是推进重点培训工程。重点抓好领导干部培训工程、公务员培训工程、专业技术人员培训工程、基层人才培训工程和后备干部培训工程五大工程。

三是创新培训内容和方式方法。创新内容：全面推行需求调研制度，健全以需求为导向的培训计划生成机制。把理论教育和党性教育放在首位，紧密联系水利工作实际开展培训，根据岗位工作需要和干部成长需求科学设置差异化培训内容，不断增强培训针对性和实效性。创新方式：

积极推行干部自主选学制度，坚持和完善组织调训制度，建立自主选学与组织调训相结合的干部参训机制。进一步扩大中国水利教育培训网在海委的覆盖范围，并从2014年起对干部网络选学学时提出要求，要求干部网络培训学时不低于50学时，督促干部利用优质网络资源自学。创新方法：遵循干部学习培训的规律和特点，不断创新培训方法。改革培训班设置方式，实现由一般性轮训为主向专题培训为主转变。创新培训方法和手段，由被动接受式向互动式转变、由纯理论向理论和实践相结合转变、由纯课堂教学向课堂教学与现场教学相结合转变、根据不同对象和培训内容，选择讲授式、案例式、体验式等教学方法。

四是贯彻落实干部教育培训激励约束机制。积极推进教育培训与干部上岗、任职、专业技术职务评聘、年度考核评优评先“四个结合”。进一步加大干部教育培训工作的宣传力度，努力营造人人关心重视干部教育培训，积极参与和推动干部教育培训工作的良好氛围。

（作者单位：海河水利委员会人事处）

淮委教育培训工作体制机制发展浅析

张彦奇

一、综述

党的十八大报告提出的经济、政治、文化、社会和生态“五位一体”一起抓，把生态文明建设放在突出地位。水作为“生命之源、生产之要、生态之基”也成为社会发展的重要资源。当前全社会兴水利水的热潮正在掀起，淮委作为水利部派出机构，在淮河流域及山东半岛代表水利部依法行使水政管理职责，是具有行政职能的事业单位，治淮六十年来，淮委在流域治理中起到了重要作用，2013 年 3 月，国务院批复《淮河流域综合规划(2012—2030 年)》，明确了今后一段时间治淮的主要任务和目标，对淮委新时期的治淮工作提出了更高的要求。

治淮要发展，人才是关键，淮委作为流域机构必须要有一支高素质、高水平的人才队伍。这支队伍的建立一方面依靠优秀人才的引进，另一方面则是依靠内部人才潜能的挖掘，而加强教育培训则是挖掘内部人才潜能，提高专业技术能力和水平的关键。

二、淮委教育培训工作现状及基本做法

(一)分类实施职工培训

1. 处级以上领导干部教育培训

淮委坚持脱产培训与在职自学相结合，委托高级干部管理学院或高校举办培训班，拓宽干部培训渠道，加大干部调训力度。着重加强中央水利工作方针、新时期治水思路和人水和谐理念的教育以及领导方法、管理艺术的教育，提高领导干部科学判断形势、驾驭市场经济、应对复杂局面、依法执政和总揽工作全局的能力。

2. 参公管理人员教育培训

重点做好新录用人员初任培训、机关工作人员的专门业务培训、更新知识培训等，全面提高各级机关工作人员的政治素质、依法行政能力以及公共管理服务水平。

3. 专业技术人员教育培训

与河海大学等水利院校合作，围绕治淮战略性、前瞻性问题和水利改革发展的重点关键

领域对专业技术人员进行培训,以提高广大专业技术人员的综合素质和业务创新能力。

4. 企业经营管理人员教育培训

组织企业战略规划、资本运作、科技管理、项目管理、企业党建等方面的培训,培养企业经营管理的战略眼光、市场开拓创新能力、现代经营管理水平和社会责任感。

5. 基层人才教育培训

培训向基层一线技能人才倾斜,根据工种开展岗位培训,组织职业技能竞赛,激发技术工人立足岗位、争当技术能手的热情。

(二)现有教育培训工作体制机制

1. 统一的工作机制

淮委职工教育培训工作机制可以归纳为“统一规划、分类培训、分级管理、归口负责”,淮委党组统一领导,人事处牵头负责,各部门和各单位各负其责。

2. 教育培训工作制度建设

先后研究制订了《淮委关于做好新一轮大规模培训干部工作的实施意见》《淮河水利委员会机关工作人员在职学历学位教育管理办法》《淮委干部教育培训学时制管理实施细则》《淮委干部自主选选学实施方案》等制度。

三、淮委教育培训工作存在的问题

(一)处级干部任职培训有待加强

中组部、水利部对处以上领导干部任职培训有学时和时限要求,近年来,淮委提拔的处级领导干部,受工学矛盾、主观思想等原因,有近 1/3 没有达到要求。

(二)培训资源分配不均

业务骨干承担的工作任务繁重,参加培训机会较少。部分基层单位存在财政困难、培训经费紧缺的情况,基层的一般职工参加各类教育培训机会少。

(三)培训缺乏针对性、实效性,培训效果有待增强

经过统计,淮委培训班存在以下问题:一是培训班缺乏培训需求调研和分析,培训内容设置缺乏针对性,理论教学、常规课目分量偏重,脱离生产应用实际;二是对培训受众人群没有区分,受培训者多样性、多层次需求难以满足;三是培训方式以填鸭式的课堂教学为主缺乏灵活性;四是为满足培训学时需要,盲目参加各类社会培训。

(四)培训管理工作不够严格

在教育培训、考核与使用上未能建立有效的制约机制。培训管理制度和考评制度缺乏力度,培训的激励考核制度不健全。

四、教育培训工作体制机制的建议

(一)自上而下增强对教育培训重要性的认识

当前,中央、水利部对教育培训工作都十分重视,相继出台了一系列促进教育培训工作的改革意见,不断增强教育培训的重要性。流域机构作为水利部的派出机构,有责任贯彻执行中央、水利部的各项部署,在水利行业中做教育培训工作的模范单位。单位内部要充分认识到教育培训工作的重要性,加强组织领导,上下一盘棋,重视和发挥业务部门和直属单位的积极性,充分利用业务部门经费和专业方面的优势,引导和鼓励业务部门和直属单位有针对性地开展教育培训工作。

(二)探索教育培训管理工作机制

1. 协调管理机制

按照统一领导、分级负责、分类实施的原则,建立由委分管领导、委机关相关部门和直属单位负责人、干部代表参加的干部教育培训联席会议制度,健全沟通合作机制,调动各方面支持和参与干部教育培训工作的积极性,整合和优化干部教育培训资源,形成各司其职、各负其责、齐抓共管的工作格局。

2. 培训系统管理机制

一是建立培训需求调研制度。牢固树立按需培训的理念,把需求分析作为制定培训计划的科学依据,将组织需求、岗位需求和个人需求有机结合起来。自行举办的所有培训项目都必须事先进行培训需求调查和分析,根据不同层次、不同类型干部的岗位特点和要求,科学设置培训方案,不断增强培训针对性和实效性。二是培训方式方法创新。转变传统培训方式,创新培训方式和手段,从课堂讲授式教学为主向研究式、案例式、体验式教学为主转变,增强培训的吸引力和感染力。三是建立稳固的培训渠道。在已有水利部党校、驻地党委、政府所属党校、行政学院干部培训主渠道的基础上,充分利用高等院校、科研院所丰富的教育培训资源,建立相对稳固的培训渠道。四是完善的培训质量评估制度。以提高培训质量和效益为目标,逐步实现培训质量评估工作的科学化、制度化和规范化。建立培训质量评估的激励约束机制,将培训质量评估结果与主办单位办班数量和承办单位的施教资格以及承担的培训任务量等紧密结合起来,不断提高培训的质量和效果。

3. 考核激励机制

坚持客观公正、突出重点、重在激励、务求实效的原则,建立教育培训考核制度,根据水利部的要求,将教育培训与新录(聘)用干部上岗、领导干部任职、职称评审、年度考核等四项工作结合起来。

4. 培训登记制度

做好培训登记工作，建立干部学习培训电子信息档案，为定期考核、任职、晋级和表彰奖励等工作做好重要数据建档工作。

(三)人事部门教育培训工作管理理念变革

人事部门作为教育培训工作的归口管理部门，要不断进行管理理念变革，要将教育培训看成是关系治淮事业可持续发展的一项战略性、基础性工作，把教育培训工作纳入治淮发展和干部队伍建设的全局之中，统筹考虑，整体部署，明确责任。

要积极转变工作方式，充分发挥业务主管部门的作用，由办培训向管培训转变，由管微观向管宏观转变，由管具体事务向管方向、管政策转变，切实加强教育培训的整体规划、宏观指导、协调服务、监督检查和制度规范。

(作者单位：淮河水利委员会人事处)

浅析企业职工教育培训

吴 超

加强企业职工教育培训工作,是新时期企业创新发展的一项重要内容,是促进企业职工向专业化发展,是全面提高企业职工的整体素质的重要措施,是推动企业不断发展的保证,是值得提倡、研究和探讨的课题。

一、企业教育培训重要意义

企业职工教育培训,是指通过企业组织的学习和培训工作,培养企业职工自觉形成自主学习和团队学习的意识。形成自觉学习提高氛围,不断提高企业职工的专业技能素质,发挥企业职工专业技能水平。并且通过企业教育培训,提高企业职工主人翁意识和爱岗敬业、科研和管理能力,锤炼全新、前瞻、开阔创新的思维方式,为企业的科研、管理、发展培养高素质人才和骨干力量。对提高企业的知名度,形成良好的企业文化有着举足轻重的作用。

二、以科学发展观为指导,构建合理有效的学习培训模式是关键

职工是企业发展的动力,职工整体素质不断提高,企业前进的动力才能源源不断。以科学发展为指导,结合本企业自身特点精心设计学习培训模式,完善学习培训内容,有效地提高企业职工自身素质、团队精神培养、专业知识拓展和专业技能的提升,才能更好地促进企业职工整体素质的提高和专业发展。

(一)按职工自身素质构建学习培训模式

1. 分层次学习培训,促进整体优化

从职工的不同要求出发,按照年龄、能力、面临问题三个层面确立学习培训主题。

尼尔基公司人才教育培训工作主要以岗位培训提高员工业务能力为目的。对新招录的大学毕业生,除进行三级教育外,还签订师徒协议,定期对新员工培训效果进行跟踪考评,发现问题,及时修正,保证见习期培训落到实处。对新职工走进企业之后的第一年内,注重员工岗位培训,按电力行业要求,抓好发电厂特殊岗位技能培训工作。目前共有40余人取得了上岗资格证,做到持证上岗。同时还要从加强职业道德教育的学习培训抓起,首先要确立爱岗敬业精神,树立为水利工作奋斗的信念和信心,并且组织他们进行理论与实际相结合的培训学习教育,把所学的书本知识运用到实际工作中,力避纸上谈兵,鼓励发挥专业特长,新老结

合，互帮互学，相互提高。中年职工是企业的骨干力量，为了充分发挥他们的骨干作用，公司重点培养他们企业管理能力、技术特长发挥，培训学习重点放在引进新技术、新理论、改革创新等理论研究与实践等方面。公司在青年干部培养方面，有计划地选派青年干部和技术骨干，参加松辽委举办的青年干部培训班。人事处结合科技进步、技术比武和青年干部队伍建设，组织开展青年论坛、座谈等活动，取得了较好效果。对老年职工，要充分发挥他们经验丰富的长处，培训学习重点放在自主合作，探究学习和生产技术带头人的经验。

2. 跟踪培训，增强紧迫感

企业培训职能部门，要和企业各部门，各班组紧密配合，深入基层及时发现问题，解决问题，加强对薄弱问题的跟踪指导培训学习。

一是对新职工，要以多种形式进行上岗前的培训。跟踪培养技能、爱岗的教育，不断提高企业主人翁的意识，争取在较短的时间内，成为企业的骨干力量。二是对年终考评中发现的问题和不足，制定出解决实际问题的措施，跟踪培训计划。通过跟踪培训解决所出现问题和不足。

3. 请进来，走出去，开阔企业职工视野

一是聘请企业同行的兄弟单位典型代表及有关专人士、企业上级主管单位领导等到企业指导，举办专题讲座等形式，对企业职工进行面对面的培训教育。二是鼓励支持职工积极参加上级水利部门组织的各级有关培训、考察活动，并在学习和考察中收获所得。考查结束后，通过学习，考查汇报会等形式，汇报学习心得，让企业其他职工受到二度培训，达到一人学习全体受益的效果。

4. 健全网络培训教育

当前网络时代，信息传播速度快，利用好网络培训教育的快捷途径，是抓好企业职工培训教育最好的培训方式之一。为企业职工的培训发展提供保障与支撑。一是通过网络教育培训，及时学习中央精神，学习有关水利工作文件精神，掌握精神，领会工作重点。通过这种最快捷的传达和领会的方式，达到最直接的效果。二是通过网络，学习兄弟单位先进经验，掌握更多的水利工作的信息等。三是通过网络，为职工提供展示科研成果的平台。在企业网站中开辟“企业科研论坛”，研讨科研课题，并随时可将在工作中遇到的疑难、困惑记录下来。通过论坛实践交流等答辩等形式，进行合同会诊，找出解决方法，达到自我培训的最佳效果。

(二)结合实际制定培训教育内容

企业领导和企业培训教育的职能部门，可根据本企业、本单位的实际情况，精心计划出本单位、本部门切合实际、切实可行的培训教育计划。培训内容、培训重点可从政治思想、政策法规、职业道德、专业技能、科研、创新、企业常规、课题研究等方面制订具体的培训内容。同时，也可根据在日常工作、生产及生活中，出现的新情况、新问题、新典型、新经验等，正反面的实际情况，及时调整培训内容。

要进行培训的内容很多,不可能面面俱到,要抓住重点,选好靶向,有的放矢开展培训教育工作,真正达到培训的目的和效果。

三、建立培训教育的考核机制是培训工作的重要保障

企业职工培训教育纳入日程,需要来自各方面的支持,例如领导的重视,培训资金保证,时间安排等。为了培训教育工作不流于形式,必须建立培训工作的考核机制,监督企业的培训教育工作顺利开展。

(一)实行培训登记制度

包括培训证书登记和学习考核登记表登记两部分,由人事处按照水利部干部培训登记实施细则进行管理。培训登记作为干部年度考核、任期考核的主要内容和职务晋升、专业技术职务评聘、人才流动的重要依据。

(二)对职工培训的考核内容进行细化,主要有以下几项

1. 领导把关重视、积极参与、大力支持

包括亲自指导过问工作计划的制定,认真听取年终培训总结;参加有关培训学习,支持培训教育工作开展;落实培训工作投入等。

2. 培训制度建设

包括有适合本企业特点的完整的企业培训制度;执行制度情况。

3. 培训工作开展落实情况

包括按计划积极组织各类型的培训教育工作。培训内容、方式、方法职工满意度。

4. 职工参与及效果

包括职工参与情况参加人数;主人翁意识、爱岗敬业程度;专业技能提高程度等;实际效果。

5. 科研成果转为生产力

包括参加科研研究、并且取得成效、发表论文情况,国家级 10 分、省级 6 分、市级 4 分;科研成果转为生产力的实际运用情况,进行打分制,总分值:110 分。110 分~90 分为优,90 分~70 分为中,70 分以下为差。通过考核,考查企业年度开展培训教育的基本情况,总结经验,找出不足,完善企业培训工作。

总之,企业的发展,管理是一个复杂的系统工程,培训教育只是其中一个主要成分,任何单一、机械的管理都是徒劳,低效的。唯有理论联系实际,注重多种管理的有机配合,充分调动企业职工的积极性、主动性、自觉性,实行全方位、多角度的综合管理,才能实现企业更大的飞跃。

(作者单位:嫩江尼尔基水利水电责任有限公司)

打造机关干部的“云学习”

——湖北省水利厅实现“在线学习”全员覆盖

李 进 江 山

“湖北干部在线学习平台”(以下简称“在线学习”)开通以来,湖北省水利厅人事处紧密结合工作实际,充分运用“在线学习”资源,大力推进干部学习信息化、规范化、制度化,有效提升干部综合素质。截至目前,全厅注册“在线学习”总人数、总学时均居省直单位第一,基本实现“在线学习”全员覆盖、集中学习多层开展、自主学习常态进行。近年来,省委组织部对水利厅的做法给予充分肯定,并表彰水利厅为干部“在线学习”先进单位。

重宣传 造氛围 全覆盖

重宣传,提高认识。水利厅通过“湖北水利网”“湖北水利人事网”“湖北水利人事干部群”“湖北水利干部人事考核群”和“水利之家”等平台,反复宣传“在线学习”的重要意义,详细介绍学习流程,并通过办公楼大厅电子显示屏,定期滚动播放干部“在线学习”的有关信息。同时,还通过召开会议“讲”、下发通知“督”、确定试点“推”、树立榜样“带”等方式,有效营造了“在线学习”的良好氛围。

办试点,拓宽范围。水利厅作为省委组织部确定的全省干部教育培训学分制管理试点单位,积极探索创新,深入推进工作开展。出台了《湖北省水利厅干部教育培训学分制管理办法(试行)》,将“在线学习”时长与学分直接挂钩,“在线学习”1 小时记 1 个学时,每学 3 学时,记 1 个学分。厅机关全体干部以及厅直单位副处级以上干部、人事科长共 405 人先后在很短时间内注册成为学员,实现了干部“在线学习”全覆盖。

畅渠道,保障服务。充分利用热线电话、宣传栏、QQ 群等,及时了解并解答干部“在线学习”过程中的疑问。同时,鼓励学员相互交流,在湖北水利人事网专门开辟“学习心得”栏目,供大家交流学习心得,以更好地消化吸收课件内容。

强整体 重突破 层次化

提倡自主“上线”。引导水利干部减少应酬,多从“在线学习”这所“随身移动的学校”吸取“营养”。 2014 年,全厅人均“在线学习”超过 90 学时,有的处室、单位人均达 160 学时。

集中组织观看。厅后勤中心、省属富水水库管理局、省属吴岭水库管理局、省属田关水利工程管理处等单位,充分发挥“在线学习”的阵地作用,组织干部职工集中学习“公务礼仪”“公共危机与社会危机”等课件,每个参学人员还结合自身的工作实际交流学习心得。

鼓励转化成果。为了充分发挥“在线学习”平台“教、学、管、考”的综合功能,把“在线学习”的知识运用到实际工作中去,鼓励学员在湖北水利人事网集中展示“下线”思考的成果,相互启发工作思路。水利厅出台了《关于进一步加强水利调研工作的意见》,倡导干部职工充分运用“在线学习”的有关知识,扎实开展调研,“离线”付诸实践。近年,水利厅有近 60 篇调研文章被省级以上刊物采用,不少“建议”已转化为工作决策,为水利发展改革发挥积极作用。

立章制 抓落实 常态化

确定联络员制度,找准“抓手”。在每个处室(单位)明确 1 名“在线学习”联络员,由其负责组织本处室(单位)干部的“在线学习”。五年来,坚持每季度召开一次联络员专题会议,适时通报情况,分析存在的不足,提出工作要求。从而形成了“厅长抓处长、人事处长抓联络员、联络员抓联系人”的组织工作体系,做到了一级抓一级,层层抓落实。

建立通报制度,强化监督。通过会议通报、网上留言、组织约谈等方式,定期反馈干部“在线学习”情况。由分管厅领导对 “在线学习”进度迟缓的处室(单位)主要负责人进行 “约谈”提醒,人事处长对干部“在线学习”后进学员作诫勉谈话,限其定期整改。

完善激励机制,奖优罚劣。将干部“在线学习”与公务员平时考核、年度考核、干部选拔任用、评先表彰结合起来,作为干部考核、任职、晋升、评先的重要依据,实行“刚性”管理。厅内明确规定,干部当年“在线学习”未达标的,年度考核不能评为优秀等次,全厅有 2 名干部因“在线学习”学时完成情况未达标,取消了年度考核评优资格。处室(单位)干部有三分之一以上学时考核不合格的,其主要负责人不能定为优秀等次。

(作者单位:湖北省水利厅)

案例教学法在水利职工安全教育培训教学中的应用

——南水北调山东省泵站运行工安全教育培训教学的体会

韩宏举　韩业明

近年来，随着中央1号文件精神的深入贯彻落实，全国水利系统掀起了新一轮工程建设高潮，其中南水北调东线山东干线有限责任公司新建了一批泵站工程，招聘一大批新职工，近期举办了《山东省南水北调泵站运行工岗前培训班》(共两期)。笔者有幸承担了跨省界的安全教育培训课程的教学任务，为了增强新职工安全意识、提高新职工岗位风险辨识和控制能力，满足岗位安全生产需要，结合自己多年从事水利基层单位安全生产监督管理和安全培训教学的实践，尝试着将案例教学法应用于山东南水北调泵站运行工安全教育培训课程教学中，激发了新职工的学习热情，提高了新职工的学习兴趣，取得了良好的效果。体会如下：

一、增强新职工安全意识和预防事故的能力是案例教学的目标

许多资料显示，由于人的不安全行为导致的事故占事故总数的70%~80%，要控制事故的发生，控制人的不安全行为是关键。同时，大量的工伤事故分析统计资料表明，工伤事故与年龄存在着一定的关系，工伤事故的最大值发生在18~30岁，而且发生在入厂工作的头一两年，即刚入厂工作不久的新职工最容易发生工伤事故，因此必须要对新职工进行良好的安全素质和预防事故的能力等方面的安全教育培训。

新职工安全教育培训的目标是：通过培训要达到三个提高：①提高新职工安全意识，只有加强安全意识的宣传教育，牢固树立“安全第一、预防为主”的思想，才能把安全工作落到实处；②提高新职工的安全知识水平，只有通过对新职工进行安全生产教育，使他们掌握安全技术知识，提高实际安全操作技能，增强事故预防和应急处理的能力，并不断更新知识，提高技能，才能做好安全生产工作，确保安全生产；③提高新职工参加安全管理的积极性，新职工刚成为单位的一员，只有让他们确实感到搞好安全生产是他们切身利益之所在，是与自身和家庭幸福、与他人生命和家庭幸福息息相关的大事，他们才会积极行动起来，自觉地参与安全管理。所以要对新职工进行广泛的宣传教育，唤起新职工强烈的事业心和责任感，确保水利基层单位安全生产。

二、根据新职工的特点选择有效的教学方法是案例教学的前提

职工安全培训是水利系统安全工作的一个重要环节，水利系统新职工安全教育培训，要根据水利事业快速发展的需要和要求，以提高岗位技能为重点，保证培训质量、注重培训实效。在新职工培训教学内容的安排上，要紧密结合水利基层单位生产、安全管理的实际需要，在教学过程中，要想完成教学任务，达到教学目的，实现预期的教学效果，必须重视和选择有效的教学方法。

在水利基层管理单位安全培训工作中还存在着诸多不尽人意的地方，如培训形式大多采取课堂理论灌输，形式呆板；培训内容以学习规章制度为主，内容枯燥。呆板的形式、枯燥的内容不仅不能提高职工的学习兴趣，还有可能引起职工的反感，导致实际培训效果不理想。职工安全培训的方法众多，诸如：讲授法、讨论法、事故案例法、录像、多媒体、现场指导、岗位练兵等等。在教学过程中，采用什么样的教学方法更有效，总是要有选择的。根据教学任务、目的和教学特点的要求，为取得良好的安全培训教学效果，笔者在这次山东省南水北调泵站运行工安全教育培训教学中，主要采用事故案例教学法，辅以讲授教学法和讨论教学法。

三、科学选择生产安全事故案例的内容并认真备课是案例教学的基础

在安全培训教学中，案例选择得恰当与否是授课是否成功的关键因素之一，科学选择生产安全事故案例的内容并做好授课准备是案例教学的基础，笔者主要从以下几个方面进行案例教学选材并备课。

首先是教学选择的事故案例具有针对性。结合泵站运行工工种特点和学习者知识背景选择合适的案例。教学中让学员通过案例分析，熟悉泵站运行工工种的操作要求，掌握相关的理论知识，使其在今后的工作中严格按章操作。

其次是教学选择的事故案例具有实用性。根据案例教学的需要，对收集和整理的案例进行必要的选择，对以前发生的泵站运行值班、机电设备修理、电气试验、工作票、操作票制度执行等方面的事故，往往更容易关注，认识更深刻，更有说服力和教育意义，做到学以致用，源于泵站运行工的实际，且更能指导泵站运行工的实际工作。

再次是教学选择的事故案例具有典型性。从收集整理的大量事故案例中筛选出有代表意义的案例，例如：选择了工作票执行不规范；安全措施落实不到位；电笔、万用表使用不当；思想麻痹、冒险蛮干；经验、知识技能水平低；违章操作、违章指挥等造成的事故案例，让学员从中受到教育。

四、围绕安全教育课程教学大纲，把握教学环节是案例教学的关键

在安全教育培训课程教学中，围绕安全教育课程教学大纲，认真把握教学环节是案例教学的关键，在教学过程中主要从三个方面把握教学环节：

（一）案例引入

按照《山东省南水北调泵站运行工安全教育培训教学大纲》的要求，在安全培训中采用现代化培训设施和电脑多媒体等手段开展教学，从收集整理的100多个事故案例里精选出泵站运行管理中最常见的16个典型事故案例，制作近200个图片、漫（动）画、音频和视频文件，运用多媒体课件，讲述事故的经过、原因、性质及危害，生动地将安全培训的教学内容向学员展现出来，使抽象的问题形象化，使枯燥的文字叙述变得生动有趣，把枯燥的法律、法规和安全技术变成易学、易懂、形象、实用的安全常识。圆满完成了关于要求学员了解安全生产法律、法规，了解职工的安全生产基本权利和义务及单位安全生产的责任，了解安全生产要点，熟悉水利生产中常见的安全隐患，掌握安全生产的管理体制以及监督方式，增强现场急救能力，培养职工综合运用所学知识分析问题、解决问题的能力等教学计划。

（二）案例讨论

在安全培训教学中，紧紧围绕"三不伤害"（不伤害自己，不伤害他人，不被他人伤害），"四不放过"（事故原因未查清不放过，当事人和群众没有受到教育不放过，事故责任人未受到处理不放过，没有制订切实可行的预防措施不放过），"反三违"（反违章指挥，反违章操作，反违反劳动纪律）和工作中如何注意安全等方面组织学员开展讨论。通过事故浅析，从事故中吸取教训，防范措施，类似事故应急对策，今后如何避开事故发生。培训结束后，对学员进行安全生产知识教育培训课程考试，使学员从事故案例中获取有益的知识。

（三）课程总结

应用案例教学法把大量的事故案例引入培训课堂，具有以下优点：

1. 案例教学法的直观性

案例是以往发生在水利行业职工身边的事实，是水利职工用血的教训留下的忠告，案例教学通过把以往发生的事故进行重现，给职工以身临其境之感，案例教学有利于将活生生的事实呈现给职工，作用其感官，使之由感性认识通过分析、研究、讨论上升为理性认识，符合认识规律，易于被广大职工接受。

2. 案例教学法说服力强

把事故案例引入教学中，用铁的事实告诉职工为什么要严格执行安全操作规程。

3. 案例教学法感物动情

通过案例教学弃恶扬善，可以激发职工自觉遵章守纪的情感。

4. 案例教学法有利于调动职工学习的积极性

在案例教学中回放以往发生在身边的事故案例，谈切身体会及结合典型事故案例进行讨论、分析，使职工成为课堂的主体，他们不仅是被教育的对象，更是自我教育者。

安全生产是水利基层管理单位永恒的主题。纵观大大小小的事故，其发生不是偶然的，绝大多数都是违背了客观规律，与安全管理、技术管理、生产管理、劳动组织管理以及职工的安全意识和技能水平密不可分。通过案例教学，可以让职工从中学到相关的安全技术知识，牢记血的教训，敲响安全警钟，进而落实好各项管理制度，强化安全责任，以科学的态度对待事故，增强职工对事故可预防性、可减少性的认知程度，提高水利职工特别是刚参加工作的新职工的防范事故的主动性。

以上是笔者在水利职工安全生产知识培训课程教学实践中的一点体会，我相信案例教学法有其自身的优点，它将会在水利系统职工安全教育培训方面发挥一定的作用。

（作者单位：江苏省水利厅骆运水利工程管理处）

打造具有专业特色和行业特点的水利团队

常　虹

当今时代,人才的重要性不言而喻,特别是今年中央一号文件锁定水利改革发展,水利迎来了新的机遇期,水利人如何修炼内功适应新挑战显得尤为重要。江苏省水利工程规划办公室作为一个普通的水利单位,注重人才培养和团队建设,开展多种形式、富有成效的学习活动,使职工提高了学历层次,培养了专业素养,打造了一支优秀的专业团队。

规划办现有16人,目前学历构成为博士3人、硕士8人、本科5人。个人在科技、专业学术方面成绩斐然:1名同志为"省有突出贡献中青年专家",2名同志为"省333高层次人才培养工程培养对象",1名同志当选为厅系统"十佳青年科技标兵",3名同志入选"111人才工程"。作为优秀团队,规划办集体取得了诸多荣誉称号,2007年、2010年、2011年三获省级机关五好党支部,数次被评为水利厅先进单位、标兵单位,连续11年被评为省水利科技工作先进单位,支部书记为省十一次、十二次党代会代表,宣传委员为省十三次团代会代表。在实际工作中也取得了骄人成绩,仅近两年,规划办完成8项重点省级水利规划、11项基础研究、200余项水利规划技术咨询、衔接、协调工作。编制的多项规划经部、省批复,两项基础研究分获省水利科技优秀成果一、二等奖,《江苏省湖泊保护规划》和《江苏省水系规划》均为全国各省首家编制,作为国家水利现代化建设唯一试点省份,目前正在编制全省水利现代化规划。

规划办在培养人才上除了聆听专家授课、外出参加培训、参加继续教育等常规方式外,注重创新学习方法、活动方式,结合水利规划和工作实际需要做了诸多有益尝试,具有一定的特色和现实效果。现简述一二,以期提供借鉴、启发和思考。

一、利用专长,设立特色课堂——拓宽专业视野

在当今知识日新月异的时代,特别是规划是一个要求"通才"的领域,讲座是不可忽视的培养和塑造手段。规划办的领导是一位专家型领导,他是河海大学和扬州大学的特聘教授,江苏省有突出贡献中青年专家,组织过多项重大水利工程的规划、咨询、设计和施工,具有丰富的专业知识和经验。为了提高整个团队的专业素养,他利用自己丰富的理论和实践经验,抽出时间为大家开办专题讲座,更多的时候是大学、地方水利局、厅属单位等请他做讲座时大家都列席参加,内容紧扣当前水利热点、重点规划和专业难题。利用这得天独厚的条件,我

们听过了如何解读两个一号文件、水利现代化的内涵与特征、水利规划与规划工作思路、江苏防洪形势及城市水务等指导性讲座和江苏省沿海水利状况与规划思路、江苏水系、湖泊保护与规划、江苏里下河防洪形势分析、现代化发展进程评价指标体系等学术科研性讲座。指导性讲座能给大家以切实的工作指导，引导对重要文件的准确理解，提高理论水平。可见，学术性讲座是开阔知识视野，发掘学术兴趣和增强学术功底的第二通道。而他的这些丰富多彩的、积淀了多年丰富实践经验和厚重理论知识的讲座，更有针对性，更切合实际，对于启迪思维、拓宽专业视野、活跃学习气氛、提高专业知识都起到了不可替代的作用。

二、专题演讲，团队互动点评——培养综合素质

规划专业人才不仅要有宏观的思路、敏捷的思维、丰富的知识，还要有良好的表达能力。规划办不定期举办专题研讨会，分两个阶段进行。第一阶段是每个人选择一个专题演讲，不规定时间，可在十五分钟至两小时不等；第二阶段是每个人按指定专题作规定时间的演讲。演讲完毕，大家根据演讲所阐述的技术观点分别进行点评，点评分为总体点评和分项点评，分项点评即对自己深有感触的、或感兴趣的、或有更深研究的问题进行详细点评。点评过程中大家如有疑问或不同意见，可随时进行讨论甚至争辩。

第一层次演讲难度低于第二层次演讲，从最初的第一层次演讲有时都结结巴巴到现在第二层次演讲大家都能侃侃而谈，这中间经历了相当的磨炼。这种方式首先要求演讲人对某一专业问题进行深入的研讨，查找资料、确立观点、整理思路并完整准确地表达出来，是一种被动学习和主动学习相结合的过程；其次在讨论中针对别人提出的问题，演讲人要给出具有说服力的解释，这是一种思辨的过程；第三每一位参加者需要在学习中提炼出问题，并能充分表达自己的观点，是一次提炼反思的过程；第四零距离讨论使参与者畅所欲言、现场气氛热烈，有时是在观点的针锋相对中，把每一个专业问题讲深学透，纠正了错误观点、明晰了模糊观点、更新了陈旧观点，专业知识越辩越明，越辩越清，同时也提高了大家的表达能力和口头交流的流利性。这样的活动形式使大家挖掘了潜力、发挥了专长，同时集思广益，博采众长，使得每一个人能学业有专长，术业有专攻，更提高了大家的综合素质。

三、因势制宜，搭桥抽象具体——提高学习趣味

很多时候专业学习是枯燥和乏味的，规划办在如何提高学习活动的趣味性、生动性、实用性等方面也做了尝试和探讨，以达到事半功倍的效果。

一种方式是注重当前热点，把活动与专业学习相结合，比如 2010 年是新中国盛世治淮、安澜兴邦 60 周年之际，规划办抓住良好时机，组织全体职工参观即将开放的淮河安澜展示馆及部分重要工程。江苏地处淮河流域下游，境内淮河流域面积 6.53 万平方公里，占全流域

面积的24.46%，占全省面积的63.65%，淮河流域的面积占了江苏的大半壁江山，规划人员对淮河流域基本情况的了解显得尤为重要。在安澜展示馆内按比例原状仿照的沙盘前，叶健主任详细地讲解了淮河流域特点、重要水系及洪水汇流的路径、江苏治淮规划思路及思路的演变过程、主要工程布局及建设缘由、作用等等，这样的讲解，清晰直观，宏观与微观相结合，先为大家搭建了淮河流域全局的框架，再往里填入水系、规划、工程、管理等具体专业内容，每个人再结合自己已有知识，作一个串联和融合，使大家豁然开朗、融会贯通，既易于理解又印象深刻，整个认识有了质的飞跃、达到了新层次。

另一种方式是把当前工作与专业研究活动相结合，比如秦淮河流域防洪规划修订时，规划办首先对规划的修订召开讨论会，让大家带着问题参观南京水利展览馆、三汊河口闸。河口闸在建设过程中，规划办专家就多次到现场对难点问题进行技术服务和指导，建设中采用了多项世界领先的创新技术。大家在观看了视频、图片、实物资料和六闸联控模型后，进一步了解了治江、治河的历史和建设过程，避免规划编制流于纸上谈兵，对规划的修订更是大有裨益。

四、因时制宜，深入工程一线——实现理实结合

闭门造车，是规划工作的大忌，困难、困难，困在家里就是难。水利工程从项目规划设计到施工建设，再到建成运行管理，是一个连贯、系统的过程，每一阶段都值得深入学习和研究。一方面规划设计对后两个阶段的影响是深远的，一名合格的规划工作者应对全过程有所了解；另一方面工程施工建设期相比于另两个阶段更具有即时性。近年来，江苏水利开展了如火如荼的水利工程建设，防洪除涝减灾和跨流域、区域调水工程能力稳步提高。规划办因时制宜，找准时机，在大型水利工程建设和工程施工的关键节点，组织大家深入工程一线，作最直接和深入的学习。

曾组织去淮河入海水道的滨海枢纽工程、南水北调淮安二站改造工程、沂沭泗治理东调南下的新沭河三洋港枢纽工程、通榆河北延的灌河地涵工程、太湖环境治理工程等重大水利工程工地学习，特别是抓住关键工序施工、重大技术运用、水下工程入水前等类似的稍纵即逝的时机，在施工现场学习。通过参观工程现场、听取工程技术专家报告、与项目部各负责人座谈、走访项目部各部门、与施工现场技术人员面对面交流，了解了施工整体流程，学习了工程一线新技术，增强了实践能力和专业技能，在工作能力和阅历等方面得到了有效提升。

五、因人制宜，加强基层锻炼——借力技术资源

没有实践知识作支撑的规划是没有生命力的，也是没有现实意义的。规划办的人员都是从高校毕业工作的学院型人才，把理论与实践相结合，克服缺乏基层工作经验的弱点，让书

面知识得到更好的应用,一直是规划办培养人才的一个主要方面。目前已尝试两种方式,一种是刚从大学毕业至单位工作的学生,需要去基层单位锻炼学习,时间一般为1~2年;二是当设计院等技术单位重大工程前期工作任务重时,派员去支援工作和实践学习,时间根据项目进展情况,一般是几个月。

去基层锻炼一般要求他们做到“五多”,即“听看问想做”。“多听”,即加强吸收,认真听取情况介绍和现场讲解,听取有经验的老同志意见,列席技术研讨会,学习了解规划、设计、施工的整个流程。“多看”,即加强学习,工作后仅靠学校的知识是不够的,设计院、工程处具有丰富全面的学习资料,多看书和各类资料、多看周围同志如何做,尽快丰富自己的知识水平。“多问”,即加强沟通,对不了解的、有疑问的问题,不能只求一知半解,要追根溯源,当书本知识与实际有出入时,虚心请教、积极交流。“多想”,即加强思考,开动脑筋,深入思考,及时总结,积极建言献策,多想办法、出点子。“多做”,即加强实践。把所学的知识运用到实际工作中,肯干、实干、会干,多动手、多做实事,只有这样才能从开展的各种工作中得到锻炼,得到提高。经过锻炼回来的同志目前都已成为单位业务骨干,工作独当一面,大大缩短了岗位磨合期和业务成长期。

走马塘和新沟河是改善太湖水环境、提高太湖流域防洪及区域除涝标准的两条重要河道,由省太湖水利规划设计院总体负责工程设计,规划时间紧,任务重。根据需要和邀请,规划办派出3位同志前往支援。在为期一个多月的工作过程中,3位同志做到“严要求、深思考、重实践、真工作、勤学习”,主要承担了两河总长160多公里河道的土方量算、走马塘全线六个工程段的河道边坡稳定分析、新沟河西支河线方案比选及其他具体配合工作,为两河规划设计工作的顺利完成打下了基础,得到太湖院领导及项目组的充分肯定,同时,这3位同志业务能力得到了极大的锻炼和提高。

以上是规划办在学习活动方面的几点做法,作为以规划为主的技术型单位,加强人才培养、提高团队的整体能力是规划办一项系统的、长期的任务,我们将继续尝试开展有自身特色的职工培训和教育,学习先进经验,培养、打造一支现代型、学习型、创造型的水利人才队伍。

(作者单位:江苏省水利厅水利工程规划办公室)

浅析水利行业职工教育心理需求及对策

孙　峰

现代水利的发展决定了对水利职工更高、更新、更强的要求,在适应职工心理需求的基础上,采取科学的职工教育,是适应满足水利职工心理需求和价值取向。

一、把握心理需求特点

在新的时期,水利行业职工心理需求有其自身的特征:

(一)能力需求

当今,水利已从传统单一型向水安全、水资源、水环境、水文化、水民生综合开放型转变。因此,诸多热爱自己专业和技术,以勤恳工作、努力进取、献身事业为主导的职工,往往在转型期,渴望通过新的知识,提升自身能力、自身价值。因此,更希望职工教育来弥补快捷发展的时代需求。

(二)荣誉需求

此类职工在工作竞争中,以被人重视、获得荣誉为心理主导,因此,自我尊重和社会需要的结合是最好的动力。他们的参与意识比较强烈,希望参加各种专业技术问题的研究、讨论、操作;自尊心较强,比较注重在工作中的位置,迫切希望通过技能培训、技术比武,增强自尊心和荣誉感,这是满足心理需求的最好渠道。

(三)职业需求

以获得理想职业、选择最佳单位为目标,是一部分职工的心理需求。职工教育往往通过有针对性地因势利导和心理分析,让他们既专业对口,发挥专长,又有用武之地,使其达到事业与个人追求的价值平衡。

(四)人文追求

水利行业绝大多数从事水利工程、机电、排灌等理工专业,面对水工程与水文化的融合,自然科学与社会科学的渗透,信息知识与水资源管理的交融,促使行业职工通过职工教育学习新知识,拓展新领域。

(五)创新需求

随着市场经济的发展和职业环境的变化,水利职工的技术创新,水资源管理的探索,水污染治理的综合创造,节水社会型的人文习性,都为水利职工构架了事业平台。同时也要求水利职工在原有的知识、技能基础上,不断创新新的技能、新的技术、新的管理模式。职工教育是最直接影响和充实知识的推进器。

(六)职称需求

职称的评定是反映职工学术水平、工作能力的综合评价。对职称的需求,已成为诸多职工的重要目标追求,而且这种需求呈梯级性、长期性,甚至伴随职工的整个工作的全过程。职称评定,不仅要求实践的成果,而且需要学术、技术成果,还有专业知识以及外语、计算机等方面的考试、考核。因此,这部分人对职工教育在应用技术、新课程以及充实新知识的需求就更加强烈。

二、善于心理需求引导

水利职工是直接参加水利生产的劳动者,有广泛的社会实践基础,思想趋于稳定,有成熟的自我独立意识,因此在心理需求的引导方面,通过职工教育的平台,达到以下几个方面:

(一)开阔视野心理认知度

认知是指从无知到知之的发展过程,也是指个人知识经验的获得、积累和运用。成人因为直接从事生产劳动、科学实验,因而认知能力有了高度发展。但由于工作、生活、学习负担重,事情多,记忆往往受到干扰,加之水利工作大都地处偏僻的江边、海边、河边、湖边,无论从事施工建设,还是水利工程管理,都显得工种单一、工作单调,视野不够开阔,习惯性的行为,禁锢了职工的认知范围、思维方式和对新生事物的认知度。而职工教育、培训,往往对提高水利职工的认知度方面,起到引导、提升的作用。

(二)注意观察力的培养引导

职工教育要尽量动员其多种感觉器官参加认知活动。如对水利工程施工建设的学习和培训,可在原有的施工建设的基础上,传授水利施工中的新工艺、新技术、新材料的运用,同时还可深入工地一线,让职工将学到的理论联系实际进行科学实验,指导他们观察、分析、比较,既听又看,既动手又动脑,提高从事科技实践在水利建设上的认知度。职工教育正是利用自身具备的实践与理论相联系的直接性去培养人才。

(三)讲授提高记忆的方法

在学习中,诸多职工认为记忆力不行了,“学得快,忘得也快”,其实不然。成人理解力强,是有助于记忆的。“忘得快”主要是没有掌握记忆的规律,记忆不得法。通过职工教育把治水的规律与记忆的规律相匹配,加强锻炼,就能提高记忆效果。如治水的堵、疏规律,李冰父子总结出的“深掏滩,低作堰”“逢湾截角,逢正抽心”;潘季训总结出的“束水攻沙”等规律,都经过信息收集记忆-反复实验记忆-长期实践记忆-牢固经验记忆等过程,同样为水利职工提高记忆所启迪。训练信息-感觉记忆-初步处理-短时记忆-反复练习-长时记忆的方法,把信息变成记忆，加以系统化，变成长久记忆，反复练习，达到牢固记忆。

（四）激发思维能力

思维就是探索和发现新事物认识度的核心问题。所谓激发职工的思维能力，就是激发职工分析与综合，抽象与概括的能力。职工教育就是通过学习和生产、工作实践活动，解决新问题的情境。如在培训泵站运行管理的过程中，通过听到机器响声异常，启发职工运用已有的知识，分析产生这种情况的原因，研究如何排除故障，从而使职工内心产生要解决这一问题的新目标，新愿望。

（五）智力性操作能力引导

培养智力性操作能力，提高个人的劳动技术，引导职工发展心智技能和动作技能、技巧，是职工教育在新时期的重要职能之一。水利工程操作性强、业务相对专一，需要进行抽象性概括和理论推导，虽容易使人感到无兴趣，但通过第二信号系统活动，用表述的语言感觉刺激来支配，久而久之，就可以通过刻苦学习，把知识的掌握与对学科知识的兴趣联系起来，提高学习效果。

（六）建立共同的价值观与价值取向

从心理学角度分析，人的价值观和价值取向主要表现在，当自己能够以较大才智为社会做贡献时，作为本人在自身价值取向的期望值也越高。实践证明，职工学习的要求与用人单位的实际需要相一致，所产生的效应是正面效应；反之，则产生负面效应。因此，要向职工大力宣传“献身、负责、求实”的水利精神，提倡干什么，学什么；缺什么，补什么，学以致用，建立共同的价值观与价值取向，使职工与单位之间真正在共同利益中寻求平衡点，这是建立共同价值观和价值观取向的基点。只有把握这个原则，才能使职工感受到这种学习既能提高理论知识，又能使理论知识在岗位中发挥作用。

三、营造心理需求环境

通过职工教育，营造良好的心理需求环境，是满足职工心理需求的必要前提。

（一）营造良好的责任环境

通过职工教育，形成良好的责任意识环境，是开明的领导者以党的事业为重，以培养职工为己任的开阔胸襟。形成良好的责任环境，就如同一锅开水，即使加一瓢凉水也会很快变热、沸腾；反之即使加一瓢开水，也会变冷。形成良好的责任环境，一要改变“事不关己，高高挂起”的风气，改变思想不想帮、业务不愿带、技术不肯传的氛围；二要尊重知识，尊重人才，理解职工的需求，承认他们的价值，努力创造一种宽松的气氛；三要给予职工工作方便，多指点，多沟通；从精神上、物质上多一点支持和爱护，少一点束缚和设障。

(二)营造技能训练环境

开展技能训练,要有必要的场地设施、教材和教师,其投入比理论训练大得多,这也是职工教育正常开展的一个必备条件。保证技能训练环境,必须要健全岗位技能培训考核制度。在安排岗位培训时,明确提出技能培训的要求、所占培训课时的比例及训练课时的比例和目标。在验收岗位培训时,要重点验收技能训练的内容及达到的水平,使技能训练在岗位培训中占据应有的位置;要努力完善技能训练的基础设施,为技能训练提供必要的条件,形成技能训练的网络;要选编有特色的训练指导教材,技能训练重在一个"练"字,而练要讲科学性、技术性和实用性;要建立一支指导教师队伍,教师的本领高、技术硬,培训出来的学员才能拿得出、打得响。因此要注意从有丰富实践经验且有一定文化基础知识的老工人及生产骨干中选聘技能教师,选聘出来的指导教师可先培训深造,使其由"自然型"转向"规范型",使实践经验上升到理论,再指导实践。

(三)营造第二课堂环境

知识是人类的宝贵财富,能力是人才的实践水平。就知识和能力的关系而言,知识是基础,能力是关键。如果把学习的教育作为第一课堂,那么,职工教育就是第二课堂。前者注重知识传授,后者侧重能力培养。二者之间体现出理论与实践相结合的互补关系。第二课堂的内容必须具有实用性和多样性的特点。如英语、计算机、公关、法律、财务、艺术等等。第二课堂内容的丰富性决定了形式的多样性,并且讲究实效的灵活多样的方法。如英语,既有传授知识为主的面授,又有练习口语为主的会话,还有练习听力为主的听力课;计算机,边学理论边操作,还举办操作比赛活动;如法律,强调学以致用结合,注重模拟法庭,让职工在实践中掌握法律知识。通过第二课堂,充分调动职工学习的积极性和主动性,既贴近现实,又切合需要。

(四)营造激励向上的环境

随着竞争上岗、公推干部的人事制度改革不断深入,在激烈的竞争中,加速了人们更新知识的渴望,职工参加职业培训,一个重要目的是借此提高自己适应社会的能力。近年来,有关方面进行过许多推动职工教育的有益尝试,并形成制度付诸实施。比如,把职工教育列入水利的年度规划和目标考核要求之中;诸多水利企业在企业合同中,作为评定企业承包者资格,有职工教育方面的标准,成为承包要求的必要条件之一;比如持证上岗制度等等,都取得了良好的成效。总之,为了使教育人与用人很好地结合,人事教育部门应制定完善的激励政策,对参学人员有一个切实可行的考核标准。采取激励方式,才能充分调动广大职工参加培训的积极性。

四、探索心理需求对策

(一)“以问题需求为中心”,培训实用性人才

职工教育在如何探索职工心理需求的对策方面,主要从实用性、复合性、科技性、后备性人才培训、培养入手。“以问题为中心”,就是重点解决职工工作中所遇到的问题。学了之后能直接、有效地解决工作和生产中的实际问题,强调实效性和速效性。把握在教学中最佳兴奋点的要素,使实效性教育达到最佳效果。提倡在教学中注意最佳兴奋点,能够强化职工在较短的学习、培训中对知识掌握得好、理解得透,能将所学得知识较快的运用到工作中。

(二)以知识需求为基础,培训复合型人才

随着社会主义市场经济体制的建立和不断完善, 水利投入从计划经济体制下的 “吃皇粮”逐步向国家、地方、个人转变;从国家办水利逐步向社会办水利、市场办水利转变;信息化、网络化逐渐与水利工程建设、水资源管理相融合;以水文化研究为标志的生态学、美学、人文科学与水工程相渗透。而学工程是水利行业的主体,面向市场和新知识的挑战,必须适时的调整职工的知识结构。通过职工教育的平台,拓宽教育渠道,增加智力投资,培养一批既懂水利业务知识,又能掌握社会主义市场规律,同时对网络知识、人文科学知识有一定掌握和了解的复合型人才,为水利现代化提供保障。

(三)以创新需求为核心,培训高科技人才

随着经济结构转型期的到来,要求水利必须由粗放型向集约型转变,用现代水利科技、现代水利设备、现代管理、现代法规、现代水利人才来操纵现代化水利。从工农业生产时代水利工程的肩挑杠抬到当今机械化、自动化的大发展;防汛抗旱淘汰了水情、雨情、工情手工汇总和人工传递,建成了准确、灵便、高效的自动化防汛防旱指挥系统;工程管理也不断朝着科学化、法制化和自动化的方向迈进。但与发达国家的科技相比,我们的水利科技尚有差距,科技对水利的贡献份额比较低。邓小平同志说:“同样数量的劳动力,在同样的劳动时间内,可以生产出比过去高几十倍、几百倍的产品,社会生产力有这样巨大的提高,靠的是什么?最主要的是靠科学的力量,技术的力量。”在科学技术日新月异的今天,科技的竞争就是人才的竞争。因此,要实现水利现代化,就必须加快高科技人才资源的开发。这不仅是现代水利的需求,也是广大水利职工的心理需求。

(四)以发展需求为长计,培训后备人才

由传统的“工程水利”向“资源水利”的转变,由传统水利向现代水利、向可持续发展水利转变,是一种思维的转变。分析研究 21 世纪中国水利问题,可持续发展的中心是人。因此,职工教育把重点放在水利队伍的自身发展, 培养和造就高素质的水利后备人才作为水利可持续发展的基本内容,使人的智力开发适应持续发展的要求。我国政府发表的《中国 21 世纪

议程》白皮书指出:“可持续发展以人为本位”。可见,培养水利人才队伍是实现水利可持续发展的根本举措。职工教育在培训后备人才时,要充分考虑到水资源与水环境的承受能力,依靠科学技术节约现有水资源,开发潜在水资源,减少水污染,大力推广节水技术,促进水环境的优化。在搞好水资源宏观调控的前提下,同时考虑对后备人才的教育心理需求疏导和心理承受能力的准备,为现代水利之计长久做好知识储备及心理承受力。

(五)以特殊需求为己任,培训奉献型人才

通过职工教育让职工有一个艰苦性、奉献性的心理准备十分重要。与国民经济的其他行业相比,水利的特殊性十分明显。其主要体现在:一是基础资源性教育。江泽民同志指出:“水利建设,关系到国家和人民生命财产安全,关系到农业的稳定发展,关系到社会安定。历朝历代,治水害,兴水利,都是一件治国安民的大事”。二是学术的严谨性教育。水利是一项专业性很强的工作,从水利工程的规划设计到施工管理,从防洪抗旱的抢险救灾到水源调度,从水资源的合理配置到防止水污染和治理水土流失,都必须用严谨的态度去对待,来不得半点马虎。三是工作的艰苦性教育。水利工作大都是野外作业,大量的科研活动必须深入水利第一线,大量的工程建设需要长期战斗在施工第一线,条件落后、生活艰苦。四是效益的隐蔽性教育。水利产业重大效益体现在防洪和排涝等减灾效益。如果以零为基数,其他产业的效益体现在零增长以上,看得见、摸得着,非常直观。而水利产业的效益只是控制负增长,重点体现在减灾效益,其效益的隐蔽性较强,不易被社会接受。通过职工教育促使职工明白“献身、负责、求实”的精神内涵,铸就长期的心理需求准备。

(作者单位:江苏省水利厅秦淮河水利工程管理处)

试论南水北调京石段工程运行管理人才培训

王　英

南水北调工程是党中央、国务院在统筹考虑新世纪我国经济社会发展要求，统筹考虑人与自然全面协调、可持续发展要求基础上做出的战略决策，是落实科学发展观的重大举措。南水北调工程建成后，长江、淮河、黄河和海河四大水系将联成一体，构成“四横三纵”的水网总体布局，对缓解我国北方地区水资源短缺局面，推动经济结构战略性调整，改善生态环境，构建和谐社会，实现全面建设小康社会的目标，具有十分重要的作用。

南水北调中线京石段工程线路长度307.5公里，其中明渠渠道长201公里，建筑物长度106公里(含PCCP管道56公里，低压暗涵17.9公里，其他建筑物32公里)。工程按立交输水布置，在河北境内以明渠输水为主，在北京境内以暗涵输水为主。工程由滹沱河倒虹吸工程、永定河倒虹吸工程、漕河段工程、釜山隧洞工程、唐河倒虹吸工程、古运河枢纽工程、北京市西四环暗涵工程、惠南庄泵站工程、北拒马河暗渠工程等18个设计单元组成。沿线主要建筑物478座，包括隧洞、管道、泵站等工程以及河渠、渠渠、铁路、公路等交叉建筑物。

南水北调工程是一项规模宏大，投资巨额，涉及范围广，影响十分深远的战略性基础设施；同时，又是一个在社会主义市场经济条件下，采取“政府宏观调控，准市场机制运作，现代企业管理，用水户参与”方式运作，兼有公益性和经营性的超大型项目集群。中线建管局河北直管建管部从通水运行之初就确定了科学调度、安全供水的目标，积极探索创新型人才培训途径，造就一支提高企业创新竞争力和核心竞争力的高素质人才队伍。其建设管理的复杂性、挑战性都是以往工程建设中不曾遇到的，南水北调中线工程需要一支一流的建设和管理队伍，需要大量的专业技术人才和管理骨干。只有加快人才培养，提高人才素质，各尽其能，人尽其用，才能圆满完成党中央、国务院和南水北调建设委员会办公室赋予的光荣使命。

一、制定长远的人才培训计划

要实现南水北调中线京石段工程安全常年输水的目标，必须破除“一日成才、终身受用”的观念，在技术人才的教育培训中确立持续培训、终身培训的观念。企业人力资源主管部门要在分析预测企业内外环境变化的基础上，预测人才队伍在知识结构和专业结构等方面的需求走向，依据各类人才在不同时期的成长特点，制定相应的教育培训计划，并采取单位与个人相结合的方法形成终身培训计划。企业要大力宣传持续教育、终身教育的重要性，利用继续教育培训的高回报性和双赢性特点，逐步营造学习型企业的良好环境和氛围。

二、人才分层次实行培训

京石段运行管理人才是在工程运行实践中锻炼成长的，他们的成才过程有一定的规律性。我们要在分析研究人才队伍现状、弄清各层次人员培训需求的基础上，实行分层次培训。对新招聘的院校毕业生的培训要以如何实现角色转换、继承发扬优良传统、爱岗敬业等为主要内容；对具有中、初级职称的技术人员应以适应现代科技进步和工程运行需要的技能培训为主；对技术骨干和高级技术人员应以专业知识补充、更新、拓展、提高和创新能力的培养为主；对各级学术技术带头人则以及时了解掌握本专业国内外前沿水平、最新动态和发展趋势的培训为主，并使他们对相关专业和边缘学科的进展情况有所了解。

三、以满足工程运行需要开展人员培训

京石段工程运行管理在不同发展时期，对人才素质的要求是有区别的。我们在制定继续教育培训计划时要结合工程运行管理的实际需要，本着“缺什么补什么”的原则适时安排人员培训相关知识，确保按需培训以提高针对性。在运行前期，选派关键岗位的技术骨干进行岗前复合专业知识的培训，进行管理制度、调度管理、操作方法规程等知识的培训，以拓宽其专业知识覆盖面、促进思维创新和技术进步。在冰期输水时期，组织有关技术人员熟悉输水运行管理措施，有重点地培训融冰、拦冰方面的相关知识，聘请国外专家开展冰期输水知识讲座。为做好运行管理应急工作，组织重要岗位的技术骨干专题研讨，以提高技术能力和创新能力，平稳调度流量，成功解决切换水源致使水质混浊的难题。

四、技术骨干优先培训

学有所用，成就事业，是现代社会科技人才的最高追求。京石段运行管理人才既有水利人的光荣传统，又有现代科技人才的共同特点，都想在实践中施展才华、实现自身价值。如果不能满足他们的愿望，就会影响其工作积极性的发挥，甚至导致优秀人才流失。我们在尽力为他们搭建显示才干、建功立业舞台的同时，要重视他们对自身职业生涯发展的需求和欲望。把继续教育作为一种激励手段，可以在一定程度上满足技术人才追求自身发展的需要。每年优先选派技术骨干参加在职教育培训，一方面能使技术人才的知识技能得到补充更新和拓展提高，满足其追求个性化发展的需要；另一方面又能使技术人才感受到企业对他们的重视和培养，激发他们为企业多做贡献的工作热情，进而增强企业的凝聚力和竞争力。

五、多样性教育培训

京石段运行通水，在中线全线通水前先期形成了华北地区水资源配置的新通道。由于工程规模大、线路长，加重了运行管理难度，特别是冰期输水极具挑战性。我们只有转变观念、创新思维、不断探索实现继续教育目标的新途径和新方法，才能实现工程建设与运行管理兼顾，工程运行与人才开发并举，才能攻克调度运行、安全保卫、冰期输水等技术难题。在组织继续教育的方式上以“五个结合”为主，即脱产与半脱产结合，函授学习与自学结合，专业课程进修与提高学历学位结合，考察培训与学术交流结合，参与课题研究与实践锻炼结合。实现教育培训目标的主要途径有：外送培养、送教上门、委托办班、联合办学、网上培训等形式。

（作者单位：南水北调中线干线建设管理局）

加强人才队伍建设　提升企业竞争实力

吕希银　贾淑青　王颖倩

河北省水利水电勘测设计研究成立于1956年，是一个以水利水电规划、勘测、设计、科学试验为主、兼有建筑、市政、招标代理、工程监理等多种专业，集生产与科研于一体，技术密集、专业齐全的国家甲级勘测设计院。几年来，通过规范用工形式、建立按劳分配的薪酬制度、内部培养和外部引进相结合的方式，加强单位人力资源建设，为企业健康持续发展提供人才支持。

一、规范用工方式(略)

二、加强人才队伍建设

(一)人力资源与人才资源

1. 人力资源

指在一个国家或地区中，处于劳动年龄、未到劳动年龄和超过劳动年龄但具有劳动能力的人口之和。或者表述为：一个国家或地区的总人口中减去丧失劳动能力的人口之后的人口。

人力资源是指一定时期内组织中的人所拥有的能够被企业所用，且对价值创造起贡献作用的教育、能力、技能、经验、体力等的总称。

从宏观意义上来看，人力资源是以国家或地区为单位进行划分和计量的；从微观意义上来看，人力资源则是以部门或企事业单位进行划分和计量的。

2. 人才资源

所谓人才资源指的是人力资源中素质层次较高的那一部分人。如以创造性高过社会平均水平表示，它是一个边界模糊的概念。人才资源是指杰出的、优秀的人力资源，着重强调人力资源的质量。

企业的人才资源指的是企业中所有那些体现在企业员工身上的才能，包括企业员工的专业技能、创造力、解决问题的能力、管理者的管理能力，在某些情况下，甚至还包括企业员工的心理能力，因为企业员工的心理素质在很大程度上将影响其才能的发挥。

人才资源是那些管理水平高、技术能力强、有智慧、有能力、思想解放、勇于创新、可使效益最大化的人才。它与普通意义上的人力资源相比,人才资源含量最高、价值形成中的作用更大。人才资源属于人力资源,但又不等同于人力资源,它是人力资源中最高的部分。人才资源是独特的资本性资源,具有自我增值的巨大潜力,相对于其他的物质资源而言,人才资源对社会的贡献及其收益具有依次递增的趋势,而其他的物质资源一般则有渐次递减的趋势,即人才资源是具有高增值性资源。特别是在新技术革命日新月异的今天,人才资源尤其是高层次的人才资源对社会的贡献和其自身的收益率明显高于其他的物质资源。同时,人才资源是可以再生的资源,即人才资源作为经济社会发展中最重要的生产要素,通过不断地增加教育和培训投入,在再生产的过程中多次使用,可以不断地创造价值。人才资源是经济和社会发展的动力源泉,是一种特殊的、具有创造力的资源。为此,人才资源的开发是其他一切资源开发的决定因素,人类生存发展所凭借的资源主要包括人力、物力、财力和信息四类,在这四类资源中,人类自身的能力是最为重要的;其次,人才资源开发是经济社会可持续发展的最终基础,人才资源具有其他资源生产要素所不具有的无限开发性,所以人才资源开发程度是衡量社会进步的重要标志,人才资源开发不仅可以直接促进社会生产力的进步,而且有助于从根本上提高其他生产要素的利用与配置效率,带动整个社会的文明进步。

(二)我院现有资质情况

我院现有各类资质40余项,包括:水利工程设计行业甲级、工程勘察综合甲级、工程测绘甲级、工程咨询甲级、招标代理甲级、水利工程监理甲级等。企业资质是企业在从事某种行业经营中,应具有的资格以及与此资格相适应的质量等级标准。包括人员素质、技术及管理水平、工程设备、资金及效益情况、承包经营能力和建设业绩等要求。

对人员要求涉及:毕业时间、工作年限、所学专业、从事专业、职称专业、工作业绩、社会保险、执业资格等。

这里专业技术人员指能够主持项目人员,一般应具有高级技术职称或十年以上本专业工作经验或取得相应执业资格。

(三)执业资格与职业资格

1. 职业资格

职业资格是对从事某一职业所必备的学识、技术和能力的基本要求,反映了劳动者为适应职业劳动需要而运用特定的知识、技术和技能的能力。与学历文凭不同,学历文凭主要反映学生学习的经历,是文化理论知识水平的证明。职业资格与职业劳动的具体要求密切结合,更直接、更准确地反映了特定职业的实际工作标准和操作规范,以及劳动者从事该职业所达到的实际工作能力水平。

开展职业技能鉴定,推行职业资格证书制度,是落实党中央、国务院提出的“科教 兴国”战略的重要举措,也是我国人力资源开发的一项战略措施。它对于提高劳动者素质,促进人力资源市场的建设以及深化国有企业改革,培养技能型人才,促进经济发展都具有重要意义。

根据《劳动法》和《职业教育法》的有关规定,对从事技术复杂、通用性广,涉及国家财产、人民生命安全和消费者利益的职业(工种)的劳动者,只要从事国家规定的技术工种(职业)工作,必须取得相应的职业资格证书,方可就业上岗。

2. 执业资格

执业资格:是指开展某项业务所获得的国家法律许可授权条件。如医师执业,必须经国家统一考试,获得执业医师资格后,经注册,在某一地点、类别、范围内从事诊治工作.以确保患者生命健康安全。

执业资格证书:是国家对特殊行业或开展业务规定资格准入的凭证,即没有此类资格证书不能从事某一行业或开展某项业务, 这种资格归行业主管部门管理比如医师执业资格归卫计委、药师执业资格归药监局、会计师执业资格归财政部等。

执业资格是政府对某些责任较大、社会通用性强、关系公共利益的专业技术工作实行的准入控制,是专业技术人员依法独立开业或独立从事某种专业技术工作学识、技术和能力的必备标准。它通过考试方法取得。考试由国家定期举行,实行全国统一大纲、统一命题、统一组织、统一时间。

(四)我院人力资源现状及发展需求

1. 人力资源发展情况对比(略)

2. 人力资源需求

执业资格需求包括:招标师、建造师(水利水电)、一级注册建筑师、岩土工程师、测绘师、造价师、水利水电(移民)、水利水电(水保)、总监理工程师等。

紧缺专业包括:水土保持专业、景观设计专业、水利水电专业、桥梁与隧道专业、道路与桥梁专业、环境地质专业等。

(五)建立多劳多得的企业分配机制

现行法律授予企业在法律范围内自主建立分配机制。

《劳动法》第四十六条 工资分配应当遵循按劳分配原则,实行同工同酬。

第四十七条 用人单位根据本单位的生产经营特点和经济效益,依法自主确定本单位的工资分配方式和工资水平。

坚持“效率优先、兼顾公平”原则。既要发挥工资的激励功能,又要抑制工资增长的盲目攀比心理和过高的增资行为,逐步缩小社会成员收入差距,引导劳动力的合理流动。

按劳分配是分配个人消费品的社会主义原则。即在生产资料社会主义公有制条件下,对社会总产品作了各项必要的社会扣除以后, 按照各人提供给社会的劳动的数量和质量分配个人消费品。在社会主义社会,由于社会生产力发展还没有能够达到产品极大丰富的程度,工农之间、城乡之间、脑力劳动和体力劳动之间还存在着差别,劳动还未成为人们生活第一需要等原因,只能实行按劳分配的原则,多劳多得,少劳少得,不劳动者不得食。

社会主义经济中产品的分配方式是以按劳分配为基础的,按劳分配是社会主义公有制中个人消费品分配的基本原则。按劳分配是公有制在分配领域的实现;旧的社会分工是按劳分配的直接原因。

按劳分配原则是指把劳动量作为个人消费品分配的主要标准和形式,按照劳动者的劳动数量和质量分配个人消费品,多劳多得,少劳少得。 从我国实际情况出发贯彻按劳分配原则,是邓小平建设有中国特色社会主义理论的一个重要构成部分。

按劳分配是社会主义公有制的产物,又是社会主义公有制的实现,是对剥削制度的根本否定,是历史的一大进步。这个原则对于调动劳动者的社会主义积极性,建设社会主义,有重大作用。由于劳动能力不同,家庭人口不同,劳动者的收入水平和生活水平实际上是不平等的,这是一个“弊病”,但在社会主义阶段是不可避免的。实行按劳分配的原则,必须加强思想政治工作,反对平均主义,选择合适的按劳分配的形式。

(六)引进与培养相结合解决人才短板

中共中央国务院关于进一步加强人才工作的决定(2003 年 12 月 26 日)使用了这种提法。指出:坚持三支人才队伍建设一起抓。党政人才、企业经营管理人才和专业技术人才是我国人才队伍的主体,必须坚持分类指导,整体推进。着重培养造就大批适应改革开放和社会主义现代化建设的高层次和高技能人才,带动整个人才队伍建设。

国家中长期人才发展规划纲要(2010-2020 年)使用的提法更全面:在“统筹推进各类人才队伍建设”中提出了:党政人才队伍、企业经营管理人才队伍、专业技术人才队伍、高技能人才队伍、农村实用人才队伍、社会工作人才队伍六支人才队伍建设的发展目标和主要举措。

人力资源是最宝贵的资源,拥有人力资源可以提高单位的核心竞争能力。加强制度建设,用政策的价值导向保证实施效果的可靠度。做好人力资源管理的各项工作。

招聘人才,招聘不同层次毕业生,满足生产管理日常需要。传统专业、优势专业应具备普通全日制高等学校(一本)以上学历,监理、试验、测绘、勘察等专业可适当降低学历要求。

培养人才,加大培养力度,重点在硕士博士培养、执业资格考试、人员知识更新等方面加大经费投入力度。

引进高级人才,满足企业发展需要。对单位急需的人才可以引进,条件:重点本科以上学历、中级以上职称、具有单位急需的执业资格。

留住各类人才,实现单位持续发展。用事业、感情、收入留人。重点扩大经营范围、提高经济效益、关心职工生活。

建立双周讲座制度。为了尽快提高职工的技术水平和管理能力，我院规定没两周举办一次学术讲座。由科技和人事部门共同组织，请院领导、副总工、生产和管理主要负责人就当前新技术、新知识和法律法规、政策等进行专题讲座，取得了较好的效果。

充分利用我院博士后科研工作站的优势，培养学术带头人和顶级人才。

(七)编制人力资源发展规划

在加强内外培养相结合同时，还不需做好人力资源发展规划，为此，我院专门制定了五年规划，在十二五期间认真执行，主要包括：

1. 修改完善各项规章制度。进一步建立和规范包括人员聘用、劳动用工、工资福利、职称评审、干部选拔在内的一系列规章制度和办法，用规范的体制吸引人才。

2. 办好博士后科研工作站，进一步提升企业创新能力。每年招聘引进 1-2 名博士后，

3. 建立激励机制，用合理的绩效留住人才。在干部选拔、职称评审、奖金分配等方面，向一线专业技术人员和学术带头人倾斜，为他们提供良好的工作、生活环境，使其安心工作，创造更好的业绩和效益。

4. 均衡配置资源。每年招聘全日制(一批)本科以上学历、专业对口的大学毕业生 15~20 名，优先考虑 211 和 985 学校毕业生，进一步改善我院专业技术人员的学历、专业等结构，不断档不扎堆，实现人力资源的合理储备和使用。加大对紧缺专业(如:水土保持、建筑学、移民、电气、咨询)的招聘力度和数量，满足生产经营的需要。

5. 鼓励专业技术人员参加各项执(职)业资格考试，继续实行注册津贴制度，与国家重个人职业资格逐步减少企业资质政策变化相适应，为保证我院的可持续发展，对紧缺专业资格加大培养力度，力争每年新增师级以上执(职)业资格 15 人次以上。

6. 培养知名专家，提上我院的知名度和综合竞争实力。5 年内争取产生省级以上勘察设计大师、中青年专家等省部级以上专家 2~3 人，提升我院在水利咨询、勘察、设计等领域的知名度和话语权。

7. 积极参加相关协会、学会的工作，采取走出去请进来的办法，加强新技术、新知识的交流和共享，培养在行业内享有一定声誉的学术带头人 3~5 名。

8. 积极培养中青年人才，实现我院人才队伍职称结构、年龄结构的合理配置。每年力争晋升高级职称 40~50 人，中级职称 70~80 人。

9. 加强高技能人才队伍建设。五年内培养省部级优秀技师、金牌技师、首席技师不少于 3 人。做好水利部首席技师工作室的建设工作，每年用于工作室的投入不少于 5 万元，为高技能人才成长提供经济和智力支持。五年培养技师、高级技师 15 人，其中高级技师不少于 3 人。

10.做好继续教育工作,加大人才培养力度,努力提高职工的综合素质。按照《专业技术人员继续教育规定》的要求,为职工完成每年不少于90学时的继续教育提供保障,确保公需课程的学习,结合知识更新完成相应专业课程的学习,鼓励大家参加专业对口的后学历学习。确保每年继续教育合格率80%以上,每年新增后学历提升人员10人次以上。

目标:力争用5年左右的时间,实现"管理制度健全、配置专业齐全、人员结构合理、学历层次适当"的目标,建立起一支"人员有进有出、干部能上能下、待遇能升能降"符合勘测设计单位特点的人力资源队伍,为单位持续发展、和谐发展提供干部队伍保障和人才队伍支持。

到"十二五"末,硕士以上人员比例提高一倍;各类执业资格人员基本满足资质要求。

企业要具有并保持强大的竞争力,就必须时刻占领人才这个制高点。为此,必须要从加强人才队伍建设上下功夫,坚持用科学发展、与时俱进的眼光去认真对待人才队伍建设,站在时代的高度对人才队伍建设做出长远规划,企业才会有蓬勃发展的生机与活力,才能够在市场经济的浪潮中乘风破浪。

(作者单位:河北省水利水电勘测设计研究院)

汉江集团人才培养策略研究

杨　辉

集聚和培养高素质人才，是提高企业核心竞争力的关键因素。水利部高度重视水利行业的高技能人才的培养，相继在行业内开展了职业技能竞赛、技能人才评选表彰等一系列活动，出台了《关于加强水利行业高技能人才队伍建设的意见》，为水利行业高技能人才的培养指明了方向，水利行业相关单位也纷纷启动高技能人才培训工程。

汉江集团作为全国水利系统最大的工业企业，经过几十年的发展与积累，通过对各类别专业技术人才的培养，在水利水电工程建设运行及铝行业、电石、碳化硅生产上具备一定的人力资源优势。并通过几次大刀阔斧的人事改革，人才环境有了一定改善。尽管多年来该集团通过加大人才培养力度，使职工队伍的知识结构进一步优化，整体素质不断增强，但是，随着企业进一步加快发展步伐和调整产业技术升级，现有人才结构与企业发展的要求仍有很大差距。

一、汉江集团人才队伍建设存在的主要问题

企业的快速发展，呼唤更多优秀人才脱颖而出。而目前，汉江集团人才队伍建设跟不上行业发展势头，特别是企业高级经营管理人才、高技能人才的严重不足，已经成为集团事业发展和产业升级的瓶颈。

（一）优秀人才引进难

所谓人才引进“难”是个相对概念，因为引进普通院校的专、本科生其实并不难，难的是引进全国重点名校的本科生及以上学历人才，以及企业急需的、当前市场较为紧俏的某些特殊专门人才。从近十年来，引进硕士生 10 人，仅占引进人才总数的 5%，与集团实际需求相比存在较大差距；从国家重点高等院校引进人才 150 余人，占引进人才总数的 48.5%。一些特殊岗位的青年技术职工存在“青黄不接”的现象。

（二）人才结构不合理

一方面，某些部门、岗位存在大量富余人员；另一方面，高学历、高级经管、高技能人才相对较为短缺，高层次人才占有比例偏低。虽然目前该集团公司产业结构总体上尚属粗放型，引进大量的高精尖人才可能无用武之地，导致企业“人才高消费”，但从集团长远发展看，特别是铝业的深加工、水电产业的壮大等，急需保持一定的高层次人才储备。具体而言，高学历

人才相对较少。如博士生没有，硕士研究生 74 人，仅占大学本科及以上学历人员总数的 0.9%，能达到专家级的人员更少(只有 17 人)，仅占中级以上专业技术人才总数的 4.37%；高级经管人才较为匮乏，熟悉经济管理、财务管理、资本运营的高级经营管理人才，特别是高级财务管理、资本运营人才极缺；高技能人才极为缺乏。另外，随着老一辈高技能人才逐渐退休，不少原本就奇缺的操作实用型人才将后继乏人，甚至有的工种已经出现“断档”。

（三）人才外流趋势增强

汉江集团人才外流的两大主要群体中，五成是新引进的、工作时间不长的大学毕业生，虽然他们多数缺乏实际经验，还没有成为企业的骨干力量，对集团公司影响有限，但是，长此以往将影响该企业下一代中坚力量的培养。从 2004 年以后人才外流趋势明显增强，外流人才中近半成是在企业已工作较长年限，具备较为成熟的工作经验和技能，已获得中、高级以上职称的专业技术人员，甚至还有一批硕士学历人才流失，高技术、高学历人才的流失现象着实令人担忧和痛心。人才的流失，意味着关键岗位上的核心技术、管理经验流失，意味着精心培植的市场丢失，也给企业带来了增加竞争对手的风险；人才的流失，造成岗位空缺，企业不得不再花几倍的代价去引进；人才的流失，挫伤了企业培养人才的积极性，也扰乱了其他在职人员的人心，不利于团结，分散了企业凝聚力，其负面效应不容小觑。

（四）职工培训力度不足

目前汉江集团一部分企业只重视专业技术人才的培养，忽视一线职工的培训，对员工技能培训的投入严重不足，职工技能素质无法适应技术进步的要求。究其原因，一是长期以来，一些企业传统粗放式经营和管理方式没有改变，质量意识不强，不重视提高企业职工素质；二是现代企业制度建立滞后，部分企业负责人忽视职工队伍的长远建设；三是进入市场经济以后，由于国有企业待遇偏低，很多优秀技能人才流向一些收入较高的民营企业发展，造成国有企业不愿投资培养职工。

（五）人才激励机制乏力

汉江集团现行分配方式受传统国有体制的制约影响，其主体分配方式仍然比较单一，特别是长期激励不足。例如，对资本要素参与分配比较重视，而对技术要素、劳动要素参与分配的重视程度不够，且较难按贡献大小兑现，特别是对经营者和核心业务骨干的长期激励不足，没有建立有效的“利益共享、风险共担”机制。

三、人才培养的共性基础、一般原则和途径

人才培养有共性规律和个性规律。共性是人才培养的普遍性规律，个性则是人才培养的特殊性、相对性。企业人才培养的共性主要体现于一般标准，如培养目标、培养模式、教学要求、基本素质标准等。企业人才培养的个性则主要体现为个体的创造性、适应性、专业对口

等。汉江集团应从人才培养“三大基础”“四项原则”这些共性规律入手,切实发挥“伯乐”和“摇篮”的作用。

(一)人才培养的共性基础

1. 从思想上尊重人才,注重培养

没有尊重人才的思想基础,就不会有人才培养的意识,也不会培养出真正可用的人才。

2. 从战略上重视人才,突出谋划

企业管理者必须把人才工作放在更加突出的战略位置,进一步明确人才工作责任机制。各单位主要负责同志作为第一责任人,要亲自抓、亲自问,以表率作用带动和影响人才工作。要把人才工作纳入本单位年度岗位目标责任考核, 以此作为衡量班子和干部政绩的重要依据。同时,对成绩突出的单位和个人予以表彰奖励,对不重视人才工作的单位和个人坚决进行组织处理。

3. 从感情上亲近人才,用心关爱

发挥人才的积极作用,关键是要关心爱护人才,最大限度地提高他们的生活、工资、福利以及医疗补助等待遇;切实关心他们的衣食住行、健康冷暖,帮助他们解决工作、生活中遇到的困难,真正做到“用感情栓心,用待遇留人”。

(二)人才培养的一般原则

1. 质量互变原则

人才培养就是要让员工在思想素质、文化知识及业务技能上实现质变,使一个思想境界不高、态度消极的人成为有着正确的世界观、人生观、遇事积极乐观的人;使一个文化知识匮乏的人成为文化知识深厚的人;使一个业务技能低下的人成为业务熟练、技能高超的人,如此则达到在思想素质、工作能力上质变的培养目标。

2. 先分析、后培养原则

实施人才培养计划应以人力资源分析为基础,为发现人才提供帮助,从而使那些未来可能的 “尖兵”能够得到重视,他们会得到企业较多的投入去增加自身的量变,一旦质变成功,则会为企业的发展贡献更有价值的思路和创造不菲的业绩。通过分析,弄清楚每一位员工处于什么质的阶段,每一个岗位需要什么质的员工,这样才能制定出有步骤、有时效、有量变程度要求的人才培养方案。目的是以最少的时间成本和最低的资金投入使员工素质达到质变,以符合或超越对应岗位的要求。可见,分析能使人才培养少走弯路、节约成本,使人员得到强化后最快速地投入使用。同时,要注意一些暂时称职但因不思进取或停止充电而落伍的人。所以,人力资源分析应随时以现状为主,而不能单纯以过去的岗位成果分析评价。

3. 优势互补原则

只有充分发挥每一位员工的专长,去做他们专长的工作,这个企业才能体现出自身的优势。优势互补原则实质上体现了人尽其才、才尽其用的思想。在人才培养中要充分考虑员工将来的使用问题,用其所具有的优势而不是全部,让员工的优势更加突出。

4. 动态实践原则

在培养人才的方法上,联想集团的总裁柳传志认为,第一,让他们逐渐参与决策,参与管理。一方面在价值观、思想方法甚至工作技巧等诸方面求得一致;另一方面要求他们不能被动式接受、做传递的"齿轮",而是要当主动思考,创造执行的"发动机";第二,先把责权利说清楚,然后放手给他们以机会和舞台,让他们在工作中锻炼成长起来。这样做有几个好处,首先可以群策群力,企业能避免大的决策失误和经营震荡;其次,他们有职有权,积极性能调动起来;最后,当他们能独当一面时,更高层的领导能腾出时间和精力思考一些关系公司发展更重大、更长远的问题。因此,对人才的培养过程应该是一个动态的、不断实践的过程,即培养——能力增长——做更大的事。

(三)人才培养的途径

1. "逼迫式"打法促成才

第一,工作要高标准。在一定限度内,标准越高,人才培养的程度就越深,成长就越快,质量就越好。第二,安排更高难度的岗位。培养人,就要赋予其充足的工作及阶段性的超负荷工作,以培养其高效的工作作风,提高其快速反应能力和敏捷的分析判断能力。要把大项目、重难点项目作为培训的主战场,以提高思想素质和管理能力为重点,有计划地培育和储备好后备队伍。

2. 优秀人才要及时用

这是加快人才培养的关键环节。优秀人才长期不用,或不被重用,即便素质再高,最终也会落后于他人。同样,优秀人才做出了出色的成绩,但长期不能提升到高一层次岗位工作,得不到更深层次的锻炼,他的能力水平很大程度上会停留在原有的水平上。所以,必须全面地了解人,公正地评价人,大胆果敢地选用人,及时地把优秀人才选用到关键的、一定层次的岗位上来,使他们更好地发挥作用。另一方面,就是要准确地把握人才的成熟程度,不能拔苗助长,否则会伤害人才,给企业带来损失。

3. 激励机制要创新

在传统的企业管理中,物质激励占主导地位。而在知识经济时代,企业管理者则更要重视精神激励,这种激励不仅仅停留在给予赞赏、表扬或荣誉的传统式精神激励。例如,联想集团采用的"集中讨论法"就是一种很好的精神激励:将有可塑性的人才集中到总裁办,然后集中讨论需要决策的项目,从而使后备人才及早参与公司大政方针的制定与谋划。它赋予人才更大的权力和责任,进而发挥自觉性、主动性和首创性,充分挖掘潜能,以实现人生价值最大化。

一个有效的激励系统，至少应该具有三个特点：一是差异性，就是只有达到这个水平的人方能享受这个待遇，人人有份，激励也就失去了意义；二是层递性，就是达到一个层次是一种激励，更高层次有更高级别的激励；三是稳定性，至少在一定年限内，标准不会改变，任何人只要达到这个标准就有激励。只有这样，激励才能在人才培养中真正起到“助推器”的作用。

四 对汉江集团人才培养的若干建议

（一）以科学的人才观指导企业人才开发与管理工作

汉江集团应大力宣传科学的人才观，使科学的人才标准成为企业各层次员工的共识。引导职工树立“人人都能成才”的思想，积极以科学的人才标准来衡量与调整各项激励机制，努力营造“人人争成才”的良好氛围。结合企业自身实际，重新界定人才分类标准。只要具有一定的知识或技能，能够进行创造性劳动，在企业改革和发展中做出积极贡献，都是集团公司需要的人才。在坚持德才兼备的原则下，把品德、知识、能力和业绩作为衡量人才的主要标准。

（二）立足长远发展，加强对人才资源的战略规划

在对现有人才的能力、结构、分布及配备比例进行全面分析和充分了解人才需求状况、企业自身优劣势的基础上，根据各类人才成长的特点和集团经济发展的需要，不断完善集团公司“十二五”人力资源规划。要立足当前集团公司新老职工交替高峰期技术断层的实际，以建设高素质人才队伍为主题，以调整和优化人才结构为主线，以培养经营管理人才、专业技术人才、中高级技能型人才为重点，积极探索企业内部竞争、社会公开招聘、人才市场选聘、中介机构推荐、聘用退休的老专家、老技工等多种市场化配置人力资源的方式，努力建设一支数量充足、结构合理、素质优良的人才队伍，为增强企业的核心竞争力提供坚实的人才保障。

集团公司应着力于逐步改善人才结构，重点储备和引进三类人才：一是适时适量引进硕士及以上高学历人才，使硕士人才在本科及以上学历人才总量的比例在现有基础上达到20%，同时结合企业实际，允许在特殊情况下打破学历限制，引进需要的专科人才，用于充实生产一线；在引进专业方面，应着力引进当前企业发展急需的电气自动化、继电保护、铝冶炼等专业人才。在引进中要充分考虑校企合作，大胆利用“外脑”，实现人才资源共享。二是坚持引进与培养相结合，造就一批高级经济管理、财务管理和资本运营人才以及专业技术带头人。三是培养一大批适应企业发展的技能型人才，特别是冶炼、运行值班员、水利施工员等工种高技能人才。

(三)积极推进企业体制改革,不断改善人才发展环境

体制决定机制,机制吸引人才。只有不断加大混合所有制、民营企业改革步伐,才能造就一批企业家人才,带动广大职工致富,实现企业经济效益与职工收入同步增长。

汉江集团应积极探索开展双置换工作,在推进产权制度改革的同时,逐步打破职工的国有身份。在此基础上进一步深化人才制度改革,以岗位和绩效为依据,进一步拉开分配差距,加大激励力度;健全人才的评价考核与信息管理机制,建立人才考绩档案,建立完善人才资源信息系统;打破专业技术职务终身制,推进职称制度改革。从而不断改善人才发展环境,真正形成广纳群贤、人尽其才、能上能下、充满活力的选人用人机制和尊重知识、尊重人才、有利于人干事业、支持人干成事业的良好氛围,促进优秀人才脱颖而出。

(四)建立合理的薪酬制度,以待遇留人

1. 进一步提高人才薪酬与待遇水平,增强其市场竞争力

要进一步深化工资改革,让各单位享有更充分的分配自主权,使职工的薪酬待遇逐渐与市场接轨,使薪资水平达到或高于同行业平均水平,增强对优秀人才的吸引力。已推行“经营者年薪制”“协议工资制”,取得了良好效果,可进一步完善和推广。

2. 坚持薪酬待遇与工作业绩挂钩,合理拉开分配差距

大幅提高关键技术岗位、重要操作岗位人员的工资,提高奖金和津贴的比例,真正做到多劳多得。加大对有突出贡献人才的奖励力度,可以实行特殊的分配机制,如奖励期股等,可调动工作积极性,激励他们做出更大的贡献。

3. 对内讲究公平性

在制定薪酬制度时,要考虑岗位、专业、技能、业绩等各方面因素,力争体现差距而又不失公平。同时,要注重政策的连续性。对于不同时期引进人才因工资待遇差距而形成抵触情绪的,要注意做好宣传解释与心理调适工作,及时化解矛盾。

4. 稳健推进、分步实施薪酬制度改革

受当地人均收入消费水平、人们对人才价值的认识等因素影响,薪酬制度改革必须循序渐进,稳步推进。可以按照重奖有功人员——向关键岗位(技术)倾斜——采取多种分配方式合理拉开差距的步骤进行。

(五)为人才提供宽松的事业发展空间,以事业留人

1. 大力开展职业生涯设计活动

可以使企业员工清楚地看到自身发展道路,而不至于目前所处感到迷茫,从而有助于降低人才的流失率。可以考虑在企业内部创建公开的内部劳动力市场,为员工提供相关信息,协助他们更准确地评价自己的特性和价值观,准确定位,发现职业生涯路径。

2. 开展内部创业活动，满足人才的"成就感"，激发其不断创新的热情

只有职业没有事业，只有金钱没有成就感，是现代员工无法长期忍受的。通过相关政策提供一些资源给优秀人才，帮助他们走出去创办企业，给其更大的施展空间和市场潜力，从而留住优秀员工。通过建立内部创业机制，把非核心业务外包给内部创业公司，可以充分发挥优秀员工的专长、兴趣、积极性、创造力，解决他们更高层次的欲望，并使企业不断探索切实可行的变革之路。可以在技术开发、质量攻关、市场开拓、微观经济单元的扭亏脱困等方面探索开展人才内部创业活动。

（六）加强人才内部流动，通过竞争优化配置人才

1. 人才外流有的是由于对原有工作失去兴趣，有的是想尝试新工作以培养新技能

针对这种情况，企业可以采取内部流动的方式来迎合这种需求，减少离职倾向。对于刚走上工作岗位的毕业生，他所从事的第一份工作并不一定是最适合的工作。因此，建立健全企业员工内部流动的评价体系与机制，也有利于员工得到全面锻炼并找到适合自己的工作岗位。可以考虑通过实行工作轮调，帮助职工消除对单调乏味工作的厌烦情绪，使工作内容扩大化，丰富化；也可以通过扩大公开招聘的范围和对象，使愿意尝试新工作或愿意从事更具挑战性、重要性工作的职工能有机会获得新职位，从而满足了其流动意愿。

2. 扩大内部竞争，使人才在全集团范围内自由流动

要体现人才内部流动的公平、公正与合理，只有靠公开的竞争机制。只有广泛地引进人才竞争机制，使人才在全集团范围内自由竞争与流动，才有利于疏通人才出口，为人才创造发展机会，帮助人才在集团内部找到适合自己的岗位，从而成就人才。此外，要建立与竞争相适应的人才晋升制度和人才储备制度，促进人才的有序竞争与合理流动。

（七）重视企业培训，为人才提供更多的学习机会

1. 加强对新引进人员的培训

着重加强对企业历史、企业文化、行业背景、职业素养等方面的培训，增强员工对企业的认同感和归属感。

2. 加强对普通员工的培训

着重加强对知识、技能的培训。公司可定期开设经营管理、财务会计、操作岗位技能、社会前沿科技知识的讲座，为职工提供自我提高的途径。在岗位上有意识地施加压力，如技术攻关等，使其因受到重视而得到心理上的满足。在职工中广泛开展技能大赛，技师评聘，技能等级评定，导师带徒等活动，大力培养技能型人才、复合型人才。

3. 加强对突出人才的培训

着重加强对信息、观念、眼界、实践较高层次的培训。做好中层及以上管理人员、后备人员与高级技能人才的培训，继续坚持选送优秀管理人员、专业技术人员到高等院校攻读硕

士、博士，学习先进管理和技术知识及经验。要注重学以致用，扶持开展业务，并在工作环境上给予支持。

（八）针对人才流失的薄弱环节，采取专项措施留人

1. 从源头治理，招聘合适的员工

应坚持品质与才能并重。除了认真鉴别应聘者的才学真伪，也应通过一系列的测评挑选那些能适应和融入本企业文化的应聘者。对于企业确实需要的人才，可以打破学历要求的常规引进。近年来在招聘中出现一种“中流现象”，即成绩优秀或高学历的学生往往对企业期望值太高，招到企业后作风不扎实，容易流失；相反，许多成绩中等、学历一般但具有一技之长的学生往往适应力与理解力更强，期望值较实际，进入企业后更稳定，能在岗位上做出不平凡的业绩来。因此，企业制定引进政策，可以允许在特定条件下适当降低门槛，引进需要的人才，降低流失风险。

2. 加强对新引进人员的培养、使用和管理

调查表明，对于刚刚离开学校到企业工作的大学生，若不加强管理和注重早期培养、压担子，在头几年最容易跳槽。因此，建立一套引进人员的试用期岗前培训、轮岗培养、评价考核、岗位安置等完善的管理办法，做到引进工作有章可循。使引进人才行有规范，干有目标，能发挥专长，工作任务饱满，从而感到受重视与获得心理满足，更加对工作倾注热情。在工作上予以关心、重视和支持，积极提供参与重要工程项目锻炼与展示才华的机会，努力营造有效沟通的氛围，不断改善其工作生活质量，从而使其产生高度的认同感，最大限度地发挥他们的积极性、主动性和创造性。

3. 奖防并举，防止高技能人才“流失”

通过内部员工持股、年终利润分成、风险保证金承包制、职业年金制、优先认股权、期权、住房待遇等方式，以及试行特殊贡献特殊津贴沉淀制，或高年薪延期兑付制度，把员工的利益与企业的利益捆绑在一起，利益共享，风险共担，达到留人目的。遵循市场经济法规，通过法制留人。凡是新引进人员，都必须签订劳动（岗位）协议书（或合同），明确约定服务期内的责任和权利，如果有违反合同或者跳槽行为，对其实行处罚，并赔偿企业的损失。也可为人才设立特种账户，把提供的培训费、录用费、就读费、重要业务关系开拓维持费等记录在案，作为企业对其培养的成本支出。如果该人才没到约定的年限就无端跳槽，就可以根据有关记录要求其赔偿。

（九）加强企业文化建设，培养员工忠诚度

1. 以企业长远的发展战略和良好前景留人

要用企业的发展目标、长远战略、企业精神、制度体系、科技创新、改革成果吸引人、凝聚人，使员工切身感受到他们的工作与实现企业的发展目标是息息相关，让每个人感到有希

望、有方向、有动力。

2. 加强沟通与信息知识共享

可建立企业领导与人才的对话机制，鼓励人才通过职代会、恳谈会、网上论坛等各种途径为企业改革发展多提意见和建议，增强主人翁责任感。进一步建立完善信息知识共享的电子化互动平台，使职工能够自主方便地了解到各种所需的信息和知识，一方面增加知识，另一方面加强了职工之间、职工与管理者之间的交流。还可以随时了解和关注职工中存在的各种问题，有利于对人才流失的防范。

3. 以感情留人

管理者必须用心去营造一种和谐的企业氛围，尊重知识、尊重技能、尊重人才，建立融洽的人际关系和干群关系，培养彼此信任、亲密无间的感情。开展温馨工程，帮助人才及时解决生活上的实际困难，以企业对员工人性的关心，换得员工对企业的“铁心”。建立和完善“人才联谊会”或其他业余社团组织，把青年人才有机地组织起来，增强企业对人才的凝聚力和团队精神。丰富职工业余文化活动，通过春风化雨、润物无声的方式，把人才紧紧地团结在企业周围，安心工作，体面生活。

（限与篇幅，本文在刊用时做了删减。）

（作者单位：长江工程职业技术学院）

水利行业技术职工培训激励机制研究

吴　琦

一、水利职工培训现状及原因分析

目前水利技术职工培训的情况不够理想，职工培训的积极性不高，这与水利现有的培训制度有着不可分割的关系，目前的培训制度存在着以下几方面的问题。

（一）培训未与技术职工收入挂钩

传统的岗位技能工资制重年龄资历，轻岗位能力，收入不能与技术职工的工作绩效挂钩。收入的“大锅饭”也降低了技术职工培训的积极性。不同技能层级的员工收入差距太小，技术职工对提高职业技能缺乏内在动力，技术职工工资缺乏地域差异，经济发达地区水利技术职工的收入水平甚至低于地区平均水平，使这些地区的技术职工流失严重。

（二）培训未能与晋升及员工的职业发展相挂钩

晋升是核心的激励，但水利企业员工晋升过程中很少或几乎不考虑员工的培训经历，导致员工培训动力不足。具体体现在以下四个方面：

一是没有退出机制，没有科学的绩效评价体系，造成只能上不能下的现象，使企业缺乏活力。二是向上晋升的通道有阻碍，由于没有竞争机制，上面的人不淘汰，下面的人没有晋升的可能，产生极大的挫折感，失去了最大的激励动力。三是用人非所长，在某一岗位非常出色的员工，晋升后变得不能干了，原因是不适合担任更高的管理岗位，因而不能发挥其长处，也挫败大多数员工的积极性。四是晋升只注重论资排辈，不注重绩效，对员工的考核只是停留在上级对下级的考核，这样使考核不能充分反映技术职工工作的绩效。

职工只注重与上层关系密切，不注重被大多数员工认可，对激励员工为企业创造价值起到抑制作用。同时，在现有水利企业中，基本上只有职务的迁升一条晋升通道，相应的技术人才和业务人才的地位及待遇远低于管理人员，传统的身份管理制度造成技术职工职业发展道路狭窄，技术职工对自身前途信心不足。如果没有达到管理者高位，就无法体现个人价值。由于管理人员呈金字塔型分布，高层管理者的岗位有限，使大多数人失去获得激励的机会。有能力的人萌生失意，人员流失，企业不稳定。“拥有再高的技术水平也是职工”，员工形成了技术无用的观念，严重阻碍了职工技能水平的提高。

(三)缺乏完善的职工培训体系

培训未能按需进行,员工学与不学一个样,不能及时解决员工工作中遇到的一些问题。培训对象缺乏科学性,也就是说,把该培训的人进行培训,把不该培训的人也纳入了受训范围,不加区别的进行全员“一揽子”培训,如此一来,尽管培训进行得轰轰烈烈,但却是“眉毛胡子一把抓”,缺乏针对性,更加缺乏培训需求与企业实际需求之间的成功对接,最终导致培训效果大打折扣。

培训需求不到位,盲目培训。由于培训没有建立在科学的需求分析基础上,对员工的培训需求缺乏科学、细致的分析,以致出现两种后果:培训工作带有很大的盲目性和随意性。表现在各级领导只凭自己的主观判断就对培训需求加以界定,盲目地制定培训计划,而且低水平反复开展。

没有制定科学、合理的培训制度。良好的培训制度应该作为管理制度的一部分,但目前大多数人事部门对职工培训还停留在感性认识阶段,而没有按照企业的培训制度,根据单位、职工的实际情况进行培训需求评估、培训需求策划、培训效果评价等。

培训走入“缺啥补啥”的误区。“缺啥补啥”主要针对水利技术职工某种知识或某项技能的不足进行及时的培训,但在技术飞速发展的今天,缺少某方面的技术再进行培训就是一种培训的滞后,更无法满足塑造新时代复合型人才的需要。当今社会要求水利行业不仅拥有掌握先进技术的专业人才,而且要拥有一批懂技术、懂管理的一专多能的复合型人才,如此才能领导本单位不断改革创新,不断创造辉煌。

(四)培训方式和内容单一

现有的培训多以教师灌输知识为主,因为是成人教育,这种满堂灌的方式,使课堂的气氛沉闷,员工听课效率不高。培训方式方法落后,未能实现由课堂理论教学向以实践为主的现场教学和案例教学转变。培训课程理论知识多,内容过于宽泛,结合岗位实际的少,事故处理案例几乎没有,培训实用性不强。

在培训教学中,把培训看作是提供正确答案的过程。教师是知识的源泉,学员吸收教师的知识。在某些时候,选择这种模式是可以的,但是现实的情况是单靠这种培训模式满足不了单位的培训要求。

传统的培训没有发挥培训学员的积极能动性,忽视了让学员自己去动脑筋思考问题、分析问题、解决问题。因此,这种模式不能够学到真正意义上的东西,当同样类似的问题再次出现时,学员们不一定能够解决,也许他们又会来向培训教师请教。

(五)培训的沟通机制不畅通

目前的培训的一般做法是:上级部门在年初以红头文件的形式下达培训计划,具体到培训班的人数、时间、参加对象、学时等,培训的要求写得非常详细,有的人事部门还把培训任务完成的情况作为考核干部工作绩效的依据。

这样的培训制度会产生两种不良的后果,一是由于沟通的不畅通,员工参与的积极性不高,只是作为培训的被动接受者。被培训的技术职工对自己的培训需要最了解,只有从被培训者手中才能获得培训的第一手资料。二是基层单位对培训的执行流于形式。上级下达了培训的指令,在基层单位工作紧张的情况下,对人事部门组织的培训任务不敢不派人参加,有的生产一线的人员实在抽不出来,就派一些工作任务不饱满的同志参加,于是"学习常委"出现了,有的培训班实在没有人,也要凑足人数开班,经济效益和社会效益就谈不上了。

(六)培训效果缺乏反馈

培训部门对培训出来的结果不能进行有效的分析和评价,因而也无法合理有效安排培训,保证培训效果和质量,使得职工培训后往往感到在工作中不能充分利用所学的知识,从而认为培训意义不大。在培训工作中,人事部门每年都要写一般性工作总结,这样的培训反馈关心的只是是否完成上级人事部门下达的培训计划,至于培训是否为单位创造了效益,多少效益,不去计算,也不关心。培训的考核一直停留在试卷考核上,职工培训后工作的绩效是否有所改观没有具体的考核指标和考核方法。

(七)缺乏培训成果转化的环境

员工培训后返回岗位,需要一个能够促进培训成果转化的环境。但在员工的工作环境中,存在着诸多阻碍员工进行培训成果转化的因素,如部门管理者的不支持、同事的不支持以及时间紧迫、资金短缺、设备缺乏等工作本身原因。培训成果缺乏转化的环境造成"培训没有太大实际用处"的观点产生,对培训工作又是一大阻碍。

(八)"工学矛盾"对员工培训的影响

各水利局实施职工培训,需要投入一定的生产劳动时间和人员,特别是一些脱产培训,需要职工用整块的时间来学习。生产活动和职工培训不可避免地发生矛盾。也就是说:"工学矛盾"是企业职工培训中的经常性现象,严重影响职工培训的积极性。培训占用工作时间,也部分占用职工的休息时间,如果工学矛盾能够得到很好的解决,就可以为职工培训提供一个平台。

二、建立水利技术职工培训的激励机制

(一)建立竞争上岗机制

现在培训难以进行,影响培训效果的一个重要因素是水利技术职工的进入机制把关不严,不同技术水平、不同学历层次的职工都能下岗,把提高工作效率的重任交给了入职培训。在这样的情况下,培训效果难以保障,培训的费用也会加大。如果采用竞争上岗的机制,严把入口关,一部分学历和技能水平明显低于职位要求的职工可以让他全额承担或部分承担自

己的培训费用,这样通过对这部分职工的约束就也能很好的提高培训的积极性。而对于符合条件的员工，也可以根据学历与技能水平的不同分作两部分：一部分是学历是高中或中专生,他们的素质基本符合水利的需要,进行一段时间入职培训后进入师带徒制度;另一部分是学历水平较高,并且在正规技术学校读完大专及以上学历的员工,这部分职工便于培养,并且适应工作能力较强,要作为重点提拔和培养对象,为将来选拔干部作储备。通过竞争上岗机制能够充分调动技术职工培训的积极性。而不符条件的职工形成约束,从而调动技术职工培训的积极性。

竞争上岗机制具体指的是对新入职的职工必须实行三年以上系统的职业技能培训和岗位实践,取得相应的职业技能鉴定证书后才能录用。对接收的退伍军人要实行文化课考试,对实际文化程度达到高中水平的,可以安排他们到高等职业技术班进行培训,成为高层次的技术职工。实行职业技能等级证书和岗位技能合格证书的双证书制。持证上岗工作要坚持分步实施、注重实效的原则,首先在一些关键岗位、重点岗位推广实施,其余人员逐渐推开,严格执行持有相应的技术等级证书和岗位技能合格证书者,才有竞争上岗的机会;对达不到岗位要求者,降低收入水平,限期达标;对无证人员进行离岗培训,达不到岗位要求者坚决不能上岗。可采用竞聘上岗的办法,采取广纳贤才的对策,实行任期制。对不能胜任岗位要求、绩效考评不优秀的管理者,坚决予以解聘,实现“能者上,平者下”。

(二)建立技能工资制,让员工的收入与技能水平挂钩

实行技能工资制,员工的收入不仅要与工作的绩效挂钩,而且要与员工的能力挂钩,这样可促使员工提高自身的理论素养,技能水平。在现阶段科技日新月异、水利不断提速的情况下,职工素质的提高非常重要。掌握多种技能,一方面技能水平的提高可以提高员工的再学习能力,适应技术水平不断变化的需要;另一方面,技能水平的提高可利于岗位轮换,使职工之间有一定的替代性,当某职工接受培训时,同车间不同组的员工可以替换,减少本车间员工的工作压力,解决工学矛盾的压力,为培训的顺利展开提供平台。

目前已有技术职工的等级制度,但不够完善,实施过程也有待完备。一级工与二级工收入相差无几,并且技术职工的培训是“一锅端”的形式,只单纯按资历决定是否参加培训,培训仍是一种被动的学习。岗位等级没有与薪酬相一致,也没有与竞争上岗相配合。

岗位等级应该若干年进行一次鉴定,对于第一年未参加考试和参加考试不合格人员,次年参加竞争上岗考试、考试各单项成绩均合格者,均为岗位等级的一级工。

(三)建立多样化的培训方法,提高职工培训的积极性

根据成人教育理论,水利员工培训活动不能简单类同于学校教育,在职培训不能采取学校的灌输式的教育模式。在实施职工培训过程中可根据学员能力和培训课程不同,结合实际分析培训需求,从不同来源收集信息,对职工出现的绩效问题进行系统的思考,确定哪些方面需要培训，采用哪种方式传授所需的知识、技能和能力，确保培训的及时性、针对性。在培训方式的选择上要充分考虑培训对象的特点，改进培训方式和手段。如运用讨论式、案例分析、模块式等方法，创造轻松、活跃的培训环境，易于培训对象接受和理解知识、技能或转变观念。培训后要及时进行效果评估，在评估时应注意培训是否满足培训目标的需要，培训方式和内容是否符合培训的目的，培训对象是否能接受和理解培训的内容，培训对象是否把所学的知识运用到实际工作中去工作效率是否提高。短期内可建立制度，将培训纳入考核中去，使所有的管理者有培训下属的责任，并在管辖部门中建立一对一的辅导关系，保证受训者将所学的知识应用到工作环境中。

（四）逐步建立培训后的使用和考核制度

职工参加培训之后，大多数人还是要回到自己的原工作岗位上工作的，只有他们把所学到的知识应用到实际工作中去，培训才是达到了目的。而如何让员工始终保持着旺盛的工作激情是企业目前需要着力研究的问题。培训作用不理想的原因可能是多方面的，但是职工参加培训之后没有一个理想的工作实施环境让他们把所学到的东西应用于实际的工作中是一个很重要的原因。许多情况下，往往是企业本身也没有意识到为员工提供这种良好实施环境的重要性。企业管理者认为培训是一个既花钱又不见效益的事情，员工则认为辛辛苦苦学了那么长时间，派不上什么用处，觉得划不来。这就使得培训的激励作用从根本上不能得到发挥，挫伤了职工的积极性。为了解决培训工作中的实际问题，可以借鉴其他企业的培训经验，采取如下的措施：

第一，认真对待每一次培训，把员工的培训记录规范化，进行培训考核，并将考核结果与员工的工作业绩的考核结合起来，将员工的培训考核结果作为其工作考核的一部分。检查员工的学习情况，并把考核结果记入个人的考核档案，对于考核优秀者，可以优先授予各种荣誉称号，对于考核成绩不佳者，可以将其工作的岗位等级与考核结果挂钩。这样，通过奖优罚劣创造一种积极向上的学习氛围，以鼓励青年专业技术人员积极参加培训学习，真正学有所得，学以致用。

第二，水利行业可以建立一种以培训为基础的选拔制度，使得参加培训的优秀员工可以通过竞争获得定的晋升机会。学有所成以后，根据现有的职位空缺，可以考虑择优选拔员工到具有挑战性的工作岗位上去，让他们在新的岗位上得以运用培训知识，创造更好的业绩。这是一个将员工个人的职业发展与企业的长远利益有机结合的好措施。知识经济的一个重要特点就是人才的折旧加快，只有通过不断的学习，才可以保证较强的竞争力。所以，通过参加培训使自己在业务素质、管理能力上更上一层楼是许多青年、甚至于中年职工的愿望，建立这样的好机制，是创造积极向上的企业文化的一个重要方式之一，很值得我们去积极探索。

第三、绝大多数员工培训后还会留在原工作岗位，作为管理人员就应该努力为他们创造环境和条件，让他们能够学以致用。有一些由于条件的限制，也许目前仍然不是特别可行，但是作为管理者，应该有这样的意识和观念。可以采取专题讨论的方式，展开一些讨论和学习，听取职工的意见和建议。同时，由于水利技术的应用性极强，可以鼓励员工把学到的知识进行转化，开展科技练兵活动，大胆进行科技改革，为水利技术不断进步做出贡献。管理者应该创造一种人人积极学习、争创上游的组织氛围，从而使得企业的技术革新、管理革新都有极好的实施土壤。由于跨越式发展的不断推进，对水利员工的技术水平要求越来越高，所以很有必要以员工培训为手段，建立有效的激励和约束机制，逐渐转变为建立一个互帮、互助、互相促进的学习氛围，真正转变大家的学习观念，由"要我学"变成"我要学"，这样才能使得水利技术职工的整体素质得到根本的提高。

（五）建立有效的沟通机制，充分调动员工培训的积极性

根据人本主义经济学关于企业民主管理的研究，参与指的是通过鼓励员工参与培训制度的建立工作、从而调动员工培训的积极性和主动性。有效的沟通是员工参与培训的一种方式，是调动职工培训积极性非常重要的方式。通过积极沟通，未培训员工会认识到培训的积极意义，才会从根本上重视培训，渴望得到培训，从而最大限度地发挥培训的激励作用。培训的沟通过程可以分为三部分。

第一部分是培训之前的沟通。主要是由人力资源开发部门布置培训期间需要完成的内容。包括培训的内容，与培训师的沟通以及与其他学员的沟通等等。通过培训前的沟通要让受训员工对培训有所了解，并重视即将参加的培训。对于培训的任务、目标、以及对个人实际工作的帮助等等具体环节有所了解。另外，人力资源开发人员还应该与其直线管理者进行沟通，了解参与培训者的不足，看能否通过培训使受训员工的不足得到一定程度的改进。另外，对于一些较高层次的培训活动，还应该与没有机会参加培训的员工沟通，了解他们对于这些培训有哪些问题，他们希望得到哪些方面的资料等等，让参加培训的员工了解他们在培训之后，应该给没有机会的员工解答哪一些具体的问题，获得这些机会的员工可以把这些问题带到培训课上，让培训教师给具体的回答，这是最大范围内提升培训效果的手段之一。最后可以从企业层面上再考虑培训中需要沟通的问题。可以把与本次培训内容相关的问题列一个清单，很可能可以通过培训解决。

第二部分是培训期间的沟通。培训期间的沟通主要是解决没有听懂的问题，或是对事先准备的问题向培训老师请教。另外，培训期间的沟通还可以对参加培训的其他学员有所了解，通过和其他企业的学员交流，了解本企业面临的问题是否具有代表性，如果是个性的问题，就可以参考其他企业的解决方法，借鉴试行，这是很好的同行之间互相学习的机会。

第三部分是培训之后的沟通。首先,企业内部开一些培训总结会议,主要的目的是给没有机会参加培训的员工进行再培训。给参加培训的员工三到五天的准备时间,可以采取的形式一般有汇报、讲课等等,各个部门应该对这样的活动予以支持。其次,针对培训的内容,对于如何把相关的理论方法转化为实际操作,包括制度措施、方法行为、绩效等等制定一个制度。这是培训的消化过程。再次,根据培训的记录和培训前后的沟通结果,整理成培训档案,既可以作为参考资料,也可以减小因为培训员工跳槽而导致培训投资的损失。

(作者单位:长江工程职业技术学院)

高职院校实践育人工作体系的探索与实践

梅来源

实践教育活动是新形势下大学生思想政治教育的有效途径，是高校德育工作的重要环节，是大学生健康成长、成才的重要载体。高职院校与本科院校相比，具有更加丰富的实践教学资源，具有更加浓厚的实践教育氛围。因此，高职院校应以实践教育为引导，创新思想政治教育方法、途径，构建实践育人平台，完善实践育人体系，把握实践育人的关键环节，使实践教育成为培养技术技能型人才的重要途径。

一、对实践育人工作体系的认识

实践的观点，是马克思主义哲学首要的和基本的观点，是马克思主义的根本特征。实践育人就是基于实践的观点而形成的育人理念，是指以学生在课堂上获得的理论知识和间接经验为基础，激发学生课外自我教育和相互教育的热情和兴趣，开展与学生健康成长和成才密切相关的各种应用性、综合性、导向性的实践活动，促进他们形成高尚品格、祖国观念、人民观念、创新精神、实践能力的新型育人方式。

（一）实践育人工作体系应以校园文化为基础

实践育人工作体系是人才培养工作的重要组成部分，校园文化体现一所学校人才培养工作特色，因而实践育人工作必然植根于校园文化之中。将校园文化中的精髓作为实践育人工作体系的核心理念，体现出学校的办学宗旨、方向、特色，有利于形成人才培养的合力，更好地促进学校的教育工作。

（二）实践育人工作体系的运行应坚持“三方合作”

“三方合作”就是指社会、学校、学生三方的有机结合和作用互动。实践育人是一个多环节的系统工程，要使实践育人达到预期目的和效果，必须强化社会、学校、学生三方结合和联动，构建互需、互惠、互联的多赢合作机制，从而发挥教育者和学生的自主精神，实现实践育人的创新性和普遍性。使实践育人架起学校与社会、教育与经济之间的桥梁。在有组织、有计划、有目的的实践中，促使学生的思想认识、能力素质提升到一个更高的阶段，增强学生的职业技能、实践能力和创新精神。

二、构建实践育人工作体系的协同平台

(一)教育型平台

高职院校组织开展的各类主题教育活动起点高、系列化、针对性强,是对学生进行自我教育的有效平台。各类学习教育活动形式要新颖、内容要生动,具有吸引力和感召性,通过活动促进学生深入农村、企业、社区,帮助学生了解社会、认识社会,提高分析问题和解决问题的能力,增强对中国特色社会主义事业的自信。

(二)创新型平台

高职院校要支持建设与专业相结合的科技社团,设立学生科研基金,学生可以根据自己的兴趣、特长开展学术研究和技术创新活动。建立专业竞赛体系,有计划、有组织地开展不同类型、不同层次的专业竞赛活动,为学生参加创新活动、展示个性和培养能力搭建平台,并通过各种竞赛活动传、帮、带、促,培养和发现拔尖人才。

(三)服务型平台

利用所学知识服务社会、增长才干的实践活动,组织大学生参加志愿者活动、社会调查、挂职锻炼等,调动学生参与各种公益活动的积极性,在活动中“受教育、做贡献、长才干”,学生在实践活动中参与技术改造、工艺革新、技术传播,为经济社会发展献技出力,在服务社会中提高职业技能,增强创新能力。

(四)文化型平台

开设人文大讲堂、科技大讲堂,举办大学生科技节、大学生文化艺术节,培养学生人文精神,提高学生科学素养,打造具有浓郁特色的文化活动品牌。分发挥校园文化底蕴的育人功能,塑造学生的健全人格,培养学生积极向上的精神风貌。

(五)组织型平台

充分发挥学生自我服务、自我管理作用,加强党、团、学、社等组织建设,特别要重视发挥学生干部和党员、团员的作用,在工作中培养和提升他们的管理能力和工作水平。发挥他们的积极性,促使他们增强主人翁意识和责任感。

(六)就业型平台

以就业为导向的实践活动,组织学生到行业企业从事生产和科研工作,参加岗前培训,体验职业生活;到毕业生就业基地参观、考察、学习,收集用人信息,了解用人标准,为他们创造了多层次的职业岗位实践机会,让他们做好充分的就业知识、心理、能力准备。

三、建立实践育人工作体系的运行机制

（一）社会化机制

实践教育要面向社会，邀请地方政府、企事业单位共同参与，聘请政府部门领导、企事业单位负责人参加社会实践的指导和协调工作，使实践教育活动的体制社会化，实现“互惠互利、优势互补、双向受益”。

（二）基地化机制

实践基地是开展大学生实践活动的主要场所。在校内外，建设一批高水平的、具备教学、科研、生产、育人一体的综合功能的实习实训基地，加强实践教学场所建设，向学生开放，为学生服务，为学生成长成才创造条件。

（三）项目化机制

建立项目投标竞争机制，鼓励学生跨院系和专业组队，自行设计项目和课题参与投标竞争，经专家评审，确定学校和院系两级重点团队，并给予适当的经费资助，促进了专业交叉和团队合作，不断扩大学生实践活动的参与面和影响力。

（四）课程化机制

把学生实践活动纳入教学计划，对实践活动的目标要求、形式内容、方法途径、学时学分、成绩考评等作明确规定。建立适合实际、真正对大学生有激励作用的实践考核评价机制，分级分等考评，每学年进行一次。采取课内与课外结合、校内与校外结合的方法，使实践教育成为巩固课堂理论教学成果的重要环节。

（五）多元化机制

在组织形式上，分散与集中相结合，长期与短期相结合，学生与教师相结合，定点与区域相结合；在活动内容上，实践与服务相结合，科技与文化相结合，调研与宣传相结合；在实践经费筹措上，专项经费与团队自筹相结合，社会捐助与服务收入相结合。

四、抓好实践育人工作体系的关键环节

（一）立足服务

实践教育体系要服务于学生成才，发挥实践育人的功效，紧密结合教学科研来开展实践活动，努力做到专业知识“学以致用”。实践教育体系要发挥高职院校的人才、技术和智力优势，服务于地方经济建设。

（二）找准支点

要针对热点、难点问题来开展实践教育活动，按照“按需设岗、据项组团、双向受益”的原

则,增强实践服务的针对性和实效性。从学生的兴趣爱好和自身的发展需要入手,把实践教育的选择权交给学生,发挥学生的主观能动性。

(三)强化意识

强化参与意识,引导学生积极参加课内外、校内外的各种实践活动,重视实践参与的过程。强化创新意识,鼓励学生解放思想,善于发现和提出问题。强化竞争意识,使学生经历一次竞争与挫折教育,经受磨炼和考验。

(四)突出重点

要抓重点团队,努力打造品牌项目,依托品牌项目提升实践服务的整体层次,扩大实践活动的社会影响,发挥重点团队“点”上的示范作用、导向作用,做到“抓住一点,带动一片”。

(五)创新模式

实践教育与教育教学相结合, 使用实践教育更加系统科学; 要与毕业生就业工作相结合,为学生就业打下良好的基础,把学生的就业过渡期提前到在校期间;要与社团活动相结合,使实践服务具有更强的针对性。

(六)完善保障

完善组织体系,建立实践育人工作的领导机构和工作机制,制定实践育人的有关文件,把实践育人与教学、科研、学生管理结合起来,同时加强指导、协调和考核,充分调动和发挥系部的积极性、主动性和创造性。

(作者单位:长江工程职业技术学院)

高职经管类专业"三标对接"课程体系实证研究报告

严 军 梅爱冰 吴理门 程慧芳

一、简介部分

(一)标题

课题组在2011年开始尝试在经管类专业中将岗位技能标准、职业资格证书标准与专业技能标准对接,建构"三标对接"课程体系,并以《高职经管类专业"三标对接"课程体系实证研究》为题向湖北省职业技术教育研究所申请立项,于2012年9月被批准为湖北职业教育科学研究课题,课题编号:G2012B038。

(二)序言

始于20世纪80年代的高等职业技术教育,经过30年发展规模取得了空前发展,人才培养定位及培养体系取得显著成效,国家也为此发布了一系列相关文件指导高职教育发展。《国家教育中长期发展纲要》《国家高等职业教育发展规划(2010—2015)》及教育部(教职成〔2011〕12号)《关于推进高等职业教育改革创新引领职业教育科学发展的若干意见》中指出:高等职业教育具有高等教育和职业教育双重属性,按照"到2020年,形成适应经济发展方式转变和产业结构调整要求、体现终身教育理念、中等和高等职业教育协调发展的现代职业教育体系"要求,高职教育应统筹应用型、复合型、技能型人才培养结构布局,深化教育教学改革,探索"双主体"培养高技能人才新机制。明确指出要建立教育与行业对接协作机制,即与行业(企业)共同制订专业人才培养方案,实现专业与行业(企业)岗位对接;推行"双证书"制度,实现专业课程内容与职业标准对接,将职业资格标准融入专业人才培养方案,1/3教学任务在企业完成,专业课程主要由企业兼职教师承担,实现高级职业资格证书与专科学历证书相互融合的"双证书"制度。引入企业新技术、新工艺,校企合作共同开发专业课程和教学资源;将学校的教学过程和企业的生产过程紧密结合,校企共同完成教学任务,突出人才培养的针对性、灵活性和开放性。这些都为高等职业教育的改革开拓、创新、发展指明了方向。

在推行实践上述目标和要求时,我们感到虽然目前各高职院校积极探索、建立并推行与行业、区域经济发展相适应的高素质技能型人才培养机制,但在课程体系构建和内容上还达不到到行业企业要求,课程体系构建学科化倾向依然明显,与行业企业存在明显差距,尤其是技能不够突出的高职经管类专业。主要表现在以下几个方面：第一，“双证书”制度名大于实，未能将学历证书教学内容与职业资格证书内容有效对接。各院校虽设立了职业技能鉴定机构，但鉴定与教学脱节；第二，课程体系定位难以摆脱学科教学束缚，依然存在课程设置本科学科简略化倾向；第三，课程标准在目标定位和内容设计上与行业标准、企业标准不一致；第四，课程考核以学科考试为主，职业技能考试、职业资格证书为辅；第五，囿于教师本身企业经历吧不足限制，课堂教学内容与模式不能适应企业技能化要求；第六，政府职业准入制度未能有效进入经管类专业，行业技能标准不够凸显。

本研究主要解决以下问题：

一是以行业标准、职业标准为导向重构高职经管类专业课程体系，实现“三标对接”课程体系开发逻辑；二是将企业岗位标准、职业技能标准融入专业课程标准中，使学生职业能力达到行业企业职业要求；三是建立融职业标准的教学体系，与企业合作，开发课程标准、校本教材、课堂教学模式等。本课题研究丰富和发展了岗位任务课程开发，拓展了一条“适岗、应能、知技、强素”的高素质技能型人才培养之路。

本课题强化实证性研究、项目化运行，以选取典型专业，通过企业调研、专家访问、与企业合作开发、引进企业高管等确定专业岗位定位，将“岗位标准、职业技能标准”作为课程设置依据，对接课程标准，形成以能掌握某一职业岗位技能为主导，获得某项职业资格证书为目标的课程体系构建模式；校企对接，课程改革，培养学生的职业能力，满足行业企业的职业标准要求。通过本课题的研究，能推进高职经管类专业教育教学理念改革，丰富高职教育理论。

（三）摘要

作为“适应经济发展方式转变和产业结构调整要求、体现终身教育理念的现代教育体系”中的高等职业教育教育与行业对接，培养适应产业发展要求的高素质技能型人才。而目前高职经管类专业课程体系构建存在“重单一技能、轻综合发展；重理论构建，轻实践能力；以工科体系简单替代学科体系”等局限和不适应性。为此，探究将高职院校人才培养与行业企业对接是职业教育发展的必然趋势。本研究以本院经管类专业为研究对象，探讨以能力培养为主线，以职业技能训练为轴心，以职业素质培养为外圈的“三标对接”课程体系构建。共分三大部分：

1. 对企业（行业）职业岗位进行调研，确定主要岗位和岗位群，分析高职经管类各专业就业岗位工作任务和职业能力的构成要素及内在逻辑，结合职业技能标准（或国家职业资格证书标准），形成各专业适应岗位任务的职业能力图表，据此确定专业课程的门类、课程的结构，构建各专业“三标对接”课程体系。

2. 基于行业岗位标准和职业技能标准，对经管类课程内容、课程模式进行实证研究，完成了各专业核心课程标准开发、精品课程开发及企业实战课堂的设计与实施。

3.基于教学模式和手段改革，形成了以技能比赛、职业鉴定、企业实战实习等多种形式的“1234”实训课程模式，有效培养了学生职业能力。

（四）内容结构图（略）

二、主体部分

（一）研究问题

1. 研究目的

本研究通过对高职经管类专业人才培养规格定位研究，基于“岗证融通”人才培养模式，重构校企对接课程体系。即把职业资格标准作为学历教育的内涵要求引入教学，职业资格证书和技能证书的课程内容“嵌入”专业人才培养方案中，将高职院校的教学内容和职业资格证书的标准融合，学生完成学历教育的同时达到职业岗位要求，有效地将行业岗位标准、职业资格标准和学校的课程标准对接融通。彻底摆脱了经管类专业学科体系化、工作过程化等不适应高职经管类专业人才培养的课程体系桎梏，丰富和发展了岗位任务课程开发，拓展了一条“适岗、应能、知技、强素”高素质技能型人才培养之路。

制度设计目标

①通过课题研究，构建各专业基于“三标对接”模式课程体系，形成工学结合人才培养方案；

②通过课题研究，开发编制融企业技能标准、职业资格标准的专业核心课程标准；

③通过课题研究，形成相关课程体系改革论文。

教学实践目标

①构建以职业能力培养为主轴的“1234”实训课程体系；

②建设以精品课程为引领的系列优质课程，编写校企合作开发工作过程化教材和行业技能标准；

④与企业深度合作，建设企业实战课堂教学模式；

⑤培养职业技能和职业素养并重的高技能人才。

2. 研究意义

①围绕“培养什么人”“怎样培养人”问题，“三标对接”的课程体系改革将职业岗位标准和职业技能标准融入专业教学中，是一种增强毕业生工作适应性和岗位胜任力，促进成功就业的人才培养模式。其直接针对行业岗位或岗位群，培养行业所需的高技能人才。

②本课题研究是实现产学深度融合的重要基础。通过行业标准和合作企业岗位标准，将行业企业的核心能力要求融入高职院校人才培养的各个环节，有效地与岗位群对接，最终推

动产学深度融合。

③以就业为导向，以能力为本位，对职业进行分析，根据岗位业务内在逻辑和职业技能标准为依据，确定人才培养规格，构建高职经管类专业课程体系，形成以完成岗位工作任务为目标的项目课程可实现高职课程模式和培养模式的根本性转变。

④通过项目研究，成为学院专业建设内涵发展的助推剂，逐步实现五个转变：学科性课程向职业型、综合化课程转变，理论课程向理论与实践紧密结合转变，以教为中心向以学为中心转变，实践性课程向实习向工学结合转变，由传统授课方式向信息化、全方位、开放式、立体仿真等转变。

3. 研究假设(略)

4. 核心概念

本研究涉及“三标”包括职业标准、职业资格标准、课程教学标准。职业标准指各行业的企事业单位所设置的职业岗位(群) 的用工标准。职业资格标准指由行业协会、职业资格培训机构根据行业职业岗位(群) 的职业标准和国家职业资格考试要求而制订的标准。本研究所指的课程教学标准是高职课程教学标准，是对高职学生学习结果和掌握的特定知识、技能和态度等描述，是教育质量在高职教育阶段应达到的具体指标，是管理和评价高职课程的基础，是教材编写、教学评估、考试命题的依据。

“对接”概念是指学校与行业企业对接协作，校企合作，将行业岗位标准、职业资格标准和学校的课程标准对接融通，实现基于企业岗位标准和职业技能标准的人才定位和课程体系开发逻辑构建；把职业资格标准作为学历教育的内涵要求引入教学，职业资格证书和技能证书的课程内容“嵌入”专业人才培养方案中，将高职院校的教学内容和职业资格证书的标准融合，学生完成学历教育的同时达到职业岗位要求。

(二)研究背景和文献综述(略)

(三)研究程序(略)

(四)研究发现和结论

本课题通过校企合作开展实证研究，将行业、企业、学校对接，将课程内容与岗位标准、职业标准对接，重构“三标对接”课程体系。

1. 对各行业人才需求状况及职业岗位群充分调查研讨，形成了人才培养方案

紧扣主题，服务区域和行业，课题组统一设计，各专业组织调研和研讨，分别编制了企业人才需求调查表、兄弟院校人才培养调查问卷、人才培养方案调研表、职业岗位典型工作任务及核心工作技能调查表等；组织课题组走访企业，与专家座谈，运用头脑风暴法，最后形成了专业人才需求与专业改革调研报告、专业典型工作任务与职业能力分析报告。在此基础上重订各专业人才培养方案。

2. 对行业技能标准的研究

本研究涉及的行业标准包括职业标准、职业资格标准、课程教学标准。由于职业标准是各企事业单位职业岗位的具体要求,具有较大的差异性, 我们在职业标准确定时选取了与我校专业对应的典型行业企业岗位标准作为研究样本。职业资格标准具有一定的规范性和通用性。而这些标准都是为适应工作领域而设立的,而学生学习掌握的知识、技能和态度则遵循认知能力等教育规律有相关的具体指标。因此,我们需要形成一个既体现职业属性,又反映行业、企业岗位与学生具体要求的衡量指标体系,即课程教学标准,具体表现形式是专业技能标准、人才培养方案、课程标准等。

在研究过程中我们与企业合作,开发以行业标准为导向,依照相关性、有用性、完整性、满意性等原则, 构建如物流专业技能标准为代表的课程教学标准。

3. 对课程体系建设的研究

职业教育课程任务是使学生有能力胜任职业工作岗位的现时要求, 适应行业及社会发展的需要, 同时适应个人发展的需要, 使学生具备职业持续提升能力,为获得更有效的工作岗位职业资格创造条件。因此,我们以职业岗位能力分析为依据,以岗位标准、职业标准为导向,以能力培养为核心,构建"三标对接"课程体系模式,实现课程与企业、行业对接,强化职业准入、职业岗位技能实践,培养学生职业综合技能。

4. 对课程内容及教学模式改革研究

本课题主要研究课程体系改革,其最终评价需要在实际中应用与实践。因此按照"三标对接"模式重构课程体系后,主要将其应用与课程内容及教学模式改革中。

其一,运行与之相适应的"1234"实训课程体系,形成了以岗位能力培养为主线,以技能竞赛、职业鉴定为两轴,贯穿整个培养过程的实训平台;

其二,重订并修订了经管类专业人才培养方案和核心课程标准;

其三,以精品课程为引领开展课程建设;

其四,构建以《创业实务》为范例的企业实战课堂;

其五,学生参与技能竞赛等成绩评价课程体系改革的成效。

(五)分析和讨论

分析:

1. 根据岗位任务分析、职业技能标准(资格证书)对应、职业能力接受与发展的逻辑线索构建高职经管类专业"三标对接"课程体系,成功实现了课程体系由学科型体系到工作岗位任务体系的嬗变

创新性地以职业岗位分析为主导,提炼经管类岗位典型工作任务,形成职业岗位能力标准,对应职业技能标准(资格证书),重新定位核心课程,并以专业技能逻辑顺序构建"能力进

阶”课程平台，形成“通用能力课程、职业基础能力课程、职业核心能力课程、职业综合能力课程四大模块，实现了职业教育工作课程体系的建立，又摆脱了工科类的产品过程化体系模式桎梏，形成了高职经管类专业将职业技能与职业素质、可持续发展能力有效结合的高素质技能型人才培养的课程体系基础。

2. 依循“三标对接”的课程构建模式，课程内容设置“三标”合一，设计和开发高职经管类专业核心课程标准，实现经管类“软专业”人才培养质量“硬化”的有效途径

新课程体系注重课程结构建设，对典型行业工作岗位任务分析为基准，以职业能力为中心设计确定岗位能力要求，依据企业岗位标准和职业技能标准确定学习领域课程，并融入课程内容中，形成“能力进阶式”课程平台，课程设置平行并列，打破了学科性课程结构。

有效地将行业岗位标准、职业资格标准和学校的课程标准对接融通，将职业资格标准作为学历教育的内涵要求引入教学，职业资格证书和技能证书的课程内容“嵌入”专业人才培养方案中，将高职院校的教学内容和职业资格证书的标准融合；既注重操作技能、再生性技能，也注重智力技能。

3. 课程体系以岗位能力为中心，课程逻辑序列将技能训练和职业资格鉴定结合，把专业实习与岗前培训结合，形成了“1234”课程实训体系

即“1”是以岗位任务和行业技能标准为层面，所有的实训项目、实训课程标准、实训指导书必须遵循岗位和技能标准要求。“2”是指职业技能和职业素质培养为线，以职业技能为本位，按照职业岗位群所需综合素质来设置教学项目，在实习实训中培养高素质技能型人才。“3”是构建三个课堂轴心。第一课堂是指课程实训、项目设计、校内综合实训等校内实践性教学环节。第二课堂是通过培训考证、自主实践、技能竞赛等，培养学生的社交能力、团队精神、创新能力、职业意识等综合素质；第三课堂则是到企业现场教学、市场调研、产学合作教学、校外岗位实践等。“4”是围绕四个节点来设计教学内容，一是基础素质训练；二是职业基本技能训练；三是专业技能训练等。

4. 探索并构建了与企业紧密结合的实战型课堂模式

融企业岗位标准、职业技能标准于一体的新核心课程标准对课堂教学模式提出来新的要求，以前单纯依靠“一支笔、一个课件”课堂显然难以实现 “三标对接”课程教学要求，它更注重课堂教学中企业实战经历，要求教师本身具有较高的职业技能。因此在实际过程中，探索了由校外企业专家团队共同打造实战型课堂模式。以市场营销、电子商务《创业实务》课程为例：与武汉“去创吧”文化传播公司合作，聘请该团队到校上课，打破传统的“教材+实训”课堂，按照创业项目划分课堂结构，通过 30 位创业者、30 个有关创业梦想和现实的故事引领课堂，以创业团队形式让学生参与实际项目合作，并作为考核课程标准。

结论：

1. 对接行业企业，深化人才培养模式及课程体系改革实践，形成理论认识成果

学习国内外先进经验，尤其是德国双元制、澳大利亚 TAFE 教育、新加坡等地职业教育课程设置成功经验，这些国家在课程设置上全部按照行业标准开设课程模块，为我们带来了新的思路。国内马成荣的“项目化课程体系”也给我们带来了新的启示。因此我们认识到：

对接企业定课程。即以市场需求为导向，在企业调研的基础上，应与合作企业共同确定人才培养规格和职业岗位群。专业课程设置要围绕职业岗位需求，体现职业岗位所需的职业能力和专业知识；以行业技能标准确定课程逻辑排列顺序，形成“通用能力课程+专业基础能力课程+专业核心能力课程+专业拓展能力课程”四个阶段课程体系；课程设计要为学生提供体验完整工作岗位的学习机会，帮助学生实现从学习者到工作者的角色转换，在课程内涵上，实现学校教育与工作要求的衔接。

对接标准定内容。课程内容上将岗位任务标准、职业资格技能标准融入课程标准中，围绕相应的职业能力要求组织课程内容，以职业岗位能力和素养来整合相应的知识、技能、态度；教学设计上以典型的服务为载体，增强学生体验式学习，激发学习兴趣。

对接岗位定技能。按照职业标准构建课程体系和课程标准，形成于行业企业对接的岗位技能培养体系。要求学生获得“三证书”，在取得学历证书的同时，获得国家相关部门认可的职业资格证、取得实习工作经历证书。强化技能训练，鼓励学生参加各级技能大赛，熟练专业技能，满足企业对专业技术人才的需求。

2. 以市场需求为导向，改革经管类高职专业人才培养方案制定和课程体系构建，形成操作性成果

1)开发并构建了全新人才培养方案、课程体系及专业技能标准。

2012、2013 级物流管理专业人才培养方案、“三标对接、能力进阶、多段分期”课程体系及 5 门专业核心课程标准建立；2012、2013 级会计电算化专业人才培养方案、“会计核算岗位主导”课程体系及 8 门专业核心课程标准建立；物流专业技能标准.

2)课程开发：课题组成员开发经管类 4 门院级精品课程，建立 1 门企业实战课堂

3)课堂模式改革

企业实战课堂《创业实务》，与“武汉去创吧”合作开发，该课程与武汉“去创吧”文化传播公司合作，聘请该团队到校上课，打破传统的“教材+实训”课堂，按照创业项目划分课堂结构，通过 30 位创业者、30 个有关创业梦想和现实的故事引领课堂，以创业团队形式让学生参与实际项目合作，并作为考核课程标准。

3. 产生的“教材+论文”系列技术性研究成果,在同行与企业中已产生一定影响反响,并形成了明显的示范和辐射作用

1)主编教材:课题组成员主编3部基于工作岗位任务教材

严军主编《商务礼仪与职业形象》;梅爱冰主编《现代企业管理》;严军主编《经济应用文写作》.

2)论文:

严军《订单模式下高职物流管理专业课程体系设计》《高职经管专业 “岗证训合一”的“1234”实训课程体系构建 》;梅爱冰《论工科职院经管类专业之发展出路》。

3)研究报告:

《高职经管类专业“三标对接”课程体系实证研究》(附成果应用推广证明)

4. 课题组负责的高职经管类专业人才培养成效显著,形成系列评价性成果

2012—2013年湖北水电职院商贸系经管类专业学生参加省内外各种技能比赛,成绩优异:2012年12月参加“湖北五环”杯湖北省首届高职院校学生会计职业技能大赛中荣获团体二等奖,并获个人岗位比赛二等奖;2013年11月参加教育厅主办的湖北省高等职业院校“会计技能”赛项比赛获团体二等奖,并获个人岗位一等奖2个、二等奖2个;2013年7月参加全国商业职业教育教学指导委员会主办的“全国职业院校市场营销技能大赛”全国总决赛荣获团体三等奖。

随着与岗位、职业标准对接的课程体系构建和核心课程不断开发和完善,学生在企业和市场上的竞争力显著提升。经管类专业学生就业率不断上升,对口就业率普遍达到80%以上,成为企业技术业务方面的顶尖人才。

(本报告为2012—2013年湖北省职业教育科学研究项目,限于篇幅,本文节选报告部分章节)

(作者单位:湖北水利水电职业技术学院)

广西城镇化进程中
高职高专建筑工程技术专业改造的研究与实践

凌卫宁

一、项目的研究背景(略)

二、目标与思路

(一)项目的目标

1. 创新人才培养模式

在原“2.5+0.5”模式的基础上，根据北部湾经济区、周边地区城镇化建设对建筑工程技术专业人才的需求来进行专业定位，紧密围绕人才培养目标，构建“岗位驱动，能力递进”人才培养模式。进一步加强学生的全面素质教育，增强学生从事城镇规划建设、施工、管理等能力，提高学生的就业竞争力。

2. 优化课程体系

加大课程改革力度，建立三级课程体系——国家级精品课程、省级精品课程、校级精品课程，构建基于房屋建造过程为导向的课程体系。

3. 打造一支合理的“双师型”教学团队

以执教能力和工程实践能力培养为抓手，培养、引进专业带头人和骨干教师，聘请行业大师、企业专家、技术骨干为兼职教师，形成一支年龄结构、学历结构、学缘结构、职称结构、双师结构合理的“双师型”教学团队。

4. 完善实习实训基地建设

建设和完善一系列高水平、具有创新性的实验实训基地，开展职业技能实训、进城务工劳动力培训、新技术推广、技能鉴定等实训项目。

5. 从广西走向全国

本专业经过改造建设，重点服务广西区域城镇化的发展。从目前只对6个省招生扩大到对全国大部分省份招生，扩大招生区域，扩大就业区域，扩大服务范围，实现招生和就业都从广西走向全国。

(二)项目的思路

按照学院提出的"建一个专业,办一个实体,创一个品牌"的专业建设思路,建"建筑工程技术专业",办 "南宁-东盟经济开发区技术支持和响应中心" 一个实体,创"在广西有一定影响力,在全国高职院校同类专业中起带动作用的国家级重点专业"品牌。

依托南宁—东盟经济开发区、广西建工集团、深圳宝鹰建设集团, 在建设过程中遵循"1236"建设思路:紧紧围绕培养学生职业能力这 1 条主线;充分利用学校和企业 2 个育人主体;实现理论与实践结合、专业技能培养与职业素质培养结合、职业标准与教学内容 3 个结合;抓好 6 项重点工作。

1.充分利用学院校企合作与开发理事会的平台,成立建筑工程技术专业建设委员会,组建"宝鹰建筑学院",创新校企人才共育的体制机制。

2.大力推行工学结合,突出实践能力培养,以培养学生岗位能力为核心,深化"岗位驱动,能力递进"人才培养模式改革,形成与专业要求相适应的课程体系及项目化课程。

3.注重执教能力和实际工程能力的培养,采取"走出去、请进来、上得去、下得来"等多种途径,培养高水平的专业带头人和实践能力过硬的骨干教师队伍,打造"双师型"教育教学团队。

4.积极与企业合作,加强实训、实习基地建设。积极探索校内基地建设的校企组合新模式,由学校提供场地和管理,企业提供设备、技术支持,以企业为主组织实训,建立生产性、仿真性、开放性的校内外相互补充的实验实训基地,同时充分利用现代信息技术,从而与企业合作开发建筑技术实训基地。

5.充分发挥建筑工程技术专业建设委员会的职能,充分利用校企优势资源,把企业、学校、教师、学生四者紧密结合,成立南宁——东盟经济开发区工程技术服务中心,开展社会服务活动。

6.总结凝练建筑工程技术专业建设的经验和做法,充分发挥专业的引领作用,通过优质教育教学资源共享,带动建筑装饰工程技术、建筑工程管理、道路与桥梁工程技术专业的建设与发展。

三、成果内容

(一)项目实践报告

以《广西城镇化进程中高职高专建筑工程技术专业改造的研究与实践》项目为契机开展建筑工程技术专业改造,带来的显著成果就是:项目负责人作为建筑工程技术专业带头人,主持建设的我院"建筑工程技术专业"社会声誉逐年提升。特别在近五年历经三大飞跃:2009 年获得全国水利高等职业教育示范院校建设重点专业并于 2011 年通过验收;2010 年成功立项为“国家骨干高职院校中央财政支持重点建设专业”，建设期为 2012 年—2014 年，目前正在建设中期，取得阶段性成果；2011 年成功立项“广西高等学校特色专业及课程一体化建设项目”，简称获得“教育部、水利部、区级三阶梯项目”。

2009 年水利示范重点专业获得发展契机，在全国水利院校起引领作用；2010 年国家骨干重点专业以专业建设为龙头带动课程建设，起带动作用；2011 年广西特色专业中把课程体系细化提升，支撑专业建设，起支撑作用。本专业形成了以水利示范专业为引领、以国家骨干重点专业为带动、以广西特色专业为支撑的良好发展格局。形成实践报告：“国家示范性高等职业院校建设计划”骨干高职院校项目《建筑工程技术专业及专业群建设》建设方案(建设期 2012—2014 年)；全国水利高职教育示范院校建设重点专业“建筑工程技术专业”建设总结报告（2011 年通过水利部验收)；《广西特色专业和课程一体化项目》建设方案（建设期 2011—2013 年)。

(二)人才培养方案

制定符合人才培养规格的专业人才培养方案是育人纲领。项目负责人作为建筑工程教学团队负责人，带领团队开展专业建设，每年都对专业人才培养方案进行修订，紧跟社会发展的人才需求的步伐。2012 年修订的《建筑工程技术专业人才培养方案》比较完善，体现专业改革走在全区乃至全国同类专业的前列。

(三)核心课程标准

大力推行工学结合，突出实践能力培养，以培养学生岗位能力为核心，首先形成与专业培养目标要求相适应的课程体系，然后着手对各门课程特别是专业核心课程进行建设。专业核心课程建设理念是以市场需求为出发点，以项目为导向，以职业能力培养和可持续发展为重点，全面跟踪职业标准，以完成实际工作任务需要选取课程内容，创建基于典型工作任务的学习项目，强化职业能力培养，以工作岗位(群)为依据，根据岗位核心能力培养需要，开发了《建筑工程施工技术》《建筑工程计量与计价》核心课程。于 2013 年 6 月完成其课程标准制定和论证工作。课程标准在专业培养目标的基础上，对课程性质、课程目标、课程内容、教学组织设计、课程实施建议、考核方式等方面提出整体要求。

(四)主编审教材

项目负责人作为高职高专土建类专业系列教材编审委员会委员，为高职高专土建类专业系列教材编审做出突出贡献，主编审教材 7 部(篇目略)。

(五)教改论文

项目负责人撰写项目相关论文 13 篇，其中第一作者核心论文 4 篇，超额完成预期论文任务(篇目略)。

（六）教改项目

项目负责人在本学科有较高的知名度。具有领导本学科教学、科研以及专业建设的能力，对专业改造、学科发展做出较大贡献。主持或参与的相关本项目的教改项目共8项，其中主持国家级项目1项，主持部级项目1项，主持省部级项目1项，参与完成省级项目5项(项目略)。

（七）获奖情况

教材、论文奖12项。其中广西高等学校优秀教材奖1项，广西职业教育教学优秀论文奖8项，学会论文奖3项(篇目略)。学生技能竞赛奖4项(项目略)。

四、特色与创新点

（一）突出校企合作、工学结合运行机制建设

在学院校企合作与开发理事会平台的基础上，与“1区2集团”即南宁—东盟经济开发区、广西建工集团、深圳宝鹰建设集团深度融合，成立建筑工程技术专业建设委员会，与深圳宝鹰建设集团联办“宝鹰建筑学院”，形成校企合作“双主体”培养技术技能型人才新机制。

（二）构建“岗位驱动，能力递进”人才培养模式

根据广西城镇化、周边地区城镇化建设对建筑工程技术专业人才的需求来进行专业定位，紧密围绕人才培养目标，构建“岗位驱动，能力递进”人才培养模式。

（三）构建基于房屋建造过程为导向的课程体系

根据岗位要求，确定职业能力，按照房屋建造的流程划分工作领域，把工作领域完成的任务与课程对接，按照从自由人到准职业人规律、认知规律，构建基于房屋建造过程为导向的课程体系。

（四）建设“三位一体”的“校中企”“企中校”实训基地

实训基地的建设理念是建设集教学、师资和职业资格培训、建筑行业新技术研究与开发“三位一体”的具有共享性和辐射示范作用的“校中企”、“企中校”实训基地。

（五）发挥重点专业示范作用，带动专业群建设

通过建筑工程技术重点专业建设，辐射带动建筑装饰工程技术、建筑工程管理、道路与桥梁工程技术等专业的共同发展，形成以建筑工程技术专业为龙头，以建筑装饰工程技术、建筑工程管理、道路与桥梁工程技术等专业为支撑的专业群。在教学设施、师资队伍和实训条件等方面为专业群的建设搭建平台，实现优质教学资源共享，整体提升专业群的人才培养质量。

五、成果的应用与推广价值

通过项目建设,健全和完善了校企合作运行机制、改革了人才培养模式与课程体系、教学实验实训条件得到大大改善、并辐射和带动了专业群建设。专业特色更加鲜明,教学质量显著提高,学生岗位职业能力和就业竞争力明显增强。从而为广西城镇化建设培养了一批高素质、高技能人才,提高了毕业生对口就业率,建筑工程技术专业在全国高等职业教育中达到领先水平,对省内外同类专业改革和发展起到了带动和示范作用。项目成果的应用与推广价值如下。

(一)"教育部、水利部、区级三阶梯项目"促进本项目持续发展

本项目借助"国家骨干高职院校中央财政支持重点建设专业"项目获得建设投入资金2257万元,其中中央财政资金投入497万元,地方财政投入资金260万元,行业企业投入资金1200万元,学校自筹资金200万元。另外借助"广西高等学校特色专业及课程一体化建设项目",获得建设资金25万元。

本项目后期与其成果项目"教育部、水利部、区级三阶梯项目"一并建设,目标更前沿,思路更清晰,实施力度更大,保障措施更到位,资金投入巨大。彰显后劲,持续发展,研究与实践工作一直在进行,超额完成了项目研究的主要内容、改革目标、拟解决的关键问题等,硕果累累。

1. 校企合作运行机制建设成效显著

(1)专业建设指导委员会的成效。专业建设指导委员会每学年召开两次会议,论证人才培养方案、课程内容、教材内容。指导教学计划的实施,指导实践性环节教学,指导实验室的建设,校内外实习基地的建设。为专业教师开展社会服务提供条件,指导建筑领域的"新技术、新工艺、新材料、新设备"四新技术,以及提出高职教育如何与建筑"四新技术"发展相适应的问题,使专业建设更加适应北部湾经济区、广西城镇化建设的需要。

(2)校企合作人才培养机制的成效。在校企合作人才培养机制运行下,与深圳宝鹰建设集团深度融合,对2010级学生实施订单培养,称"宝鹰订单班"。至2013年6月,第一届宝鹰工程班人才培养工作全部结束,校企双方实现了双赢结果。成效有三方面:①人才培养方案科学合理。深圳宝鹰建设集团与学校共同设计、实施、评价人才培养方案。主要涉及人才培养计划、课程结构、教学方式、实践能力培养方式等,特别是宝鹰公司方面提出了切合岗位能力需要的培养意见,如专业基础知识、核心技术、现场管理和资料整编等四大块;要求专业教师也应加强自身建设,定期参加实际工程实践,收获颇丰。②教学组织得力。在第四阶段"专业能力强化提高培养阶段",在第5学期工学交替以真实工程项目为载体完成综合实训。授课教师由深圳宝鹰建设集团选派的技术骨干和技术能手与学院的专任教师共同承担,专业课教学以企业兼职教师为主，讲授新技术、新规范、企业文化，细分成15门技能课进行传授，总课时188学时。这些课程基本涵盖了公司大部分关键岗位能力，也可以说是岗前培训。授课任务由宝鹰公司副总裁古朴先生亲自带队，各个部门负责人等共计10名兼职教师，其中包括高级工程师、一级建造师、总经理、经理等。教学内容与工作内容对接，建立在学习中工作、在工作中学习的教学管理制度，同时学生的日常管理引入了深圳宝鹰建设集团管理要素，对学生进行职业素养培养。第五阶段"能力应用培养阶段"，在第6学期进行顶岗实习。但在实习过程中，学生们个个都体现了大学生应有的高素质，积极、认真、负责、好学、主动，会做人做事，能吃苦耐劳，良好的形象，让公司各个项目部管理人员都不舍得让谁离开公司，6月份公司与学生的签约率达到了100%。这在往届是没有先例的。③毕业生质量高。毕业生真正达到"零距离"上岗，提前接受企业的文化、形象、设备、技术等，大大减少企业对新职工岗前培训的时间和经费开支。

2. "岗位驱动，能力递进"人才培养模式初见成效

根据专业培养目标定位，围绕人才培养目标，构建"岗位驱动，能力递进"人才培养模式。

(1)立足广西、面向华南地区，以城镇化建设为平台。

(2)发挥学校、企业"双主体"的育人作用。依托"1区2集团"，结合北部湾经济区、华南地区建筑企业，深化校企合作，充分发挥学校、企业"双主体"的育人作用，深化教育教学改革、提升专业能力。通过学校和企业两个育人主体、两个育人环境，实施双证融通培养企业满意的人才。

(3)"岗位驱动"：以职业岗位"施工员、质量员、安全员、资料员、材料员、标准员"为切入点培养学生。职业岗位根据建筑行业、市场需求来调整，处动态状，充分体现以市场为出发点，以就业为导向。

(4)"能力递进"：贯穿以岗位能力为主线培养学生。第一阶段"通用能力培养阶段"。第二阶段"专业基本技能培养阶段"。第三阶段"专业核心技能培养阶段"，根据项目化课程需要在校内实训基地及校外南宁—东盟经济开发区、广西建工集团下属企事业单位进行技能培训，工学交替，边理论边实践，边打基础边应用。第四阶段"专业能力强化提高培养阶段"，在岗位群的共性知识、技能培养的基础上，根据南宁-东盟经济开发区、北部湾经济区、华南地区建筑行业的人才需求，结合学生就业的不同岗位，开设相应的《员级实务》课程，进行专业能力强化训练。学生可以根据建筑行业、市场需求来选择2~3个职业岗位进行强化培养，呈动态状。培养学生达到"面广、技精、灵活多变"，充分体现以市场为出发点，以就业为导向。第五阶段"能力应用培养阶段"，学生到企业进行顶岗实习，针对市场需求和个人特点强化提高某一特长提高应用能力 。在完成该专业的培养目标的基础上，在针对市场需求和个人特点强化提高的某一特长。"五阶段"培养中学生的能力得到递进。

(5)构建“项目化课程体系、三位一体实训基地、双师型教学团队、优质教学资源库”4大保障体系,确保人才培养模式顺利实施。

(6)最终达到培养建筑生产一线的技术技能型专门人才。

“岗位驱动,能力递进”人才培养模式遵循“从初学者—高级初学者—有能力者—熟练者—实践专家的五阶段职业成长模式”规律,遵循从自由人到职业人的规律、人的认知规律。

“岗位驱动,能力递进”人才培养模式是我们经过多年摸索得出的人才培养综合体,可以作为我们专业改造的模型。本专业经过改造建设,学生就业率逐年提高,建筑工程技术专业获得了学生、家长、社会好评。为广西城镇化建设培养了一批高素质、高技能人才。12届毕业生就业率达到95%,专业对口率达到90%,双证获取率达到92%,企业满意度达到95%。经职业素质测评对比表明,其基础施工、主体结构施工、道路施工等单项能力明显提高,对整体工程项目施工方案的编制及施工管理等综合能力提高尤为显著,同时,学生的职业意识、责任意识、安全意识、团队合作精神明显增强,分析能力、创新思维能力等显著提高。在区内外各项技能大赛中获得优异成绩。

3. 构建了集教学、培训、技术研发“三位一体”的“校中企”“企中校”实训基地的建设理念,有力的推进实验实训条件的改善

在实训基地构建理念推动下,目前“校中企”校内建筑技术实训基地主体工程正在施工,“企中校”与1区2集团特别是与深圳宝鹰建设集团的合作落到实处。本专业的实训条件得到大大改善,学生职业能力得到了强化和提高。

4. 社会影响力和引领、辐射作用

经过水利部示范专业的积累、教育部骨干重点专业和区级特色专业的阶段性建设,形成了校企合作良性运行机制,使建筑工程技术专业(群)的办学实力、社会服务能力得到大幅度提升,人才培养质量显著提高,在全国高职教育领域同类专业中达到领先水平,同时,为高等职业教育的改革探索出了可供借鉴的经验,发挥引领、示范作用,在全国同类院校中发挥了引领、示范和辐射作用,达到了预期效果。2012年本专业成功申报了教育部高等职业学校专业骨干教师国家级培训2012年度第二批项目,并根据《关于公布高等职业学校专业骨干教师国家级培训2012年度第二批项目名单的通知》要求,于2013年7月15日—8月9日成功举办了建筑工程技术专业骨干教师国家级培训班。培训对象主要是土建类高职高专院校的专业带头人、骨干教师及教学管理人员,来自全国8个省(自治区、直辖市)20所院校的32名高职建筑工程专业骨干教师参加本次培训。

(二)《建筑工程技术专业人才培养方案》提高了本专业人才培养质量

《建筑工程技术专业人才培养方案》与我国高职教育发展相适应,与广西城镇化发展相适应,符合教学规律。专业目标定位突出准确性、课程设置突出职业性、教学内容突出前瞻

性、知识构建突出针对性、能力培养突出应用性、培养过程突出实践性。学生能力得到增强，素质得以提高，在区内外各项技能大赛中获得优异成绩。学生技能竞赛频获佳绩：2012 年 6 月获全国首届土建施工类专业“鲁班杯”识图技能竞赛总决赛一、二等奖，优秀指导教师奖，团体二等奖；2013 年 9 月获第六届全国高等院校广联达杯软件算量大赛总决赛二等奖；2011 年 12 月获广西第二届大学生结构设计竞赛一等奖 1 个，二等奖 1 个，优秀组织奖；2012 年 11 月获广西第三届大学生结构设计竞赛三等奖 6 个，优秀奖 3 个，优秀指导教师奖 3 个，优秀组织奖。

（三）核心课程标准引领教材、教学资源库建设

课程标准是课程改革、教材编写、资源库建设的先导，对课程改革、教材编写、资源库建设起到指导、引领作用。2013 年 6 月完成了《建筑工程施工技术》《建筑工程计量与计价》核心课程标准的制定和论证工作。课程标准用来指导我们编写《建筑工程施工技术》、《建筑工程计量与计价》特色教材。教学资源库网站建设正在抓紧进行，逐步迈向专业群教学资源共享。教师的潜能得到发挥，职业教育理论得到升华，对教学一线帮助很大。为课程教学改革提供了基础，调动教学第一线教师的积极性和学生的积极性，教学相长，提升了教师教学能力。

（四）出版的高职高专土建类专业系列教材使用效果好

项目负责人主编审的高职高专土建类专业系列教材在全国 13 多所水利类高职院校中使用，发行量近 45000 册。教材用于土建类和水利类专业，主要有：建筑工程技术专业、建筑工程管理、水利水电建筑工程等专业。各院校反映该教材指导思想正确，思路清晰，反映当代建筑科学技术、文化的新成就，遵循高等职业教育教学规律，体现高等职业教育教学改革方向，符合学生身心和学习特点。该教材针对职业教育的特点，以职业能力培养为重点，力求与建筑和水利行业的发展水平相适应，体现新的国家标准和技术规范，以应用为目的，以必需、够用为度。该教材结构完整，深度适宜，层次分明，条理清楚，便于组织教学。叙述流畅，符号、计量单位符合国家标准；页面设计新颖，图形、表格布局合理，印刷装订规范。教材各项建设水平均达到全国水利水电高职高专土建类专业系列教材示范教材的要求，在土建类和水利类领域教材建设中起到较大的示范辐射作用。

（报告为新世纪广西高等教育教学改革第三批立项资助项目，
参加人员还有：黄伟军　韦清权　杨伟　张小礼　吴美琼　秦玲
吕春雨　徐林　王虹　孙萍）

关于水利职工教育培训的几点探索

李星瑶

当前和今后一个时期，是我国全面建设小康社会、加快推进社会主义现代化的重要时期，也是水利改革发展不断深入、传统水利向现代水利和可持续发展水利加快转变的关键阶段。水利要发展，人才是根本，因此必须把水利人才培养工作摆在更加突出的位置来抓。四川省水利干部学校作为国家公务员培训施教机构、全国水利行业定点培训机构以及四川省专业技术人员继续教育基地，为顺应水利事业发展的客观需要，结合我省水利人才“十二五”规划，在水利党政干部、专业技术人员以及基层职工的教育培训方面做了积极的探索。

一、创新党政干部培训模式

（一）准确把握党政干部培训需求

1. 对培训目标的把握

中国革命和建设的历史经验证明，在正确的路线确定之后，干部便是决定性因素。所以对党政领导干部的培养工作应当提到水利人才队伍建设重中之重的高度来认识。四川省委组织部《关于加强和改进基层干部教育培训工作的实施意见》明确指出要确保干部每年参加各类培训时间累计不少于100学时。“十二五”水利人才队伍建设规划里也提出：“十二五”期间，在四川水利系统动态式培养10名厅级后备干部，200名处级后备干部，并坚持县处级以上党政领导干部5年内参加脱产教育培训的时间累计不少于3个月。

2. 对学员需求的定位

党政干部学员需求不仅包括党和国家的宏观需求，也包括学员自身的微观或个性化需求。面对学员多样化的需求，确立以党性修养和能力为中心的培训理念，构建以能力训练为核心的教学体系是重点。这个体系应包括领导力、执行力和创新思维，领导力培训的重点是提高领导者领导认知、应对表现和危机处理等能力；执行力的培训主要通过对执行力与人才管理内容进行系统培训，以提升对团队中的个人和组织执行能力；创新思维的培训是通过思维方法的训练，引导学员摆脱长期形成的思维误区和习惯。

（二）切实改进培训内容和方法

1. 在培训内容上，可根据党政人才的级别、工作部门分类分层次设计各种专题培训项目

培训课程可以选择时事政策解读、党性修养、行业新政、经济学、哲学、管理学等理论知

识以及财税法规制度、信息技术等专业知识，着重提高干部的执政能力、管理能力、业务能力，同时还可加入国学、语言表达、心理学、音乐赏析、拓展训练等提高综合素质方面的内容。

2. 在培训方法上，注重提高干部思考、研究与驾驭复杂局面和处理实际问题的能力

采取课堂讲授式、问题研究式、案例分析式、情景模拟式等不同教学方法，激发学员的学习兴趣。如：增加课堂讨论互动环节，针对学员实际工作中有代表性的问题，安排分组讨论；借鉴推行好的经验、做法，邀请多位老师、专家、领导现场指导。即保证培训的严肃性，又有可参与性、趣味性，使学员不仅从政治高度上自觉参加培训，又能乐于参加培训。

二、提高专业技术人员培训水平

（一）水利行业的发展急需高层次专业技术人才

水利行业一线具有环境复杂、条件艰苦、技术难易差异大、生产系统复杂庞大等特点。长期以来，存在一种现象：大学生不愿去，高层次人才留不住。即使愿意去一线，由于本科学生虽然理论全面，但实践及操作技能不足，需要长时间去适应。而中专学生和低学历人才虽能吃苦，但对高深的理论和较为复杂的技术应用却力不从心。据统计，“十一五”期间，四川水利行业拥有各类专业技术人员只占总人数的41%，且人才地域分布与水利发展布局不相适应，省水利行业专业技术人才总量的70%以上集中在事业单位，企业专业技术人才严重短缺。

（二）有的放矢，开展专业技术人员培训

1. 把握“干什么训什么、缺什么补什么”的基本原则

依据水利行业特点，结合工作实际，抓好水利企事业单位的专业技术人员培训。如：开展二级以下施工企业三类人员安考和五大员的资质培训工作；与中国水利协会联合，开展在川一级施工企业三类人员安考及五大员培训任务，举办监理、造价员及监理工程师、造价师的考前培训。

2. 注重理论和实践相结合，探索校企联合培训模式

针对当前一些高学历人才理论大于实践的情况，积极与水利业务单位、水利项目工程联系，精心设计培训方案，综合运用集中培训、研讨交流、技术考察、实习工作等多种培训形式，重在学以致用，取得实效。全力为水利事业的发展培养具有一定理论深度，又具有很强技术应用能力的人才。

三、提升水利基层职工学历层次

（一）水利基层职工学历层次较低，专业结构不合理

据统计，目前全国水利行业职工大专以上学历人才不足30%，我省水利系统从业人员

拥有大学专科以上学历的职工占职工总数的50%左右，且非水利专业人员从事水利基层建设工作的较多，使行业发展受阻。随着水利行业的改革与发展，高新科技的应用是水利从业人员必备的基本技能，这就需要大量的高、精、尖人才来做水利事业的基石，在今后的几年内，以应用型和复合型为主的高学历人才将会成为水利建设中的主流。因此，提升水利基层职工学历层次，打造复合型人才迫在眉睫。

（二）搞好水利职工学历提升工作

1. 为基层职工服务，开展“送教上门”工作

扩大招生宣传面，加大在乡、镇一级水利从业人员中的宣传力度，力争基层水利从业人员取得水利专业学历文凭。同时，在学员较多的地区开展“送教上门”，最大限度地为基层职工学习提供便利。

2. 探索联合办学模式，开展学历提升工作

目前我校已与四川大学联合举办工程硕士学位班，以及水利专业成教专、本科班的学历教育；与四川农业大学联合举办农业推广硕士学位班和网络教育专、本科班，为水利职工提供了高层次的学习平台。

3. 突出行业特点，针对性开展继续教育

与农水局、水文局、市州水务局以及供水协会等相关单位沟通，针对水利行业实际情况，深入农村普及水利实用知识和技术，开展送教下乡活动。

搞好水利职工教育培训工作是新形势的迫切需要，是我省水利事业跨越式发展的重要保证。我校在水利干部职工教育培训这项工作中，积极探索新的干训内容和方式方法，取得了一些阶段性的成绩，但在探索的过程中也出现了许多问题和困难，有待在今后的工作中解决和克服。我们将进一步增强使命感和责任感，深入实施科教兴水战略和人才强水战略，在实际工作中积极探索、深化改革、锐意创新，为建设高素质的水利人才队伍，推进现代水利和可持续发展水利做出更大贡献。

（作者单位：四川省水利干部学校）

全国电工进网作业许可证"三位一体"培训模式的创立与实践

许培德

福建水利电力职业技术学院是国家能源局福建省能源监管办公室审核批准的《全国电工进网作业许可证》定点培训和考试单位，全省共18家培训机构，本院是全省高校中唯一一所取得该培训资质的院校，现在已成为福建省三大培训龙头之一。自2010年8月开始承接培训与考试业务以来，共培训人数达10585人，为福建省水利电力行业输送了大量合格人才，以解"十三五"规划中新一轮水利电力改造所需持证人员燃眉之急，为水利电力行业做出了贡献，同时提高了本院的知名度，起到示范龙头的作用。

进网作业电工在职培训，是不断提升业务技能、促进电网安全工作的基础，也是电工个人丰富职业生涯、实现自我价值的平台。近几年来，国家能源局以及所属福建能源监管办高度重视，投入了大量的人力、物力和财力加强对电工的在职培训，电工的整体素质和业务能力有了明显的提高，稳步推进了电网规划和拳头战略的实施。总的来说，电工不论整体业务素质、敬业精神，还是培训机构服务意识、服从意识、执行力等方面，都具有一定的优势。但要满足国家能源局的要求和国网公司目前越来越严格的入网检查要求，电工队伍建设在"量"和"质"上还有一定的差距。电工培训模式就是保证"质"最有效措施之一，用创新思维、创新模式加强电工培训工作，对电工进行有效培训，让电工培训直接为企业服务，本院创立了富有特色的"三位一体"培训模式。

"三位一体"中的"一体"是指以校内实践教学基地为平台，培训服务、教学、科研为一体的模式；"三位"指培训质量到位、培训管理到位、培训宣传到位。"三位一体"立体式培训模式即以电工综合素质培养为主体（"一体"），辅之以培训技能求精求实为目标的质量到位，管理到位，宣传到位的"三位"模式，"三位"围绕着"一体"，螺旋式递进，推动电工职业素质的提升和精湛技能的形成。

一、项目研究基础条件

电工进网作业许可证培训机构挂靠在福建水利电力职业技术学院 ，学院是水利部全国四十个水电行业培训基地之一，也是省水电系统各工种技术工人培训的主要基地。目前学院基础设施完备，签约并挂牌的校外实训基地28个。其中承办许可证培训所在电力工程系含有:电工基础、电机与拖动、等7个实验室;还有电气照明安装、电能计量安装、变电检修、等15个实训场。这不仅满足了开展电工许可证所需要的技能训练、考核场所与教材资料的要求,也为本院培训单位的发展留下了充分的空间。

二、"三位一体"立体式培训模式的构建与完善

(一)以校内实践教学基地为平台的创建与形成

自培训以来,本院充分利用自身现代化的校内实践基地开展了富有特色的集培训服务、教学、科研于一体的社会服务,做到了高度融合。首先,采取"前店后厂式"的模式布局实训室。如,"电气检测中心"的"厂门"直接面向社会打开,有利于承接各种服务项目。第二,校内实践教学基地设备的配备体现了"三个贴近"(贴近生产、贴近技术、贴近工艺),配置的都是一些水利电力企业应用较多的,与企业第一线相同的设备设施,这有利于校内实践教学基地对外开展同步式的社会服务。第三,校内实践教学基地除承担实践教学外,还要进行学、产、研、发、贸相结合的科技开发与产品生产。在这种"教学工厂"里,师生均要直接从事产品研发和生产,承接服务项目。第四,校内实践教学基地还面向社会承担职业培训与技能鉴定,举办全国各级职业院校师资培训等社会服务任务。如今,随着示范性高职院校建设的通过,校内实践教学基地又被赋予了新的社会服务职能:成为该地区所有高职院校公共的实训基地、闽西北地区职业技能培训中心以及农村劳动力转移培训中心和闽西北地区推广新技术、新工艺的"生产力促进中心"及重要的研发基地等。全国电工进网作业许可证培训建立于这一主体之上,现已列入学院"品牌"建设项目,给予重点扶持。

(二)着力打造培训团队,推动"培训师工程"建设,提升培训质量

培训人员素质的高低直接影响证书含金量的高低,关系到证书在社会上的效用。因此,培训人员必须是由具备职业资格证书的业内人士、专家、教授承担。不仅要吸收具有扎实的理论基础、丰富的实践经验和较强动手能力的高职院校教师作为培训教师,而且还必须从企业、行业和生产第一线吸收专业技术人员,组成一支以高校教师、企业技师、能工巧匠为骨干的高水平、高素质的培训专家队伍。本院电工培训教师,多是获得相关专业的国家认证资格、具备丰富的教学经验和企业经历的教师,培训教师除掌握培训教材的基本知识外,还定期与电力行业联系, 或亲自到企业参加实践活动,从而积累更多的教学经验。同时,也聘请电力企业的员工来校开展相应的教学探讨工作,征求他们的意见,了解、掌握行业的最新发展状况,从而为学员提供更新、更实用的技能和专业视野。

师资队伍是开展培训工作的前提条件,关系到培训的质和量。师资资源是学校的一大优势,为了能够真正发挥电工进网作业培训龙头作用,做到"送教上门",本院在2012年推动"培训师工程建设",组建一支教学经验丰富、实践能力较强的培训团队,以提高培训教师和

培训管理人员的能力和水平，更好地为电力改革和发展服务。同时，推动电工进网作业许可培训工作向科学化、规范化、制度化和职业化发展，确保电工培训质量。比如：委派专业老师参加各种暑假培训班、进修班、考察学习班等，通过进修、内训、交流等方式提升培训团队的教学能力和水平，使教师达到“双师型”，运用“一体化”教学，提高教学水平。

（三）创新管理模式，规范考试管理工作，提升服务质量，促使管理到位

培训的质量是电工进网证的生命线，而培训的质量是要靠规范化的管理来保证的。为了保证规范化建设的成效，提高培训点的管理水平。本院在面向社会开展培训时，高度重视考试考核的公正和严肃性，保证考试考核的公平、公正、公开，规范考场秩序，为每一位考生提供统一、标准、完善的考试环境。在电工进网证考试方面，学校主要从以下几方面来开展工作：

1. 细致、周到地为考生服务

在考试前，通过短信息的方式，及时通知考生关注考试的时间和地点，并提供咨询电话便于考生及时查询相关信息。同时，做好考场的布置工作和校园内的考试宣传工作，在考场周围设立查询栏和相关指引，便于考生顺利进入考场，在考试结束后，引导考生就餐、休息，做到热情服务。

2. 规范考场纪律

严格执行考试纪律，对考试过程中出现的不符合要求的现象和做法坚决制止，杜绝考试舞弊行为，做到公平、公正。电工进网证考试采用无纸化考试理论，利用计算机考试软件，每个考生从题库中分配一套试题，电脑自动改卷(工作人员都改不了系统)。其题目和成绩，体现了考试公平，杜绝考试舞弊行为。

3. 加强考务培训工作

根据省能源监管办要求对监考教师开展培训，针对电力咨询协会的具体要求和每年的新要求，对每一位监考教师进行详细讲解，并明确监考教师的职责。同时，邀请、挑选一些考务经验丰富的教师担任监考老师，保证考试的顺利进行。

4. 自觉、主动地接受上级部门开展督考工作

每年都邀请电力咨询协会派出督考到学校开展巡考工作，并由主管培训工作的主任担任主考，保证考试的严肃性。

5. 给电工提供快捷、便民、节省、优质的服务

针对本院属山区学院，闽西一带企业少，大部分学员在乡镇都是急用征才来报名，每次报名才 1~2 人，难于达到开班人数，造成培训工作战线长，期数多，周期长，让学员抱怨取证时间偏长等问题。本院实施“网络培训”和“送教上门”。

6. 创建网络资源共享平台

针对目前考试题目范围大,内容偏细,重点不突出,灵活性非常强,应用能力偏高,学员学历低,造成学员学习压力较大,老师上课难于确定重难点的这一现象,建立一个网络资源共享平台,采取"驾照式"学习方式,培训老师针对上课内容出一些练习题目供学员登录进行练习,提高学习效率。

7. 建立绩效考核机制,提高培训团队工作积极性

学校从培训收入中提取 50%资金,作为培训中心运转经费,其中 10%作为培训管理团队绩效奖金,以促进市场开拓,提升规范管理水平。

(四)扩大宣传, 不断拓展培训业务

1. 媒体宣传

以全国电工进网证考试培训为例,学校在每年 7 月到 10 月之间, 都会通过各种媒体发布培训、考试信息,自培训以来,学校在福建省能源监管办公室网、学校校园网、微信微博等网络媒体上都做了大量宣传;同时,也制作了培训宣传手册,发布了考试和培训信息,扩大了宣传途径。实践证明, 前期的媒体宣传对高职院校的培训业务拓展工作有一定的促进作用,通过媒体的宣传,扩大了学校的知名度, 让社会人员了解学校, 了解培训业务。实际上,培训工作本身对高职院校的社会影响力也是很好的促进, 通过培训工作的开展, 让更多的社会人员认识学校, 宣传学校。

2. 加强与兄弟院校或相关机构的联系,设立分考点和培训点

由于社会人员的分布区域不同,在培训业务对外宣传的时候,可利用兄弟院校或相关机构的资源拓展培训业务。以电工进网证考试培训为例,学校提出"送教上门"在闽西北各县市设立了培训点, 利用学院丰富的师资和教学条件, 方便了临近的社会人员报考和培训, 也为培训业务的拓展提供了便利条件, 是一举多得的拓展途径。

3. 与社会培训公司合作, 利用其社会资源开展宣传活动

社会上一些培训机构, 在社会培训领域具有一定的影响力和辐射力, 高职院校开展培训业务拓展时, 要广泛地联系各社会培训机构, 利用其社会资源开展宣传活动。以电工进网证考试培训工作为例, 学校与永安供电有限公司等社会培训、咨询机构合作,共同开发培训业务,公司员工积极为学校的培训业务到各电力企业、安装公司、高职院校等机构展开宣传工作, 广发培训信息,让更多的社会人员和相关机构了解学院, 了解全国电工进网作业许可证考试和培训项目,收到了很好的宣传效果。

4. 利用政府或协会平台, 加强宣传, 扩大影响

政府相关部门和各种行业协会, 掌握了大量的社会资源尤其是企业信息资源, 是高职院校对外开拓培训业务必须倚重的重要平台。借助这个平台,高职院校的对外培训工作可以

开展得更好。以全国电工进网证考试培训为例,通过福建省电力咨询协会这个支撑点,可以联系到福建省电力有限公司及相关的电力企业,这是一个强大的社会资源,是做好对外宣传的重要依托。电力公司的积极推动和推广,对电工证的培训考试工作起到了很大的宣传作用,电力公司逐渐认同电工证从业资格的重要性,并督促员工参加统一的培训和考试,对规范行业标准和提升从业人员素质,也起到了一定的促进作用。

5. 树立培训品牌意识,不断提升服务质量

自身的服务质量和对培训工作的重视,也是影响对外拓展培训业务的重要因素。以电工进网证考试培训工作为例,学校自身的细致工作和周到的服务,提升了培训的质量,也做出了品牌效应。学校从每年的7月份开始专人值班,及时地接待社会人员,解答培训和考试中的疑问;9月份开始,以手机短信息、网络QQ、微信微博等方式发布考试、培训信息,让社会人员及时了解相关信息,并根据自身的实际情况选取适合自身的培训项目;同时,学校派出人员到各县市的供电有限公司、电力企业等派发宣传单,进行定点宣传,让目标对象更清楚地了解培训项目,取得了良好的对外宣传效果。

三、"三位一体"培训模式的实施成效分析

(一)人才培养质量提高

几年来,以电工培训为媒介,本院与福建省电力咨询协会、福建省送变电公司、惠安供电公司、连城供电公司、长汀电力公司等一大批电力行业企业建立了培训协作关系。学院为电力行业新一轮农网改造解决了员工持证上岗的燃眉之急,为福建省电力安全生产提供了强有力保障。

电力企业则为本院电力专业学生顶岗实习创造了良好的条件,实现双赢。通过该模式的创新实践,近年来本院电力等相关专业学生在毕业前就取得了全国电工进网作业许可证,有力提高了学生就业率,赢得企业的好评。经调查,社会电工对本院所采取的培训模式的满意度逐年提升。从2010年85%上升到2014年93%。

(二)师资队伍教科研及培训服务能力增强

通过该培训模式的实施,带动了培训团队的建设,实现了"学员发展、教师提高"的双赢,两年来,培训团队教师参加培训63人次,完成院级以上教科研课题立项38项,参与企业的研科技项目43项,公开发表论文65篇,双师型教师比率达到93%以上。培训团队为企业员工开展的培训人数逐年提高,增加了社会电工持证上岗率,教师成为企业员工的培训师,社会影响力强。同时"三位一体"培训模式的实施,既促进了"产学合作",又形成了一定的"造血功能",仅全国电工进网作业许可证培训,年直接创收近百万。

(作者单位:福建水利电力职业技术学院)

河道修防工职业技能鉴定实操训练工作探索实践

刘玉来　张庆勇　孙文花　胡文芳　王艳军

河道修防工是水利行业的特有工种，也是野外作业非常艰苦的一个工种，是保卫大江、大河防洪安全的前沿卫士。

河道修防工的任务是在大江大河的岸边日夜管护防洪工程，查勘河势工情，预估河势发展变化趋势，消除各种隐患，增强其抗洪能力，确保度汛安全。非汛期，河道修防工负责对险工、坝岸、控导工程等的根坦石进行维护，遇有根坦石松动蛰陷的及时进行加固维修；对堤防、坝岸雨后出现的水沟浪窝、獾狐洞穴及时处理，确保防洪工程完整坚固；同时，还肩负着险工、坝岸、控导工程修建施工任务和整修堤防道路的任务。因此，河道修防工必须熟悉防洪抢险技术，熟悉防洪工程施工、管理的操作程序和要求，只有这样，才能在抗洪抢险中冲锋陷阵，顺利完成各项防洪工程的维修管护任务。

为培养合格的河道修防工，黄委从 1999 年开始，对河道修防工进行职业技能培训、鉴定，到 2010 年底，黄委河道修防工共有 5946 名，进行职业技能鉴定的有 5744 人，其中初级工 1148 人，中级工 675 人，高级工 2549 人，评聘河道修防工技师 1248 人，河道修防工高级技师 124 人。

一、职业技能鉴定培训实操训练现状、存在问题及原因

从 1999 年职业技能鉴定以来，河道修防工职业技能鉴定培训时间为 12~14 天，安排实际操作训练时间 4~5 天。从黄委近十年河道修防工职业技能鉴定情况来看，河道修防工在测量、绘图以及计算机知识运用等方面的职业技能水平普遍较低，究其原因，有以下几个方面：

（一）河道修防工的工作性质和工作环境所决定

河道修防工长年累月在黄河岸边，搬石头、砌石坝、大堤上割草、培土，他们的工具是铁锨、手锤、月牙斧、镰刀等，平时接触不到测量仪器，对测量是陌生的。可以说，大部分河道修防工来参加培训还是第一次亲身接触到水准仪。10 多天的职业技能鉴定培训，实操训练 4~5 天，水准仪训练安排 2 天时间，一个组 7~8 个人，在这两天时间里每人只有两个小时的训练时间，许多学员还不能入门，能学会水准仪整平、读尺，已是非常不易，想把测量、绘图完全学会难度非常大。

(二)河道修防工文化基础普遍薄弱

从近几年培训情况看,有相当一部分职工不会汉语拼音,不会打字,更不知 office 办公软件怎么使用,加之平时工作岗位上没有计算机,参加技能鉴定培训后才在老师的指导下认识了计算机,短短的几天培训很难掌握计算机操作技术。

(三)现场查勘河势工情进行得少

河道修防工虽然长年累月在黄河岸边,但对河势查勘很多人没有细心留意,对查勘河势的许多名词不甚了解。10 多天的职业技能鉴定培训,对河势查勘的学习,多数只能停留在教室黑板上,许多学员没有直观概念,因此,不能熟练掌握查勘河势工情的技能。

二、职业技能鉴定培训实际操作训练改进实践

(一)根据河道修防工实际操作技能培训大纲,有针对性开展职业技能训练

为提高河道修防工实际操作技能培训工作的质量,增强培训和学习的针对性,适应培训工作的需要,黄委组织编制了《河道修防工实际操作技能培训大纲》,大纲编写的依据是劳动部、水利部联合颁发的《中华人民共和国工人技术等级标准(水利)》和水利部颁布的《水利行业特有工种技师和高级技师标准》,其内容方面充分考虑了河道修防工作的实际,并吸收了《河道修防工与防治工》《防汛抢险技术》《黄河抢险技术画册》和《黄河埽工》等教材和资料的相关重要内容。内容齐全,实用性强。因此可以说,它是河道修防工实际操作技能培训和技能鉴定的教学和考试大纲。

按照《河道修防工实际操作技能培训大纲》,河道修防工在职业技能培训时实际操作培训的内容有土方石方工程施工、防汛抢险、黄河埽工、工程管理、工程平面与断面测绘、堵口工程与计算机运用等。在实际工作中,河道修防工对土方工程施工、石方工程施工、工程管理、工程维修养护以及堵口、防汛抢险等方面接触较多,但对工程平面与断面测绘与计算机运用接触较少,对黄河埽工知识大部分河道修防工也知之不多,对河势观测不能做出准确判断。为此,在对河道修防工进行职业技能实际操作培训时,应注重在工程平面与断面测绘、计算机运用、黄河埽工知识及河势观测方面进行实际操作训练。

(二)加强实际操作技能培训基础设施建设,满足实际操作训练需求

实际操作技能培训与理论教学不同,它需要满足实际操作技能培训要求的场地、工具设备及仪器。河道修防工实际操作训练需要的场地必须满足要求:

1.工程平面与断面测绘实际操作训练场地:黄河大堤临河或背河堤脚外有 10~20 米开阔地的黄河大堤,长度 50 米。

2.黄河埽工实际操作训练场地:长 30 米,宽 15 米,地面平整土地一块。

3.计算机运用实际操作训练场地:计算机教室一个(计算机数量至少 50 台)。

河道修防工实际操作训练需要的工具设备及仪器有以下种类:

(1)工程平面与断面测绘实际操作训练需要的仪器、设备:经纬仪、花杆、水准仪、5米塔尺、50米皮尺、小木桩、计算器、25×35计算纸等。

(2)黄河埽工实际操作训练需要工具设备:手锤、50cm木桩、钢尺、15米长核桃绳、直径10厘米塑料管等。

鉴于上述要求,河南黄河河务局干部学校从2011年开始加大了职业技能鉴定培训实操训练力度,注重基础设施建设,从物资及设备上给予大力支持。更新了计算机教室设备,保证了培训期间学员每人一台计算机上机练习。为满足学员在测量练习的需求,学校先后购置了经纬仪6台、水准仪14台、塔尺30根、花杆20根。同时,学校还购置了一批平头铁锹、圆头铁锹、手锤、起钉锤、木板、核桃绳等,满足了学员学习训练埽工、抢险技术实际操作训练的要求。

(三)制定切实可行的职业技能鉴定培训计划,加大实际操作训练力度

1. 重新制订河道修防工职业技能鉴定培训计划

根据河道修防工职业技能鉴定实际操作当中存在的问题,2011年以来在开展河道修防工职业技能鉴定培训时,我校重新制订了河道修防工职业技能鉴定培训计划,合理安排12天培训时间的培训课程。具体做法是:一是培训期间不安排理论授课,针对河道修防工职业技能鉴定理论考试要求,印制《河道修防工职业技能鉴定习题集》和理论模拟考试卷,每天晚上组织学员进行理论考试,以此来督促学员看书学习,达到理论培训目的。二是在12天的培训时间里,只安排4天时间讲解实操理论,即讲解测量知识、埽工拴打家伙桩、河势观测方法、工程管理质量检查等,让学员在课堂上对实际操作学习内容先有个感性认识,为进一步开展实际操作训练打好实际操作理论基础。三是利用大量时间让学员自己进行实际操作训练,我们把学员分成12个组,仪器、设备分发到各个组,由组长负责仪器、设备的管理使用。四是计算机教室对学员开放,让学员有更多的练习机会。

2. 加大测量绘图实际操作训练力度

测量绘图一直是河道修防工职业技能鉴定的薄弱环节。2011年以来我们加大了在老师指导下对测量绘图实际操作训练力度,先让学员在学校校园里进行闭合观测、记录、计算,要求每人至少独立进行闭合测量4次以上。其次,让学员进行模拟绘图、计算训练,利用晚上时间,在教室由讲课教师出题,设置一个大堤断面测量数据,由学员按照测量数据将大堤断面测量各测站各尺的后视、间视、前视读数填写在《水准测量记录表》上,计算出测点背河堤脚、背河堤肩、临河堤肩、临河堤脚的高程,要求学员根据各测点高程和平距绘制原大堤断面图,同时,给定一定条件让学员计算大堤帮宽加高工程土方量。通过几次的模拟训练,学员基本掌握了测量记录方法、计算要点和绘图技术。在完成上述两项工作后,我们又组织学员到黄河大堤进行大堤断面实测，使学员切身体会大堤断面测量的流程、方法、技巧。经过 2 天以上单独大堤断面实测训练，使参训学员基本熟悉了大堤断面测量的流程、方法。为顺利应对技能鉴定打下了扎实基础。

3. 加强河势观测与工程质量检查实践

在河势观测与工程质量检查实际操作训练方面，除了课堂讲解让学员有感性认识外，我们还组织学员到黄河岸边面对真实黄河讲解河势观测具体内容，让学员沿着黄河步行 2 公里观测河势，然后回答自己观测到的河势情况及看法。组织学员观察坝岸、控导工程备防石的堆砌、丁坝迎水面、坝前头、背水面、坝顶管理设施及标志，观察干砌石护坡质量，观察堤防工程管理质量等，从而使学员对河道修防工职业技能鉴定各项实际操作训练有了清晰的了解和认识。

三、效果

2011 年以来对河道修防工职业技能鉴定培训实际操作训练改进后，收到了明显效果。从黄委 2011 年、2012 年和 2013 年三年职业技能鉴定情况来看，河道修防工高级技师、技师培训在测量、计算、绘图等方面，学员技术熟练程度明显提高，大部分考生操作程序熟练，操作动作规范、操作速度提高，不会、怯场的考生基本没有。据初步统计，测量绘图成绩平均提高 50%。在河势观测、防洪工程质量检查方面也有明显进步。

（作者单位：河南黄河河务局干部学校）

2014—2015 一等奖

加强水利信息化人才队伍建设的思考

朱振晓

水利信息化是转变新时期治水思路，实现水利现代化发展的先导因素。“十二五”时期，我国水利信息化建设取得了较快发展，行业信息化水平不断提高，在防汛、抗旱、抢险救灾中发挥了技术支撑作用。但不可否认，我国水利信息化建设起步较晚，与其他行业相比还存在一定的差距，尤其是在人才储备和人才培养方面差距明显。目前，水利信息化人才匮乏已经成为制约水利信息化发展的“绊脚石”，因此探讨和研究我国水利信息化人才队伍建设相关问题，对于推动水利信息化进程具有重要意义。

一、水利信息化人才队伍建设存在的主要问题

（一）缺少既具备水利专业知识又精通计算机技术的复合型人才

水利行业有其自身的特殊性和复杂性，它涉及水文、地质、测绘、生态、环境、工程建设等众多领域，专业性强。同样水利信息化建设的内容也具备广泛性和专业性，其中融合了计算机科学、水利专业知识和水利行业管理等多方面的知识。即使是常规的水利勘测设计应用软件都会让许多实力雄厚的软件开发公司望而却步。

因此，无论是高水平 IT 从业人员，还是顶尖的水利专家，都受专业知识的局限，无法在水利信息化建设中大展身手。这一特点决定了在水利行业中的信息化人才应当是既具备水利专业知识又精通计算机技术的复合型人才。

然而，目前这类人才不仅严重匮乏，而且后继乏人。一方面，现有在岗的水利信息化人员绝大部分毕业于计算机相关专业，基本不具备水利专业知识；另一方面，在我国水利类高校中，计算机课程历来只是作为一门基础性课程，没有更高的专业要求，目前，仅有少数几所高校开办了水利信息化管理类专业。“专才”过剩，“通才”难找，这也是困扰各个行业的普遍问题。

（二）结构失衡，呈两头小中间大的“梭型”结构

信息化人才主要由三类构成：一是高精尖人才，他们是信息化的领导者和推动者；二是管理类和技术应用类人员，他们是信息化建设的中坚力量；三是执行层人员，他们是信息化工作的基础人员。

目前水利信息化人才队伍呈现两头小中间大的“梭型”结构，即高精尖人才及执行层人

员较少,而管理类和技术应用类人员较多,这种结构不利于发挥人才队伍的效率。

一是水利信息化建设决策者们大多缺乏信息化知识，而他们往往是决定信息化项目是否上马,以及进行哪项信息化项目的关键,从而导致信息化建设项目决策效率降低。

二是处于“金字塔”顶端的“高精尖”专业人才“一将难求”。水利信息化建设不是简单的业务流程再造,而是利用现代信息技术,对水利工作方式和运作模式进行创新和再造,领军人物的缺乏无异会使项目的推进大打折扣。

三是缺乏大批素质较高的执行层人员。水利信息化建设决不仅仅是信息技术部门的任务,它需要大量相关业务人员和全体从业人员的大力配合。

众所周知,开发和建设信息化系统的根本目的是为了提高工作效率,如果我们拥有世界一流水平的信息化系统而无人使用,那么信息化建设根本无从谈起。因此,尽快改变水利信息化人才队伍结构,培养高精尖人才,实现全员信息化是当务之急。

(三)培养滞后,培养模式不尽合理

水利信息化人才的培养对水利信息化建设发展具有深远的影响。没有建立规范化、制度化、系统化的培训体系是造成水利信息化人才培养滞后的原因之一。

一是水利全系统范围内的信息化专业培训和业务交流机会较少，如水利部公布的2013~2015 年度面对水利行业的计划培训班及备案管理培训班中均没有针对信息化人才的专门培训,与系统外的合作和交流也相对较少。

二是培训缺乏系统性。目前针对信息化人才的培训多是为完成某项信息化项目而专门举办的单一的、专项培训,参训者可以顺利完成某项信息化工作,但是培训所得的知识都是零散的,不成体系,无法做到触类旁通,缺少系统培训。

三是缺乏针对高层决策者的信息化培训。水利行业的领导干部中从事信息化工作出身的较少,而这部分人员却恰恰是信息化工作的领导者和决策者,针对他们的信息化培训,不仅有助于推动单位信息化工作的开展,更有助于推动全员信息化的实现。

此外,没有对信息化人才进行分类、分层次培养,使得培训针对性降低,培养质量不高。

(四)职业生涯发展前景不明,人才流失严重

良好的职业生涯发展前景是吸引人才的重要因素。在水利行业,信息化人才队伍的成长通道不畅、职业发展前景不明,导致人才流失严重。

从行业内部看,在水利企事业单位中信息化部门的地位和受重视程度普遍较低,大部分单位将信息化部门同财务、人事等部门一同列为管理部门,甚至有的单位简单地将其与后勤服务部门等同对待,这使得信息化部门的作用被低估,信息化人才在单位内部缺乏发言权,职务晋升存在“玻璃天花板”现象,也没有专门的职称评审系列,这些都影响着信息化人才的自我实现。

从行业外部看，水利行业属于基础性行业，从业人员人均收入较低。从国家统计局2014年首次发布的《2013年分行业分岗位就业人员年平均工资》可以看出，水利、环境和公共设施管理业就业人员年平均工资42126元，属于下游水平；而信息传输、软件和信息技术服务业的收入最高，为93044元，是水利行业的2倍多。较大的收入差距，不明朗的职业发展前景，这些都是水利信息化人才流失的重要因素。

二、加强水利信息化人才队伍建设的思考

（一）以水利高校为依托，培养复合型信息化人才

培养复合型信息化人才，是水利信息化建设的当务之急。高等院校，尤其是水利类院校应当肩负起培养水利信息化专业人才的重任。

目前，我国大部分水利高等院校虽然没有专门的水利信息化类专业，无法直接输送水利信息化人才，但基本都开设有计算机专业，而且师资力量、科研水平和教学设施都较为充足和完备。在此基础上，建议各高校在认真调研的基础上，根据水利信息化建设的需要调整人才培养目标，加大课程改革力度，在教学计划中增加信息技术和信息化课程的比重；积极呼吁在本科生教育中开设水利信息化专业，在研究生教育中增设水利信息化研究方向；积极鼓励水利类专业学生选学计算机类课程，申请信息技术类第二学位。

通过专业方向上的变化和课程体系的改革，加快水利院校信息化人才培养模式的变革，培养出水利信息化建设真正需要的复合型人才。

（二）制定水利信息化人才规划，打造“金字塔”形人才结构

合理的人才结构和人力资源储备，是一个国家或行业获得可持续发展的原动力。最合理的人才队伍应该呈现典型的“金字塔”结构，即顶尖人才或者决策者最少，次之是管理类和技术应用类人才，人数最多的是执行层人员。

显然，“梭型”人才队伍结构已经不能适应水利信息化的发展。水利各级部门，应当充分认识水利信息化人才队伍结构失衡对今后信息化发展的影响和制约。在今后的工作中，各级部门首先应加强对现有信息化人才的调查和分析，定期研究水利信息化发展的现状、前景以及对各类人才的需求，特别是对近几年重点信息化项目的人才数量、学历结构、人才流动等进行统计、分析，清楚掌握信息化人才的供需动向。

其次，要在此基础上，制定合理的、动态化的信息化人才规划，做到引才用才有的放矢。既不片面追求“高精尖”人才，或者非“千人计划”“万人计划”人才不引，也不能“过度”求才若渴，没有原则的降低用人门槛。人才结构的调整非一朝一夕，要找准目标，合理规划，徐徐图之。

（三）建立继续教育制度，打造信息化人才分层次培养模式

信息技术瞬息万变，通过学历教育所获得的知识显然不能满足实际工作的需要，因此不断加强学习是全体水利信息化从业人员更新、补充、拓展和提高专业知识，完善知识结构，适应信息化建设要求的重要手段。

水利信息化建设的任务重、时间紧，大部分从业人员没有时间到高校进行系统学习的，而零散的、个别的培训课、培训班显然无法做到全员化、制度化和系统化，因此建立类似会计从业人员的强制性继续教育制度是水利信息化人才队伍建设的必然要求。

水利信息化人才的继续教育应打破传统的讲授式学习形式，采取专题讲座、现场研讨和在线学习相结合等多种方式，形成效率高、内容新、针对性强、形式灵活的培训特点，以有利于从业人员快速学习新知识、新技术，掌握新技能、新方法。应建立继续教育约束和激励机制，要求所有信息化从业人员定期参加继续教育，并将参加继续教育的情况与人员考核相结合，以有利于水利信息化人才队伍整体素质的提升；应构建分层次的人才培养模式，对高精尖人才、管理和技术类人才、执行层人才分别制定不同的学习内容，因材施教，以有利于提高人才培养的针对性。

（四）优化人力资源配置，建立水利专业和计算机专业人才相结合的工作模式

人才培养不是一蹴而就的，在当前水利信息化人才匮乏的环境下，应当积极探索和创新工作方式方法，充分利用现有的人才资源实现效率最大化。将水利专业和计算机专业人员相结合的工作模式，得到了大多数信息化部门的认可。这种工作模式以项目小组或项目团队的形式存在，以计算机专业人才为主，配备相应领域的水利专业人才，成员之间通力合作，共同完成项目。这样既可以发挥人员自身的专业优势，又可以通过互补，形成团队合力，弥补各自在非专业领域上的缺乏。

这种工作模式，对小组或团队成员的交流和沟通能力提出了较高的要求，可以说沟通的顺畅与否决定了项目实施的成败。因此，为了加强团队成员之间的沟通，还有的项目小组加入了“协调者”这一角色，通过他来实现信息的汇总、交换和传播。

这种“三结合”的模式，对于大型项目实施有一定的推动作用。但是，必须指出的是，这些新颖的工作模式仅仅是权宜之计，最根本的解决办法还是应当大力培养复合型专业人才。

（五）建立和完善人才评价和激励机制，激发水利信息化人才活力

人才评价和激励机制对于建设和开发一支高素质的人才队伍具有重要意义。在水利信息化人才队伍的建设中，应当根据水利信息化人才的特点，结合实际工作，创新评价手段，提高评价质量，积极发挥人才评价和激励机制的导向作用。

一是要实行科学的水利信息化人才考评政策，切实改变重学历、轻能力，重职称、轻业绩的传统观念。要在岗位分析的基础上，制定针对性的岗位评价指标，不能单纯用其他从业人员的考核标准来评价信息化从业人员。

二是要坚持精神奖励与物质奖励相结合，以精神奖励为主，物质奖励为辅，建立起适合的绩效考评、薪酬分配和竞争机制，积极营造适合水利信息化人才的竞争和激励氛围。

三是要打造“团队”文化。信息化项目实施的特点决定了它们的组织通常是以项目小组或团队的形式存在的。在工作中，推行团队文化，有助于充分发挥和调动团队所有成员的集体智慧，提升团队成员的凝聚力、责任感和对组织的忠诚度，从而能够更好地激发人才活力。

随着信息化与传统水利行业的深度融合，水利信息化建设迅猛发展，同时也对水利信息化人才提出了更高的要求。加强水利信息化人才队伍建设，培养和造就一支熟悉水利信息化知识的多层次、高素质的人才队伍，对于打破水利信息化建设过程中的“瓶颈”，早日实现水利信息化建设的宏伟目标具有重要意义。

（作者单位：水利部水利水电规划设计总院）

务实创新 完善规范
海委全面推进干部自主选学工作

王苗娣 张 扬

近年来,中央从全面推进新时期党的建设新的伟大工程、加强党的执政能力建设和先进性建设的战略高度,对当前和今后一个时期的干部教育培训工作做出了一系列部署。中央新一轮大规模培训干部战略部署和《2010-2020年干部教育培训改革纲要》提出,建立组织调训为主、自主选学为辅的干部参训机制,把组织要求和干部个人需求结合起来,推行干部自主选学,鼓励干部自愿参训,逐步扩大干部选择培训机构、培训内容、培训师资、培训时间的自主权。2012年,针对干部培训达标率低,工学矛盾突出等问题,按照水利部的统一部署,海委全面推进干部自主选学工作,近四年来海委干部自主选学工作逐步完善规范,得到了广大干部的一致认可,有效地调动了干部学习培训的积极性,培训效果显著。

一、基本情况介绍

(一)推行干部自主选学的重要性和必要性

干部教育培训是建设高素质干部队伍的先导性、基础性、战略性工程。水利部高度重视干部教育培训工作,明确了各类干部的培训学时要求,建立起领导干部任职和教育培训相结合、单位和个人年度考核评优评先与教育培训相结合、专业技术人员技术职务评聘与教育培训相结合、新录(聘)用干部上岗与教育培训相结合的激励约束机制,有力地推动了干部教育培训工作的开展。

为适应海河水利事业发展对加强干部队伍建设的新要求,海委认真贯彻落实中央、水利部关于大规模培训干部的要求,开拓创新,真抓实干,干部教育培训工作取得了长足发展。但是,与水利部规定的学时制要求相比,各类干部人均年度培训学时与规定的目标仍有较大差距,培训达标率总体偏低。

推行干部自主选学,是中央、水利部对于干部教育培训改革提出的明确要求。自主选学是指各级干部在各部门、单位的管理指导下,可以自主选择培训内容和方式,将组织需求、岗位需求和干部本人需求有机结合,是组织调训的有益补充。推行干部自主选学,有利于各部门、单位合理安排干部学习时间,妥善解决工学矛盾;有利于干部自主选择学习内容和方式,激发学习型组织和学习型干部队伍建设,推动海河水利事业发展具有十分重要意义。

(二)开展干部自主选学工作现状

为贯彻落实水利部人事司《关于在部属单位全面推行干部自主选学工作的通知》(人事培〔2012〕2号)要求,海委于2012年8月结合自身实际,制定了《海委干部自主选学方案》(以下简称《方案》),并报部备案。几年来,海委自觉加大干部自主选学工作力度,提高干部自主选学工作水平。严格按照《方案》规范管理,推动干部自主选学工作有序开展,确保选学扎实开展,干部职工真选真学,避免选学工作流于形式。将网络选学作为自主选学的首要形式,充分利用中国水利教育培训网等骨干教育培训网的优质资源开展自主选学。2013年实现中国水利教育培训网面向海委全体处级干部开通。2014年以来,每年年初下发自主选学通知,明确规定干部年网络培训不低于50学时。并逐年扩大培训网覆盖面,2016年全委约60%的干部开通账号,在线学习人数和人均网络培训学时在部直属单位中位列第一。另外海委全体部管干部参加了中国干部网络学院全年在线学习。此外,2015年通过书目选学、集体学习、专题讲座以及其他选学形式,海委近92%的干部参加自主选学,人均自主选学学时约达50学时/人,得到上级主管部门的充分认可。干部自主选学工作的开展全面扩大了培训范围,弥补了集中培训的诸多不足,实现了全委上下、各级干部广泛参与的良好学习氛围。同时,满足了学时制要求,提高了年度人均培训学时以及培训达标率。

二、主要做法

(一)领导重视,规范操作

全面推行干部自主选学工作是大力推动干部教育培训改革,拓宽培训渠道,扩大培训规模,进一步满足干部多样化学习要求的重要环节。海委高度重视干部自主选学工作,按照中央深化干部教育培训改革、创新教育培训方式的要求,切实把干部自主选学工作落到实处。《方案》明确干部自主选学的组织管理工作实行委人事处和委机关各部门、委直属各单位以及干部个人分级负责。即在委人事处统筹管理下,各级人事部门切实履行职责,认真组织,为本部门(单位)干部的自主选学提供相应的保障,干部个人树立终身学习理念,积极参加自主选学,不断提高个人的能力和素质。

《方案》将海委全体干部纳入自主选学范围,明确了各类人员的年培训学时要求,并对自主选学方式和内容以及各种形式的自主选学学时认定标准进行了规定,严格选学考核和登记,将干部自主选学情况计入干部培训档案并纳入干部个人教育培训情况考核。

委属各管理局根据自身情况,各自制定了本单位的干部自主选学方案,因地制宜积极开展干部自主选学工作,有力地推动了本单位干部教育培训工作。

(二)拓宽渠道,丰富形式

《方案》明确了自主选学的方式包括自选培训班、专题讲座、自学指定书目、网络培训等多种形式。目前,海委自主选学主要以网络培训、专题讲座、集体学习和自学指定书目四种形式为主。

自主选学工作开展以来,部分干部对自主选学工作的重要性和必要性认识不足,拖延被动,学习效果大打折扣。对此海委进一步加大自主选学工作重要性和必要性的宣传和动员力度,提高干部自主选学的主动性和积极性。将网络选学作为自主选学的首要形式,充分利用中国水利教育培训网等骨干教育培训网的优质资源开展自主选学。在2012年年底试用的基础上,2013年上半年海委在全系统大力推广应用中国水利教育培训网。中国水利教育培训网在海委开通以来,学员学习热情普遍较高,积极利用平台开展自主选学,学员反映教育培训网培训内容丰富,学习形式便利,培训效果较好。2013年以来,利用中国水利教育培训网陆续完成了处级干部学习贯彻党的十八大精神轮训和学习贯彻习近平总书记系列讲话精神集中轮训,开展了党的十八届四中全会、五中全会精神和“两学一做”学习教育专题网络培训。此外,干部可以根据自身需求,合理安排时间选择自己感兴趣的课程进行学习,真正由被动学习变为主动学习。

另外,每年年初海委人事处会结合干部职工的学习需求,会同有关部门举办海河讲堂系列讲座,内容涉及政治、经济、社会热点难点以及水利知识更新等多个方面,鼓励干部职工积极参加。各部门(单位)也结合自身工作需求,定期组织本部门(单位)干部职工开展政治理论学习和业务培训。人事部门每年年初发布自学书籍(教材)目录,干部个人自主选择阅读学习指定书籍(教材)。海委人事处在机关阅览室设立了“自主选学书架”,提供《方案》推荐书目中的部分书籍供职工借阅。

通过采取以上四种灵活多样的自主选学方式,最大限度地缓解了海委干部工学矛盾,干部个人可以根据自身工作实际,科学合理地安排学习内容和时间,最大限度地保证了学习时间和学习效果。

(三)强化管理,务求实效

为充分发挥中国水利教育培训网的作用,海委建立了联络员制度,层层抓好落实。要求机关各部门,直属各单位指定一名职工为本部门(单位)联络员,具体负责本部门(单位)职工网络在线学习相关事宜,协助委人事处做好海委教育培训网管理工作。同时,对学员参加在线学习提出了要求,要求学员高度重视网络在线学习,拟定在线学习计划并报委人事处备案,学习课程必须通过考试后才能取得相应学时。委人事处还将对各部门和单位参加在线学习情况进行定期统计分析,并在一定范围内通报。

在举办每一期海河讲堂讲座之前,都会在政务内网发布政务公告,并提前一天电话通知各部门(单位)负责人,确保干部职工都能了解到讲座信息,并做好组织管理工作,严格按照讲座当天签到表登记学时。

规定各部门(单位)组织的集体学习,必须在学习后一周内报委人事处登记备案后才能算作学时。

人事部门每年年初发布自学书籍(教材)目录,根据书籍内容和难易程度核定每本书的折算学时。干部职工自主选择阅读人事部门指定书籍(教材)的,必须通过人事部门组织的考试考核,才能登记相应学时。

本着“宽进严出”的原则,将宽松的培训方式与严格的考核管理有机结合。对干部自主选学情况进行严格考核。确保选学扎实开展、干部职工真选真学,避免选学工作流于形式。

(四)完善机制,落实“四结合”

加强干部教育培训的激励和约束机制建设是深化干部教育培训工作制度改革、激发受训主体的内外活力、切实提高干部教育培训工作效益的根本需要。海委依照水利部印发的《关于进一步完善干部教育培训激励约束机制的意见》(水人事〔2011〕116 号)要求,充分发挥单位、部门、干部职工以及培训机构的作用,努力形成干部自主选学工作的整体合力,2014 年全面实现教育培训激励约束机制建设的“四结合”即:教育培训与新录(聘)用干部上岗、与领导干部任职、与专业技术人员技术职务评聘、与年度考核评优评先相结合的激励约束措施,强化对领导班子和各级干部教育培训情况考核,激发和调动干部职工参与自主选学的积极性和主动性。

三、存在的主要问题及建议

海委自主选学工作经过几年的发展得到不断改进和完善,但是在以下几方面还存在一定的问题:

(一)部分干部网络选学的自觉性不足,积极性有待进一步加强

部分干部对培训的认识仍局限于传统的集中讲授,作为新型的培训形式,网络在线学习还未形成一种自然习惯,刚开始是靠规定或活动进行学习,网络选学的自觉性不足。另外,水利教育培训网上课程资源主要以公共课为主,水利专业课程相对匮乏,课程针对性比较欠缺。

(二)书目选学力度不够,干部参与度有待进一步加强

目前,由于缺乏学时硬性规定,作为自主选学中一种重要形式的书目选学力度不够,干部参与积极性不高。海委人事处在机关阅览室设立的“自主选学书架”,干部借阅次数较少,书籍流通程度不高,年末参加书目选学考试的干部人数也较少,书目选学尚未发挥应有的作用。

(三)答题活动略多,部门(单位)集体学习学时认定较为宽松

近年来,每年上级部门以及本单位组织的各类答题活动比较频繁,折算学时较多并占据了总学时的相当一部分,进而影响到干部参加其他形式培训的积极性。同时,每年个别部门(单位)组织的集体学习次数较多,折算学时过多,由于人事部门人手有限导致相关监督审核力度不够,学时认定条件较为宽松,获取学时的真实客观性有待进一步考量。

针对目前存在的问题,下一步应当继续加强宣传,进一步加大网络选学力度,充分利用中国水利教育培训网现有丰富教学资源进行选学,同时积极总结在选学过程中遇到的问题,及时反馈,推动培训网更快更好地发展,为干部提供更为广阔的网络选学空间。进一步加强书目选学力度,必要时可以指定必选书目,并规定学时达标要求,进而强化干部参与积极性。针对各类答题活动和个别部门(单位)组织的集体学习次数较多,折算学时过多的问题,可以考虑设置最高折算学时限制,超过限制后将不再计入总学时。通过采取以上措施,推动海委自主选学工作进一步扎实有序开展,进而得到干部的广泛认可。

(作者单位:海河水利委员会人事处)

立足“三个服务” 实施“人才治水”努力加快水务人才队伍建设

——乐山市水务行业人才队伍建设情况调查报告

罗立荣

为全面了解和掌握全市水务系统人才队伍建设实际情况，找准全市水务系统人才队伍建设中存在的难点和薄弱点，提出方法和对策，破解突出问题，实施“人才治水”，加快水务人才队伍建设，更好地服务于水务各项事业的发展。根据全市水务发展的新形势，紧紧围绕“服务经济、服务民生、服务生态”的主题，我们通过填报统计表、调查问卷、到区县会议座谈、实地走访等形式，对全市 11 个区(市、县)水务系统人才队伍建设情况进行了认真细致的调研，在收集资料、总结分析的基础上，现就全市水务系统人才队伍建设情况报告如下：

一、全市水务系统人才队伍建设的基本情况(略)

二、全市水务系统人才队伍建设存在的主要问题及成因

近年来，全市水务系统在人才队伍建设方面做了大量卓有成效的工作，干部队伍素质有所提升，工作积极性明显增强。但从全市水务人才队伍的整体现状来看，还存在以下四个方面的问题亟待解决：

(一)基层人才匮乏，整体素质偏低，难以适应现代水务事业的发展形势

主要表现在：年龄结构老化，文化程度偏低，工勤技能人员偏多，专业技术人才严重缺乏。究其原因主要是水利工程管理单位体改前，受当时人事政策及其他观念的影响，招聘录用的门槛过低，条件要求不高，致使一些文化程度不高、专业不对口的工作人员进入了水利队伍，而现在人员庞大，人浮于事的现象十分突出，加之目前事业单位编制紧缩、调整，招聘制度的逐步规范，导致大多数单位近些年不能招聘专业技术人员，疲于消化编制，进口不畅，出现人员断层现象。

(二)管理体制滞后，身份编制制约，难以适应现代水务事业的发展要求

主要表现在：管理体制滞后，人才流失严重，人员编制局限性强，积极性不高、工作效率低下。从调研及数据分析情况看，全市水务系统管理处于相对滞后状态，由于实行了水务体

制改革,“一龙管水”,水务系统的工作职能不断增大、专业技术的要求不断提高,行政执法力度要求更严,防汛抗旱工作的重性日益突出,水资源和水生态的监管形势严峻,而从事这些繁重的工作任务,就需要高素质的管理人才和更加专业的技术人才,一些区县水务部门近年来很难招聘到水利专业的高校毕业生,导致水利专业人才青黄不接。同时严格的编制、身份等问题的制约,使得优秀人才得不到正确合理的使用,各单位虽然根据实际情况采取了混岗使用,但同工不同酬的现象,难以充分调动其工作积极性,直接影响了现代水务事业的发展。究其原因还在于编制体制和管理体制上。

(三)供给待遇偏低,社会保障不均,难以解决现代水务事业发展的后顾之忧

主要表现在:困难单位和职工财政供给不足,待遇偏低,企业职工保障不均衡。从全市水务系统目前的情况来看,一些比较困难的单位系公益性、服务性的事业单位,又属于财政差额拨款,主要集中反映在水库和少数基层水利电力管理站。小型电站等企业单位,由于当时体改的不完善,导致在运行过程中,受多方因素及防汛抗旱形势的影响,不能正常运转,导致单位亏损,职工工资出现较大缺口。同时在养老保险,医疗保险等保障上出现不均,在职人员在岗时基本实行事业单位标准,而退休后却只能拿企业的退休保障标准,随着这部分职工临近退休,后顾之忧显得日益突出。

(四)理想信念淡化,主动创新欠缺,直接影响现代水务事业的发展大局

主要表现在:个别干部职工理想信念不坚定,工作态度不积极,创新奋进不主动,工作作风不扎实。近年来,虽然通过对干部、党员进行先进性教育、科学发展观、党的群众路线等系列教育实践活动,干部职工队伍的整体素质总体上有了较大的提高、大多数干部职工都能正确处理好国家、集体和个人之间的利益关系,尽职尽责地完成自己的本职工作。但是在水务系统干部队伍中还存在以下影响现代水务事业发展大局的现象:

一是理想信念不坚定。干部中普遍存在“要我学”的思想,而“我要学”意识很淡薄。部分干部职工理想信念动摇,宗旨意识淡化。认为讲政治就是论大道理,学政治就是学老一套。个别党员干部无应有的基本觉悟,混同于一般群众,甚至连一般群众的思想境界都达不到,

只为满足自己私利,违法违纪,损害党的形象。二是工作态度不积极。机关和下属单位干部职工中存在工作年限长,拥有丰富工作经验的老同志,由于年龄较大,临近退休,工作热情不高,不注重知识更新,不愿学习;中青年干部,原本就是水利行业的行家里手、主力军,但因制度、身份、编制等因素,有些任职时间长的感到提升无望,工作激情减退、责任心淡漠;而刚进入水利行业的年轻干部,虽然对水利事业注入了新的活力,工作主动性强,但业务不精,而随着时间的推移,业务熟练了,却仍停留于同一岗位上,热情也有所下降,自我感觉才能无法全部施展,对工作渐渐出现应付状态,“无过就是功”的思想致使工作积极性不高。三是创新

奋进不主动。一些干部职工缺乏事业心和责任感,上进心和进取精神不足,没有忧患意识和创新精神,不善于研究、总结规律,在工作中只是靠老本吃饭、凭经验办事,习惯于按部就班的工作,习惯于做眼前的工作,而不注重自身业务素质知识的拓展延伸,即使组织选送其培训,回来后,也只停留于表面,没有做到学用结合、学以致用。四是工作作风不扎实。个别干部还有一定的"官僚"作风,对待工作不负责任、思想作风不踏实、服务态度不好,存在科室之间、岗位之间相互推诿扯皮、推卸责任,办事效率低下的现象。

三、加强全市水务系统人才队伍建设的对策及建议

针对以上分析的问题及成因,要加强全市水务系统人才队伍建设,更好地发挥干部职工的主观能动性,使干部职工始终保持锐意进取、奋发有为、敢于担当的精神状态,立足"三个服务",使人才成为服务现代水务事业强有力的支撑,做到用好权、履好职、干实事,应注重加强以下几个方面。

(一)培养坚定理想信念,提升干部自身素养

习近平总书记指出,理想信念坚定,是好干部第一位的标准,理想信念是共产党人精神上的"钙",理想信念不坚定,精神上就会"缺钙",就会得"软骨病"。当前在全市水务系统部分干部职工中存在着理想信念、宗旨意识淡薄,缺少精神支柱,萎靡不振无所求、不思奉献争名利的"庸、懒、散"现象,究其根本原因就是理想信念不坚定。理想的滑坡是最致命的滑坡,信念的动摇是最危险的动摇。加强干部职工队伍建设就要管好思想道德,强化理想信念教育,引导党员干部坚守精神家园,做靠得住、信得过、能放心的好干部职工,这是人才队伍建设的根本。

一是突出党性修养和作风养成教育。加强干部党性修养,树立和弘扬党的优良作风,就必须教育干部树立正确的世界观、人生观、价值观,坚定理想信念,增强宗旨意识和责任感,切实维护党的团结统一,自觉同党中央在思想上政治上行动上保持高度一致,树立正确政绩观,求真务实、埋头苦干,讲实话、办实事、求实效,努力做出经得起实践、历史检验的实绩。

二是加强对干部职工经常性的思想教育。经常性的思想教育也是干部职工教育的重中之重,要突出个性化教育,根据不同层次、不同岗位干部的特点,紧密联系干部的思想和工作实际,采取多种形式对他们进行教育,真正做到入情入理、入脑入心。要注意随时掌握干部职工的有关情况,当干部职工遇到困难、受到挫折时,及时做好他们的思想工作,以情感人,和谐处事。要敢于并善于开展批评与自我批评,努力形成讲党性、不讲私情,讲原则、不讲面子,团结一心干事业的良好风气。

三是对干部职工出现的苗头性问题早提醒早教育。政治上的关心是对干部职工最大的

关心。对干部职工身上的苗头性、倾向性问题要及时“咬耳朵”“扯袖子”，提醒干部守住做人、处事、用权、交友的底线，守住政治责任和政治生命线，是对干部的爱护而非苛求。

（二）创新人才选用机制，科学有效管理人才

选人用人关乎事业兴衰成败。选对人，凝聚人心、鼓舞士气、百业俱兴；选错人，涣散人心、带坏风气、贻误发展。坚持党管干部原则和正确用人导向，充分发挥党组织在选人用人中的领导和把关作用，做到选贤任能、用当其时，知人善任、人尽其才。

一是创新人才选拔、勉励机制。深化干部人事制度改革，规范人才选拔程序，引入竞争机制，促使优秀人才脱颖而出。加大竞争性选拔人才力度，丰富竞争工作载体，扩大竞争领域，形成独具特色的竞争性选拔工作体系。通过广推优选、公开选拔、竞争（竞聘）上岗等方式，公平、公开、公正的地选拔人才，提高选人用人的公信度和满意度，激发人才队伍的活力。

二是引入定性与定量相结合的方式考核人才。我市水务系统对干部职工的考核主要是执行统一的目标与绩效考核模式，而无定量明确的细化量化标准，实际操作性不便，使考核激励作用得不到应有的发挥。应根据单位实际进一步建立完善定性与定量相结合的方式干部考核制度，重点加强对干部的日常考核、分类分级考核、专项考核和年度考核，围绕完成年度工作目标和履行岗位职责等情况，注重在应对重大事件、完成急难险重任务中考察、识别干部，全面了解干部的德、能、勤、绩、廉，并以具体细化的标准，分别确定年度考核目标值，综合量化考核结果，要把考核结果真正作为干部选拔任用、培养教育、管理监督和激励约束的重要依据，同时还要与绩效工资、目标管理进行挂钩。

三是拓宽人才轮岗、交流、上挂成长渠道。关注优秀干部的成长，对在同一岗位任职时间长的领导干部，特别是对一些重要岗位的中层领导干部，要实行跨科（股）室交流。把干部交流同培养使用结合起来，形成正确的政策导向。妥善解决干部交流工作中的各种实际问题，完善配套政策，严肃干部交流工作纪律。有计划地推荐选派年轻优秀干部到上级机关和市、区县挂职锻炼，不断增强任职经历和阅历，对在上挂、下派中表现优秀、成绩突出的干部要尽可能优先提拔使用。

四是加大不适宜担任现职领导干部的调整力度。实行干部退出机制，动真格推动干部能上能下、能进能出、动态调整。经组织考察、考核，认定其德才素质、现实表现与所担任的职务的职责要求不相适应，不能履行或不能正确履行岗位职责的干部，要采取多种方式进行组织调整。要坚持定性与定量标准相结合，根据不同情形合理界定不适宜担任现职干部。对基本素质较好但不适宜担任现职的干部，及时调整到合适岗位；对事业心和责任感不强、不胜任和不称职的干部，及时进行组织调整；认真执行责任追究制度，对失职干部严肃问责。以能上能下推动治理“庸、懒、散、慢、浮”，让平庸的干部下得来、让得开，让优秀的干部补得进、上得去。真正做到“让想干事的人有机会、能干事的人有平台、干成事的人有地位”。

五是加强非领导职务干部管理。研究制定《科级非领导职务干部管理办法(试行)》,切实加大科级非领导职务干部的教育、管理、使用,充分发挥科级非领导职务干部的作用,不断促进科级非领导职务干部转变作风,增强其工作的主动性、积极性。要根据工作需要和非领导干部的个人特点安排适当工作,明确其岗位职责,加大对科级非领导干部的培养、考核、奖惩及使用力度。

六是加强对机关直属单位干部的管理。建立健全机关直属单位干部的管理办法,进一步明确管理权限,加强对直属单位所有正、副职干部的管理任用。同时选拔优秀的基层干部到局机关任职、代职锻炼,熟悉业务流程,不断增强其工作经验。

(三)紧贴水务改进培训,更新知识增强技能

水务系统的干部要有所作为,要适应现代水务的发展,就必须加大对水利人才的培训培养力度,建立一个全面适应水务系统技能人才成长和培训制度体系,这才是"人才治水"行之有效的方法。

一要将人才队伍培训工作制度化、定期化。全市水务系统要将培训工作纳入党组(党委)的中心议题,科学合理制订培训计划,有组织、有计划地安排定期培训,努力提高干部的综合素质和解决复杂问题的能力。

二要紧贴水务实际,形成独特高效的人才培训机制。要以训精技,分门别类办好培训,针对水务工作实际,因弱施教,学以致用。要合理地掌控和把握培训的总体目标,通过培训,实现普通水利工人向水利技工的转变,一般水利技工向中高级技工的转变,专业技术干部向专家型、带头人上发展,单一型的人才向复合型人才的转变,综合技能人才向高层次管理人才的转变。

三要完善水务系统人才培训激励与评价体系。坚持"以水务技能为导向,以工作业绩为重点,看重职业操行和职业知识为主流"的人才评价体系,做到"培训后能立即用,用到岗位能胜任本职业务",真正把培训中的精英、骨干用在重要的岗位,发挥更大的作用。这样就会改变"培训无用,搞过场,走形式"的现象,使广大干部职工能充分认识到知识更新、技能提升的重要性,做到学有榜样、赶有目标。

(四)优化机关人力资源配置,合理调整理顺关系

创新机关运作机制,激活现有人才队伍活力。以解放思想为先导,以稳定和稳妥为原则,按照"机构设置、领导职数不变,整合相同职能;优化人才配置,创新服务提高效能"为目的。强化大局观念,探索推行"大科(股)室制",对职能相近科室进行精简整合,集中优势资源,充分发挥团队力量,进一步提升水务服务效能和水平。

一是理顺部门之间关系。(略)

二是归并部门内部职能。(略)

(五)发挥水利学会优势,构建科研平台,服务水务(略)

(六)科学合理规范制度,依靠制度检查监督

严格监督,让干部不敢懈怠、不敢失责。没有监督的权力必然导致腐败。严是爱,宽是害。要围绕“主动监督、关口前移”的工作思路和“以教育为主、预防为主”的原则,进一步完善制度,不断强化对干部的日常监督。

一是突出监督重点。以加强对领导班子和科(股)级领导干部个人的监督为重点,不断规范议事、决策行为,完善决策机制,强化内部监督;围绕重大决策、重要干部任免、重大项目建设安排和大额资金使用等重点环节进行有效监督。对违反党纪政纪,存在工作不在状态、办事拖拉、推诿扯皮、效能低下,弄权渎职、“吃拿卡要”等方面问题的干部,尤其是对执行上级和党组重大决策不力,在经济和社会管理事务人为设置障碍,工作不落实、不作为、慢作为、乱作为,作风粗暴、造成群众上访和群体性事件的,要严格按照有关规定坚决从严问责。

二是拓展监督范围。既要监督干部“八小时内”的政治表现、工作表现,又要监督干部“八小时外”的生活作风等情况。建立干部“廉政台账”“作风台账”,做到全方位监督,不留“空白地带”。要把关口前移,加大干部任前监督力度,要向家属、同事、群众多方征求意见,通过民主测评、民意调查、民主推荐等方式把好干部“入口关”,对干部出现的苗头性问题,要通过谈话、函询或者诫勉等方式早提醒早教育,防止小毛病演变成大问题;跟踪考察,加大任中监督力度,认真落实任期经济责任审计制度,先审计,后离任;做到事前堵住、事中卡住、事后查处,全程监督。

三是严格执行报告制度。要落实重要情况报告、党员领导干部报告个人有关事项、个人述职述廉制度,增强领导干部主动接受监督和自我约束、自我防范的意识。严格执行干部述职报告制度、请销假制度及其他相关报告制度,进一步完善报告机制,对重大事件、紧急事件要按相关规定及时、主动、如实报告。对不严格执行报告制度、应报告而未报告以及对存在的突出问题不认真整改的,要对分管领导、科室负责人或有关人员进行诫勉谈话,情节严重的要给予组织处理。

四是运用监督成果。对发现的一些突出问题或“苗头性问题”,要运用组织教育、批评指正、谈话诫勉等手段,及时打好“预防针”、敲响“警示钟”,最大限度地保护干部。对被问责的干部,原则上半年内不得提拔重用。

(七)加强领导强化责任,履职尽责严抓善管

党组(党委)要增强责任意识,切实履行好管理人才的职责,这也是加强人才队伍建设的重点。党组(党委)要肩负起抓班子、带队伍的政治责任,组织(人事)部门要履行好管理干部的重要职责,把人才管理工作摆上更加突出的位置,充分认识新形势下进一步加强人才队伍建设的重要性和紧迫性,按照干部管理权限,建立健全工作机制,制定有效措施,明确责任,从严管理。

各级局机关和领导干部要以身作则，分级管理，把管理干部的要求落到实处。领导干部要切实履行好从严管理干部的职责，自觉担负起从严管理干部的政治责任，牢固树立抓干部管理是本职、不抓干部管理是失职、抓不好干部管理是不称职的理念。局领导班子成员要认真履行“一岗双责”，切实加强对分管部门单位领导班子和干部的管理和监督；部门单位主要负责人对班子成员和干部队伍，要敢抓敢管，严格要求，严格监督，不能一推了之。对干部队伍中出现的问题和错误，要及时批评教育，绝不能视而不见、不管不问。同时，建立人才管理工作责任追究制度。按照分级管理和“谁主管、谁负责”的原则，实行管理干部责任制，一级抓一级，一级带一级，把对人才队伍建设情况作为领导班子和领导干部考核评价的重要内容。对抓班子带队伍不力、所在班子成员和分管部门负责人发生严重问题的，本单位干部“带病在岗”问题突出、干部群众反映强烈的，严肃追究主要负责人的责任，要视情节采取责令停职检查、引咎辞职、责令辞职、免职等方式进行责任追究。

（作者单位：四川乐山市水务局）

浅谈水利工程技术人员的职业修为

高 辉

修为,指一个人的修养、素质、能力。职业修为,指一个人通过职场学习、锻炼、训练后可以达到的境界。每一位青年水利工程技术人员职业生涯的发展过程,其实就是一个自我修行的过程,而修为就是通过修行所能达到的境界。

水利工程技术人员修炼的方法不同、时间不同、自身潜力不同,所达到的修为境界也有所不同。对于水利工程技术人员职业修为的高低,社会上尚没有固定的客观标准。众所周知,水利工程技术人员行业有职称评审制度,但该制度发展至今,和现实状况有很大的脱节。笔者试将水利工程技术人员的职业修为分为四个阶段:初学入门、登堂入室、炉火纯青、登峰造极。不可否认,水利工程技术人员所处的阶段不同,其执业水平也有差异、得到的社会认可度也会不同。青年水利工程技术人员一般处于初学入门和登堂入室阶段,倘能不断地学习和锻炼,在水利工程技术人员实务中逐渐提升三种素养、掌握五种能力,完全有可能达到炉火纯青,甚至进而达到登峰造极的境界。

一、提升三种素养

水利工程技术人员职业修为的四重境界就是水利工程技术人员素养提升的过程。所谓水利工程技术人员的素养,笔者将之概括为职业素养、专业素养和综合素养三个方面。职业素养是同水利工程技术人员的职业活动紧密联系的符合职业特点所要求的道德准则和行为规范准则。专业素养是水利工程技术人员提供水利行业服务所必须具备的专业能力和水平。综合素养,是从事水利工程技术人员职业所应具备的各项职业要求。

(一)职业素养

提升职业素养,就是作为水利工程技术人员要知道哪些能做,哪些不能做,知道水利工程技术人员行业的禁忌。质量和安全是水利工程技术人员执业的基础,因此,水利工程技术人员必须坚持以科学发展观、可持续发展为核心来思考问题,并围绕这个核心开展工作。水利工程技术人员职业素养中最重要的就是遵守工程伦理准则,具备良好的工程伦理观。我们现在提出的水利工程已从原有单一的工程构筑物转变为涵盖全面的生态水利工程,这要求水利工程技术活动要“热爱生命,尊重生命,保护环境,节约水资源,使工程技术活动向有利于保护环境和维护生态平衡的方向发展,实现人水和谐”。这是对水利工程技术人员的新的道德要求。

我们在工程施工期间经常遇到设计变更问题，特别是施工单位采用不平衡报价中标的项目，大笔一挥对方可以实现利益最大化，但是我们是否考虑过后期建设的需要和生态环境的匹配？是否预防不利因素的影响？此时，我们的工程技术人员当时如果从全面分析的角度来对待设计变更，就会凸显出水利工程技术人员职业修为的境界。

水利工程技术工作是服务行业，水利工程技术人员切忌以自我为中心、高高在上，忽视相关行业的需求和感受。水利工程技术人员是从事服务为主的人，但不要以为水利工程技术人员就是经济利益的救世主，否则，很可能出现"水利工程技术人员出难题，服务对象吃苦头"的情况，长此以往，现有服务对象害怕你，潜在服务对象远离你，水利工程技术人员执业的空间越来越窄，工作的心情也越来越差，最终不得不黯然离开水利工程技术队伍。其实，水利工程技术人员吃点苦头、受点委屈不要紧，只要在满足工程质量和进度的前提下使服务对象的合法利益得以维护。

（二）专业素养

1. 水利专业素养

水利专业素养就是运用水利知识，包括水利原理、水利行业原则、水利行业规范，对水利现象(具体水情)进行分析、判断并得出结论的能力和水平。提升水利专业素养，就是提高水利工程技术人员对水利进行理解和应用的能力。关于水利专业素养，最基本的就是要以事实为根据，奉《水法》为至高无上之准绳。

(1)以事实为根据。在认定事实这一问题上，应分工程事实与客观事实。客观事实就是通常所谓的客观真实，是指实际存在的"原汁原味"的事实；工程事实则是所谓的工程真实，是在通过决策、项目建议书和可行性分析的先决条件下，即按照工程程序对客观事实的"再现"或者"复原"。如在具体设计工作中，现场勘探工程事实极为重要，特别在初设阶段。大部分情况下，工程事实不能等同于客观事实。 所以在工程技术的研究和实践中，追求真理、勇于探索、敢于攻坚、不畏艰难、尊重事实、坚持真理、修正错误等是最基本的要求。

(2)奉水法为至高无上之准绳。水利应当为公众利益服务，其反映的价值理念应当与大多数人的相一致，但不可能与所有人的相一致。如果每个人妄图让水利为个人创造价值，其结果必然是让更多的人对制度和法律产生不满。所以必须在《水法》的框架内尊重自然和历史规律，让水利更好为大家服务。如现在很多的老百姓为满足个人居家需求在防洪限制区域内修建违规违法建筑物，再加之地方部门对《水法》认识模糊，会形成不良影响。作为水利工程技术人员应当运用专业知识讲清其对下游行洪的影响和对自身的危害，严格按照相关程序予以拆除，恢复原状。

2. 非水利专业素养

非水利专业素养是指水利工程技术人员从事水利服务所需借助的某方面专业知识和能力。一个现代水利工程技术人员必然面临专业化选择的问题。水利工程技术人员职业也同样，什么都办的“万金油”水利工程技术人员不会成长为大水利工程技术人员，更不会成为大师。当一个水利工程技术人员意识到难以适应社会的发展和服务对象的高端服务需求时，就应该向专业化方向发展。专业素养要求水利工程技术人员不仅熟悉一般通用的水利法则，搞好水利服务和处理各种水事纠纷，更要求水利工程技术人员在某一水利领域有所专长，创新思维，如为单位提供工程管养、政策应用、施工管理、综合经营等方面的意见，担任某一单位某一专业领域的水利顾问。这些服务要求水利工程技术人员不但精于水利法规，还应对该专业领域的相关政策、发展动向有长期的跟踪和深入的理解，甚至需要水利工程技术人员对该专业领域的最新技术以及行业发展方向有较深的了解。同时，水利工程技术人员的专业性还体现在当他面对各类工程情况极其多样化和个性化的表达时，能够精确地识别、概括、提炼出核心问题与核心观点，并加以专业分析，给出自己的专业意见。

（三）综合素养

水利工程技术人员既是专业人，也是社会人。水利工程技术人员要在社会上生存、发展，除必须具备社会人所必须具备的基本职业要求，比如懂得运用水文化和基本的社交礼仪，知道如何与他人进行有效的沟通和交流等，还必须具备水利工程技术人员从业所必需的观察能力、思考能力、交流能力、学习能力、团队合作能力和文化修养等个人综合能力，适应不断变化的社会环境等，这些能力就是水利工程技术人员的综合素养。纵观水利师祖李冰治水之道：走遍蜀中，在岷江、沫水、洛水、绵水均留下他的足迹；他动员群众时借助宗教、神灵；他知天文、地理，勘察水情、水路时借助风水术；与江神要：“水竭不至足，盛不没肩”，积薪烧崖等是他独到的治水技术，涉及整体规划、施工方案、水位定量测绘；“冰乃操刀入水中，与神斗”身先士卒，忘我舍身，方可凸显他的综合素养和人格魅力。

二、掌握五种能力

那么，怎样提高水利工程技术人员的素养呢？具体来讲，要成为一名优秀的水利工程技术人员就必须掌握五种能力：水利专业能力、政治把握能力、学习沟通能力、构建信任能力、合作共事能力。

（一）水利专业能力

水利专业能力，就是水利的功底及专业化的程度，这是作为水利工程技术人员必须具备的基本能力。水利专业能力的核心是良好和训练有素的思维方式。有学者说“思维方式甚至比水利知识更为重要。因为水利知识可以随时学习，水利条文可以随时查找，但是思维方式却是要靠长期的专门训练才能养成的。”水利工程技术人员必须养成以下两点习惯性思维：

首先，水利工程技术人员作为水利人应具有水利职业思维，这是基础。所谓水利职业思维，是指水利工程技术人员运用水利原理、水利行业原则和规范对水利事务、现象进行认知、思考、评价和阐述的过程中所呈现的一种特有的思维方式。

其次，优秀的水利工程技术人员还必须具有批判性思维，这是特质。所谓批判性思维，指的是那种能抓住要领，善于质疑辨析，基于严格推断，富于机智灵气，清晰敏捷的日常思维。对于水利工程技术人员职业而言，批判性思维要求他在任何疑问面前，敢于打破权威、敢于独辟蹊径，寻求解决之道，并长此以往养成独立思考的能力。在水利工程技术人员眼中，没有必输和必赢的工程项目，水利工程技术人员就是要用批判性思维去思考，运用自己的知识和技能来找到这个点。当然，批判性思维并非仅仅是一种否定性思维，它还包括创造性和建设性思维——能够对一个工程项目给出更多可选择的解决途径，善于运用自己的综合能力和独立思考研究的结果，为单位提供更多解决问题的渠道和建议。

（二）政治把握能力

做一个成功的水利工程技术人员，必须要有灵敏的政治嗅觉，知道哪些该做，哪些不该做，懂政治但不介入政治，注意防范自身的风险。现实生活中的许多案例很深刻，值得我们深思，一些水利工程技术人员以身涉险、越雷区、触高压，最终被迫离开水利工程技术人员队伍。青年水利工程技术人员应引以为戒，从中吸取教训。如：2013 年 2 月 15 日 7 时许，临汾市洪洞县曲亭水库左岸灌溉洞出现大流量漏水，下游 10000 多群众紧急转移，但未及时采取工程措施，2 月 16 日 10 时许，水库坝体塌陷贯通过水，坍塌近 300 米，成为一起水库坝体塌陷较大事故，导致春节期间太原到运城，太原到离石，大同到西安等七条客运线停运。新疆乌鲁木齐市米东区联丰水库为小型水库。除险加固工程于 2012 年 9 月 15 日开工建设。2013 年 2 月 2 日 8 时许，水库发生溃口事故，造成 1 人死亡，18 人受伤。黑龙江省农垦海伦农场星火水库为小型水库。除险加固工程于 2009 年 8 月开工建设，2010 年 5 月完工，2010 年 10 月竣工验收，2013 年 2 月 2 日水库发生溃口事故。对两个水库事故性质，通报中均明确为责任事故。虽然对相关责任人物给予相应处理，但造成极大的负责影响。

（三）学习沟通能力

现代社会竞争日趋激烈，只有不断地学习研究才能力争上游。学习有自学和向他人学习两种，在良好的环境和氛围下，青年水利工程技术人员要虚心接受优秀水利工程技术人员的指导，善于运用已有的条件来努力学习，将每次现场实践都视为一次宝贵的学习机会，不断地学习不断地研究，一点一滴地慢慢积累。同时，青年水利工程技术人员还应注意向他人学习，向同事、同行学习，特别是向合作方水利工程技术人员学习。

此外，水利工程技术人员作为提供服务的一方，良好的沟通也是必不可少的。水利工程技术人员除应恪尽职守并尽到必要的勤勉义务外，还必须注意与服务对象进行良好的沟通，不仅让服务对象认同自己的管理和技术思路，更让服务对象体会到、意识到自己的努力过程。有的水利工程技术人员抱怨服务对象不信任，没有得到良好的配合，辛勤努力没有被服务对象看到，其结果反而被服务对象责怪。这并不能责怪服务对象，而应该从水利工程技术人员自身找原因：水利工程技术人员在工作中是否与服务对象进行了有效沟通？

（四）构建信任能力

水利工程技术人员在赢得服务对象的尊重和信任前，必须赢得领导、前辈、同事的尊重和信任。因为只有他们信任了你，才能成长和发展得更好更快。领导信任你，重要的任务托付你；前辈信任你，关键的节点依靠你；同事信任你，危急的时刻指望你。有了周围人的协助和支持，水利工程技术人员就有更多的精力和能力去应对各种疑难问题，帮助服务对象排忧解难。

谈到服务对象对水利工程技术人员的信任，以服务对象对水利工程技术人员的信任程度划分，大致上可分为三个层次，对应三种不同的境界。第一层次是接受，有服务对象给你机会。服务对象可以选择你，也可以选择别人，此时水利工程技术人员处于被动选择的地位，对应的境界是登堂入室，水利工程技术人员要生存和立足，至少应当被服务对象所接受。第二层次是满意，你的表现得到了服务对象的认可，服务对象认为你可以帮助其处理某些事务，遇到困难时会首先选择你作为水利工程技术人员。此时水利工程技术人员处于优先选择的地位，对应的境界是炉火纯青，炉火纯青的水利工程技术人员能经常令服务对象满意，不满意的情况少之又少。第三层次是感动，因为你的表现出乎服务对象的意外，取得其高度的认同，认为非你不可。此时水利工程技术人员处于唯一选择的地位，对应的境界是登峰造极。登峰造极的水利工程技术人员，不仅服务对象信任你，甚至连专家都信任你。

（五）合作共事能力

随着社会分工不断细化，水利工程技术人员单打独斗将很难在优胜劣汰的市场环境中立足，于是学会团队合作、学会与他人共事也成为青年水利工程技术人员成长必须具备的能力。在国际国内经济日益发达，交易规则日趋复杂的今天，社会的需求也趋向多样化。专业的服务对象有综合的需求，一个或几个领域的水利工程技术人员已难以满足服务对象的需要，因此水利工程技术人员必须与他人共事，共同为服务对象提供水利服务。延伸开来，专业所在提供服务的同时也需要相互合作，通过加强合作来实现共赢。既然是合作共事，必然要有求同存异的思维、先人后己的态度，在发生摩擦时能换位思考，肯吃亏，会忍让，这样才能齐心协力、共同提升。

三、达到四重境界

青年水利工程技术人员提升三种素养、掌握五种能力的过程，就是不断地修行、不断提高职业修为的过程。修行，简单说就是修正行为，不同的人有不同的修和不同的正，通过修行会得到不同的修为。修为在本质上是一种度的把握，以礼仪为先，仁义为上，信义为本，以中庸为最。顺时以不变为常，小变为辅。逆境则必求变。

同理，水利工程技术人员的职业修为在本质上是执业行为度的把握，主要从职业伦理角度思考：水利工程技术人员与同事、同行的关系处理，与对方服务对象的关系处理，与相关职业共同体的关系处理。其中需要解决不做与必做问题，先做与后做问题，需要养成水利职业思维及行为习惯。对这些问题的领悟，决定青年水利工程技术人员的成长速度和修为境界。

（一）初学入门

如前所述，青年水利工程技术人员在工作时，能够以事实为根据，奉《水法》为至高无上之准绳，养成以服务公众利益为思考问题之中心的思维习惯，并不得实施任何可能不利于服务对象的行为，则可谓是初学入门了。

（二）登堂入室

不一样思考，具备水利批判性思维，并能够处理好与服务对象的关系、处理好与同事、同行的关系，就是一名登堂入室的水利工程技术人员了。在这个阶段，水利工程技术人员最重要的是处理好与服务对象的关系，当你在自己认为竭尽所能维护服务对象之合法权益时，必须让服务对象也感受到你的努力和价值，如果你的行为让服务对象感到其利益受到了威胁，就超出了执业范围，就算不上登堂入室。

（三）炉火纯青

在登堂入室的基础上，水利工程技术人员不仅要关注公众的利益，也要关注各方的利益所在。只有这样，你才能制定和实现最有利于服务对象的解决方案，才能让对方和相关方接受你的意见。这样的水利工程技术人员不仅可为服务对象减少或避免损失，而且能为服务对象增加收益、创造价值。这是一流水利工程技术人员所为，也表示该水利工程技术人员职业修为达到了炉火纯青的境界。

炉火纯青的水利工程技术人员还有一个特点是总能让服务对象满意，因为他与服务对象之间已经建立起良好的信任关系，如前所述，这种信任使水利工程技术人员在职业生涯中，处于被优先选择的地位。

（四）登峰造极

一名水利工程技术人员如果不仅能赢得领导、同事的信任，而且能够赢得服务对象的尊重和信任，发自内心地愿意接受你的意见，你就已经把水利工程技术人员的职业作用发挥到极致，达到登峰造极的境界了。

这个阶段的水利工程技术人员经常能令服务对象感动，其建议成为服务对象决策的重要参考，能成功阻止服务对象可能产生不良后果的行为，与服务对象成为长期的坚定的合作伙伴。这个阶段的水利工程技术人员也能令大家折服，因为其高超的专业能力和娴熟的专业技巧，使整个项目可按照水利工程技术人员的思路进行。这个阶段的水利工程技术人员也能获得服务对象的尊重和信任，使得双方在工程办理或谈判时能找到各方利益的最佳契合点，达到工程项目利益最大化。

水利工程技术人员的职业发展要经过初学入门、登堂入室、炉火纯青和登峰造极四个阶段，虽然道路很漫长，但千里之行始于足下，相信拥有良好的职业操守的青年水利工程技术人员们，通过前辈、朋友的热心帮助、自己辛勤的努力，并把握住前进道路上合适的机遇，一定能够赢得成功，能够得到服务对象、同行敬重和信任，得到政府和社会的认可。希望青年水利工程技术人员们不断地耕耘和投入，少一份抱怨，多一份努力，不断提升和修行，早日达到职业修为的顶峰！

（作者单位：四川省都江堰人民渠第一管理处）

水利行业首席技师工作室创建模式和评估体系研究

郭唐义　余启银　孙军胜　谢红艳　边园园
张永凤　孔　政　黎冬萍　梁　雯

一、首席技师及工作室相关概念(略)

二、首席技师工作室的建设

首席技师工作室的建设包括制定建设方案、成立工作机构、选拔团队成员、确定工作任务等方面。

(一)建设方案的制定

凡事预则立,不预则废。首席技师工作室是一种长效机制,要纳入单位的管理体系,建立组织管理机构,列入每年的人力资源工作计划中。保证有计划、有步骤地进行,做到各个环节落实到位。

1. 绘制技能技术地形图

建设首席技师工作室是一个系统工程，首先有必要对首席技师工作室的建设进行可行性的研究和分析,分析技能人才队伍现状,领军人才的绝技绝活的表现形式,技能人才应该拥有哪方面的核心技能技术,绘制出技术技能地形图,建立知识存储与分享的管理体系。

2. 分析高技能人才需求

首席技师工作室在人才培育方面,存在着师承效应、共生效应等人才培育基本规律。根据水利行业技术密集型的特点,结合单位的实际,对5~10年的高技能人才需求预测。提出高技能人才的数量要求、职业技能水平等质量要求,专业结构、年龄结构、岗位分布等要求。对首席技师和工作室团队组成进行预测,建立师徒关系,确定首席技师或领军技能人才为导师,坚持“高端引领、侧重技能、德艺兼修、贵在应用”的理念,注重团队研发创新、实际操作和组织管理三个能力的培养。“炼金术比金子更可贵”,工作室要发挥“传承”作用,突显“创新”效应,首席技师不仅要带本企业的徒弟,还要带行业的徒弟,通过传、帮、带,加快培养一批青年技术技能骨干。

3. 确定创新攻关课题

民生为上，治水为要。水利事关国计民生、事关百姓安康。我国人多水少，水资源时空分布不均，水利资源与生产力布局不匹配，近年来，由于全球气候变暖的影响，水资源条件发生明显变化，极端水旱灾害事件呈频发与并发趋势。我国正处于工业化和城镇化加快阶段，在经济高速增长的同时，水资源与水环境保护面临严峻的挑战。在农田水利、防洪抗旱、水资源保护、水能开发与利用、水利工程运行与维护等领域里面存在着较复杂的课题。首席技师工作室必须根据水利行业的生产现状与未来发展，选择技术攻关或技改项目，特别是参与国家、行业、省市重点工程和科技计划项目，以及参与重大技术和重大装备引进吸收再创新项目，采取技术攻关、技术协作、技术创新等形式，为行业及产业发展解决实际技术难题。

4. 方案设计

将单位的技能人才队伍、核心技术、技术创新等进行摸底和分析后，整理有价值的文件、案例、经验等资料，分析建设首席技师工作室的必要性和可行性，对工作室进行功能定位。通过首席技师制度的建立，有效开发技能人才的聪明才智，使高技能人才在其专业领域里实现自我价值，服务于单位的发展。

工作室建设设计方案包括硬件条件和软件条件，首席技师、首席技师工作室的成员选拔、聘用与管理；工作室的主要任务、预期目标、工作室的管理等方面的内容。首席技师工作室建设应从管理机构与职能、工作任务与职责、成员组成、运行模式、组建程序、经费保障和激励措施、考核与成果鉴定以及工作要求等方面提出具体要求，保证工作室的创新能力、技术水平、技能状态始终处于领先地位。

5. 首席技师工作室建设方案的评审

上级主管单位、部门为具备条件的首席技师组建工作室进行筹建论证，论证是否符合企业发展的迫切需要；重点是确定工作室成员，为工作室配备独立活动场地、基本办公用品和仪器设备；工作室的重要支撑在于每年承担的技术攻关(改造)项目的来源、立项、经费等。

通过专家预审、现场质询和实地考察，本着“积极推进、稳妥试点”的原则，审批首席技师工作室的建设方案。

(二)组织机构的设立

按照不同的层次成立首席技师工作室的组织机构，成立相应的组织管理网络，明确组织机构的管理职能和权限，实现目标责任制等。

组织机构一般包括：领导小组和若干工作组，领导小组由分管人才工作或生产科技的领导担任组长，人力资源、科技、生产、财务、首席技师所在基层单位负责人为组成成员。

1. 革新攻关组和推广应用组

由首席技师任组长，成员由各基层单位一线技能人才组成，革新攻关组主要负责搜集生产过程中的难题并立项,开展生产难题攻关和现场试验、应用跟踪及效果评价。

2. 推广应用组

确定推广地点、推广规模及现场负责人,组织推广前期的培训、推广的全过程跟踪及评价、考核、总结工作。

3. 协调保障组

由人事、工会、技术和培训相关部门人员组成,主要负责技术攻关及推广过程中的协调管理、工作室专项资金的管理和工作室运行的日常保障。

(三)首席技师工作室团队人员选拔与聘用

首席技师工作室团队建设实行首席技师负责制,以在技术研发、专业技能等方面有一定的理论水平、工作经验和创新能力的优秀技能人才为主要成员。首席技师工作室团队建设应注意实现团队成员的岗位分布、技能水平、知识结构、思维模式、研究经验以及年龄、性格、工作风格、人文素养的优势互补,以发挥团队成员的整体效应。

1. 首席技师工作室团队产生的原则

(1)竞争择优。严格按照条件遴选,好中选优;

(2)公开、公平、公正。做到条件公开、推荐公平、评选公正;

(3)动态管理。实行聘期制,定期考核、动态管理,能进能出;

(4)突出重点。在选拔工作中,突出重点专业(工种),兼顾其他专业(工种);优先考虑理论扎实、业绩成果突出的申报人;注重业绩成果和技术、技能水平的考评。

首席技师工作室团队的选聘要体现公平、公正、公开、竞争、择优的原则;实行动态管理,不搞终身制,优胜劣汰。

2. 任职条件

(1)首席技师的任职条件

①热爱祖国,遵纪守法,具有良好的职业道德和敬业精神。

②具有技师或高级技师资格,且距法定退休年龄3年以上,身体健康。

③个人技术技能在同行中处于领先水平,具有绝招绝技,解决过重大技术或操作难题;或者获得国家或省部级技能方面的荣誉称号;或者在全国水利行业职业技能竞赛中取得前3名。

④具有较强的创新能力,有发明创造或者技术革新并产生显著效益;或者在推广使用新技术方面取得突出成绩;或者总结创造了先进的操作方法,提高了劳动生产率。

⑤善于总结归纳,撰写过具有一定实用价值的技术论文或技术报告。

⑥热心传授技艺,在工人培训或带徒方面成绩显著。

(2)首席技师工作室主要成员的任职条件

①热爱本职工作,组织观念和团结协作精神强,具有良好的职业道德和敬业精神。

②具有高级工以上资格，专业知识和技能基扎实，具有良好的发展潜力，肯吃苦，善钻研，勤于工作，乐于奉献。

③在技术创新、技术攻关、解决岗位技术难题方面有较深的造诣；能够传授技艺，具有岗位成才、技术攻关的引领和示范作用。

④具有娴熟的操作技能。是掌握精湛技巧的一线的操作能手，“心灵手巧”，可以从事难度较高的加工与生产工作，实现对复杂设备的控制与操作，完成对复杂精密仪器的调试、维修与安装等等；融各种知识、技能和经验以及非智力因素于一体，具有很强的应变能力和适应性，能得心应手分析和处理生产操作中所遇到各种情况和突发问题，当遇到突发事故时，可以排除重大的生产隐患，并避免事故的发生。

⑤具有灵活的思维能力。在遇到生产过程中的技术难题和故障时，他们能够把本专业岗位和相关专业工种的知识和技能加以综合运用。具有较强的工作适应性和协调性，在生产活动中能够对现有的技术和经验进行整合和改进，从而完成技术复杂或非常规性的工作。熟练应用、推广新产品、新技术。

⑥具有较强的创新能力。利用心智技能的创造力，将专业知识和操作技能相融合，将理论和实践相结合，通过技术创新，有效地解决生产活动中的难题。能够依靠自身所掌握的专业知识和实践经验革旧创新，从而在工艺革新、装备改造等方面不断创造新的成果。

3. 产生的程序

首席技师工作室成员所从事的岗位应是企业中的主要工种、重要岗位、关键工序。

首席技师团队产生的主要程序是：岗位或职业分析——确定首席技师和工作室成员的任职条件——公布选聘办法　申报或推荐——资格审核——考核选拔——公示——审批。

4. 首席技师工作室成员能力素质测评考察

建立首席技师工作室目标是在技能人才队伍中培养领军人物。打造一支由技艺高超、具有创新精神和攻关能力的人才为领军人物的高素质技能人才团队。首席技师工作室团队个人素质特征的测评考察涉及个人的风格、能力及动力等多个方面的内容。

(1)职业能力方面：岗位操作技能、绝技绝活、发明的专利、解决生产技术难题的能力、参加职业技能竞赛或劳动竞技的成绩、授课教学能力等等。

(2)工作业绩：完成工作任务情况、技术革新、合理化建议、安全生产环保、培养人才、受到行政奖励(绩效考核基本情况)。

(3)知识水平：岗位专业理论知识水平、技术总结、其他综合性基础知识水平。

(4)职业道德：价值观、兴趣与动机、工作责任感、诚信与友善、互助协作、骨干带头作用等。

5. 资格审核

资格审核是首席技师工作室团队竞聘前的重要环节。对报名竞聘人员要严格按照岗位任职条件进行审核,做到宁缺毋滥。对竞聘成功的人员情况要进行公示。“公示”体现公平、公正、公开原则,对即将聘任的首席技师和工作室团队的个人基本情况和创新成果及技能特长在一定范围内公示,由公众监督待聘首席技师和工作室团队是否符合条件,在增强透明度的同时也加大对首席技师工作室的宣传力度。

三、评估管理

(一)评估的原则

首席技师工作室评估应做到关注工作室产出与关注工作室运行过程相结合,产出不应作为评价工作室业绩好坏的唯一衡量指标。在评估时应遵循以下基本原则。

1. 目标性原则

评估指标要紧紧围绕客观、真实、全面反映首席技师工作室工作状态和成效这一核心评价目标,在组建评估指标体系时,应当使用那些可以如实的反映工作室运行状态和成果的指标,以确保评价的多方位性与多角度性。

2. 科学性原则

指标的选择、权重的确定、以及实践应用都应当以科学性原则为指导,这样才会收集到客观、可靠的数据,才能建立起科学的评估体系,评估的结果才具有可信性。

3. 可行性原则

可操作性强、实用、简单是评估指标应满足的基本要求。在进行相关设计时,应当使用清楚的定义与明确的概念,以便于数据的收集与整理;在评估内容上不应太繁太细,否则会增加工作量;评估方法要简捷方便,尽量保持业绩行为的定量化及稳定性。

4. 定量和定性有机统一的原则

定性和定量两者各自存在不足,在进行评估时,应以定性分析为基础,进行量化处理,以便于进行不同工作室之间的横向比较。实在难以量化的项目,也应清楚描述评估指标的含义,尽量减少评估的主观因素干扰。

5. 相对独立性原则

评估指标体系中各指标应具有相对独立性,尽可能减少指标内涵的包含度、重叠度。这样在确定指标权重时,才能不考虑或者少考虑指标重叠造成的影响,得到较切合实际的权重。

6. 定期制度化原则

工作室的绩效是动态的、不断改变的,具有一定的时效性。因此,对其进行评估不是一劳永逸的,必须建立完善的评估体系和制度,定期化、制度化的评估工作室的运行状态,真正了解工作室的工作能力及潜能,发现团队中存在的问题,不断提高和改善。

（二）评估的形式和方法

1. 评估的形式

评估的形式有多种，如：按评估周期分，有任期评估、年度评估、半年度评估、季度评估、项目评估等；按评估主体分，有上级主管部门评估、所在单位评估、工作室自评、第三方评估等；如按评估内容分，有运行评估和效益评估等。具体选择哪种形式应根据评估的目的而定，并且可以将各种评估形式组合起来使用，实现360°全方位多角度的评估。

我们课题组重点是对任期评估进行研究，首席技师工作室任期一般为3~5年。

2. 评估的方法

评估的主要方法有：听取工作室工作汇报、考察活动情况、召开座谈会、实地考察、核查资料、随机访谈和问卷调查等方式。

（四）评估流程

评估工作的具体实施一般分为评估前准备、确定评估标准、评估数据和信息收集、评估实施与反馈等四个阶段。

1. 评估前的准备（略）

2. 确定评估标准

评估标准是对首席技师工作室所从事工作的基本要求，它用来衡量工作室在某一时期内运行效果的好坏，并且用来引导和提高工作室全体成员的工作积极性。为使绩效标准科学、公正、有效、适当，在制定工作室评估标准时应当考虑以下几个方面：

（1）具体性。即标准制订得清楚明确，描述具体、简练。

（2）可测量性。即标准应该是能够测量的。

（3）可达性。即评估标准的设定要设在工作室经过一定的努力可达到的范围内。如果标准定得太高，无人可以达到，那么这个标准就失去了意义；如果标准定得太低，就毫无激励作用。

（4）目的性。即评估标准必须符合企业或行业的整个发展目标，能够有效促进工作室的建设成果。

（5）时间性。即评估标准的完成，应当在规定的时间之内。

制定评估标准的步骤一般为：成立工作组→草拟评估标准→论证→修改→试行→实证研究→再论证→再修改→推广使用，如此反复，直到评估体系较为完善。

在制定评估标准时，还应注意各评估要素权重的分配。分配权重有如下几个经验可供借鉴：第一，每个维度的权重一般不高于30%，不低于5%。过高的权重会导致顾大头、扔小头的行为，从而对某些与工作质量密切相关的标准不重视。第二，将评估要素按照非常重要、重要、一般性排序，最重要的要素须赋予最高的权重，按照重要性程度依次降低权重系数，有相同重要性的要素须具有相同的权重。第三，为了评分的简捷，权重一般是5的倍数，所有的权重加起来要达到100%。

3. 评估数据和信息的收集

评估指标体系确定以后，下一步就是要收集与工作室评估相关的数据和资料。数据和信息不仅可以提供评估的事实依据，而且有助于诊断工作室的工作情况。对工作的记录可以积累一定的关键事件，通过这些信息或关键事件，可以诊断工作室的运行状态，找出潜在问题，以改进和完善。

收集数据和信息应该遵循三个主要原则：首先数据和信息应该和评估标准相关联；其次数据和信息应该具体，方便与标准比对；最后，收集数据和信息的时间要及时。

4. 评估实施与反馈

评估实施的步骤如图4-2所示。

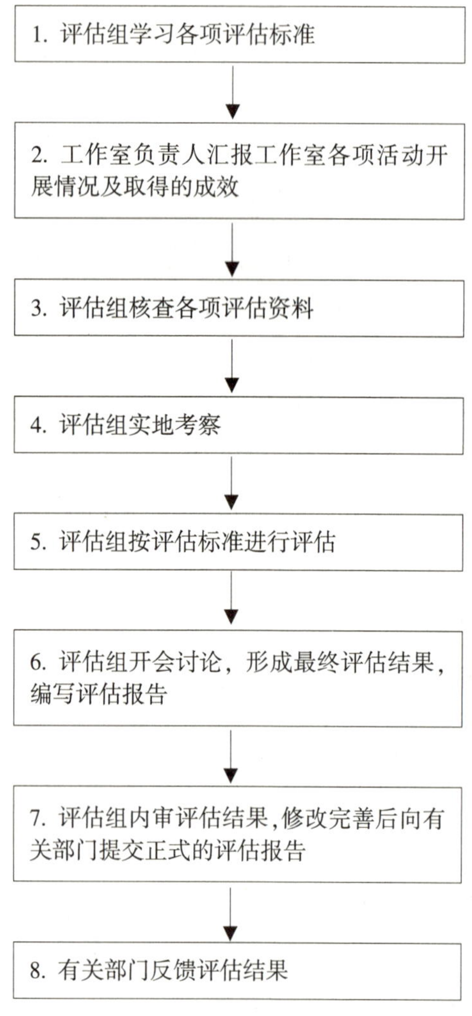

图4-2 评估步骤示意图

反馈的内容包括:对工作室的整体评价,工作室的优势和不足,下一步改进的意见和建议等。反馈的目的是让工作室成员清楚自身的优势和不足,扬长补短,促进工作室健康发展。

(五)评估指标体系与运用

基于前面几章节对首席技师工作室能力结构的分析,下面从组织管理、基本条件、人才培育、技术攻关、品牌推广等维度分别选择科学、合理的指标作为它们的观测变量,构建首席技师工作室初步评估指标体系。如下图 4-1 所示。

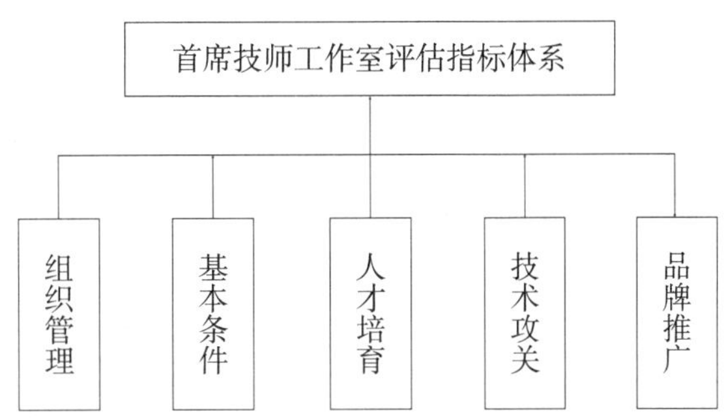

图 4-1 首席技师工作室评估指标体系框架图

具体到每个评估维度,可对指标进行详细的界定和解释,为评估者提供客观的评分标准,尽可能减少评估值主观因素的影响,保证评估结果的公正、公平。

1. 组织管理

工作室组织管理体系是工作室运转的重要保障条件,也是开展评估的重要指标,指标内容主要包括:组织结构、管理体制机制、工作计划、管制制度等。在确定评估标准时,管理制度指标主要看完善程度、覆盖面以及执行情况,其他几项指标重点评估内容说明如下:

在组织结构中,领导小组反应的是工作室所在单位的重视和支持程度,工作室成员的构成反应的是团队组建的科学合理性,职责分工反应的是工作机制的科学合理性和协同工作的能力,工作室建立的依托场所反应的是工作室在单位管理层级中所处的地位和作用发挥的程度。

在管理机制中,首席技师负责制是反应首席技师在工作室的地位作用,决策机制反应的是工作室的运转效率,配合支持体系反应的是单位对工作室的支持程度,运转机制反应的是工作室运行管理的特征。

在工作计划中,发展规划反应的工作室远期目标任务的科学合理性与高地程度,年度计划反应的是一个年度内的目标任务的科学合理性与高地程度,项目计划反应的是具体工作任务的科学合理性与成果的关联性,总结报告反应的是工作室建设阶段性效果。

2. 基本条件

工作室组织基本条件是工作室开展工作的重要保障,也是开展评估的重要指标,指标内容主要包括:活动场所、设施设备、经费支撑、团队建设等。

这些指标的评估标准相对指向明确,这里不专门介绍。

3. 人才培育

人才培育是工作室主要功能之一,是衡量工作室建设成果的重要指标之一。人才培育包括:培育计划、培育数量、培育形式和培育效果等主要二级指标。

4. 技术攻关

技术攻关是工作室主要任务之一,是衡量工作室建设成果的重要标识。技术攻关主要包括:攻关活动开展情况、攻关成果、成果转化效果等二级指标。

5. 品牌推广

品牌推广是衡量工作室建设成效的指标,主要包括:行业知名度、工作室特色等二级指标。

6. 评估指标的量化

根据上述评估指标体系以及评估方式方法,对首席技师工作室实施评估,并将评估结果进行量化,以便分析不同工作室在建设中各项指标完成情况,为加强和改进工作室建设以及对工作室进行奖惩提供依据。量化分值是根据项指标在工作室建设中的普遍重要性进行确立的。

(六)评估结果运用

对首席技师工作室的评估结果,应对工作室所在单位进行反馈,并在一定范围内进行通报,以促进各工作室形成比学赶帮氛围的形成,并以此为依据加强首席技师和工作室的动态管理,建立完善建设管理机制。

1. 首席技师动态管理机制

首席技师命名后,一般应明确其任职期限为3~5年。对于其工作室评估结果将工作室进行了撤销处理的,应撤销其首席技师称号。对于工作室评估为优秀的,应优先推荐申报上一级首席技师称号,即原级别为企业级或市级,可申报省级或行业级,省级或行业级可申报国家级。

2. 工作室退出机制

工作室挂牌以后不是一劳永逸,也存在退出的问题。评估结果合格的予以保留;结果不合格的,应提出改正意见,限期整改;连续两次评估不合格的,应给予撤销工作室处理。由于首席技师个人原因无法正常履行义务的,应主动申请撤销工作室。除上述情况外,出现以下情况之一者,应当做撤销工作室的处理:

(1)弄虚作假、谎报技术技能成果的,经查明属实,撤销工作室称号,同时对相关责任人员,提请有关部门予以处理。

(2)因单位不重视或其他客观原因导致工作室人财物发生重大变化,不能正常运行的;

(3)因违法违纪行为或者重大过失,造成重大损失、安全事故和严重后果的;

(4)其他原因不宜继续开展首席技师工作室工作的。

3. 工作室升级机制

对于评估结果为良及以上的工作室,可继续申报原级别工作室。连续两个任期内评估结果为优秀者,可推荐申请高一级别工作室,即原级别为企业级或市级,可申报省级或行业级,省级或行业级可申报国家级。

4. 人才培育奖励机制

培养高技能人才是首席技师工作室的职能之一。为更好地履行这一职能,提高首席技师培养人才的积极性,进一步传承首席技师的优秀技艺,发扬“传帮带”精神,可建立工作室人才培养的奖励机制。对于带徒或培养高技能人才方面表现突出的首席技师给予一定的物质奖励,并优先推荐其参加国家、水利行业和企业的技能人才培育先进基地评选;对于成长迅速、表现突出的工作室成员也应给予一定的物质奖励和精神奖励。这些奖励可由工作室隶属的行业、企事业单位兑现。

5. 技术技能成果奖励机制

工作室要充分发挥首席技师的示范引领作用,以首席技师为核心带领团队进行技术攻关、技术革新、技术交流和技术培训等,推动岗位技术进步,更好地服务于水利事业健康持续发展。为更好地实现这一目标,可以对工作室的技术成果实行评审奖励制度,如:对于工作室承担的项目给予资金支持;优先推荐工作室成员参加水利行业或工种的培训、交流和考察活动;优先推荐工作室成员参加各级各类技能人才评优活动等。

评估结果只有被合理地运用才能真正起到激励作用,我们希望通过评估,引导和鼓励工作室朝着既定的方向努力,促进工作室建设目标的有效实现。

(本文节选自《水利行业首席技师工作室创建模式和评估体系研究》课题研究报告部分章节,图文略有删减,另由七个会员单位参与的子课题内容省略。)

(作者单位:长江水利委员会人才资源开发中心)

水利行业首席技师工作室建设探索与思考

徐　辉

黄委山东菏泽黄河河务局闸门运行工高级技师亓传周，2012 年 11 月获得全国水利行业闸门运行工首席技师。根据水利部办公厅《关于做好全国水利行业首席技师工作室建设工作的通知》精神，菏泽黄河河务局承担了首席技师工作室建设任务，并于 2013 年 3 月建设完成全国水利行业首个闸门运行工首席技师工作室。

水利行业实施首席技师制度尚属首次，菏泽黄河河务局建设首席技师工作室运行 3 年来，在探索和实践中进行了初步尝试。

一、首席技师工作室建设、工作开展及取得的主要业绩

（一）工作室建设情况

建立首席技师工作室制度，充分体现了水利部对高技能人才队伍建设的高度重视，对于首席技师工作室的建设，就菏泽黄河河务局而言尚属首次。为此，严格按照水利部通知精神，全面抓好此项工作的落实，成立组织机构，加强技术团队建设，考察选拔了 14 名优秀技能人才组成工作室技术团队，确定工作场所，配置办公设备，设置了首席技师办公室及研讨室，为工作室工作开展奠定了基础。

（二）工作室工作开展情况

工作室建设完成后，如何带动技术团队发挥作用，搞好技术革新、技术创新，解决疑难技术问题，全面推动闸门运行工技术技能发展，工作任重而道远。团队依托工作室这个平台，制定了《工作室培训研讨制度》《科技创新制度》等管理办法。科学分析年度工作任务，拟定年度工作计划，明确工作项目、工作目标及工作标准。努力开展具体业务工作，参与水闸的技术咨询和施工质量监督，编写培训教材和教案，组织举办闸门运行工培训班。利用 QQ 群建立起网络联系渠道，实现了闸管所之间相互借鉴学习、资源共享服务，促进了基层水闸管理工作。

（三）工作室运行以来取得的主要业绩

工作室运行 3 年来，技术团队完成了便携式多功能流量测验杆、便携式水闸测压管清理设备的研制，获得三项新型专利，参与录制了《黄河埽工》教学纪录片。技术带头人亓传周同志于 2013 年 2 月获得了国务院政府特贴、2014 年 12 月获得了国家技能人才培育突出贡献奖（个人）。工作室技术团队成员 1 人获得“山东省有突出贡献技师”称号，1 人获得“山东省

首席技师”,取得了骄人的业绩。

二、首席技师工作室建设存在的不足

一是全国水利行业首席技师选拔管理办法较为完善,但首席技师工作室建设没有标准。菏泽黄河河务局在建设首席技师工作室期间,没有经验,没有模板,摸着石头过河,其间虽然赴青岛港参观学习了许振超大师工作室,但因行业不同,难以借鉴。

二是由于工作室技术团队成员大多是兼职,工作地点不在同一单位,管理比较松散,聚在一起比较困难,且技术带头人亓传周同志没有行政职务,缺乏领导力,各项工作的开展,全靠单位领导支持,难以形成技术团队自我组织权,致使工作室团队成员难以更好的发挥应有作用。

三是缺少资金支持。作为水利行业首席技师工作室, 是技术带头人组织的一个技术团队,是一个涉及面较广的综合工作运行系统,各项工作的开展,涉及层次高、人员多,现有的补助资金用于工作室开展技能培训、技术革新、技术创新等活动远远不够,大多靠单位补贴开展工作,工作较为被动。

四是技术交流层面窄。目前建成的虽然是全国水利行业闸门运行工首席技师工作室,但在技术交流、技术革新、技术共享等方面,大多还局限在山东河务局乃至黄委范围内,没有真正形成“大工作室”的格局,广度和力度都有待提高。

三、推进首席技师工作室的可行性和必要性

综上所述,菏泽黄河河务局建成了水利行业首个闸门运行工首席技师工作室,迈出了第一步,经过 3 年来的运行,取得了成效。2015 年 8 月孙高振副司长莅临菏泽黄河河务局调研首席技师制度,其中所涉及的主要问题,就是进一步论证首席技师制度的可行性和必要性。就此问题,笔者认为推进首席技师制度,是新时期推进水利发展的需要。

(一)水利行业技能人才素质已达到建立首席技师工作室的条件

人民治黄近 70 年来,一代代黄河技术工人,拼搏奉献在治黄一线,在劳动生产中不断总结提高,创造出了黄河埽工等传统治黄技艺,确保了黄河岁岁安澜。涌现出了一批工人专家,如抢险技术带头人苏金超、技术革新智多星卢立文、工人杰出代表亓传周,他们都是高级技师、全国技术能手、国务院特贴获得者,掌握着河道修防工、闸门运行工水利行业特有工种绝技绝活。因此,建立首席技师工作室,已具备了行业领军人才。利用工作室这一平台,抓好传帮带,把他们掌握的传统技艺传承下去十分必要。

(二)建立首席技师工作室是当前科技治水的需要

人与自然和谐相处,新时期治水新思路,决定了防洪与抗旱共存,管水、用水、节水,把科

技治水推上了新的台阶。社会在发展，科技在进步，水利技术工人也应适应科技治水的需要，技术工人在一线生产岗位，是新的治水理念的执行者，是新的治水技术的实践者，是新的治水设备的操作者。因此建立首席技师工作室，利用好这一平台，把科技治水理念融入当中，是加快推进水利现代化建设的需要。

（三）建立首席技师工作室是培育高技能人才的需要

首席技师工作室设立3年来，取得了显著业绩，特别是工作室团队成员，参与技术革新创新，参与技能人才培训，参与技术攻关论证，参与职业技术交流，个人业务能力、技术水平均得到提高，部分工作室成员取得了高级技师、技师任职资格，获得了省部级荣誉称号。因此，通过首席技师工作室这一平台，为高技能人才的培育提供契机，有利于推进高技能人才获得新知识、取得新成果、掌握新技能，加快推进水利行业高级人才队伍成长。

（四）建立首席技师工作室是促进水利基层单位工作开展的需要

一个首席工作室就是一面旗帜，工作室技术带头人是广大技术工人的杰出代表，无论是职业技术还是职业道德方面都为技术工人树立了榜样。工作室团队取得的业绩成果，个人获得的荣誉及成长进步，将激励水利基层单位广大技术工人干事创业，激发学习热情，形成凝聚力战斗力，促进水利基层单位工作开展。

四、推进首席技师工作室建设的思路与建议

水利行业有其鲜明的业务领域，实施首席技师制度，建立首席技师工作室，针对行业技能人才队伍特点，没有完美的版本可以借鉴，只能在探索中不断完善提高。如何进一步推进首席技师工作室建设，提出以下思路及建议。

（一）要对工作室建设完美定位

要把首席技师工作室作为一个标志，不能作为一个场所来对待，如果说作为一个场所来建设，我们投入再多，建设再大，也涵盖不了全国水利闸门运行工的人和物。所谓一个标志，就是明确一个带头人，建设一个工作场所，树立一面旗帜，形成一个组织，通过首席技师工作室这种方式，搭建一个技能人才培育的平台，通过这一平台来传播技能，这是工作室建设的根本所在。

（二）要发挥工作室的应有作用

首席技师工作室的建设是有形的和无形的，所谓有形的就是体现在工作场所的建设上，而无形的是体现在作用的发挥上。如何发挥好首席技师工作室的作用，首先是工作室团队积极主动开展工作，其次是各级领导的重视、关心、关注和关怀，赋予工作室权力，让工作室承担水利行业技能竞赛、课题研究、教育培训、技术攻关，有作为才能有地位，才能发挥应有作用。

（三）要树立大工作室的理念

水利行业首席技师工作室体现的是水利行业，当前工作室存在的突出问题是门牌很大，范围很小。目前技术团队建设、技术研究仅局限在黄委系统，没有形成“大工作室”的理念，致使水利行业首席技师工作室难以“长大”。推进工作室建设应站得高才能看得远，抓好顶层设计，打破流域限制，通过计算机网络，建立全国水利系统“云服务平台”，实现资源共享、技术共享，远程交流培训，共同研究提高职业技术，促进全国水利技能人才队伍成长。

（四）要实现理论与实践的强强联合

首席技师工作室团队成员大多是水利基层一线的高技能人才，他们实践经验丰富，操作技术过硬，且掌握着绝技绝活，但理论功底不够；当前全国水利职业教育院校，理论基础扎实，教学设备齐全，教学仪器充沛，但实践经验不足。因此，首席技师工作室的发展应实现强强联合，与职业技术教育院校挂钩，实现优势互补，进一步推进工作室建设。

（作者单位：山东黄河河务局菏泽黄河河务局）

基于平衡积分卡模式的绩效评估

——以某县局为例

宋　正

县级水利局是垂直管理模式下流域管理部门最基层的法人机构，承担着承上启下的作用,是履行防汛抗旱、工程建设、供水排水等核心职能的最前线指挥部。因此县局单位的工作成绩直接影响到更高一层行政机构的战略目标。为了优化战略目标,基于组织目标为出发点的绩效评估模式势在必行。本文所论述的平衡积分卡绩效评估体系,对过去的工作给予更加全面、客观的总结和指导,能够帮助县局更好地实现组织目标。

一、绩效评估相关概念以及平衡积分卡科学内涵

(一)绩效评估

绩效评估是人力资源部门或者人事主管部门,依据特定的绩效考核目标,借助多种手段或者方法,对工作人员在过去一段时期内的能力、态度、成绩等做出的一种客观评价,从而达到纠正错误、精益求精的效果。

关于绩效评估,可以大致分为两种类型:一种是实现公共部门战略目标,从而提升行政工作效率,维护公共部门自身形象而开展的;另一种则是实现公共部门人力资源全面发展的角度开展的。

(二)平衡积分卡科学内涵

平衡积分卡是美国哈佛大学商学院教授罗伯特·卡普兰和复兴国际方案公司总裁大卫·诺顿在借鉴和提炼前任的科学理念与方法的基础上提出的优秀理论成果，是一种基于战略目标的绩效评估系统,在明确阐述使命以及清晰界定战略目标的基础上,又分出顾客、财务指标、内部业务流程、学习与成长四个维度,并从中选取评估或者考核的指标,形成一个整合的系统,促进使命的完成以及目标的实现。经过长时间的理论研究和实践探索,证明了平衡积分卡评估系统也适用于公共部门,并且可以将四个维度依次对应地修改为:社会公众或者相关利益群体、财政指标、内部业务流程、学习与成长。

二、某县局绩效评估现状分析

（一）单位简介

1. 组织机构(略)

2. 人员情况(略)

（二）现状分析

1. 学历情况(略)

2. 绩效评估现状情况及问题分析

某县局现阶段采取的考核手段主要有：个人述职报告、部门工作报告、公务员考核登记表、专业技术人员考核登记表、其他人员考核登记表。考核的形式比较单调，考核主体单一，没有引入“绩效”的概念。

(1)战略使命不够清晰。公共部门只有明确自己的使命，并且制定行之有效的战略决策，才能找到属于自己的发展方向。从使命的确立，到战略实施，再到具体的策略，形成一套完整的体系。然而根据调查和研究发现，某县局基本没有立足长远的使命阐述，只有几个阶段性、季节性的目标，如“工程质量安全月”“平稳度汛”。

(2)工作评估相对单一。所谓的单一，一是从评估主体角度来研究，另一个是从评估的方法来进行研究。目前某县局采用的评估方式主要以述职报告结合考核登记表，概括性比较强，但是无法从该方法当中体现出量化、细化的工作指标，从而无法科学准确地判断出报告人的工作成绩以及贡献程度；与此同时，由于没有具体的指标，工作评估的主体也仅限于人事部门，因为其他部门的人员没有权利且没有能力进行评价。

(3)从业人员力量薄弱。某县局目前的人事部门从业人员(截至 2016 年 3 月)共有 7 人，全日制本科 1 人，副高级职称 1 人。目前在该科室从业的人员当中，没有人持有专业人力资源师证书，仅有的 1 名本科学历人员，不是人力资源专业毕业，从业经验不到 5 年。仅有 2 人考取了人力资源中级职称。

三、某县局 BSC 必要性与可行性分析

（一）平衡积分卡在某县局实施的必要性

根据马斯洛的需求层次理论，人的需求可以分为五个层次，由最底层到最顶层分别是：生理需求、安全需求、社交需求、尊重需求、自我实现。在公共部门工作的从业人员，已经脱离了前面两个层次，从第三层需求开始追寻。社交层次，指的是工作之余对于跨领域、跨行业的交流合作。两个不同领域或者部门的人在一起交流的时候，本人所在单位的战略规划以及特色公共服务产品是交流频率最高的话题。前文已经提到，平衡积分卡模式是从战略角度出发

的,涉及甚至涵盖了公共部门的业务流程,如果该项战略跟国家的宏观调控和社会转型发展相辅相成,那么组织成员对于个人的前途发展以及对于组织的忠诚度都有大幅度的提升。因此,平衡积分卡模式值得推广。

(二)平衡积分卡在某县局实施的可行性

1. 外部环境分析

外部环境分析主要采用 PEST 分析法,即政治(Political)、经济(Economic)、社会(Social)、技术(Technology)。从国际政治角度来看,美国、德国、英国等国家先后在公共部门实行平衡积分卡评估模式,并且取得了良好的效果;从经济角度来看待,国家刚刚制定"十三五"规划,水利建设总投资达到 8000 亿元,项目涵盖工程建设、防汛抗旱、生态补水、农田水利灌溉等方面。平衡积分卡在财务方面的评估维度能够合理地指导和评价安排财政预算支出;从社会角度来分析,水资源的涵养、调蓄以及洪涝灾害的防治是水利行政部门在技术层面需要解决的问题;在技术层面,从业人员的业务水平直接影响到公共服务的产出质量和效率。

2. 内部环境分析

某县局内部的绩效评估手段相对单一,组织成员无法了解组织的目标和共同愿景,并且不能全面、准确了解到个人对于组织的贡献程度以及个人的工作业绩,因此将会失去工作的积极性和主动性,"平均主义"将会盛行,最终导致负面效应。平衡积分卡评估模式,以组织的使命和战略目标作为出发点和最终的落脚点,结合四个维度,形成一个完整的系统,对于解决组织内部的问题有很大的帮助。

四、平衡积分卡绩效评估体系的设计和应用

(一)框架设计

1. 框架图的基本流程以及设计说明

(1)某管理局的使命:开发利用水力资源,造福社会,富民强局。

(2)战略目标:利用区位优势和垂直管理模式,结合中央一号文件的具体要求和十三五规划的总体部署,防汛抗旱,建设管理工程,提供生产、生活、生态用水,合理分配预算,筹集民间资本补偿预算差额,注重自身建设,培养一批政治过硬、业务精湛的优秀干部。

(3)公众维度:被设计为四个维度当中的最顶端,原因是因为公共组织部门的最终目标就是实现公共利益最大化,实现公共利益最大化,核心就是以人为本,以公众需要为导向,提供最优质的公共服务。财政支出的直接受益群体就是社会公众。

(4)财政维度:财政维度与公众维度紧密相连。一方面,财政的有效支撑和合理运用,为提供能够满足公众需求的公共服务给予了有力的支持。另一方面,采用自筹经费的方式增加财政投入,并且合理地调配运营,可以使公共服务产品质量得到保证。尤其对于某县局来说,

由于该局实行差额拨款，办公行政经费的差额需要自筹，在经济社会转型发展的关键节点上，如何科学合理地运用财政拨款、快速适应市场机制，是一项新的课题。

(5)内部流程维度：反映了公共部门内部的职能水平，它既考察单个科室的目标完成情况，又可以从整体角度出发，评价各个科室之间的协调沟通。

(6)学习与成长维度：公共部门在外部环境中的目标是实现公共利益最大化，但是从组织内部来讲，培养一批德才兼备、政治素养与业务水平双馨的人才又是另一项重要任务。打造学习型组织，营造良性竞争氛围，实现共同愿景，未提供优质公共服务培养合适的人才，其现实意义可与外部环境的目标相提并论。

(二)战略地图

1. 战略地图的意义

欲若成功使用平衡积分卡进行评估，仅仅拥有框架结构是微不足道的，必须引入一套使用的机制和方法，把四个维度和最高使命紧密结合起来，并且在它们内部，进一步地设置若干细的指标。战略地图就是这个连接的纽带，它不仅把各个流程结合起来，形成一套整体的评估体系，而且还要求各个维度内部，派生出一些细化的指标和子系统，显得内外结合，相得益彰。

2. 战略地图的流程设计

战略地图大致分为两个部分：一是战略目标与最终使命，另一部分就是四个维度，四个维度相辅相成，同时把细分的关键指标(一级指标和二级指标)融入四个维度当中，然后把四个维度再推向最终的使命和战略。

展示的战略地图，是从某县局总体的战略目标出发的，要求各个科室明确组织的使命和战略目标，并且按照平衡积分卡的评估维度进行测评。同样对于组织内部的职能部门来讲，总的目标当中的一个或者几个指标，就是该科室的奋斗目标。

(三)指标体系设计

1. 设计说明

根据平衡积分卡评估体系原理，将原有的四个维度放在表格的第一栏，分别编号：A、B、C、D。在第一列当中，内容由上到下分别是维度的名称、该维度的战略目标、编号和权重；第二列是围绕各个维度的战略使命而编制的关键指标，表格中表示为：一级指标，同理，二级指标也是以此类推而来；第四列是二级指标的得分，由于二级指标是最低一级指标，而且单个指标覆盖范围相对较窄，因此可用赋分法进行评估，赋分标准借鉴李克特量表法，结合实际情况，把评价的等级全部划分为五个级别：非常好、好、一般、差强人意、非常差，然后对应的赋分 10 分、30 分、50 分、70 分、90 分，相对应的区间浮动范围：10~30 分、30~50 分、50~70 分、70~90 分、90~100 分。

2. 权重设计原则

(1)重要性原则。共设计一级指标 12 个,二级指标 34 个,每一项指标都有其权重,权重的赋值分配标准参照重要性原则。根据弗鲁姆的期望理论:M=V*E。M 代表激励的结果,V 代表效价,E 代表期望值。在表 2 当中,权重相当于效价,得分相当于期望值,相乘累计叠加之后所得结果就是绩效评估的结果,结果得分越高,获得的奖励和认可就会越高。因此,在相对重要的指标当中,赋予更高的权重,有利于组织领导者和决策者向权重指数高的方面侧重。在四个维度当中,学习与成长维度赋予最高的权重值,因为某县局的全日制大专以上学历的人数仅仅占到 11.18%,某县局共有 23 名正科级干部,其中有 17 人年龄在 50 岁以上,有 18 名正科级干部任职时间超过 8 年,任职 4 年以下的仅有 1 名。因此,干部的新老交替以及年轻干部的培养提拔是目前该县局的主要任务,没有人才做保障的组织不会有太强或者太长的生命力,其他的指标也就无从谈起。

在一级指标里面,属于相同维度的各个一级指标,权数相加等于 100%,二级指标也是同样的道理。一级指标或者二级指标的权重赋值情况,大多与党中央国务院的宏观调控政策以及水利行业的深化改革方向息息相关。因此在相应的指标体系当中,生态用水的权重高于其他形式的用水,提供的公共服务应当由原来的防汛抗旱逐步向着农田水利建设方面分摊。

(2)不重复原则。为了更好、更准确地进行绩效评估,并且使得评估结果的区分程度更加清晰,在设计指标的权重时,每一项隶属于同一级上级指标的权重各不相同。

3. 计算方法

对平衡积分卡模式下的评估体系来说,评估的体系丰富了,评估的主题也应当不仅仅局限于上级领导和人事部门,而是鼓励全员参与,至少在试点阶段,应当由职工代表参与评分,得分由每个人的打分值进行平均,得到一个平均的分值。

绩效评估结果,等于每一项二级指标的得分(平均得分)乘以相对应的二级指标权重,利用相同的方法把属于同一个一级指标的数值累计叠加,并以此类推,最后与四个维度的权重累计叠加,得出最后的绩效评估值。

五、保障机制

绩效评估是从组织的长远角度出发进行的考量评价,特别是本文所采取的平衡积分卡模式,从最终的使命和战略角度出发,对组织和个人做出了全面、客观、准确的评价,因此需要采取一定的手段和措施,保障其长期运行简单概括为四化标准:人才选拔综合化,培养机制长远化,考核主体大众化,考核方式多样化。

(一)建立长效评估制度体系

理论的创新来源于实践,实践为理论的创新提供了温床。平衡积分卡模式的运用和发展,离不开实践的探索和检验,特别是处于社会转型期的现在,环境变幻莫测,相应的使命和战略就随之而改变,所对应的评价指标和权重也要变化。只有不断地探索、发现、修正、实践,经历一次又一次的循环再循环,才能将平衡积分卡评估体系进行下去。

(二)优化人力资源部门职能

传统的人事劳动教育部门,在过去为组织发掘、培养、提拔了许多优秀人才,在肯定和发扬这一巨大贡献精神的基础之上,结合新的环境和形势,工作方式应当由原来的单一的教育转变为全方位的培养。

(三)建立绩效激励机制

平衡积分卡绩效评估模式一旦试点成功,可以利用得出来的绩效评估值,在符合相关政策以及暂行办法的情况下,与工资奖金水平挂钩,折算成可量化的系数予以核算,从而提高公共组织成员的工作积极性。特别是奖金,根据赫兹伯格的“双因素”理论,奖金或者绩效工资可以视为激励因素,并且被视作工作成就感的重要影响因子,因此可设立出勤奖、目标考核奖等奖项。

(四)多元化评估主体

平衡积分卡评估体系是围绕公共部门的使命和目标开展的,涉及每一个科室和个人,因此从理论上来讲,每一个科室成员都有资格参与评估,一方面可以是自上而下的使命与战略的单位评估,另一方面是自下而上的个人或者科室的目标完成情况,两种方式相辅相成,对立统一。

平衡积分卡评估模式的核心思想就是通过公众、财政、内部流程、学习与成长四方面相互驱动的因果关系,展现和描述组织的战略轨迹和行动方案,实现战略管理、战略实施、战略修正的目标,从而进一步实现四个统一:内部外部相互统一、主观评估与客观评估统一、动机过程结果相统一、战略与行动相统一。

展望未来,某县局必然会呈现并散发出无限的发展潜力,使命和战略更加长远,贯彻落实更加有力;公众对于县局的满意程度甚至依赖程度逐步提高;财政运用和分配更加合理有效;内部科室和下属单位之间的联系更加紧密、协调力度不断加大;人才的选拔和培养更加科学。

(因版面限制,该文在刊用时删减部分内容及表格)

(作者单位:山东黄河河务局东平湖管理局东平管理局)

人才培养实践及创新研究

——基于基层水利人才视角

张　雯

人才是国家的未来和民族的希望,是党的事业薪火相传的重要保证,是实现“中国梦”的第一资源。无数史实已经证明,一个民族、一个国家的发展离不开人才的支撑。2011 年中央一号文件《中共中央国务院关于加快水利改革发展的决定》中提出全面提升水利系统干部职工队伍素质,加大基层水利职工在职教育和继续培训力度。那么,基于基层水利单位该怎样走出自己的人才培养之路呢?

一、人才队伍现状解析

(一)基层水利单位已形成了一支平均年龄低、学历层次高、综合素质较强的优秀人才队伍

以豫西河务局为例,分析基层水利人才队伍现状。

1. 职工年龄低

职工年龄普遍较为年轻,其中 35 岁以下占全体职工总数的 52%。

2. 学历层次高

全局大专以上学历占全局总人数的 80%。其中,硕士学位占职工总人数 2%;本科学历占职工总人数 54%;专科学历占职工总人数的 25%。全局中专及以下学历占职工总人数 20%。

3. 综合素质强

全局具有专业技术职称人员占全局职工总数的 53%。其中高级职称占专业技术人员总数的 6%;中级职称占专业技术人员总数的 32%;初级职称占专业技术人员总数的 59%。工勤技能人员占全局人员总数的 40%。其中高级技师占技术工人总数的 0.2%;技师占技术工人总数的 17%;高级工占技术工人总数的 37%;中级工及以下占技术工人总数的 45%。

(二)总体人才队伍基本满足发展需要,但也存在诸多不足

1. 知识结构单一,新型人才、复合型人才紧缺

新的水利工作已由原来的工程水利向资源水利、民生水利方向转变,水利工作涉及的学

科也更加广泛，包括水文、气象、地理、水资源、经济等多学科知识。此外，水利科学的发展有着诸多学科间的交叉、融合、渗透的趋势。因此，要在培养新型人才、复合型人才上下大力气。

2. 高级人才实践经验不足，基层严重缺乏

目前，部分水利人才的培养往往过于注重理论知识的学习，忽视各种社会实践，造成动手能力差、实践能力弱。这种理论上的高才，实践中的低能，不仅不利于高素质人才队伍的建设，相反，还可能形成唯学历、唯职称的不良习气，实践中还可能造成更大的隐患。而且高级技术人才和高级技能人才主要集中在机关单位，对于需要技术支持和指导的基层单位则数量很少。

3. 机制落后、手段单一

一是人力资源结构不合理、配置不科学。队伍结构比例失调，管理人员富余、一线技术人员紧缺是比较普遍的问题。普通型、技能单一型的人员富余，而从事技能操作的拔尖人才和一专多能人才不足。二是随着市场经济体制的完善和改革的深化，水利系统用人机制不活以及激励手段乏力的问题日益明显，难以充分发挥现有人才潜力。三是对人力资源的投资不足，尚未形成人才健康成长的良好途径。在用人方面缺乏科学的绩效评价机制，往往通过管理者的印象决定人才的价值。

4. 从业人员对继续教育理解不够，缺乏终身学习观念

从业人员的自我学习意识不强，尤其是基层单位人员，大部分人都是因为评职称而参加培训，为了增加工资而不得不继续深造，没有从根本上认识到不断学习新知识、新技能的重要性，没有树立起终身学习的观念。

二、人才培养实践与创新

近几年来，为了给豫西治黄水利事业发展提供人才支撑，作为典型的基层水利单位，豫西河务局紧密围绕治黄中心工作，以青年人才培养为重点，以人才交流为载体，先后提出了“加强队伍建设的同时，更加注重人力资源配置”“在注重人力资源配置的同时，进一步提升干部职工综合素质”的创新型人才发展战略，各类教育活动，走出了一条豫西特色人才发展道路。

（一）注重青年人才培养，夯实人才基础

1. 创新管理机制，加速青年成长

通过不断的调研和摸索，豫西河务局首建了青年干部动态档案，实施青年干部季报制度，及时了解青年干部的成长和工作情况，并鼓励广大青年干部结合全局重点工作和自身成长规划，设定短期工作目标。另外还为青年干部设立了交流学习园地，方便大家互相学习、交流经验。

2. 大胆启用年青干部

针对水利人才年轻化、经验缺乏的现状，豫西河务局敢于大胆启用年青干部到一线工作，培养实践经验。近五年来，提拔任用35岁以下青年干部占全局干部总数的24%，占青年干部总数的43%。快速培养模式并不是放任不管，而是在其加速成长的过程中通过学历教育、基础培训、实践磨炼等方式对青年干部悉心呵护，修枝剪叶，助其成才。通过人才工作的不断深入，逐步培养出一批专业型、管理型的基层复合人才。

（二）以人才交流为载体，拓宽人才培养思路

本着全面锻炼提高、缺什么补什么的原则，在干部培养中有计划地进行交流或岗位轮换，使广大干部在交流中开阔眼界、拓宽思路，取长补短，全面提高其创新意识和能力，为人才培养打开了新思路。

一是优先安排有培养潜力但经历简单、缺乏基层工作经验的机关干部到基层交流，使他们在一线的实践锻炼中，增进对基层的了解，培养他们吃苦耐劳、谦虚谨慎、默默奉献的道德情操。二是积极从基层单位选调优秀年轻干部到局机关进行工作交流，进一步培养业务水平和综合能力。三是组织制定干部交流轮岗和实践锻炼计划，不断建立和完善促进干部交流的激励机制和长效机制。通过人才交流，更好地实现了人力资源的合理配置，为治黄事业发展提供了强有力的人才支撑。

（三）以工作需求为导向，合理配置人力资源

基层水利单位工作任务重，人员少，优秀人才流动快，造成人才分布不均，影响了部分工作的正常开展。为解决人才与岗位不相适应的现状，豫西河务局在加强队伍建设的同时，更要注重人力资源配置。以工作需求为导向，以解决实际问题为目标，进行宏观调控，合理配置人力资源，充分发挥人才效能。为了充分发挥个人特长，使个人能力与岗位要求日趋适应，真正做到人尽其才，该局对内部机构进行调整，整合相关部门，使业务人员实现一专多能、一岗多责、分级管理、相对集中，解决基层专业人才匮乏的局面，并建立“双向选择、能进能出、能上能下”的用人机制，开展内部岗位竞聘活动。人力资源得到了有效配置，减少了工作的中间环节和推诿扯皮现象，极大地提高了工作效率。

（四）以教育培训为载体，提升基层人才总体素质

提升基层人才的总体素质，必须创建学习型组织，塑造知识型职工。认真贯彻实施“科教兴水”战略，坚持以人为本，结合行业、岗位特点抓好职工教育培训，积极构建具有行业特点的水利终身教育体系，最终建立一套以人才培养为重点，以能力建设为主线的学习机制，打造一支高素质的水利人才队伍。

1. 突出宗旨观念教育，提升领导干部凝聚力

突出宗旨观念教育，加强领导干部和领导班子学习，全面提升领导干部凝聚力。通过组

织“微能力”培训，持续开展领导干部下基层、进部门、驻地办公等活动，促进基层发展稳定和作风转变，运用“凝聚力”这条看不见的纽带，激发干部职工干事创业的内动力，达到人才培养的目的。

2. 突出理想信念教育，提升青年干部进取心

在青年干部中加强学习交流，定期召开青年干部交流会，开展学习园地交流，组织青年职工拓展训练活动，增强凝聚力和事业进取心。在开展青年干部主题教育活动及参加“急、难、险、重”工作的锻炼培养下，青年干部进取心得到有效激发。

3. 突出业务技能培训，加强技术人才队伍建设

开展全局性和专业性培训和技能竞赛，提升整体业务素质，提高干部职工的业务能力和专业本领。营造出浓厚的“比、学、赶、超”氛围，激发职工学业务、学技术的热情，增强职工的协作意识、争先意识。

4. 突出爱岗敬业教育，加强职工队伍建设

以队伍素质提高为抓手，以培养爱岗敬业精神为重点，通过加强干部学习与培训，适时开展青年干部活动和岗位交流锻炼，立足岗位，注重实效，重点解决“三大问题”：解决好工作态度的问题，提升职工爱岗敬业意识；解决好责任感不强的问题，提升职工的执行力；解决好综合能力弱的问题，提升做好本职工作的质量和效率。

人才队伍建设是一项长期而艰巨的工作，必须在转变观念、完善体制、力求实效的基础上常抓不懈。无论是从全面人才发展面临的新形势和新任务来看，还是从基层水利人才队伍的现状来看，都要求我们进一步把“培育人才、发展人才、集聚人才、用好人才”作为今后一个时期的重要工作，积极探索培养高素质人才队伍的途径，建立人才激励、选拔、考核等相应机制，创造有利于人才发展的环境，创新人才培养模式，力求打造一支能够适应新时期水利工作需要的、可持续发展的人才队伍。

（作者单位：河南黄河河务局豫西黄河河务局）

新时期基层治黄人才队伍建设研究

——基层人才队伍建设的困境及应对措施

董红涛　王晓凤　张　衡

在当前经济全球化、信息社会化背景下，人才已成为衡量一个国家综合国力的重要指标。治黄事业要发展，归根结底也要依靠规模宏大、素质优良、结构优化、分布合理的人才队伍。而基层单位直接从事一线治黄工作，如何加强基层单位人才队伍建设，显得尤为重要。本文以温县河务局为例，对新时期治黄人才队伍建设进行探索，以期对治黄人才培养有所贡献。

一、单位职工队伍现状

温县河务局目前在职职工 91 人。其中，从学历层次看，硕士研究生 3 人，占职工总数 3%；全日制本科 10 人，占职工总数 11%；全日制专科 5 人，占职工总数 5%。从年龄结构看，30 岁以下 12 人，31~40 岁 35 人，41~50 岁 33 人，50 岁以上 21 人。从岗位类型看，管理人员 31 人，专业技术干部 11 人，工勤岗位 49 人。

二、基层单位人才队伍建设存在的问题及原因分析

近年来，温县河务局高度重视人才队伍建设，干部职工队伍取得了长足的发展，但当前治黄事业面临一系列新形势和新变化，尤其是随着水管体制改革的不断深入，单位在人才队伍建设方面存在的问题和不足逐渐暴露，相信这也是很多基层水利单位共同存在的问题，综合分析，主要表现在以下几个方面。

（一）水利基层职工学历层次较低

基层治黄队伍有很大一部分人员为复转军人，学历层次、文化水平相对较低，虽然部分人员通过继续教育取得了更高的学历，但总体来说，文化基础较薄弱。另一方面受现代机械化抢险技能的影响，部分职工没有认识到传统抢险技能的重要性，不想“浪费”时间参加培训，在学习过程中，积极性不高。同时，近年来，在干部选拔过程中，全日制学历越来越被重视，造成许多低学历职工对前途感到渺茫，缺乏工作热情。

（二）高学历人才留不住

该局全日制本科及以上学历的人员不足 15%，相对较少，虽然每年都会有新招录的大

学生补充进来，但据统计，近五年里该局招录的 12 名大学生中，截至目前留在本单位工作的只有 5 人。究其原因，一是招录的大学生多数家在外地，工作生活的不便导致他们无法安心工作，一旦有机会，就想方设法调离。二是工资待遇方面，如果与社会上其他一些单位相比，基层单位工资水平总体来说较低。三是日常工作方面，满足于把大学生招录进来，在日后的培养、选拔等方面重视不够，不能充分发挥高学历人才优势。

（三）职工培训方式方法创新度不够

由于岗位、年龄、学历、理念、兴趣等方面的差异，决定了不同职工有不同的学习动机和态度，对教育培训也有不同的需求。而当前基层单位举办的业务培训班老师多是单位老职工，培训的方式方法局限于传统的课堂讲授法，比较单一，在业务培训内容基本都是沿用以往的教材，每年变化不大，缺乏新颖性、时代性。同时培训的内在动力不足，职工的教育培训与绩效考核未有机结合，是否培训、培训结果如何无法对职工日常工作造成较大影响。导致职工们的培训激情不高，培训激励机制有待进一步的提高。

三、基层单位在人才队伍建设方面采取的经验方法研究

千军易得，一将难求。为了更好地培养治黄人才，结合水管体制改革，温县河务局在许多方面进行了大胆尝试，初步取得实效。

（一）关注职工求知需求，开辟多样化学习园地

1. 积极开展技能竞赛活动

年初制定周密的职工培训计划，按照计划，每个业务科室每年至少举办一次业务培训。不仅要做好单位内部培训，而且还要积极组织参加上级部门开展的各项业务培训，同时，结合一线治黄工作特点，开展技能竞赛、技术比武活动，将抢险技能融合到各类竞赛中，并对竞赛中成绩优异的员工给予奖励。通过阶段竞赛选拔出优秀技能选手，锁定种子选手，有序推进种子选手对技能竞赛理论知识和实操内容的深度理解和拔高。积极安排种子选手参加相关赛前集中培训，促使选手在竞赛中充分发挥自己的潜能，让更多的职工通过竞技平台实现职级晋升，不断提升职工的业务实战能力。事实证明，这种方法行之有效，2015 年，在省局闸门运行工技术比武中，该局职工荣获第 2 名，省局河道修防工技术比武中，该局职工勇夺第一。

2. 建立了学习群

随着信息科技的发展，学习成了随时随地都可以进行的活动。通过建立 QQ 群、微信群、微博等，为职工搭建了良好的学习交流平台，遇到什么不懂的问题，都可以在群里分享，大家会一一解答。对群里提到的技术难题，办公室相关人员通过查阅资料、咨询专家，会及时将解决办法上传到群里，满足职工学习需求。据了解，该群当前主要以职工晋升工程师和经济师

之类的考试资料为主，一是全国职称英语考试；二是水利部计算机理论考试和专业理论考试。这个学习群为职工提供了大量的学习资料，仅2016年该局就有3人获得中级职称的资格，截至目前，取得中级职称资格的人数与5年前相比翻了5倍。学习群，不仅方便解决职工日常工作中遇到的问题，也实现了资源共享，有助于提高职工业务知识和技能分享度。

3. 搞好职工学历提升工作

为了激发一线职工的学习热情，提高职工的文化水平，制定了《温县河务局职工再教育管理办法》，第一次参加后继学历教育报销学费的三分之二，第二次参加后继学历教育报销学费的二分之一，为一线职工提供高层次的学习平台。随着专业技术人员不断增加，业务技能不断提高，各项业务工作都得到了很大的提升，很多科室都有了自己的"多面手"，以往因人员调动而使工作滞后的局面得到了彻底的改观，学习已成为建设发展突围的"金钥匙"。

（二）关注职工身心健康，开展谈心活动

1. 开展谈心活动

为了提升了干部职工的凝聚力和战斗力，该局定期组织召开民主恳谈会、职工代表大会等形式的谈心活动，使班子成员和职工进行面对面的座谈，从不同层面、不同角度认真听取职工的诉求，一一解答，耐心疏导；对于职工迫切需要解决的问题，总是想方设法帮助解决，力争给职工一个满意的答复。局领导的体贴关爱，不仅给职工送来了快乐，同时也凝聚了人心，对于招录的离家远的高学历人才，为营造好的居住环境，单位安排职工宿舍，并在每个宿舍里安装了空调、电视，努力的营造家的感觉，激发了大家更高的争创干劲，有力地促进了中心工作的开展。

2. 开展文体活动

在该局的文体活动室里有一个特别响亮的口号"我运动、我健康、我快乐"。在工作安排上，坚持"月月有活动、季季有比赛"的原则，坚持每月举行文体活动，通过这些趣味活动，不仅丰富了职工精神文化生活，也让全体职工的快乐指数和满意度不断攀升。

（三）关注职工成长，搭建更广阔的平台

根据马斯洛需求层次理论，人的需求层次包括生理需要、安全需要、社会需要、尊重需要和自我实现的需要。一方面，要对职工职业生涯进行规划与设计。每位职工对自身都有着要求和期望，要充分考虑职工自身发展需求，只有将职工的职业生涯规划与单位发展相结合，实现个人与单位发展同呼吸、共命运，才能更好地激发职工工作积极性和创造性。基层单位高学历职工流失一定程度上就是单位忽视职工自身发展需求，挫伤了工作热情。另一方面，重视团队精神培养，增强团队意识。职工个人价值很大一部分是通过单位工作实现的。单位作为一个团队，是每位职工发展的舞台，职工通过在团队中与其他成员在信息、知识、能力和爱心等的帮助与支持中，获得荣誉感和成就感。通过拓展训练、职工技能竞赛、技术比武等形式，有效激发了职工高昂的工作热情和拼搏创新的动力，增强了单位向心力和凝聚力。在2014年焦作市局青年干部选拔工作中,10名选拔名额该局占了4个,极大鼓舞了青年职工。

进一步加强人才队伍建设是新形势下的迫切需求,是基层治黄事业发展的重要保证,在人才队伍建设中,我们要不断总结经验,探索新方法,为建设高素质的水利人才队伍,推进治黄事业发展做出更大贡献。

(作者单位:河南黄河河务局焦作黄河河务局温县黄河河务局)

加强职工教育　促进企业发展

吴春霞

企业的发展需要拥有一大批高素质的员工队伍，这就要求企业及时做好员工教育培训工作,提高员工队伍的业务水平、综合素质是当务之急。近几年来,三门峡水电厂设备更新、技术改造项目日益增多,新技术,新设备的使用,要求不断更新员工知识、技能。三门峡水电厂根据企业实际,创新培训模式,在员工培训方面进行了探索。

一、员工培训的任务和内容

企业培训的目的主要有:培育道德、树立观点、传授知识、培养能力。其中,前两项是软性的、间接的,“知”和“能”的培训才是硬性的、直接的,是企业培训的重点。培训是提高员工素质的重要途径,必须注重提高“人”的素质,发挥“人”的作用,围绕“人”来构筑企业的核心能力。

电力企业是技术密集型企业,员工培训的重点应放在岗位培训上。岗位培训是根据岗位规范的要求进行的资格培训和适应性培训,主要包括制度学习,例如作业标准、相关制度、安全规程等方面的培训;技能方面的培训;安全意识方面的培训。

二、员工培训的问题分析

(一)企业对培训工作重视不够

培训管理水平落后于生产管理水平,现有的培训管理制度需要进一步修订和细化。缺乏专职的培训管理人员,培训工作由技术专工兼管,造成培训方案得不到统筹规划,培训质量得不到充分保证。

(二)激励机制不健全

培训、考核、使用、待遇、职业发展一体化激励和约束机制还未健全,部分员工培训动力不足,强制性培训多,主动学习少。主要表现有:

1. 评价机制落后,有的员工受到“会的多做得多,做得多错得多”的消极思想影响,担心得不到正确评价。

2. 缺乏有效、正确的绩效考核,薪酬分配存在一定的内部平均主义,影响了员工参与培训、提高能力的热情。

3. 岗位晋升途径缺失,晋升通道缺少工作标准,人才发展空间受到限制。

4. 技能职称发展受限，生产岗位向企业内部其他岗位流动缓慢，人员流动与工作业绩不对称，影响员工学习热情。

（三）缺少充足的培训资源

1. 缺少高素质的内部培训讲师。①缺乏对内部培训讲师的培养。内部培训讲师大多由班组长或经验丰富的职工担任，具有较高的专业技术水平和实操能力，主要负责安全方面及基本操纵的培训，但缺乏授课技巧和教学方法，基础理论知识还需进一步加强。②缺乏有效的激励机制，内部培训讲师素质、培训的课时数均得不到保障，培训讲师想讲就讲，不想讲企业对其没有有效约束。

2. 培训要求不明确。授课完全靠自觉，内部培训讲师积极性不高，存在敷衍现象；没有培训课件，培训讲师讲课随意性较大，培训质量得不到有效保证。

3. 培训课程不切合实际。①课程内容没有依据岗位规范和生产技术标准及时修改，缺少符合生产实际需求的培训课程体系。②课程设计思想落后，主要按照教科书体系的模式进行设计，和生产结合不紧密。③缺少符合实际的试题库。

（四）培训方法单一

1. 以讲授式培训为主。内部培训讲师缺乏授课技巧，大多采用的较原始的授课方式，缺乏互动，学员听讲的效率较低。

2. 缺乏现代教学手段。培训教学电子课件数量不足、水平参差不齐，尤其缺少适合远程培训且能自主学习的电子课件。现有的课件也存在知识更新慢、与实际设备不符、系统化不足等问题。

3. 接受培训的员工文化程度参差不齐。三门峡水电厂是一个历史悠久的企业，员工正处于一个新旧交替的状态，既有工作多年经验丰富但文化水平不高的老技师，也有刚入职的大学生，统一培训导致培训员工的接受程度有区别，不能达到预期的培训效果。

（五）培训考核不理想

1. 缺乏完善的培训考核体系，培训效果难以科学评估，包括对培训本身的评价和员工对培训内容的掌握情况。最常用的评估方式是出套试题考试，这种评估方法简单易行，但参考价值最小。

2. 员工培训档案不健全，没有将培训效果与激励、晋升等紧密结合起来，培训成绩与员工岗位要求及待遇缺少必然联系。

三、创新思路，提升员工培训效果

（一）健全培训管理制度，实行培训管理责任制

在全厂建立厂人劳科统一领导、分场归口实施的培训管理体制，明确职能，落实责任，规

范培训管理工作。结合工作中遇到的问题,适时对培训管理制度进行修编。

(二)培养内部培训讲师队伍

内部讲师在经验丰富、业务精湛的班组长和技术骨干中选拔担任,首先对他们进行讲授技巧方面的培训,包括:培训师的职责和角色、培训师的基本技能、课堂组织技巧、培训效果的评价方法等。明确培训要求和效果,将内部讲师的培训效果作为绩效考核、晋升、薪酬、评先等方面的依据,提高其备课、授课积极性。

(三)健全培训激励机制

将新员工的培训与绩效考核、岗位晋升等联系起来,根据培训成果对其进行物质、精神或晋升激励,激发工作兴趣,挖掘工作潜力。

(四)加强思想工作,激发学习热情

通过座谈会、思想调查等多种形式及时了解员工思想动态,引导新员工正确认识运行岗位工作价值,形成"立足岗位、爱岗敬业、争先创优、建功立业"的劳动价值观;把握工种特点,深入开展运行分场小指标竞赛,运行分场在每月评比会上都反复强调员工培训的紧迫性,督促班值长沉下心来抓培训, 并针对近期工作提前布置, 引导班组培训工作关注生产关键环节。采取个人谈话、每月技术问答和事故预想考评等多种形式抽查班组培训质量,对表现好的班组和个人及时提出表扬,使每个班组和员工都切身感受到企业的关注。

(五)丰富培训形式

1.开展导师带徒活动。通过签订师徒合同,明确培训范围和培训期限,鼓励导师热情培训,对按期完成合同,考试合格的,师傅和学员同时进行奖励。

2.以考促培。学员每月进行班组考问讲解,检验学习质量,分场每月检查考问讲解的质量。分场根据个人学习进度及时指导,并及时组织晋升考试进行考核,理论及实际操作考试合格者晋升岗位。

3.以用促培。根据设备更新改造和生产重点,确定员工培训内容,使培训内容在实践中能迅速得到应用,同时使新员工在工作中有展现自我的机会。

4.技术讲座。结合春检和设备改造中的重点环节,由班组长或老师傅在工作现场讲解,使班组成员与检修设备"零距离"接触,并且有机会亲手实践操作,这样使理论知识和实际操作达到无缝连接,活学活用,将检修现场变成技术培训与学习实践的大课堂。

5.交流先进工作方法。在每月的生产会上及时总结先进工作方法,组织新学员学习,并在实际工作中推广。

6.技术问答。班组每月定期进行技术问答。技术问答内容为当前技术薄弱环节和设备存在的问题,并由班长审查评议,分场每月检查。

7.运行分析和事故预想。在进行工作前或设备运行状况有转变时,组织进行危险点分析和事故预想,在设备出现异常情况时要求班组及时做出运行分析报告并在企业内部交流,提高员工分析理解能力。

8.定期进行反事故演习,组织员工到现场观摩,体验"大战"氛围,学习经验,增长见识。

(六)有针对性的岗位技能培训

1.抓好管理人员、专业技术人员的培训,推动企业发展这是整个职工教育工作的重要组成部分。在企业中专业技术人员培训的主要目的就是改善知识结构,提高实践、创新能力,满足新产品的应用对人才的需要,提高工作效率和业务技能。

2.加强生产技能人员岗位培训,提高业务素质。岗位培训是生产技能人员培训工作的重点,是从业人员履行岗位职责必备素质的需要。对其进行以提高工作能力为重点的培训,才能杜绝盲目上岗。

3.开展技术超前培训,加速新技术转化。三门峡水电厂近几年不断引进新技术、新设备,降低了成本,提高了经济效益。这就要求企业要对职工进行超前技术培训,使其掌握新的操作技能、新的质量标准。这样,引进的新技术就会迅速转化为生产力,转化为经济效益。同时,重视培训本单位急需的高技能人才队伍,对技能专家、高级技师采用参与到厂家项目开发、参加各上级单位组织的各种专题讲座等方式进行培训,使他们的技能不断得到提高。

4.三门峡水电厂 2016 年针对运行、维护两个分场电气二次岗位业务进行集中培训,旨在提高近两年来入职青工的技术水平。培训前对职工进行问卷调查,搜集员工想要学习加强的内容,据此由业务精湛的班组长和技术骨干准备授课课件。课堂采用授课加问答形式,课堂气氛活跃,员工接受度较高。课后布置少量习题,巩固学习内容。培训结束后统一进行测评,检验培训效果,根据测评结果,对优秀者进行奖励。

(七)合理选定受训对象

正确选择受训者首先要考虑受训者是否有学习的动机。其次,要考虑受训者能否接受培训课程内容(指受训者的水平与培训目标和培训课程内容的差距)。第三,要考虑受训者的健康状况、身体特征、工作态度、岗位技能、兴趣爱好等。在综合这方面因素的基础上,对职工进行引导,本着从实际需要出发的原则,合理的确定受训对象,确保教育培训收到实效。

(八)采用合适的培训方式

企业培训的对象都是成年人,培训方式必须与成年人的学习规律相适应。成年人的特点是记忆力相对较差,但理解能力强,并具有一定的工作和社会经验。在培训过程中,培训者应多用实例并创造更多的机会使受训者将自己所了解和掌握的知识和技能表现出来, 以供其他受训者参考。另外还要用灵活的培训方式,来培训那些因倒班不能来参加培训的人员,从而以达到更好效果,又达到全面教育培训的目的。

四、员工培训应注意的问题

(一)结合生产、学以致用

员工的培训要坚持“学用一致、按需施教”、“干什么学什么、缺什么补什么",结合生产,注重实际能力的培养,与职位的特点紧密结合,与培训对象的年龄、知识结构紧密结合。

(二)全员培训与重点提高相结合

企业可以在培训中挑选积极性高、学习态度认真、培训效果突出的员工树立榜样。这不仅能够从积极的方面进行引导,而且能体现出企业对员工和培训的重视程度,从侧面带动员工对待培训的积极性。

(三)采用合适的培训方式

课堂讲授与现场案例分析相结合,实际操作与理论分析相结合,逐步改变以理论授课为主的传统培训方式。采用理论学习、技能操作、案例分析、事故演练等形式,加强从培训学习到实际应用的效果转换。在培训材料的编排上,尽可能做到生动灵活,深入浅出,易懂易记。

(四)培训效果评价

包括培训工作本身的评价以及对新员工培训后的工作表现的评价,可分为三个阶段:第一阶段,通过员工对课程的反映,对培训课程内容是否合适进行评价。第二阶段,通过技术问答、业务考评等,对员工的学习效果和学习成绩进行评价。第三阶段,通过考核员工的工作表现来评价培训的效果。

职工教育培训工作对企业而言,是一项长期的、系统的工程,它和企业的发展紧密相连。对提高员工素质,加快知识和技术积累,塑造企业文化,形成企业核心竞争力具有重要作用。

(作者单位:三门峡黄河明珠(集团)有限公司水力发电厂)

嫩江尼尔基水利水电有限责任公司职工继续教育的做法及成效

魏宇宸

人才是企业的核心竞争力，企业要发展就必须大力加强人才队伍建设，提高职工素质，不断学习新知识、新技术，不断更新知识系统和职业技能，以适应时代的需求和发展的需要。继续教育是提高企业核心竞争力的一个重要方法。嫩江尼尔基公司始终把人才队伍建设工作摆在首要位置，高度重视职工继续教育工作，采取多种措施大力推进继续教育工作，积极营造学习氛围，充分发挥广大职工的主观能动性，在理论和实践上均取得了阶段性的成果，为嫩江流域经济社会发展提供了有效支撑。

一、公司人员基本概况

目前，公司共有正式职工 139 人。学历方面：本科 117 人，专科 15 人，中专 3 人，高中及以下 4 人。年龄方面：35 岁及以下 86 人，36~45 岁 22 人，46~55 岁 24 人，55 岁以上 7 人。职务方面：有正局级干部 1 人，副局级干部 4 人，正处级干部 5 人，副处级干部 10 人，正科级干部 22 人，副科级干部 26 人，一般干部 64 人，工人 7 人。职称方面：具有正高级专业技术职称 7 人，副高级专业职称 19 人，中级专业技术职称 62 人，初级专业技术职称 40 人，高级技师 2 人，技师 6 人(其中 3 人具有科级职务)，中级工 1 人，普工 1 人。

公司目前的人才队伍基本满足了公司发展的需要，从学历分布和年龄分布可以看出，公司的年轻人员较多，中年人员较少，中年人员断层的问题对公司的人才选拔、梯队建设十分不利，人员结构需要进一步优化；高层次、高学历人员较少，整体人员综合素质也有很大的提升空间。在这种环境下，加强人才队伍建设，通过继续教育，内部培训等多种方式努力提高职工综合素质显得尤为重要。

二、主要做法

(一)领导重视，分工明确

公司领导始终高度重视继续教育工作，在多种重要会议上多次重申继续教育的必要性、紧迫性，在每次参加集中培训之前都会召开动员会，给参训学员指方向，解疑惑，提要求，积极营造良好的学习氛围。公司积极建立健全组织机构，强化职能部门在继续教育上的职责分工,人事部门负责在职学历学位教育管理;负责对教育培训情况进行考核及评估;建立教育培训情况电子档案和数据库,对干部员工教育培训情况实行全面、准确、及时、动态的信息化管理。财务部门负责教育培训经费预算及管理,其他部门每年都会根据实际需要,做好本部门人员的继续教育动员宣贯工作。

(二)大胆探索,勇于创新

一是根据水利部有关继续教育培训相关规定,制定了《尼尔基公司教育培训管理办法》,对继续教育、在职教育进行了进一步的规范;二是在建立了定期学习交流制度,定期召开培训学习交流会,对继续教育工作、学习情况进行总结交流,并对学习情况进行评估、考核、奖惩。三是将继续教育与青年论坛、科技进步奖等活动结合起来开展,充分调动广大职工的积极性,扩大职工的参与热情。

(三)采取措施,注重实效

根据实际需要,做到按需所学,学以致用,切实解决职工在职继续教育过程中的实际困难,为职工分忧解难。一是将参加在职学历学位教育的费用列入培训经费,在充分考虑安全生产和岗位需求的前提下,经公司批准同意参加在职学历学位教育的员工,参加在职专升本并取得学历或学位证书的,学费公司承担40%,其余60%由个人负担;参加在职硕士研究生(含第二学士学位)并取得学历或学位证书的,学费公司承担30%,其余70%由个人负担。二是大力支持执业资格继续教育,特别是公司急缺的各类人才。员工取得执业资格证书,并注册到公司或公司下属企业的,有关本次考试的报名费、国家指定的考试教材费、考试期间应发生的差旅费,由公司承担,并酌情给予一定的奖励。

(四)树立导向,建立机制

一是通过大力宣传让职工认识到培训对提高自身素质和促进工作发展的重要意义,引导职工注重自身素质和能力的提升,激发广大干部自觉学习、积极参加培训的内在动力,形成自觉求学、竞争参加培训的良好局面。二是从企业的实际出发,有计划、有目的的举办各种类型的培训班,组织员工学习新知识、新技术、新技能、新工艺、新材料、新技规等,熟练掌握岗位业务知识、岗位操作技能,转变工作作风,提高工作执行能力,圆满完成工作任务,成为工作骨干和复合型人才。三是通过定制度,立规矩,树典型等多种方式建立继续教育长效机制,确保公司职工能够最大程度挖掘自己的潜能,通过培训提高自身能力,提高工作效率。

三、主要成效

一是职工学历层次大幅提升。截至目前,通过继续教育,由中专升专科3人,专科升本科12人,本科攻读并获取硕士学位6人,公司整体学历层次大幅提升。虽然学历的提升不一定等于能力的提升,但是学历是学习能力的一个重要体现,学习的过程,是不断积累知识,丰富自己知识面的过程，不断学习，不断拓展自身知识面，增强自身的竞争力，对于企业的发展来说至关重要。

二是职业资格教育取得丰硕成果。实施继续教育激励机制以来，公司职业资格教育取得了显著成效。公司通过注册安全工程师职业资格考试 3 人，在安全生产标准化达标的审核过程中，一个单位是否有注册安全工程师有着重要作用，公司在 2015 年顺利通过电力安全生产标准化二级企业资格评审，在 2016 年顺利通过水利安全生产标准化乙级单位评审。累计通过注册二级建造师 8 人，已经注册在工程公司，为工程公司的发展和壮大发挥着积极作用，每年直接为工程公司节约资金 15 万。通过注册一级建造师 2 人，注册电气工程师 1 人，结合岗位，结合职业，有针对性开展的职业资格教育不仅锻炼了队伍，也为公司拓宽业务，发展壮大起到了促进作用。

三是初步形成了学习型企业的良好氛围。过一系列的宣传、激励、检查、监督，主动学习的观念已经深入人心。无论是谁，要想踏准时代的节拍，在工作中有所创新、有所创造，都离不开持之以恒的学习。不学习，就会落伍掉队；不学习，就会闭目塞听；不学习，就会贻误事业，错过发展的良机。公司领导多次强调学习的重要意义，重申继续教育的必要性，从上到下初步形成了“我要学习，我爱学习”的良好氛围。

四是为公司的进一步发展奠定基础。目前正是水利改革和发展的关键时期，国家高度重视民生水利的发展，尼尔基水利枢纽作为嫩江上唯一的一座控制型水利工程，肩负着保障嫩江流域人民生命财产安全的重任，尼尔基公司需要不断发展壮大才能够完成国有资产保值增值的任务，公司的发展离不开强大的人力资源储备，公司大力发展继续教育，充分体现了公司的长远发展的宏伟战略，各类专业人才的培养和储备也势必会为公司的可持续发展奠定基础。

四、存在的问题

一是个别员工对继续教育思想认识不足。个别干部认识不到教育培训是干部管理的基础工作和提升素质能力的重要途径，对加强继续工作的紧迫性认识不足，缺乏长期学习、终生学习的理念和主动性。需要进一步提高认识，加强引导，转变教育观念，把继续教育与职工的内在成长统一起来，激发继续教育的内在动力，充分调动广大职工继续教育的积极性。

二是继续教育成果转化为实际成果存在一定困难。尼尔基公司属于基层单位，更多的是水利枢纽现场的运行与管理，以基础性的实际操作居多，继续教育成果转化为实际成果存在一定困难。在今后的继续教育工作中，我们会针对不同层次、不同工种性质的实际需要，有针对性的选择培训内容。重点加强各类专业培训，有机会尽量开展现场培训，努力做到学以致用，理论与实践相结合。

五、今后努力的方向

在以后的工作中，公司将始终把继续教育工作放在重要位置，采取多种措施进一步强化。一是进一步提高继续教育工作在公司各方面工作中的地位，建立起科学完善的现继续教育培训机制,树立起终身学习的理念,同时继续加大继续教育方面的投资。二是要不断创新继续教育工作的方式方法。任何事物唯有不断创新,形成体系,才会真正具备一定的生命力。继续教育工作的开展与创新管理、体制创新、技术创新等各方面工作有效结合,才能保证其科学统一性。三是建立科学系统的教育效果评价管理机制。对领导责任、活动过程、学习效果等等进行实时评估和管理。在这样的基础形式上,进一步完善继续教育的形式和内容,四是要创建学习型企业。所有工作人员不但要接受继续教育，而且要始终树立终身学习的理念,让终生学习的理念融入企业文化中并不断发扬下去。

继续教育工作任重而道远,永远在路上,我们要充分结合自身实际,超前谋划,统筹考虑,扎实推进,只有这样,才能建设一支专业素质过硬、充满创造力的人才队伍。为此,我们将进一步增强使命感、责任感和紧迫感,大力发扬“不畏困难、自强不息、团结奋进、勇创辉煌”公司精神,扎实工作, 努力开创继续教育工作新局面,为水利改革发展提供人才保障。

(作者单位:嫩江尼尔基水利水电有限责任公司)

水利勘察设计行业员工素质评价线性模型的探讨

吕希银　李朝东　王颖倩　肖　琳

一、绪论

(一)项目的背景、意义及必要性

水利勘察设计行业是人力资本型行业,企业持续发展离不开人才,如何发挥人才效能,如何对专业技术人员的素质评价从而建立人才选拔、评价、激励机制,是当前勘察设计企业改革中人力资源管理面临的课题。

勘察设计行业大多是传统的人力资源管理模式,该种模式大多以事为中心,侧重于近期或当前的人事工作,就事论事,其管理的形式和目的是“控制人”。而现代人力资源管理是以“人”为核心,以人员素质为中心,强调一种动态的人力资源管理体系的管理和开发,其管理归结于人与事的系统优化,帮助企业取得最佳的社会和经济效益,因此为真正做到人尽其才,基于员工素质评价的人力资源管理越来越受到企业的重视。

目前在国内特别是水利勘察设计行业针对员工素质模型的研究成果相对较少,缺乏有效的员工素质评价,欠缺科学合理的素质评价模型。因此开展该项研究是非常必要的。

本研究将结合水利勘察设计特点,基于企业特点、文化、战略、岗位等基础问题系统的分析研究的基础上,探讨建立员工素质评价模型,它为企业识人、用人、培养人、激励人提供了强有力的依据,指导企业建立适合行业以及企业发展的人才选拔、评价、激励机制。

(二)国内外研究现状、发展趋势

自 1973 年哈佛大学教授 McClelland 提出“能力(素质)”概念以来,西方的素质和素质模型研究已取得不少成果,并在西方国家企业的实践中也取得了良好的效果。大约从 2001 年开始,国内的专家学者、企业家等开始关注素质模型并开展研究,素质模型逐步在人力资源领域开始得到应用。国内许多知名企业开始聘请咨询公司或高校为其设计员工素质模型。中国电信、平安保险、华为等企业已经从提高人力资源质量的角度出发,将胜任素质方法应用于企业的人力资源管理体系和管理实践,应用于人力资源的聘用、绩效考核、薪酬、培训等方面。不仅是企业,政府部门也越来越多地把胜任素质的方法运用到选拔高级人才的实践中。

目前在国内特别是水利勘察设计行业针对员工素质模型的研究成果相对较少,缺少可借鉴的员工素质评价模型。

（三）研究目标、研究内容及对科技进步和实际工作的作用

本研究将以素质模型相关理论为指导，综合运用各种方法，以我单位为样本，探讨水利勘察设计企业建立员工素质评价的模型，应用于现代人力资源管理工作中。

基于员工素质评价的人力资源管理，能够帮助企业是系统全面的岗位分析、人员配置、聘用选拔、绩效管理、薪酬管理提供科学标准的依据，使个人能力、岗位要求、组织需要达到动态平衡，从而建立适合行业以及企业发展的人才选拔、评价、激励机制，有效地提高整体管理水平，最终实现企业战略目标。

（四）预计可产生的社会、经济效益

该模型可在水利勘察设计行业内推广应用，从而提高水利行业设计单位的管理水平。

（五）研究方法及技术路线

本研究过程将综合运用各种方法，如采用专家评议法、访谈法进行岗位研究，确定评价要素，采用线性模型评价员工素质，并将此模型有效应用于人力资源管理工作中

研究路线为：企业战略和发展目标——►工作岗位分析——►界定素质要素——►素质评价模型建立——►模型验证及应用

二、素质评价模型的理论基础

（一）相关概念含义

1. 员工素质。是指员工为满足所在岗位的要求条件，充分履行岗位职责，保障安全生产和服务质量，实现组织绩效，达到内部和潜能所必备的条件，它是驱动员工产生优秀工作绩效的各种个性特征的集合，是可观察、可衡量的。是判断员工能否胜任某项工作的起点，决定并区别绩效差异的个人特征。员工素质一般包括基础素质、专业素质和特殊素质。基础素质是指一般的基础要求，是完成岗位工作所需的最低标准。专业素质是指员工为完成其岗位职责所需具备的素质，包括核心专业知识和相关专业知识。特殊素质是指那些区别于普通员工的特别要求。

2. 员工素质评价及其要素。就是依据一定的标准，利用一定的手段，对员工的素质及其功能行为进行定量描述和评价。由定性评价和定量评价因素组成。

3. 员工素质模型。就是为完成某项岗位工作，达成某一绩效目标所要求的系列不同素质要素的组合，包括不同的动机表现、个性与品质、要求、自我形象与社会角色特征以及知识与技能水平。这些行为和技能必须是可衡量、可观察、可指导的，并对员工的个人绩效以及企业的成功产生关键影响。建立合理的素质模型，即制定出完成组织目标所需的人力素质需求，以科学的测评技术评估员工的素质结构、能力、发展潜力等。通过素质评价模型可以判断并发现导致员工绩效差异的关键推动因素。

（二）员工素质模型的建立

1. 对企业目前的业务和行业特点进行深入分析，明晰企业战略和发展目标以及员工的理解和认同状况，研究分析影响企业战略和发展目标实现的关键性因素。

2. 结合企业实际情况，选择样本和分组，采用专家评议法、访谈法进行岗位研究，采用工作分析和专家小组讨论的办法来确定分析各岗位的具体要求，提炼素质项目，从而确定评价要素。专家小组讨论则是由优秀的领导者、人力资源管理层和研究人员组成的专家小组，就此岗位的任务、责任和绩效标准以及期望优秀领导表现的胜任特征行为和特点进行讨论，得出最终的结论。

3. 建立线性素质评价模型。根据要素项目，确定等级、描述等级、特征权重，建立素质评价模型。

4. 利用调查问卷对素质模型进行评估与验证。

5. 素质评价模型的应用。

三、人力资源管理现状分析

（一）勘察设计单位特征（略）

（二）人力资源管理现状分析

勘察设计行业大多是传统的人力资源管理模式，其管理的形式和目的是“控制人”。而现代人力资源管理是以 “人”为核心，以人员素质为中心，强调一种动态的人力资源管理体系的管理和开发，其管理归结于人与事的系统优化，帮助企业取得最佳的社会和经济效益。

目前，勘察设计单位人力资源管理上存在的主要问题有：

(1)在人员配置上，一方面人员专业结构不尽合理，部分专业人才短缺，另一方面普通型、技能单一型的人员富余，而从事经营管理的复合型人才、科研开发、技能操作的拔尖人才不足。

(2)专业技术人员流动呈现频繁现象，如何有效留住人才，即能体现相对价值的重要性，又能激励主要技术与管理骨干保持持续的贡献是勘察设计单位的核心问题。

(3)虽然制定了相关管理制度，但缺乏科学、有效的人才选拔、评价、激励机制。

（三）员工素质评价模型构建的意义

为真正做到人尽其才，基于员工素质评价的人力资源管理越来越受到企业的重视。建立员工素质评价模型，它为企业识人、用人、培养人、激励人提供了强有力的依据，指导企业建立适合行业以及企业发展的人才选拔、评价、激励机制。

目前在国内特别是水利勘察设计行业针对员工素质模型的研究成果相对较少，欠缺科学合理的素质评价模型。因此开展该项研究是非常必要的。

四、员工素质评价模型的构建

(一)明确企业战略和发展目标

在建立员工素质模型时,必须首先了解整个企业的中长期经营目标和经营策略,从中我们可以分析整个企业的关键竞争优势。企业的关键能力要靠内部的人员来达到。

因此,找到对经营结果最有帮助的行为和能力,了解如何有计划地建立和培养这样的能力,才能建立素质模型。根据素质评价模型对人员的素质进行评估,找出人员现有能力与所要求的能力之间的差距,采取针对性的措施,才能最终形成具有企业特色的以能力素质模型为核心的人才规划、选拔、发展、激励和储备的人力资源管理体系,为经营目标的实现提供切实的保障。

企业战略规划和发展目标在构建员工素质评价体系中的作用是方向性和指导性的。为实现企业战略规划和发展目标就必须合理设置机构和岗位,因为岗位是组织的细胞,影响着人力资源管理的规划和实施,直接影响组织战略目标的实现。

(二)岗位类别和岗位条件

人力资源管理可以说是在岗位的基础上对人的管理, 而岗位分析是人力资源管理的基础工作,绩效、薪酬、培训等方面都要以岗位分析为依托。岗位类别细分、职位说明是进行员工素质评价的基础和前提。

各岗位类别的细分和岗位要求或条件的确定可采用工作分析法、访谈法、专家小组法。采用行为事件访谈法与专家小组法的方法,通过访谈调研并综合专家意见(如院长、总工、部门负责人等),收集他们对目标岗位核心素质的看法和意见,再对目标岗位的任职者进行访谈从而明确各岗位要求。这是目前许多国内企业在素质模型构建中使用较多、效果较好的方式。

根据我院组织战略和发展目标确定的岗位可归纳为四个类别序列:特殊管理岗位、一般管理岗位、生产经营和专业技术岗位、后勤服务岗位。

特殊管理岗位是指有特殊要求的院级领导岗位,包括院长、副院长、总工等,这些岗位的设置和人员配备目前需要上级主管部门的批准和任命。

一般管理岗位、生产经营和专业技术岗位按职责高低可分为一级岗、二级岗、三级岗。各岗位的岗位级别可按以下要求划分。一级岗:本科以上学历、高级以上职称,10 以上工作经历;二级岗:本科以上学历、中级以上职称、5 年以上工作经历;三级岗:大专以上学历

后勤服务岗位根据工作性质可分为管理岗和服务岗。

岗位条件,是指岗位胜任素质,包括基本条件、专业技能条件和特别条件等。基本条件是指岗位要求的人员基本特征,低于这些条件就难以胜任该岗位。基本条件可依据岗位说明、专家经验等进行提炼,一般包括学历、所学专业、相关工作年限和工作经验等;专业技能条件是指员工在工作岗位中所需要的业务知识、岗位技能及学习能力包括职称资格、注册执业资

格、奖励、学术水平等；特别条件是指岗位必须满足的特殊要求，实行一票否决。如性别、政治面貌、学历、执业资格、职业道德、刑事处罚等。

（三）员工素质评价要素

基于上述岗位分析，可提炼出员工素质评价要素，包括：学习经历、工作经历、职称、职业资格、荣誉称号、目标考核、获奖情况和论文专著等要素。现将主要要素指标含义说明如下。

1. 学习经历

(1)学历：在勘察设计单位，本科学历基本上满足专业技术岗位要求，因此本科赋予的权重应相对较高，研究生和博士与本科差别不大。

(2)学校类别：包括全日制普通高校和非全日制普通高校，985 和 211 高校可以称作是重点高校，不同的学校类型毕业生是存在能力和素质差距的。

(3)学习专业：高等教育所学的能够直接胜任岗位的学历专业即为与岗位一致的本专业，与本专业同属于一个高等教育学科中的某些专业为相近专业。员工从事与岗位一致的本专业工作。

2. 工作经历，即员工从事专业工作的年限。根据实践经验可划分为四个层次：5 年以下、5~10 年、10~25 年、25 年以上。

3. 职称和技能

(1)职称亦称专业技术资格：专业技术资格反映了员工的学术和技术水平、工作能力的工作成就。它与职称专业和任职年限同时考虑有效反映了专业技术人员的素质高低。在此，我们将员工的技能资格纳入此项中，它与任职年限同时考虑可以反映了技术工人的素质高低。

(2)职称专业：根据勘察设计行业特点，在此我们只按工程系列和非工程系列来划分，根据行业特点将工程系列专业赋予较高的权重系数。

(3)任职年限：一般情况下，任职年限可反映员工专业水平的差距，在此将任职年限超过 3 年赋予较高的权重系数。

4. 执业资格：在勘察设计单位，执业资格是专业技术工作实行的准入控制，是专业技术人员依法独立开业或独立从事某种专业技术工作学识、技术和能力的必备标准，也是某些岗位的必备条件。在“淡化单位资质，强化个人职业资格”的形势下，目前行业资质监管不断加强，进一步加强计划人才的争夺，个人执业资格越来越重要，在员工素质中的权重将逐步提高。

5. 荣誉称号：是指荣誉称号由外部机构(通常是比较权威的组织，尤其是党政机关)对有特殊工作业绩和贡献的员工授予的称号，是对员工素质的高度肯定。在此我们仅考虑院士、省管专家、中青年专家、勘察设计大师、三三三人才、五一劳动奖章获得者等荣誉称号。

6. 考核：目标管理年度考核，可分为优秀、合格、基本合格、不合格四个层次。目标考核结果可直接反映出员工在其岗位上的绩效和素质。

7. 获奖情况：主要指与评价岗位、专业有关的技术类奖励，必须是被评价人员近五年以来的最新奖励,已保证人员素质的结果的有效性。这一点在评价中应引起足够重视,不能把选拔评价人才与评优混为一谈。同时对不同级别的奖励赋予不同的评价权重。

8. 继续教育情况:第一,继续教育是一种非学历的成人教育;第二,受教育者在学历上和专业技术上已达到了一定的层次和水平;第三,继续教育的内容是新知识、新技术、新理论、新方法、新信息、新技能;第四,学习的目的是为了更新补充知识,扩大视野、改善知识结构、提高创新能力,以适应科技发展、社会进步和本职工作的需要。继续教育情况可以反映出员工的专业知识技能更新的能力及适应岗位要求的能力。

9. 论文专著:论文是指在国家出版刊号(书号)公开发行的期刊、论文集及报纸上公开发表的学术性文章,也包括参加编写的正式颁布的国家或行业规程、规范及标准,专著是指正式出版发行的著作。论文及论著的发表日期须为任现职以后。论文专著在一定程度上可以反映员工的专业素质和能力水平

(三)员工素质评价模型

不同的素质要素在不同的岗位中所起的作用和重要性是不同的,因此要根据各种素质要素在不同岗位上的相对重要性确定其参考分值或权重。不同的单位根据自身组织内部的岗位特点和要求对要素及参考分值或权重进行调整,从而提高素质评价模型的科学性、有效性和可操作性。

根据素质评价要素表,员工素质评价衡量公式如下:

员工素质(Competency) $=A+B+C+D+E+F+G+H$

$$=(A_1+A_2+A_3)+B+C_1\times C_2\times C_3+D+E+F+(G_1+G_2)+(H_1+H_2)$$

其中:A_1=0.6×初始学历赋值+0.4×最高学历赋值

A_2=0.5×初始学位赋值+0.5×最高学历赋值

据此模型,可以目前各岗位上员工素质评价值,进而可分析各岗位上员工素质评价值的分布。该测评技术可评估员工的素质结构、能力、发展潜力等,可以判断并发现导致员工绩效差异的关键推动因素。

需要说明的是,在评价员工素质是对各要素的权重不应是传统意义上的越高(好)分值越高。一般应在满足岗位职责的基础上进行,根据具体要求按着需要和够用的原则评价,防止造成人才浪费。选拔不同层次的人才同一要素的分值也不宜相同。如:对于学历而言,选拔一个项目负责人一般具有硕士研究生和高级职称即可,而选拔博士后导师应具有博士研究生和正高级职称。如何准确赋值我们将进一步研究。

五、员工素质评价模型的应用

员工素质评价模型应用于现代人力资源管理工作中,能够为企业进行系统全面的岗位分析、人员配置、聘用选拔、绩效管理、薪酬管理提供科学标准的依据,使个人能力、岗位要

求、组织需要达到动态平衡,从而建立适合行业以及企业发展的人才选拔、评价、激励机制,有效地提高整体管理水平,最终实现企业战略目标。

(一)岗位人员配置和聘用选拔

依据岗位对任职者的素质要求，通过适当的手段确定候选人是否具备岗位期望的素质特征,科学地进行人员筛选,可以使个人素质最大程度适合于工作和角色的要求,也就是说可以“让合适的人做适合的事”,尤其是为工作要求较为复杂的岗位挑选候选人采用素质评价模型更为重要。

例如,针对主要技术负责人(或总工)岗位,要求为本科以上学历、10 年以上工作经历、具有高级职称和(或)注册执业资格,该岗位要求的条件对应要素的评价值至少应达到 33.5。对该岗位进行人员配置时,依据岗位对任职者的素质要求,即可利用该模型筛选出满足该要求的员工。对于有特殊要求的岗位,岗位特殊条件相当于一票否决,如该条件不满足,员工在该岗位上的素质评价值即为 0,该员工只能安排到其他岗位,从而促进企业内部人员的横向调动和发展。因此基于此模型的应用,可以有效地组合人才,进一步完善聘用选拔机制,以实现企业的发展目标。

该模型也可应用于人员招聘,帮助企业找到个人素质与岗位素质要求相符的员工。在人员招聘活动中,依据岗位对任职者的素质要求,通过适当的手段确定候选人是否具备岗位期望的素质特征,科学的进行人员筛选。这种基于素质的招聘方法既能体现企业的长远发展战略,又能确保企业获得合适的员工,因而将素质模型应用于人员招聘中能够确保其有效性。

此外,有利于企业进行组织内部人力资源盘点,明晰目前员工储备与未来要求之间的差距,帮助企业更好地选拔、培养、激励那些能为企业核心竞争优势构建做出贡献的员工,改变以往强调使用员工的现有价值而忽视提高员工的素质和能力的问题，可以有效地提升员工队伍的整体素质。

(二)绩效管理

利用该模型,可评价岗位胜任情况,对员工完成工作任务与岗位职责过程中所取得的结果进行客观评价。即比较同一时间不同人员的素质模型评价值。当员工的行为表现与素质模型相符时,我们认为该员工已经达到相应的素质要求或掌握相关的素质,并以此为基础,决定其岗位的晋升、薪酬调整的幅度或其他激励措施的实施。

员工素质是产生高绩效的一个必要条件，因为合适的环境+合适的素质+合适的做事=高绩效。合适的素质并不是指越高越好,合适就是与岗位匹配,与岗位的具体要求相适应。素质低于岗位要求,不能胜任岗位工作,就不能促进岗位绩效的产生。素质高于岗位要求,员工不甘心做这些“低能”的岗位工作,没有挑战性,不能体现自身价值,就不可能产生高绩效,甚至影响团队绩效的实现。

另外一种绩效考核是对同一岗位同一人员不同时间的素质评价，通过几个节点的评价结果评价其进步(素质提升)状况。

还有一种绩效考核是对单位内部某一特定群体人员不同时期进行素质评价，用以考核单位人力资源建设、人才培养的指标。

(三)人才储备建设

将适当的人员在适当的时候配置到适当的岗位上，并随时为提高的职位储备和输送合格的人才,是组织取得成功的必要因素。利用素质模型界定作为合格人才的具体要求,识别有潜力的可培训对象及其需要加强的方面,并为其提供强化和发展的机会,有利于筹建强有力的后备干部队伍,从而科学系统建立人才梯队。

(四)个性化培训

培训的目的与要求就是帮助员工弥补不足,提高员工岗位的胜任力,从而达到岗位的要求。而培训所遵循的原则就是投入最小化、收益最大化。运用素质评价可增强人力资源培训的针对性和有效性。

根据素质评价,可掌握员工之间的素质差距。组织针对岗位要求结合人员的素质状况,可以明确员工的培训需求,为员工量身定做培训计划,帮助员工弥补自身“短板”的不足,有的放矢突出培训的重点,省去分析培训需求的烦琐步骤,杜绝不合理的培训开支,提高了培训的效用,取得更好的培训效果,从而进一步开发员工的潜力,为企业创造更多的效益。

(五)职业发展

素质模型能够帮助员工了解自己与其他员工的素质差距,促进员工的自我认知,帮助员工明确个人素质发展目标,从而制定相应的改进措施,为员工指明努力方向和发展的道路。

(六)结语

综上,以素质评价模型为核心构建人力资源管理体系,给企业的管理和员工的发展带来很多的益处。但是也不能过分扩大素质模型在当前人力资源管理实践中的作用,企业一哄而上都设计所谓的企业素质模型的做法往往忽略了最本质的东西,而片面模仿形式,从而导致资源的浪费,达不到预期的效果。素质模型必须建立在对企业特点、文化、战略、岗位等基础问题系统的分析研究的基础上,真正把握和合理运用其理念和思想,才能达到企业预期的良好效果。

本模型存在许多需要进一步完善的地方，特别是有员工素质评价要素以及要素特征的量值或权重是值得进一步探讨的问题。

本课题已同时被列入2016年度河北省人力资源和社会保障研究合作课题,小组成员将对该模型的设计和应用进行进一步补充完善,为人力资源管理提供有效支撑。

(限于篇幅,本文进行了适当压缩)

(作者单位:河北省水利水电勘测设计研究院)

论综合性企业如何建立长效培训机制

詹世军　沈丽娅

员工培训在企业管理、人员储备、解决工作中的实际问题上发挥着重要作用。目前,汉江集团博远置业公司下设基层单位,涵盖绿化工程、旅游开发、物业管理和商业贸易四大主业,是一个跨越多种行业的综合性企业。建立长效培训机制,以培育适应综合性企业持续发展的员工队伍显得尤为重要。笔者结合公司实际从文化导向、提升素质、培训内容、培训方式、考核评价、有效激励等方面阐述综合性企业如何建立长效培训机制。

一、文化导向,滋养员工培训的土壤

文化是企业的灵魂,是企业员工共建、共享的精神家园。企业文化已成为企业核心竞争力的重要组成部分。企业文化在规范员工行为上有着不可忽视的作用。博远公司具有点多面广、人员分散、临时性急难险重任务多的特点,这都需要一种企业文化精神统一思想,以形成凝聚力。为此,公司以集团文化理念为指导,加强企业文化宣贯、落地和创新,稳步推进企业文化建设,形成具有博远公司特色的团队文化。如组织员工学习曾仕强的视频讲座《如何打造坚实的基层团队》,并通过板报、内部网络等形式对团队文化进行宣传,开展系列集体劳动和文体活动,让团队文化理念深入人心。团队文化建设既培养员工的学习态度和学习责任感,营造出一种利于学习、合作和知识共享的环境氛围;又用企业目标,战略意图,明确企业的能力缺口,从而明确教育培训的内容,在共同愿景下,把员工的思想和行为导向到爱岗敬业、提高技能、提升素质和促进企业发展上来。用企业文化滋养教育培训的土壤,为教育培训工作的顺利实施提供文化保障。

二、提升素质,夯实员工培训基础

如今的竞争愈演愈烈,压力越来越大,要想让企业的员工能从容地应对瞬息万变的市场环境和挑战,就要不断地学习。要以提高人的综合素质为目标,倡导终身学习的理念,大兴学习之风,逐步把“工作学习化、学习工作化”理念贯穿于企业各项工作中。在企业内部创造良好的学习氛围,依靠持续不断的学习,提高员工的文化知识,提升员工的综合素质,从而为顺利开展员工培训打下坚实基础。

近年来,博远公司根据生产经营和服务管理的工作性质、员工的特点、员工的文化程度和作息规律等实际,有针对性地推荐《海底捞》《你在为谁工作》《幸福的方法》《狼道》等书目,开展全员读书活动,并通过撰写心得体会等多种形式的学习交流,从而形成了互相学习、互相交流、互相启发、互相激励、共同促进的学习氛围。以加强员工基础文化、职业道德和业务知识的学习,不断地提高员工的文化层次和业务水平。同时,员工立足工作岗位,利用业余时间读书和学习,加强对本岗位所应具有的理论和技术业务知识学习,通过建立员工日常学习的长效机制,以促进读书学习经常化,提高了员工的理论知识和学习能力,夯实了员工培训基础。

三、科学分析,优化员工培训内容

有效而恰当的培训不是盲目的、随意的、无计划的,而是有目的、有计划的,这就要进行科学分析。就是要根据企业的发展战略与规划,工作的需要以及企业现有人员的情况优化员工培训内容。为此,博远公司通过科学分析,优化员工培训内容,拓展员工培训内涵。结合业务发展的实际需求,按照"干什么学什么、缺什么补什么"的原则,有针对性地制定员工培训计划。

公司层面主要从企业文化、思想政治、职业道德、经营管理、服务理念、安全生产等方面进行培训,如我们先后开展了财务知识培训、税务知识培训,安全驾驶培训、规章制度培训、新闻摄影培训、消防应急演练,等等。分公司结合单位实际,积极开展"特色化"员工培训,各有各的特色,各有各的创新。如物业分公司对员工进行物业管理和服务培训;龙山宾馆加强了员工服务技能和操作流程的培训;车队技师组织现场车辆维护和安全驾驶培训;绿化工程分公司开展施工员、造价员、资料员、测量员、安全员及新增项目经理的培训等;液化气分公司、加油站开展安全达标和安全操作的培训;展览馆邀请丹江博物馆讲解员、集团公司退休老干部对讲解人员悉心培训,力求打造形象好、素质高、技能过硬的专业讲解团队。各分公司通过自主培训,提升了培训实效性。

四、结合实际,创新员工培训方式

博远公司人员结构老龄化严重,文化知识水平悬殊。我们结合这一实际情况,针对不同的年龄和文化水平,采用不同的培训方式,针对年龄较大员工的培训,充分发挥其动手能力强的优势,避免记忆力的劣势,将培训内容侧重于实际操作、修旧利废知识等,而对于年轻员工开展培训时,要着重理论和实际操作技能的同步发展,着力提高动手能力,并可以采取老员工和年轻员工结成师徒对子的方式,让他们相互帮助、取长补短。

根据博远公司单位多而分散、业务差异性大的特点,我们采取了"大课堂"与"小课堂"相结合的多元化的培训模式,让员工的培训不再是负担,而成了工作的"加油站"。对职业道德、企业文化、财务知识、安全知识、规章制度、法律法规等共性的问题，采取“大课堂”的培训方式，对员工进行集中培训，以提高员工整体的理论水平和业务知识，统一员工的思想，提高企业的凝聚力。与此同时，在授课形式上，采取了“互动课堂”和“提问教学”的培训形式，通过员工现场向授课教师提问的方式，不仅调动了员工的培训积极性、参与性，还切实增强了员工解决问题的能力，提高了培训效果。

我们根据员工培训需求和知识需求采取多样化的“分餐式”员工培训，充分满足员工的培训需要，提高员工培训的实效性。为避免以往集中培训“听的时候感悟很多，用的时候忘记不少，实际效果确实很小”的现象，结合单位实际情况，以提高员工岗位操作技能为主，充分发挥单位的技术资源，各分公司大力开展自主培训，创新培训方法，分工种开办培训“小课堂”，每堂课只有几名员工参加，通过讲解、大家一起讨论，从中找到解决问题的最佳思路和方法。“小课堂”以人员少，授课精练的培训方式，改变了以往授课教师满堂灌、员工只是被动听的局面，促使员工积极参与互动，并在参与中获得知识和技能。

采取培训到现场的方式，在生产现场灵活开展小讲座、小讨论、小提问等活动，在保证不影响生产任务的前提下，充分利用实物教学培训，为员工讲解和演示设备维修、安全生产标准化操作程序，并让员工进行上岗实践操作，模拟处理设备故障，提高员工的实际动手能力。还采取了一对一 “私人订制”的培训方式，实现了“你教啥，我学啥”到“我学啥，你教啥”的转变，为员工打开提升技能的另一条绿色通道。

五、考核评价，检验员工培训效果

考核评价机制是关系到员工培训工作能否认真开展，培训计划能否很好落实完成，以及检验培训效果是否达到标准，培训内容、方式方法是否合理得当，是否需要调整和如何调整的重要环节。博远公司坚持员工培训考核，一是对培训职能部门的考核，包括制订公司中长期和年度培训规划情况，年度培训计划实施情况，培训管理制度和考核评价办法建立和执行情况，培训内容、课程设置、培训方法采用情况和培训工作总结情况等；二是对各有关部门、分公司的考核，包括对员工培训的参与、支持程度，培训任务的完成情况；三是对员工的考核，包括参加培训的态度，参加培训的纪律、时间，完成课程情况，考试、考核成绩。四是将员工培训纳入年度经营管理业绩责任书中，并建立了培训情况登记反馈制度，做到员工培训年初有目标，年中有检查、年底有考核，切实把员工素质培训作为企业的一项基础性工作。同时，还建立了相应的约束机制，对于培训考核落实较差的单位或个人进行相应的处罚，把培训真正落到实处。

六、有效激励，调动员工参培积极性

有效的培训激励机制，就是把培训效果与员工的奖酬、晋升、职业生涯实现相挂钩，以调动员工参加培训的积极性，提高培训的效果和成果转化率。激励分为物质激励和精神激励两个方面，具体方法企业可结合实际情况来确定，激励使员工感受到教育培训是企业对他们的重视与培养，增强他们职业发展的信心，加深员工对企业的忠诚度。

博远公司非常重视员工培训的激励机制。一是培训结束后，对培训的效果进行检测考核，并将每次培训后的成绩、培训评价结果及时反馈给员工及所在部门等。一方面是为了检验培训效果，另一方面也是为了从检测中了解员工掌握知识的程度，发现员工技能知识的薄弱环节，以便下次有针对性地进行培训。对那些成绩优秀者给予物质奖励，促使员工积极地参加培训，并提高员工将培训成果转化为工作技能的积极性和主动性。二是在精神激励方面，我们采用了多种的方法。如评选学习明星、技术能手、创新能手、红旗车、党员先锋岗等；开展“安康杯”等知识竞赛，激励员工学业务、练技能、提素质，争当高技能人才。所有这些都能使员工在心理上、精神上产生满足感、成就感，从而激发进一步学习的热情。

以上员工培训的六个方面，是相互联系，相互促进，缺一不可的。文化导向是前提，解决培训的思想认识和观念问题；提升素质是保障，解决培训素质问题；需求分析是基础，解决培训什么、培训对象的问题；考核评价是尺子，解决检验培训效果和调整改进培训工作的问题；培训激励是动力，解决调动员工参加培训的持续积极性问题。综合性企业员工培训应扎实做好这六个方面的工作，以建立长效培训机制，全面提高各类人员的综合素质和能力水平，为企业的持续发展提供不竭动力。

（作者单位：汉江集团博远置业公司）

用水利人才垒砌四川精准扶贫大坝

刘　锐

三十多年的改革开放，使数亿中国人甩掉了贫困的帽子，但中国的扶贫仍然面临艰巨的任务。习近平总书记指出，扶贫开发工作已进入"啃硬骨头、攻坚拔寨"的冲刺期。党的十八大以来，以习近平总书记为核心的党中央领导集体，多次深入贫困地区调研扶贫工作，提出了"实事求是，因地制宜，分类指导，精准扶贫"的新时期扶贫工作的指导方针，标志着我国扶贫方式由"大水漫灌"向"精确滴灌"的重大转变。

一、四川省水利扶贫开发任务艰巨

（一）水利发展滞后成为制约经济社会发展的瓶颈

四川省是"千河之省"，然而，水资源在时空分布上却极其不均衡，全省有 161 个扶贫任务的县，尤其是集中连片的"四大片区"，水利基础设施相对薄弱。具体来说，饮水安全问题尚未得到根本解决，农村饮水安全保障程度和自来水普及率有待提高；资源性、工程性、水质性缺水问题并存；自然条件恶劣，旱洪灾害交替频发，但这些地区水利控制性骨干工程不足、防灾减灾基础较差；生态脆弱，水土流失、水生态环境有持续恶化的趋势。部分农民群众因水受困、因水成疾、因水致贫现象突出。水利发展相对滞后是制约当地经济社会又好又快发展的主要瓶颈之一。

（二）水利人才存在的主要问题

习近平总书记指出："治贫先治愚，扶贫必扶智"。近年来，四川省水利人才队伍建设取得显著成绩，整体素质有了明显提高，但还不能适应水利改革发展的迫切需要，特别是贫困地区，水利人才匮乏依然严重，水利人才队伍建设依然存在很多亟待解决的问题，主要表现在：

一是人才总量不足。2014 年全省水利系统在岗职工数占全国水利行业的比例为 3.91%，人均完成投资规模为全国平均水平约 1.5 倍。2014 年与 2011 年相比，全省水利在岗职工总量下降 9.48%，高于全国水利行业 6.31%的下降幅度。如甘孜州，全州水利系统仅有职工 606 人，人均管辖面积高达 252 平方公里。各县(市)水务部门平均仅 30 余人，与全国边远地区各县的平均 172 人相差 142 人，与全国各县的平均 244 人相差 214 人。

二是人才分布不均衡。成都平原经济区人才密度较大，民族地区、盆周山区人才密度较小；高学历、高技能、高职称人才，专业技术人才，经营管理人才在厅直属单位和经济发达地区分布较多，在基层分布较少，尤其在民族地区和边远艰苦地区更少。如甘孜州水利人才中，党政人才106人，专业技术人才175人，技能人才325人，专业技术人才占总人数的28.87%，比全国平均水平36.49%低近8个百分点。专业技术人才队伍中，水生态文明建设、水利工程建设与管理、水土保持、饮水安全、水利信息化等相关专业人员严重缺乏，能够适应现代科技发展、运用现代化手段开展工作的专业技术人员极度匮乏。绝大部分县(市)水利系统没有高级职称人员。

三是能力素质有待提高。硕士以上的高学历人才与职工总量的占比较全国水利行业平均水平低0.1个百分点，中级以上专业技术人才仅占职工总量的17.42%。高级专业技术人员、见习及以下人员与专业技术人员的占比，分别较全国水利行业平均水平低1.25个百分点和高3.85个百分点。贫困地区更为严重，如甘孜州水利职工中，大学本科以上学历的仅占职工总人数的4.45%，高中及以下学历的高达47%，学历层次远低于全国平均水平。高层次人才偏少，175名专业技术人才中高级职称仅13人，其中水利类仅5人；325名技能人才中技师以上等级的仅13人。受地域、观念、师资、经费等因素的限制，职工专业技术提升、知识更新等业务培训极少且手段单一，基层水利人员年人均培训不足10学时。

四是人才流失严重。受地理环境艰苦、经济发展水平落后、福利待遇低下等因素的影响，水利人才流失严重。近十年来，仅甘孜州水利系统新进工作五年以上的水利从业人员流失率就高达80%以上。

二、深入推进水利人才扶贫的对策建议

在精准扶贫新时期，人才在贫困地区已上升为和资金、政策同等重要的需求。缺乏人才支撑，扶贫的效果将是短暂的。在扶贫工作走向以人为本、精准扶贫的今天，人才已成决定性因素。

(一)深挖井，解决“量”不足问题

解决“量”不足问题，可以从以下几个方面入手：一是扎实抓好优秀干部援派计划。每年从省水利厅及成都、川南、川东北、攀西经济区区域中心城市，选派一定数量的优秀干部及专业技术人员到贫困地区进行挂职交流或技术帮扶，直接参与贫困地区水利建设，以先进带动贫困的消灭。二是实施技术专家咨询服务计划。定期从四川省水利科研院所、高等院校选派专家组成若干个技术咨询工作组，到贫困地区开展业务咨询、技术指导和现场教学，帮助解决难题和障碍。三是“订单式”培养贫困地区专业技术人才。着重培养大专层次的水利专业技术人员充实到水利系统基层部位和部门，实现“留得住，用得好”。落实藏区学生“5+2”计划，落实对贫困学生减免学费等帮扶政策。积极协调省内有水利类专业的院校面向藏区彝区开设少数民族班。四是充分利用好“三支一扶”等人才政策。逐步扩大水利岗位招募规模，抓好

岗位进选,健全完善配套政策。在水利基层单位人员招聘上向"三支一扶"服务大学生倾斜,引导水利高校毕业生到贫困地区水利部门、事业单位和乡镇水利站工作。五是强化技术技能人才服务贫困地区导向。积极协调省上有关部门,改革水利水电工程系列中、高级专业技术职务评价标准和条件,采取多项措施将水利职称评聘和职业技能鉴定工作向贫困地区倾斜,引导广大专业技术人才和技能人才到贫困地区创新、创造、创业,不断提高自身素质。激发贫困地区专业技术人员积极性和扎根贫困地区的信心,稳固人才队伍。

(二)补木桶,解决"能"不够问题

解决"能"不够问题,可以从以下几个方面入手:一是分类强化水利人才培训。按照人才类别分类开展针对性、实用性更强的各类培训。引导各级水利培训项目向贫困地区重点倾斜,加大举办贫困县水利局长培训、基层水利站所长培训等重点项目的力度。如,加大举办藏区、彝区、秦巴山区、乌蒙山区水利局长、专业技术人员等的分类别有针对性地专项培训和现场教学。同时,对贫困地区自办培训,在资金和师资上予以支持。二是创新水利人才培训形式。结合贫困地区水利职工培训实际需求,以水利专业院校及开设水利专业的院校为平台,深入开展"送教上门""送培下乡"以及"网络培训"等多种形式的培训,通过水利信息化、农村饮水安全等专业技能培训,提高贫困地区水利职工的实操能力。三是拓展水利人才视野。每年接收一批贫困地区水利干部到省水利厅及成都、川南、川东北、攀西经济区区域中心城市挂职交流锻炼。利用与水利部、兄弟省市的工作交流或项目合作,抽调贫困地区优秀水利人才到中央或省外先进发达地区学习考察,学习先进经验,提高眼界,拓宽思维。如,2016 年 4 月,省水利厅与水利部联合在苏州举办的甘孜及藏区水利局长培训班,就是通过到发达地区现场观摩学习,拓展贫困地区水利人才的视野和思维。四是鼓励学历(学位)教育。完善有关政策措施,落实各类保障条件,鼓励和支持水利干部职工参加各类学历(学位)教育。协调有关院校在贫困地区设立函授、电大开放教育等水利专业在职教育,不断提升干部职工学历层次。

(三)垒基石,解决"保障"滞后问题

要实现水利人才扶贫的各项措施,各项保障是基石。一是抓好规划计划。以各级水利部门为主体,认真梳理分析贫困地区水利人才队伍实际状况,制定人才队伍建设规划计划,完善有关措施,并注重与贫困地区水利扶贫建设项目实施结合起来。如省水利厅联合国家水利部人事司开展的《甘孜州"十三五"水利人才规划》项目,就是以创新人才工作体制机制为动力,以人才队伍素质和能力提升为核心,以培养本土人才、民族人才为重点,统筹推进水利人才队伍建设,为甘孜州水利事业改革与发展和 2020 年与全国同步建成小康社会提供人才支持和智力保障的蓝本和顶层设计。二是抓好政策落实。进一步落实四川省《关于进一步健全完善基层水利服务体系的指导意见》,加强基层水利服务机构建设和人才队伍建设,提高基层水利服务水平。会同当地人力资源社会保障部门完善人员招聘和引进政策,适当降低县级及以下水利部门(单位)人员招考学历门槛,积极吸引水利专业毕业生到基层工作。三是抓好资金保障。安排专项资金,或采取“以奖代补”“发放培训券”等措施,加大对水利院校“送培下乡”“送教下乡”的经费投入和支持力度,鼓励和支持贫困地区基层水利干部职工不断学习水利专业知识。

(因版面限制,本文刊用时省略了四川省精准扶贫的总体要求内容)

(作者单位:四川水利职业技术学院)

基层水利职工教育培训方法研究

陈希球

基层水利职工主要从事河道堤防、圩、水库、塘坝、泵站、机井、提水工程、灌排工程、山坡防护工程、山洪排导工程、小水电等防洪、排涝、供水、灌溉、水资源保护、水土保持及水电工程等水利基础设施建设及其管理。按新时期水利事业发展要求,新材料、新工艺、新方法在这些水利工程中广泛应用,基层水利职工队伍面临技术技能的学习与提高。按“科技兴水,人才强水”的水利事业发展战略,全面对水利系统职工特别是基层水利职工进行有效的教育培训,以提高其专业能力和职业素养,是实现把人力优势转化为智力优势,把智力优势转化为生产力的重要抓手。开展水利基层职工教育培训,以增强水利人才培训能力、提高水利职工队伍整体素质、推进水利行业学习型组织建设,以服务水利事业发展、服务水利人才开发战略具有一定的现实意义。

一、基层水利职工教育背景及教育培训现状分析

据不完全统计,县级和乡镇级水利职工拥有技术职称的职工比例为41.20%,全国90%以上的乡镇水利站没有工程师,高级职称更少。乡镇水利职工文化程度以高中及以下学历比重为主,占74.87%,其中县级水利职工高中及以下学历比重达68.49%,而乡镇则高达86.36%。基层水利职工文化起点偏低,技术技能欠缺,越来越难以适应机械化、信息化新岗位的要求。在职工教育培训方面,一是单位重视程度不够,职工参与意识较差,缺乏系统的可持续的培训机制;二是在培训内容和方法上缺乏实效性和针对性,侧重理论知识学习,与实际岗位需求脱钩,培训流于形式,效果甚微。

二、基层水利职工学习特点分析

基层水利职工工作在生产第一线,客观上学习的动机有多种,包括个人能力提升、适应岗位要求、寻求职业发展、确保家庭保障,等等。由于学习动机的不同,职工的学习呈现如下特点:

(一)学习目的来源于实际

在社会责任和家庭责任的承担中,职工越来越清晰地意识到,实际工作中会遇到的各种问题或需要,只有不断学习才能适应不断变化的工作要求,对于学习只有具备了强烈的动机

及准备才会全身心的投入,因此职工参加教育学习的目的性和针对性很强。

(二)影响学习的因素复杂多样

职工在学习过程中会受到来自工作、家庭、社会和自我认知等诸多方面因素的影响。普遍存在的问题之一就是工学矛盾,即工作和学习如何兼顾的问题。此外,多数职工由于正处在家庭、孩子、父母等全面的家庭架构中,且承担着重要的家庭责任,因此能够分配到学习中的时间和精力非常有限,这也成为影响学员学习的主要因素之一。另外,在工作和生活中逐步积累了工作经历和生活经验,这些即成经验都会对新的理性科学的吸纳造成一定的排斥和干扰。

(三)学习主观能动性与客观依赖性并存

心理学研究表明,成人有着很强的独立性和自我意识,总是希望作为独立进行活动参与,希望受尊重受重视,在有自主的学习动机的情况下学习呈现出非常主观能动性。另一方面,由于受到工作、家庭、个人等各种因素影响,且学习时间呈现显著的碎片化,所以成人在学习的过程中又具有很强的客观依赖性,表现出学习过程受到干扰或遇到挫折时容易产生畏难情绪,由此产生对学习引导者或促进者强烈的依赖。

(四)职工与学生相比更善于分析和归纳

由于构建在即成知识体系和经验之上,因此职工的学习特点是更加擅长对问题的分析和归纳总结,而对于碎片化的时间和零散记忆为合成的信息技术与网络技术高度发达的信息时代,职工的学习途径更加广阔、信息量更加庞大。所以成人的学习会更加擅长在浩如烟海的信息化知识海洋里合理分配自身的资源,从而提炼对自身所需要的知识信息,所以其知识管理相较于在校学生而言更能够形成系统。

三、基层水利职工教育培训方法与技巧

根据“科技兴水,人才强水”的发展战略,对基层水利职工进行教育培训的目的是根据水利事业发展的需要,使基层职工具备有效完成工作所需的知识、技能和态度。为了取得较好的培训效果,培训过程中要根据成人的学习特点,对培训内容进行整体设计,根据培训内容采用不同的培训方法。以下结合职工培训的工作实践介绍几种实用的培训方法。

1. 讣授法

这是一种传统的培训方法,培训师通过语言表达,系统地向受训者传授知识,期望学员能记住其中的重要观念就与特定知识。这种方法主要运用在培强受训对象的理论知识。

2. 演示法

这是运用一定的实物和教具,通过实地示范,使受训者明白某种工作是如何完成的。这一方法主要用于工作技能的培训,培训教师在示范前要准备好所有的用具,让每个受训者都

能看清示范物。 示范完毕，让每个受训者试一试，对每个受训者的试做给予立即的反馈。

3. 研讨法

通过培训师与受训者之间或受训者之间的讨论解决疑难问题。每次讨论要建立明确的目标，并让每一位参与者了解这些目标。要使受训人员对讨论的问题发生内在的兴趣，并启发他们积极思考。在大家都能看到的地方公布议程表(包括时间限制)，并于每一阶段结束时检查进度。

4. 视听法

就是利用幻灯、电影、录像、录音、电脑等视听教材进行培训，多用于新进员工培训中。播放前要清楚地说明培训的目的。依讲课的主题选择合适的视听材料。以播映内容来发表各人的感想或以“如何应用在工作上”来讨论，最好能边看边讨论，以增加理解。根据讨论情况，培训师必须有针对性地做重点总结或将如何应用在工作上的具体方法告诉受训人员。

5. 案例研究法

针对某个特定问题，向参加者展示真实性背景，提供大量背景材料，由参加者依据背景材料分析问题，提出解决问题的方法。培养参加者分析、解决实际问题能力。

6. 角色扮演

采用这种方法，参加者身处模拟的日常工作环境中，按他在实际工作中应有的权责来担当与其实际工作类似的角色，模拟性处理工作事务。通过这种方法，参加者能较快熟悉工作环境，了解工作业务，掌握必需的工作技能，尽快适应实际工作要求。角色扮演的关键问题是排除参加者的心理障碍，让参加者意识到角色扮演的重要意义，减轻其心理压力。

7. 模拟训练法

与角色扮演类似，但不完全相同。更侧重于对操作技能和反应敏捷的教育和培训，把参加者置于模拟的现实工作环境中，让参加者反复操作装置，解决实际工作中可能出现的各种问题，为进入实际工作岗位打下基础。

在培训实践中，培训方法的运用依赖于培训目标的实现和教育培训效果而定。

四、基层水利职工教育培训效果评价

借助一定的方式对培训的效果进行定性或定量的考核是提高教育培训质量的重要手段。其一，培训结束后，通过不记名调查问卷的方式对受训者进行评估，调查内容主要涉及培训科目、教员、收获大小等，在上述方面要求受训者做出真实的评价。其二，根据培训的内容在培训结束后，对受训者采用笔试或者实际操作的方式进行相应的考核，对于培训效果通过成绩进行评价。其三，组织培训教师和受训者在培训结束时，针对培训的内容和收获展开讨论和总结，学员之间彼此交流培训的心得，同时为今后的工作制定行动计划，如在培训过程中学到了哪些知识、掌握了哪些技能，对于收获的知识和技能可以在工作中实施，在今后的工作中哪些方面可以做得更加的完美，最后要求参训人员写出相应的思想总结。其四，对于接受培训的人员，在其回到工作岗位之后，随机选择一些参训人员进行考核。学习的最终目的就是应用所学的知识和技能，检验培训效果通常情况下最直接的方式就是参训人员回任后的工作表现。通过采用实地考察法，同时结合问卷调查法对回任人员进行考核。了解其应用所学的知识和技能情况，同时详细地了解其回到工作岗位上的实际表现。通过对培训效果的评价，有利于改进培训方法，进一步提高培训质量。

职工教育和培训是一个动态的连续的工作过程。一方面由于社会经济和技术的发展，另一方面水利基层单位职能和管理功能的调整，职工工作的变换，都要求职工掌握新知识、新技能，树立新观念，因而对职工的再教育和培训显得十分重要。

（作者单位：长江工程职业技术学院）

广东省欠发达地区村镇供水行业人力资源现状分析与对策探讨

夏宏生　陈燕国

广东省欠发达地区村镇供水工作经历了由解决饮水困难(解决有无水饮用问题),到饮水安全(解决饮用清洁卫生水问题),再到普及自来水(实现城乡一体化供水)三个层次的发展过程。村镇供水规模逐步增加,供水设施也日益完善,从业人员由原来的兼职为主,发展到目前拥有专门的技术人员和管理人员,并且从业人员数量迅速增加。受多种条件的限制,广东省欠发达村镇供水从业人员素质普遍不高,很难满足村镇供水日常运行管理的需要。因此,提高村镇供水从业人员素质,是保障村镇供水工程能良好运行和长久发挥效益的关键。

一、欠发达村镇供水从业人员现状

(一)目前从业人员素质普遍不高并且人数配备不足

2012年初,广东省水利厅曾对欠发达地区村镇供水工程建后管理及从业人员现状进行专题调研,调研组对不同供水规模的村镇供水站抽查分析,15市村镇供水站从业人员受教育的程度普遍较低,走访调查的连山、连州和佛冈三地的9个供水站,没有一位管理人员受过给排水的专业教育或专门培训。2014年,广东省水利厅成立项目组,开展村村通自来水政策研究,项目组调研了粤东、西、北十个有代表性的县(市、区),走访近二十个村镇供水站(点),了解工程建设情况和运行管理状况,专门对各种类型供水站(点)的人员配备作出分析。从中可以看出,小规模分散式供水点管理人员偏少,并且无专业素质;集中式供水站管理人员勉强够用,专业技术人员偏少。在调研中发现,虽然各县市均成立村镇供水机构负责工程建设和运行管理,但目前从业人员以收编原有的农村供水管理人员为主,村镇供水机构忙于工程建设,无暇顾及从业人员素质,目前多数地方供水站只在人数上勉强够用,对从业人员准入门槛的设置普遍不高。

(二)水质检验等专业技术人员严重不足,并且能补充到技术岗位的潜在人力资源有限

2012—2013年,广东水利电力职业技术学院举办三期村镇供水水质检测技术人员技能鉴定考核培训班。从参加培训人员的情况可以看出,没有经过专业学习和训练的人员占30%~40%。而其中具备大中专学历的人员中有相当多数并不是供水及相关专业毕业的,这与专题调研结果一致,现在镇级水厂接受了部分从机关转来的工作人员,他们具备一定的学

历,但并非学习供水专业的。我们对广东水利电力职业技术学院2013、2014、2015届连续三届给排水专业毕业生就业进行调查,247名毕业生中只有10人到非珠三角县(市)供水企业工作,去镇级水厂工作的没有;另外对该院2016届给排水专业毕业生作就业意向调查,只有5人愿意去欠发达地区的镇级供水站工作。

由于欠发达地区受多种因素限制,现阶段村镇供水行业很难吸引到专业技术人才,因此对已有从业人员进行培训提高是最现实的措施。

二、欠发达地区村镇供水从业人员职业培训的意义

(一)开展村镇供水从业人员职业培训的必要性

在现代社会发展中,职业培训已是人力资源储备与开发的重要举措,通过培养从业人员能够掌握特定劳动部门的基础知识、实用知识和技能技巧。村镇供水作为新型职业,无论从职业的发展还是从人员现状来看,开展村镇供水从业人员职业培训都极为重要。

根据专题调研,对广东省欠发达村镇供水站现状进行分析,认为广东村镇供水工程建后管理中存在许多问题,其中管理人员配备不够且人员业务素质低、缺乏专业化技术培训是造成工程运行管理问题的重要因素之一。具体为:缺乏运行管理知识,难以保证工艺的正常运行;运行中操作不当,人为提高了制水成本;不能准确宣传安全用水知识,村镇居民用水存在安全隐患;不懂资料的归档管理知识,给工程的日后维护管理带来困难;不了解水价制度,影响了成本核算,难以保证水厂的持续经营。

因此,为保证供水站供水设施的长期安全运行,除应建立良性运营的管理机制和管理制度外,更重要的是要加强村镇供水技术人员的培训,提高从业人员素质,建立一支合格的村镇供水工作的技术队伍。

(二)开展村镇供水从业人员培训的可行性

1. 行业的规范、标准已对村镇供水从业人员专业水平做出规定

依据水利部《农村供水站定岗标准》中的设岗要求,根据供水站规模,合理配备综合管理人员和维护操作人员,要求管理人员具备给水排水专业知识,定期参加技术培训,持证上岗。管理人员要能够维护供水工程的正常运行,做好运行管理日志和资料管理工作,做好档案管理。能认真做好供水工程水价核定和水费征收工作。

2. 城镇供水从业人员培训模式对开展村镇供水从业人员培训有一定的借鉴意义

相对于城镇供水,村镇供水还属于一个新的职业,虽然两者之间存在相当多的差异,但它们同属供水范畴,村镇供水从业人员的培训是可以借鉴城镇供水的,例如培训体系、培训模式、培训证书的管理、从业准入制等。因此,村镇供水从业人员培训可以走出一条既符合职业培训规律又满足自身特点的职业培训之路。

三、村镇供水从业人员进行技能培训应克服的困难

（一）村镇供水从业人员参加继续教育和培训的机制尚不完善

目前，我国的职业培训制度极为分散，没有专门的法律和统一的制度，相关政策大都是在《劳动法》《职业教育法》和《就业促进法》等法律和一些“决定”与“意见”中零散地去整合。制度的缺失导致用人单位视劳动者的职业培训无足轻重，职业培训机构各自为政，官办性培训机构强而市场性生存力弱，劳动者职业培训机会缺失，培训效益差。

首先，村镇供水作为基层的一个新型职业，从业人员参加继续教育和培训的相关规定不明确，受经费等条件限制，基层供水单位往往不重视培训，开展培训的积极性不高；第二，从业人员的待遇和晋升并没有完全与培训证书、职业技能证书挂钩，从业人员参加培训的积极性不高；第三，村镇供水人员还没有实行职业准入制，从业人员参加培训没有主动性。

（二）村镇供水从业人员进行技能培训的内容和方式尚不清晰

虽然与城镇供水同属供水范畴，但村镇供水历史短，从业人员普遍受教育程度较低，并且人员少，往往是一人多岗。因此不能完全照搬城镇供水培训的内容和方式。还需探讨和明确村镇供水的职业资格标准，根据职业资格标准确定培训的内容和方式。

（三）村镇供水从业人员进行技能培训的师资团队建设和培训基地建设尚需加强

对于村镇供水这一新型职业来说，还没有现成的培训师资团队和培训基地，需对已有的师资队伍进行培训提高，使其适应村镇供水从业人员的特点。由于村镇供水人员的分散性，因此培训基地的培育与建设也是一个问题。

四、村镇供水从业人员开展培训的对策与建议

（一）制定村镇供水从业人员接受继续教育和技能培训的制度，设置村镇供水从业准入制度

村镇供水主管部门尽快制定村镇供水从业人员接受继续教育和技能培训的制度，从制度上保障从业人员接受继续教育和技能培训的权利和义务。尽快制定村镇供水从业人员的职业资格标准，按标准对从业人员进行必要的水源保护、水质净化、水处理工艺、机电设备的维护与保养、供水管网的维护与保养、信息化技术在村镇供水中的应用等多方面的基本知识、操作技能和操作规范的培训。

制定村镇供水从业人员准入制，最终实现持证上岗。劳动和社会保障部根据《劳动法》和《职业教育法》的有关规定，决定对从事技术复杂、通用性广、涉及国家财产、人民生命安全和消费者利益的职业(工种)的劳动者，必须经过培训，并取得职业资格证书后，方可就业上岗。村镇供水作为新型职业，技术含量较高，而且直接关系到饮水安全。制定村镇供水从业人员准入

制，最终实现持证上岗，有利于管理质量的提高，减少事故发生，有利于经济效益和社会效益的提高。

（二）建设培训师资团队，编写适用的培训教材

依托高职院校师资力量建设村镇供水从业人员培训团队，编写合适的培训教材。目前已有的供村镇供水从业人员使用的书籍编写的内容理论性太强，现有的村镇供水从业人员难以适用。因此，新培训教材的编写应以工种为分类，以工种岗位职业资格标准为大纲，体现职业性、实用性、通俗性和前瞻性。教材应具备易读、易懂、易记、易查的特点。

（三）实行全员培训、分类施教、分级培训

对村镇供水人员实行全员培训，将村镇供水单位的技术管理人员分为“综合管理人员”和“操作维护人员”从事村镇供水工程运行管理的行政人员（含财务人员）归属“综合管理人员”，不同工种的操作维护人员归属“操作维护人员”。根据人员岗位性质与工作内容的不同，采用集中面授、视频授课及现场指导等不同方式进行分类施教。

根据培训对象，实施分级培训。对技术负责人员实施高级培训，一般管理人员和操作维护人员实施中级、初级培训。

（四）利用互联网平台、方便基层、终身指导

开发通俗易懂的技能操作影像视频，先进行一轮全面系统培训，再利用互联网平台建立培训后跟踪指导体系，即逐步搭建培训平台，使村镇供水技术管理人员通过电脑网络或电视获取培训，并能和培训老师形成互动，随时解决现场问题。建立村镇供水从业人员终身学习平台，保证从业人员的职业技能和专业素质可持续发展。

现阶段广东省发达地区村镇供水行业人力资源明显不足，并且专业素质不高，最现实的措施是加强现有村镇供水工作人员的培训，提高从业人员素质，建立一支合格的村镇供水工作的技术队伍。村镇供水从业人员培训面临人员素质低、培训制度不完善等不利条件，但只要在制度层面和技术层面采取相应的措施，是完全可以探索出一条符合这一新型职业特点的培训之路。

（作者单位：广东水利电力职业技术学院）

2014—2015 二等奖

水利科研单位干部教育培训工作信息化建设的思考

陈　晨

完成全面建成小康社会的奋斗目标，最终实现中华民族伟大复兴的中国梦，关键是要建设一支高素质的干部队伍。干部教育培训是建设高素质干部队伍的先导性、基础性、战略性工程。党的十八大报告指出："加强和改进干部教育培训，提高干部素质和能力"，强调要建立健全干部教育培训考核评价机制，完善干部教育培训激励约束机制。

2011 年水利部为贯彻落实中央《干部教育培训工作条例(试行)》和《2010—2020 年干部教育培训改革纲要》印发了《干部教育培训学时制管理暂行办法》《关于进一步完善干部教育培训激励约束机制的意见》，不仅要求各级干部每年培训需达到一定的学时标准，同时还要逐步将教育培训与新录(聘)用干部上岗相结合，与领导干部任职相结合，与专业技术人员技术职称评聘相结合，与单位和个人年度考核评优和评先相结合。2013 年水利部已将培训达标作为专业技术人员申报职称的必备条件。

一、信息化建设在干部教育培训工作中的意义

作为扩大干部教育培训规模、提高干部教育培训质量、增强培训效益的重要举措，信息化建设是干部教育培训面向现代化、适应建设高素质干部队伍要求的重要手段。提升干部教育培训信息化建设水平，是干部教育培训工作改革创新的实施基础和重要途径。

要把"以信息化来促进干部教育培训事业的科学发展，推动全面深化改革和依法治国进程"作为当前一项重要战略任务，推动水利科研单位的干部教育培训信息化建设再进一步，为促进干部教育培训事业发展做出更新更大的贡献。

从水利科研单位这一视角出发，对水利系统干部教育培训信息化建设进行较为深入的研究，运用信息化手段提升水利干部教育培训科学化水平具有重要的现实意义。

二、当前干部教育培训工作信息化管理存在的问题

(一)信息化水平不高，资料存储碎片化

在具体培训工作实践中，从办班设计、师资选择、学员管理、后勤服务及档案保管等工作流程的现状来看，在资料存储和查找方面存在片段化、滞后性和偏重人工等缺点，缺少统一管理、存储资料的中央数据库，管理效能提升受到制约。信息管理、传递和共享缺少统一渠

道，随着工作流程的推进，一旦信息传输出现断档或偏误，后续工作将难以有效跟进。

（二）信息共享度不高，工作衔接存在瓶颈

由于干部培训工作兼具综合性和专业性，各部门往往都会掌握一定的关键信息。一般来说，共享信息和专有信息都按部门集中，人工方式传递的信息在共享信息中占比较大，信息传递的及时性、完整性、和主动性往往不够。由于培训工作涉及的方面和环节较多、链条性很强，信息滞后容易导致衔接断档，特别在课程安排、师资选派、学员管理及后勤保障等方面的影响较为明显。如能建立统一的信息共享平台，定时共享关键信息，业务衔接将更为流畅、紧密。

（三）培训定制化程度不高，难以满足个性化需求

水利科研单位进行的干部教育培训工作，侧重于学术型和研究型的功能定位，同时注重提升干部的综合素质。受部门职能、工作需求和地域特点等影响，职工的培训需求具有差异性，课程设置、师资搭配及管理需求等方面的定制性需求逐年加大。但现阶段，可供广大职工选择的资源尚显不足，培训单位主动公开的可选择性资源还不能完全满足职工的需要。

（四）培训档案管理水平落后，缺乏双向互动式信息交流

培训档案登记工作量大面广，涉及每位职工，同时由于每位职工的工作岗位、职务级别的变化，教育培训学时达标要求也会发生变化。现阶段，采取人工手动录入管理，不仅工作量巨大，而且不可避免会出现信息的漏登、错登，以及人员信息更新不及时，教育培训达标情况更新不及时等情况。职工个人很难第一时间掌握自己的教育培训档案，对自己的学时达标情况无法及时全面的了解。

三、干部教育培训工作信息化建设的思路

利用互联网技术实现干部教育培训工作动态信息化管理，健全和完善干部教育培训情况电子档案和数据库，全面、准确、及时、动态地掌握干部教育培训情况，是干部教育培训工作信息化建设的指导思想。

（一）建立信息共享的数据平台，加强信息化基础设施建设

注重顶层设计、全局考虑，实现部门融合、硬件平台之间互联互通。建立中央数据库，将单位人员信息数据库共享其中，同时按照密级分类信息，分类管理各部门的上传信息和重要数据，并按需生成共享资源。数据库可实现文字、图片、音频视频等多种格式的信息传输和共享，实现最大限度的资源共建。

（二）根据培训业务环节，设置信息化运行流程

以部门为单位，由下至上，每年年末通过网络向培训主管部门提交本部门下年度培训需求和计划，培训主管部门根据培训总体安排核准后，系统就可以自动生成培训计划。培训计划覆盖本单位举办的所有培训，包括面向行业的培训计划和单位内部培训计划。

以培训项目为核心，网络为载体对培训进行综合管理，并从单位整体培训计划的确立和职工个人培训登记两条线展开。职工个人培训登记包含了外出和单位内部所有培训登记。职工在选择培训类别后登记，经所在部门审核、培训主管单位备案，形成个人培训电子档案。实施中培训计划和人员信息紧密关联，便于职工个人和培训主管部门检索、查询和统计。

（三）建立推送式办公流程，实现培训工作的信息化驱动

按照培训业务的运转规律，设立包含启动、传递、反馈及评价的推送式流程，逐步实现干部教育培训工作的信息化驱动。流程以培训需求的提出为启动，依次按照“培训需求—培训计划—课程设计—师资配备—班级管理—评价考核—终端查询”七大环节进行推送，实现培训进程可知、培训进度可控、职工个人可查。任务信息按业务流程分部门、分岗位链式推送，并设立提醒功能，各部门据实录入资料。

（四）建立培训资源数据库，生成双向互动的定制菜单

建立完善共享共建师资库，发挥科研院所人才和技术资源集中优势，充分发掘内部培训资源，提供各级各类干部共享的优质资源，实现优质师资资源的合理配置和资源共享。加强信息中心和图书馆的合作，不断加强培训资源数据库的整合。同时在允许范围内，将课程资源、师资资源及文化资源等有选择性地开放给广大职工，供参训人员组合、生成定制菜单，以便第一时间了解参训人员需求，提前做好资源优化等前期准备。使培训资源真正实现从“大锅饭”向“自助餐”转变，满足广大职工日益增长的多样化、个性化、差异性的培训需求。

（五）搭建数据统计平台，为培训工作的决策和约束机制奠定基础

设置能综合分析各时段、各部门、各班次进度情况的数据统计平台，该平台具备数据二次整合功能，能自动生成柱状图、扇面图等统计图表，方便决策分析。同时该平台能够实时统计全体职工培训学时，便于分时段、分部门监督职工的培训学时完成情况，为干部教育培训约束机制的实施奠定基础。

（六）设置评价体系，便于全方位了解培训工作情况

建立能生成电子评价表格的专用模块，该模块能根据培训情况，组建不同的评价问卷，覆盖课程师资、学员管理及后勤保障等多项工作。评价端口对参训人员开放，评价结果将成为优化课程设计、选派师资及考评相关人员工作的参考；同时培训主管部门可将考勤情况、考试成绩等指定数据发送给参训人员所在部门，实现反馈评价的双向互动，便于全方位了解干部培训工作，优化工作流程，调整培训定位。

四、干部教育培训工作信息化建设的保障措施

（一）加强组织、制度建设

信息化建设由单位领导切实负责，注重统筹领导和沟通协调。成立信息化领导小组，研

究解决重大问题，指导协调信息化建设。从抓制度建设入手，积极贯彻落实中央和水利部文件精神，及时转发文件、广泛宣传、提高认识，同时出台本单位各项文件，为开展干部教育培训工作，进一步完善干部教育培训激励约束机制提供制度保障。

（二）创新管理方式

建立信息化建设项目制，鼓励团队合作；建立网状管理制，鼓励系统协同、部门协同；采取服务外包、托管运维等方式，使信息化工作人员从大量、简单的维修（维护）工作中解放出来，集中精力到信息化应用、特色资源制作上来，为水利科研单位干部教育培训事业提供更好的信息化服务。

（三）保障经费投入

建立稳定持续的经费投入机制，将设备折旧更新、项目建设运行维护经费纳入每年的预算，并认真落实，专款专用。同时加强经费的管理，优化预算和资金配置，不断提高使用效率。要积极争取上级单位的支持，为信息化建设提供经费保障，不断提高信息化建设水平，为全面提升水利科研单位的核心竞争力和教育培训工作水平而努力。

（四）培养引进人才

干部教育培训工作的信息化建设是一项长期的系统工程，而信息化建设的关键在人才。由于水利科研单位的特殊性，信息化工作急需的计算机、管理以及水利水电等专业的复合型人才较少，人才成为制约培训信息化建设的一个瓶颈。因此，一方面要积极引进计算机专业的复合型人才来加强专业队伍建设，另一方面要加大培训力度，以提高培训管理人员应用信息的意识和应用信息技术的能力为着力点。

（作者单位：中国水利水电科学研究院）

水利科研单位人事管理向人力资源管理转变探析

高青松 房润南 冯 雪 左 甜

在当前加快转变治水兴水管水思路，加快推进水治理体系和能力现代化的新形势下，水利科研单位的传统人事管理已难以满足或适应新要求，迫切需要向现代人力资源管理转变。

一、传统人事管理与现代人力资源管理的区别

总体而言，虽然传统人事管理和人力资源管理职能都包括招聘、培训、考核和薪酬分配等相关内容，但现代人力资源管理内容更丰富，还包括人力资源统计、人力资源配置、绩效管理和激励及约束等。相比而言，传统人事管理具有较浓的行政事务性质，而人力资源管理更具规划性、科学性和系统性，后者将人力当作核心资源，并以开发、利用和管理这一资源来提高单位实力为出发点。具体而言，二者的区别主要表现在：

前者静态管理员工，员工受单位指派被动性地工作，后者动态管理员工，强调对员工的培训及职业生涯设计，达到才能与岗位的匹配；前者多采取制度控制和物质刺激手段，后者多采取人性化管理，考虑人的情感、自尊与价值；前者主要侧重当前人事工作，缺乏长远考虑，后者更注重人力资源的整体开发、预测与规划；前者的管理机械呆板，后者追求科学性，通过完善考核、人才测评系统等手段加强管理；前者往往只是上级的执行部门，很少参与决策，后者则处于决策层，直接参与单位的计划与决策，是单位最重要的高层决策部门之一。

当前，如何促进人事管理向人力资源管理转变已成为水利科研单位人力资源管理研究的重要课题。本文主要从人力资源统计、人力资源配置、员工培训、绩效管理、激励及约束等方面加以探讨。

二、水利科研单位人事管理现状

（一）数据统计意识有待提升

一些单位较少做人事数据统计，也不重视其在单位人员规划、人事管理制度制定、科研生产效率提高、以及员工个人素质提升方面的作用，使得在单位人事制度和政策制定、人员结构分析和规划，人才培养和开发、薪资等级和绩效考核标准核定等方面都缺乏数据依据，致使上述工作与单位实际脱节，达不到预期效果。

（二）选人用人观念有待转变

一些单位目前还存在重引进、轻配置以及不恰当使用人才的现象，主要表现在人才引进中的唯学历、唯学校的观念仍较普遍，忽视真实能力和综合素质；其次，单位较少根据引进人才的意愿及专长来分配工作，结果导致人才专长与岗位要求匹配度差；此外，一些单位还不重视单位员工年龄、学历、性别等结构性指标，比如，有的单位对员工年龄结构失衡，年龄偏大，年轻职工比例较低视而不见，势必将不利于单位的可持续发展。

（三）对培训重视程度不够

一些单位对培训认识有偏差，往往只看到短期利益，认为培训费时、费钱且达不到预期效果，忽略培训带来的长期收益；在培训实际工作中，存在培训计划制定不完善，培训内容与实际工作脱节，培训方式陈旧单一，以及缺乏对培训结果的考核机制等问题，结果一方面导致员工岗位技能储备和更新不够，另一方面更会促使员工个人目标与单位目标发生偏移。

（四）缺乏有效的绩效考核体系

虽然很多单位均有自身的绩效考核制度，但实际执行过程中往往会出现与制度相背离的情形，比如考核工作走过场、考核过程讲人情、迫于各方压力调整考核结果，从而使得考核沦为形式；一些单位虽然能严格执行考核工作，但却存在考核指标设置不科学、考核结果不能全面反映真实业绩的问题。上述有效绩效考核体系的缺乏影响了员工对工作的积极性，也不利于单位的长期发展。

（五）激励及约束机制存在不足

一些单位对员工的激励及约束力均不足，一方面出现较难调动和鼓励员工钻研业务的问题，由于考核工作的形式化或考核指标的欠科学性，势必会导致员工普遍认为干好干坏一个样、出不出成果一个样，从而严重影响了工作积极性。另一方面，对于不适岗员工，又缺乏制度和机制通过优胜劣汰将之淘汰。

三、现代人力资源管理在水利科研单位的应用

（一）发挥数据统计在人力资源管理中的基础性作用

单位应以人事相关数据为依据，做好单位人数、结构和方向等编制规划，使单位人力资源结构达到合适比例；在相关数据统计分析上，进行相应人力资源的配备，实现较优的投入产出比；了解和掌握全国科研行业的就业形势、用工市场和薪酬水平，依据所收集到的数据资料，分析研究符合本单位的人力资源管理制度，制定出科学合理的薪资等级、绩效考核等内部制度。

（二）充分做好人才的选用预留工作

首先，需要从源头上把关，要根据单位特点和职位要求，通过内、外部招聘相结合的方式

引进适合单位发展的不同专业技能、不同学历层次以及不同年龄段的优秀人才；其次，随着单位内外环境的变化，在该岗位上工作的人员可能能力已远远超出该岗位的要求，也可能不再适合这个工作岗位的要求，因此，有必要重新进行工作分析与人才测评，然后通过晋升、调配、降职、轮换或解雇等手段对人力资源进行动态的优化与配置。

（三）建立和完善培训体系

首先，单位领导要重视培训工作，能够给予人力、资金等资源支持；其次，必须建立完善的培训机制，并规范管理，根据不同类型、不同层次人才特点，确定不同的目标任务，制定系统的培训计划，选择具有实效的培训内容，安排专人负责培训管理工作，不断完善员工的培训体系；最后，还应制定相应的培训激励机制，采取精神激励与物质激励相结合的办法，激发员工对参加培训的积极性。

（四）建立有效的绩效管理体系

首先，为了提高绩效管理体系在职工中的可接受性，要尽可能地让职工共同参与制订绩效计划、绩效辅导、绩效考核、绩效面谈、绩效改进等过程，尽量体现绩效管理，特别是绩效考核环节的公平合理性。其次，要尽可能地使用绩效考核结果，并将之作为培训需求、岗位调整、职务调整、新员工转正、发放年终奖的重要依据。

（五）完善激励及约束机制

将单位文化建设与完善竞争机制紧密结合起来。首先是干部的选用尽可能实行公开竞聘制，彻底打破干部终身制，实行聘任制、任期制与限龄制，让能者上、平者让、庸者下；其次是实行全系统、多层次、多渠道、多方式的岗位流动制，通过流动发现各类人才，培育一支综合素质高的专业技术队伍；再次是要建立留人机制，依托单位文化建设，引导员工价值取向，激发员工使命感、荣誉感和责任感，用事业、感情、制度和待遇留人。

本文从当前水利行业新形势出发，讨论了新形势对水利科研单位人事工作的新要求，通过比较传统人事管理及现代人力资源管理的差异，进一步分析了水利科研单位人事管理的现状及问题，最后提出了人力资源管理体系在水利科研单位中应用的对策和建议，为当前水利科研单位从人事管理向人力资源管理转变提供借鉴和参考。

（作者单位：长江科学院）

长江委技能人才开发工作实践研究报告

谢红艳

2002 年长江委机构改革,原教育中心更名为人才资源开发中心,同时成立长江委职业技能鉴定指导中心,指导中心办公室设在人事代理与评鉴部,开始承担长江委职业技能鉴定、技师和高级技师评审、职业资格评定与推荐、技能人才培训等技能人才开发工作职责。2003—2014 年,人才中心对技能人才开发工作的探索与实践走过了十个年头,取得了一些经验和成绩,也存在一些问题与困难,值得研究、分析与总结,为今后技能人才培养与开发工作的开展提供借鉴与启迪,从而更加有效地履行职责,更好地推动我委人才技能培养与开发。

一、技能人才开发工作十年情况统计(略)

二、技能人才开发工作的经验与成绩

人才中心十年来认真履行技能人才开发职责和长江委国家职业技能鉴定指导中心职能,充分发挥对我委技能人才工作的应有推动作用,从培训、鉴定、考评、竞赛、推优等多方入手,有效开展各项技能人才工作,并重点加快高技能人才队伍建设,打破年龄、资历、身份和比例限制,推动我委建立能够让优秀技能快速成长的工作机制。

(一)精心组织职业技能培训和鉴定,技能人才素质得到提升

结合各单位实际需求,面向基层、面向一线工人,通过长江委职业技能鉴定所、水利行业特有工种职业技能鉴定站、ATA 计算机考试站先后组织开展了汽车驾驶员、维修电工、计算机操作员等通用工种和水文勘测(船)工、水工泥沙实验工、水轮机组值班员等行业特有工种普及性职业技能培训与鉴定。职业技能培训和鉴定涉及 30 多个职业工种,近 3000 次人参加了培训与鉴定,2700 多人次通过了鉴定考试,2500 多人次取得职业等级晋升。

各工种培训和鉴定依照国家职业标准相关要求,因地制宜,因工种而异,以取得实效为原则,培训重在提高技术工人的综合素质和操作能力,鉴定重在考出技术工人的真实水平。通过普及性的培训与鉴定,既保证了技术工人职业等级的及时晋升,保障了技术工人的应有利益,更检验了技术工人的技能与水平,提高了技术工人的知识与能力,技能人才素质得到提升。

（二）规范开展技能人才考评，高技能人才队伍得以充实

技师和高级技师评审是高技能人才队伍建设的途径之一，是一项常规性工作。在委人劳局的领导下，人才中心每年在鉴定的基础上，及时组织技师评审和高级技师评审推荐工作。评审工作组织过程中，坚持“宁缺毋滥、虚位以待”和“宏观把握、微观指导”的原则，既严格执行水利部和长江委技师和高级技师考评办法所规定的申报条件，细致进行资格审核，又从切实关心技术工人的角度出发，指导申报人员对照赋分标准充分有效地组织申报材料。

十年间，共有1500余人参加技师和高级技师评审，其中，920多人取得技师职业资格，100余人取得高级技师职业资格，技师和高级技师逐年递增，我委高技能人才队伍得以充实，技能人才队伍结构得到改善。

（三）常态举办职业技能竞赛，拔尖技能人才不断脱颖而出

自2004年以来，每年选择1~2个工种制定职业技能竞赛计划和实施方案，并在委工会、人劳局的指导下，承办了16次竞赛活动。竞赛形式包括技能竞赛、论文评选、技术技能创新成果评选；职业竞赛工种涉及汽车驾驶员、计算机操作员、维修电工、水文勘测工、水文勘测船工、闸门运行工、变电站值班员、钻探工、工程测量工、水质水环境监测等10余个工种；参加竞赛决赛的人员达1300余人次，300余人在竞技中赢得了一二三等奖，获得了物质和精神奖励。

多年的竞赛组织工作中，我们在竞赛项目的选择上立足岗位选择从业人员多、通用性强、影响面大的工种，在竞赛内容的选择上立足生产选择贴近实际、突出技能的内容，在竞赛程序中严谨规范，体现公平、公正与合理。通过竞赛活动带动了各单位结合竞赛项目开展赛前培训与岗位练兵，带动了技术工人学技术、练技能的热情，加强了单位与单位之间、工人与工人之间的竞技与交流，技能人才在竞赛活动中开阔了视野、展示了技艺、提高了水平，优秀的技能人才得以脱颖而出，得到了单位的重视，有了更好的成长空间。

（四）认真组织技能人才选拔与推优，技能人才领军人物快速成长

结合全国技能人才评选和水利行业技能人才评选活动，组织各有关单位比照评选条件认真挑选、层层选拔，推选出确实有突出贡献、真正能起引领示范作用的优秀高技能人才。在历届评选活动中，我委共计推荐近100名技能大奖、技术能手和首席技师评选候选人，共有45人荣获殊荣，包括7名全国技术能手、4名水利技能大奖、31名水利技术能手、2名水利行业首席技师、1名湖北省首席技师。

从其中两位技能人才的成长轨迹，可以看到技能人才推优培养工作对技能人才快速成长起到的促进作用，一位是长江设计院空间公司工程测量工吕小华，2006年被评为水利技术能手，2008年被评为全国技术能手，2009年被评为湖北省首席技师；另一位是长江设计院岩土公司钻探工张涛，2009年被评为水利技术能手，2010年被评为全国技术能手，2011年被评为水利行业首席技师并建立了专门的首席技师工作室。通过技能人才评选活动这个通道，他们的工作业绩和精湛技艺得到了单位和行业的认可与肯定，也鼓舞了他们自身的努力和奋进，从而一步一步快速成长，在本岗位或本行业成为领军人物，引领更多的技能人才走上岗位成才之路。

三、存在的问题与困难

（一）高级工以下技能人才断层，后劲不足。

委内初中高级人数一直不多，由于近各单位只出不进，高级工以下技术工人逐年递减，有的工种人数从业人数愈来愈少，有的工种甚至消亡，到2013年初中高级鉴定人数只占当年鉴定人数的15%，有的工种和年份初中级工鉴定人数为零。长此以往就形成了技能人才结构不合理、年轻技能人才断层、高技能人才年龄偏大的问题，技能人才队伍发展后劲不足。

（二）技能人才发展情况不了解，后续培养力度不够。

十年来随着培训鉴定、技师考评、技能竞赛、技能人才评选等工作的开展，培养和涌现了一大批优秀的技能人才，但他们后期自身在本单位、本工作岗位进一步发展、对单位所做出的新的业绩与贡献、对其他技能人才的示范作用、职业生涯中出现的问题与困难等情况没有进行跟踪调查，因而显得后续培养力度不足，也不能很好地总结经验、发现问题、制定措施，更加有效地推动技能人才培养工作。

（三）培训形式和培训内容单一，制约技术技能型技能人才成长。

委内技能人才培训方式主要是鉴定前培训或赛前培训，岗位技能培训、专项技能培训、高技能人才研修等其他形式的技能培训几乎没有开展，而以应对考试为目的的培训，培训内容往往缺乏系统性和针对性。一方面技能人才参加培训途径有限，尤其一些长期在生产一线的技术工人骨干很少有机会参加培训；另一方面培训内容上缺乏对新知识、新技能、新工艺的应用培训、缺乏对学习能力、工作能力、创新能力、协作精神等综合能力的培训，这些都制约了技术工人综合素质的全面提高，制约了我委技术技能型、复合型、知识技能型三类技能人才队伍建设。

（四）高技能人才数量有限，整体能力水平尚待提高。

十年来虽然培养了1000多名高级工、900多名技师、100多名高级技师，但由于考评的过程中仍存在“熬资历、熬年限”局限，高技能人才队伍中真正具有精湛技能、绝技绝活、能独立解决难题、关键环节发挥作用的人数比例还偏低；虽然已有40余名全国和行业技术能手，但和全委8000多名技能人才队伍总量相比、和黄委相比，技能带头人队伍还太少；我委高技能人才队伍无论数量上，还是质量上都有待进一步改善。

四、技能人才开发工作思路

长江委人才中心(长江委职业技能鉴定指导中心)作为委人劳局职能的延伸部门,作为长江委技能人才开发工作的履职部门,面对存在的问题和困难,必须拿出切实可行的工作思路、应对和改进措施,在长江委技能人才开发工作中继续发挥应有的作用。

(一)掌握政策,熟悉委情,当好参谋

近几年,国家、行业、我委对技能人才开发工作相继出台了一系列政策,如《国家中长期人才发展规划纲要(2010—2020年)》《高技能人才队伍建设中长期规划(2010—2020年)》《国家高技能人才振兴计划实施方案》《全国水利人才队伍建设“十二五”规划》《长江委2013—2017年人才发展规划》等,对技能人才尤其是高技能人才队伍建设提出了新的发展目标、主要任务、重点工作和主要举措,我们要吃透和掌握这些新的精神和要求,并结合委情去具体贯彻落实;对全委的技能人才队伍基本情况要进行摸底调查,可以在人劳局牵头和指导下,依托委属各有关二级单位,由人才中心具体实施,建立自下而上的技能人才调查统计体系,准确连续、全面系统地对技能人才队伍状况进行统计、调查和监测,动态了解技能人才真实情况;在把握政策、了解委情、掌握真实数据的基础上,提出有针对性的、科学有效的技能人才工作思路、工作计划和实施方案,当好委人劳局和委属有关单位技能人才开发工作的参谋和推手。

(二)加强宣传,改变观念,营造氛围

通过报刊杂志、网站媒体、橱窗专栏等多渠道、多形式加大对技能人才的宣传力度,一要广泛宣传国家、行业和我委关于技能人才的方针政策,如高技能人才发展目标、高技能人才振兴计划等,让人们看到国家对高技能人才的重视程度和新的举措,二要大力宣传技能人才在治江事业中的作用与贡献,如优秀技能人才典型事迹、高技能人才技术技能成果展示等,让人们看到技能人才在治江事业中的身影和风采。要通过我们的宣传改变人们的传统偏见,认识到“没有一流的技工,就没有一流的产品”“技能人才是推动技术创新和科技成果转化不可缺少的重要力量”,树立“优秀的技术工人也是人才”的观念,提升技能人才地位,真心关心、支持和重视技能人才的成长,在全委营造尊重劳动、崇尚技能、鼓励创新的有利于技能人才成长的氛围。

(三)争取支持,增强技能人才经费保障

国家出台的技能人才规划中在经费保障上提出了相关要求与规定,如“切实加大投入,为高技能人才队伍建设提供经费保障。牢固树立人才投资优先保证理念,健全政府、用人单位、社会和个人多渠道的高技能人才投入机制。”“进一步加大各级政府投入,并充分发挥财政资金的引导性作用,带动行业、企业和社会等多方面加大投入,为计划的实施提供充足的

经费支持。”我们在技能人才经费保障上也要争取多方的支持与投入。

争取委财务局的支持，在原有专项经费的基础上，逐年增加专项经费额度，专款专用，保证职业技能鉴定、技能人才培训、技能人才考评、技能人才推优、技能人才工作研究等有充足的经费支撑。

争取委工会和人劳局的支持，设立技能人才发展奖励资金，对在职业技能竞赛、技能人才选拔中获奖和在技能项目攻关、技能创新中成绩突出的优秀技能人才进行奖励。

争取委属各二级有关单位的支持，建立制度，舍得对技能人才培训进行经费投入，舍得对在国家、行业、地方和委内获奖的优秀技能人才进行配套奖励，舍得对在本单位技能攻关、技能创新中有卓越成就的技能人才给予专项奖励。

（四）巩固基础，加强职业技能鉴定质量管理

职业技能鉴定是技能人才开发的基础性工作，是客观公正、科学规范评价技术工人职业技能水平的重要手段，我们要继续规范有序地开展好职业技能鉴定工作。

鉴定工作要遵循“社会效益第一、质量第一”和“客观性、程序性、公正性、公平性”原则，通过加强职业技能鉴定质量管理体系建设，保证鉴定工作有章可循、鉴定资料有迹可查、鉴定流程规范合理、鉴定设施更新配套、鉴定能力稳步提升、鉴定实施把好三关（命题、审核、考务），从而保证鉴定质量。

鉴定工作要结合长江委工种分布、人员分布等实际情况，有针对性地制定年度职业技能鉴定计划，既要保证人数多的工种定期开展职业技能鉴定，更要保证人数少的小工种适时开展职业技能鉴定，让每一位符合条件的技术工人能够及时、正常地晋级。

（五）打破局限，灵活多样开展技能人才培训

改变以鉴定培训为主的单一培训格局，针对单位需求、岗位需求和技能人才特点，以提升能力为重点，开展多层次、多形式培训，突破培训内容偏重应试和操作技能的限制，结合技术技能型、复合型和技术技能型三类技能人才的能力素质要求，增强培训内容的科学性和丰富性、针对性和实效性，使技能人才有更多接受技能提升培训的机会，使我委技能人才队伍的岗位能力和综合素质提到全面提升。

技能提升培训：培训对象为取得国家职业资格的技术工人，培训侧重职业道德及有关法律法规、职业素养、技能岗位相关理论知识与操作技能、学习能力和团队精神等内容。

青年技能人才培训：培训对象为在技能岗位上工作业绩突出、35 岁以下的优秀青年技能人才，培训侧重职业道德、岗位知识和操作技能、新知识和新技能、创新能力、职业生涯设计与引导等内容。

技师（高级技师）高级研修班：培训对象为在技能岗位上表现突出、取得技师、高级技师职业资格的高技能人才，培训侧重专业知识和实际技能、相关新设备、新工艺和新材料应用、师带徒方法等内容。

班组长培训：培训对象为生产一线现场管理岗位最基层的负责人，培训侧重角色认知、管理知识、组织协调能力、执行能力、沟通协作能力等的培养。

技能人才精英研修班：培训对象为历届获得国家、行业技能大奖和技术能手称号、在行业、长江委职业技能竞赛在获奖的优秀技能人才，培训侧重技术革新和技术项目攻关能力、发现和解决现场实际问题能力、组织协同能力、理论研究能力和技术论文撰写能力、技艺传授等的培养。

（六）突出重点，拓宽高技能人才快速成长通道

国家职业大典中对高技能人才的描述为：在生产、运输和服务等领域岗位一线，熟练掌握专门知识和技术，具备精湛的操作技能，并在工作实践中能够解决关键技术和工艺的操作性难题的人员。基于此定义，我委目前高技能人才队伍还相对缺乏，我们要在委人劳局的领导下，把高技能人才培养作为技能人才开发的重点工作，以国家和行业有关高技能人才政策措施为指导，多渠道、多途径拓宽高技能人才成长通道，推动长江委高技能人才队伍建设。

《国家高技能人才振兴计划实施方案》提出国家高技能人才振兴计划以技师、高级技师培训为重点，以提升职业素质和职业技能为核心；并指出重点实施技师培训、高技能人才培训基地建设、技师工作室建设三个工作项目。《全国水利人才队伍建设“十二五”规划》提出要在水利骨干工种和关键岗位设立首席技师，建立首席技师工作室，更好地发挥高技能人才的示范和带动作用；加大技能人才培训、鉴定和考评力度，加快技师和高级技师的培养；组织开展技能竞赛、技术比武、岗位练兵、技术创新等活动，对在职业技能竞赛中涌现出来的优秀技能人才，给予精神和物质奖励。我们要切实将这些要求和举措付诸实施，在高技能人才培养中结合我委实际突出重点。

高技能人才评价：职业技能鉴定重在评价技能人才的职业能力水平，但不能完全反映人才的实际工作能力水平，因此对高技能人才的评价要突破职业资格评价的单一模式，在职业技能鉴定的基础上，推行“能力+业绩”的高技能人才评价模式，重在考察高技能人才的能力是否创造卓越成效和经济效益，是否能将科技成果转化为生产力。

首席技师工作室：目前我委已有行业和湖北省首席技师，但还没有长江委级首席技师，因此一方面要继续推选行业和地方首席技师和建设行业首席技师工作室，另一方面更要推动长江委首席技师和首席技师工作室建设，逐步让委内每一个骨干工种和关键岗位都有自己的首席技师和首席技师工作室，都有自己的领军人物，以此抢建知识和技能传承的平台，通过这个平台创建学习型团队，为青年技能人才向名师学习、参与技能创新和技术攻关活动提供机会与环境。

技能人才竞赛活动：继续开展多形式、多层次技能人才竞赛活动，职业技能竞赛、岗位练兵、技术比武、技术创新(五小发明等)、技术论文评比、创新成果展示等活动全面开花,搭建技能人才充分展示自我、锻炼自我、提升自我的舞台,在各类竞赛活动中充分调动技能人才争当岗位能手的自信心与积极性。

(七)重视研究,科学推动技能人才开发

技能人才课题研究是获取重要数据与宝贵经验、找到存在问题与解决方法、梳理工作思路、指导工作实践、推动技能人才科学发展的有效途径,作为长江委职业技能鉴定指导中心,必须在技能人才课题研究方面加大力度、履行好职能、发挥好应有的组织与引导作用。

针对技能人才尤其是高技能人才培养、评价、选拔、使用、激励、保障等环节,结合技能人才队伍建设实际情况,按年度或分阶段征集、确定和发布技能人才研究课题参考题目,可涉及技能人才现状与需求、技能人才成长规律、技能人才培养途径、技能人才评价模式、技能人才培训基础和师资队伍建设、技能人才保障机制等方面,从中确定重点课题,分类别、有目的、有计划地研究技能人才开发工作。

在委人劳局领导与协调下,成立课题研究指导委员会和课题研究小组,进行课题研究分工,组织委属有关单位和人员参与相关课题的具体研究,并对课题研究成果进行分析总结。通过课题研究促进技能人才工作者掌握本单位技能人才的实际情况、开拓技能人才工作视野和思维、激发开展技能人才工作的潜能与改革创新意识,科学、扎实、有效地组织实施本单位技能人才具体工作,从而有力推动长江委技能人才队伍建设。

(作者单位:长江委人才资源开发中心)

海委人才队伍建设现状分析及对策研究

张 扬 李 超

《国家中长期人才发展规划纲要(2010-2020年)》指出,人才是我国经济社会发展的第一资源。在世界经济全球化深入发展的今天,科技进步日新月异,知识经济迅速发展,人才已成为在激烈的国际竞争中赢得主动的重大战略支撑。人才强国战略是我国经济社会发展的一项基本战略,这就要求我们必须重视人才工作,不断加强人才队伍建设。

近年来,为推动人才强委战略的实施,加强人才队伍建设,海委结合实际制定了《中共水利部海委党组关于加强海委系统人才队伍建设的若干意见》。明确了以加强能力建设为核心,培养高层次人才为重点,提高人才队伍整体素质为目标,紧紧抓住提高现有人才素质、培养和引进紧缺人才、加快培养青年人才三个环节,全面实施人才强委战略。

一、海委人才队伍建设成绩

(一)党政人才队伍思想政治和能力建设进一步加强

深入贯彻落实《中共海委党组关于加强领导班子建设的意见》,坚持用马克思主义中国化最新成果武装头脑,强化理论武装。健全和完善领导班子理论学习机制,通过中心组学习、党员领导干部民主生活会、党校培训与自主选学等形式,引导领导干部有针对性地开展学习,推进学习型领导班子建设。通过不断加强思想建设、作风建设、组织建设、制度建设、党风廉政建设,增强各级领导干部的政策水平、创新意识,提高了领导干部的能力和水平。加大党政领导干部交流、轮岗、挂职锻炼力度,推进跨单位、跨部门交流和重要岗位轮岗,有针对性地安排优秀党政干部到基层挂职锻炼,推动干部交流工作的规范化、制度化。“十二五”期间,出台了《海委机关新录用公务员基层锻炼实施方案》等规定,通过挂职锻炼、援藏、援疆、支援贫困地区等形式,共交流各级干部31人。贯彻落实《公务员法》及其配套法规,严格执行公务员考录、培训、职务升降、奖励及辞职辞退制度。执行国家关于公务员招考有关规定,“十二五”期间,共招考参照公务员法管理人员109人,占目前参公人员总数的13.7%,公务员队伍不断优化。到2015年末,党政人才队伍中具有研究生以上学历的比例由“十一五”末的5.8%提高到了17%,党政人才队伍的专业化水平明显提高,结构进一步改善,总量科学合理。

（二）专业技术人才队伍建设取得新突破

做好海委“231人才工程”人选的培养，推荐6人次申报水利部5151人才工程部级人选，其中2人成功入选，专业技术领军人才培养取得重要突破。积极培养青年专业技术人才，组织举办了海委第三期工程硕士学位班，选派31名青年专业技术人员参加学习，选送优秀专业技术人员参加国内外各类专门培训和研修。认真开展专业技术人员职称评审，共有274人通过评审，其中26人取得教授级高工资格、147人取得副高级职称任职资格，高级专业技术人员显著增多。

（三）技能人才队伍建设再上新台阶

海委于2010年建立了高技能人才库，分别于2010年与2015年组织开展了两次委系统岗位练兵比武活动，促进了一线职工技能水平的提高。并于2010年与2014年分别开展了两次职业技能鉴定，累计鉴定180余人次。推荐6人次获得全国水利技术能手称号，1人获全国水利行业技术创新大赛三等奖。选派多名优秀技术工人参加技术能手进修班、高技能人才进修班、首席技师培训班、专业工种培训班等学习。通过采取多项有力措施，推动技能人才培养再上新台阶。

（四）基层人才队伍和经营管理人才队伍建设不断强化

将基层人才队伍建设作为重点任务列入海委人才队伍建设“十二五”规划，明确提出以服务基层水利发展为导向，以提升基层单位人员总量和专业能力为重点，培养一批基层水利实用技术人才，改善基层水利人才队伍结构，提升基层人才队伍素质。同时将基层人才培训工程作为五大重点工程之一列入海委新一轮大规模培训干部工作的实施意见，要求按照紧贴实际、注重实效的原则，采取选派外出学习、在职自学、远程教育、网络培训和举办专门培训等措施，加大基层干部培训的力度。近年来海委不断加大基层人才培养力度和经费投入，分别举办了基层单位领导干部和技术骨干培训班，通过采取岗位知识培训、实地操作演练、职工大讲堂等多种形式，有效提升了基层人才队伍素质。积极选派经营管理人员参加专门培训和外出考察等，不断提高经营管理人才队伍素质。

（五）全面推进大规模培训干部工作

近年来，为深入落实中央和水利部关于做好新一轮大规模培训干部工作部署，海委以加强干部队伍能力建设为目标，紧紧围绕流域水利中心工作，大力实施“人才强委”战略，积极开展干部教育培训，一手抓政治理论教育，一手抓知识更新和岗位业务培训，创新培训内容，改进培训方法，提高培训质量，干部教育培训工作取得良好成效，干部素质得到有效提升。坚持把理论教育和党性教育放在首位，突出抓好党的十八大、十八届三中、四中、五中全会精神、习近平总书记系列重要讲话精神和党章的学习培训。紧密联系海河流域水利工作实际，合理确定培训主题，科学安排培训课程，切实提高干部职工履行岗位职责的能力。健全培训体制，不断创新培训方式。建立了人事部门、干部所在部门单位和干部本人共同分担培训学时任务的工作制度，完善以组织调训为主、自主选学为辅的干部参训机制。大力推进干部自主选学，依托中国水利教育培训网，大力开展网络选学。不断完善培训考核工作，深入落实干部教育培训激励约束机制，干部职工人均培训学时和培训达标率逐年上升。近年海委职工人均培训学时达 111 学时/人，其中人均网络培训学时达 40 学时/人，达标率为 80%。

二、海委人才队伍存在的主要问题

(一)高层次、高素质人才不足

尽管海委的人才总量较大，高级专业人才所占比例不少，但高层次、高素质能够独当一面的高精尖人才不足。适应新世纪、水利新形势，能担当领导重任的人才较少。目前海委高层次专业技术人员只有 1 名享受政府特贴专家，2 名水利部 5151 人才工程部级人选，1 名水利科技英才，而且均是参公人员，企事业单位严重缺乏高精尖的专业技术人才。人才队伍中，具有研究生学历的只有 272 人，仅占人才总量的 8.0%。这种高素质人才的缺乏状况在基层单位尤为突出。

(二)人才结构矛盾比较突出，人才分布不均水利人才专业结构不尽合理

工程技术等自然科学专业的人员占 50%以上，懂经济、管理、外语、法律等复合型人才比例较低。专业结构不合理，传统的水文水资源、水利水电工程专业人数较多，其他如水旱灾害应急管理、水环境、水生态等领域专业技术人员较少。另外缺乏能够适应新时期治水思路发展的人才。

(三)技能人才总量逐年递减，缺乏高级技术能手，知识亟待更新

近年来海委技能人才总量逐年递减，2015 年工勤技能人员总数为 897 人，较 2014 年减少 41 人，主要体现在高级工以上的高技能人员减少 38 人。其中高级技师只有 5 人，仅占技能人才总量的 0.5%；中专以下学历人员最多，因常年在基层一线工作，很少接触新思想、新观念、新技术、新方法，知识结构老化、亟待更新，与新时期水利发展要求相适应的高技能人才明显不足。

(四)人才培养机制有待进一步完善

科学人才观以及人才资源是推进可持续发展水利的第一资源的观念没有全面梳理起来，个别单位对人才培养工作重视不够，人才在水利事业发展中的主导地位未被真正体现。培养与使用脱节的现象仍然存在，缺乏人才培养、使用、待遇有机结合的配套政策，使得人才培养与教育培训缺乏有效的约束和激励机制。

三、加强人才队伍建设的对策和建议

针对全委人才队伍建设现状及存在的高层次、高素质、高精尖人才不足，技能人才总量逐年递减、学历层次偏低，基层人才流失严重等问题，提出以下对策和建议：

(一)加大专业技术人才的培养力度，着力培养高层次、高素质、能够独当一面的高精尖人才

以海委“231 人才工程”为契机，以培养造就专业技术领军人才、创新型复合型专业技术人才为重点，加大青年科技人才培养力度，打造一支素质优良、结构合理、具有较高专业水平和较强创新能力，适应海委水利事业发展要求的专业技术人才队伍。

(二)以岗位成才为导向，以水利行业特有工种和高级技师培养为重点，加强高技能人才队伍建设

组织开展优秀技能人才评选表彰活动，完善高技能人才库的选拔。加强对技能人才新理论、新技术、新方法的知识更新培训，鼓励技能人才参加后续学历教育，优化技能人才队伍的知识结构，提高知识层次。适当招录一些学历层次相对低的毕业生，以解决技能人才严重短缺和年龄老化、断层等一系列问题。

(三)加大基层人才培养力度和经费投入，逐步提高基层待遇

在摸清基层人才现状的基础上，制定并实施改进措施和激励政策，充分调动基层人才的工作积极性，促进岗位成才。加大上级机关和基层单位干部交流力度，选派优秀基层干部到上级机关挂职锻炼。制定基层人才教育培训计划，提升基层人才整体素质。同时考虑基层单位实际，适当降低进入门槛，并改善基层条件，以便于更好地留住年轻人才。

(四)创新人才工作机制

一是创新人才培养开发机制，注重在实践中发现、培养、造就人才，使人人能够成才，人人得到发展突出培养创新型人才，注重培养应用型人才。二是创新人才评价机制，建立以岗位职责要求为基础，以品德、能力和业绩为导向的人才评价机制，注重以实践和贡献评价人才。三是创新人才选拔任用机制，根据各类人才的特点采取不同的人才选拔使用方式，促进人岗相适、用当其时、人尽其才，形成有利于各类人才脱颖而出、充分施展才能的选人用人机制。四是创新人才激励保障机制，完善分配、激励、保障制度，建立健全与工作业绩紧密联系、充分体现人才价值、有利于激发人才活力和维护人才合法权益的激励保障机制。完善各类人才薪酬制度，逐步建立秩序规范、激发活力、注重公平、监管有力的工资制度。

(作者单位：海河水利委员会人事处)

关于水利基层单位创新型人才培养机制的探讨

刘 园 赵云鹏 张庆霞 郭佳宜

综观人类经济发展史，人类社会经济发展的每一次大的进步无一不是建立在科技发展的基础上，在国与国之间的竞争中创新型科技人才在整个世界中的地位越发突出，成为推动进步、赢得竞争的中坚，人才资源至关重要。特别是在经济全球化不断深入发展，科技进步突飞猛进的今天，创新型人才已经成为最重要的战略资源。

人才问题关系着党和国家事业的发展，无论是从企业竞争还是从国家发展全局来看，创新性人才决定着其他资源的开发和利用程度，基层单位创新型人才培养在综合国力竞争中具有决定性意义。

因此，基层创新型人才队伍建设成为时代发展的要求，是在激烈的竞争中赢得主动权的重大战略选择。如何在基层单位中内充分运用各种资源，调动人才的积极性，培养人才的创新精神，开发人才的创新能力，提升人才的整体创新素质，打造一支结构合理、适应社会发展需要的创新型人才队伍成为基层单位的工作中的一项重要内容。

十八大以来，习近平总书记在不同场合不同会议上强调了人才的重要性。他指出，创新是引领发展的第一动力。抓创新就是抓发展，谋创新就是谋未来。适应和引领我国经济发展新常态，创新驱动实质上是人才驱动。适应和引领我国经济发展新常态，关键是要依靠科技创新转换发展动力，要择天下英才而用之，实施更加积极的创新人才引进政策，集聚一批站在行业科技前沿、具有国际视野和能力的领军人才。

我国创新型人才数量呈现逐年增加和快速聚集的趋势，与科研中科技人才集中爆发相对应的是在我国政府机关和事业单位中依旧存在创新型人才短缺、创新型人才培训机制不健全、人才机构设置不合理、创新能力不足等问题。

在这样的大背景下，基层单位的创新人才培养是摆在我们人事工作一大问题。基层单位由于不能保证为创新型人才提供足够的交流平台、由于日常工作的限制无法为创新型人才提供足够的工作时间和空间，还有因为自身资金和发展的限制无法在单位内构建和指定合理的鼓励机制，导致人才浪费、人才流失的现象非常严重。

当今基层单位的发展的核心是人才发展，确切而言不是传统人才的发展，而是具有创新意识与创新能力的创新型人才的发展。单位内部人才的创新潜力是巨大的，如何开发职工的创新潜力和维持职工的创新能力是关系到单位能否持续发展的重大课题。基层单位创新型人才的建设要以“用人”为核心，在工作活动中，为人才提供良好的平台，让人才更好地发挥作用。下面列举几点有关基层单位创新型人才培养机制的几点建议。

一、健全人才工作机制，加大创新型人才引进

完善创新型人才引进需求预测机制。基层单位根据自身发展规划和单位内创新型人才情况完善创新型人才的需求预测机制，并制定相关的创新型人才引进计划。同时，综合分析基层单位性质、产业结构、人才结构以及每年的各种统计资料，找出自身在引进创新型人才数量和质量方面的缺失，全面的分析单位所需创新型人才的数量和方向，有的放矢的引进一批行业领军人物和高素质创新型人才。通过严格控制人才引进这个质量关，在源头上提升创新型人才培养的质量。

充分发挥单位人事部门在人力资源配置中的主渠道作用。通过校园招聘、科研院所、人才市场和网上人才市场等多种渠道进行招聘，实现与有关高校、科研院所、毕业生就业网以及有关城市人才市场服务中心的信息网络互连，共享信息资源，缩短人才和单位互相寻求对方的时间。针对刚毕业的大学生、研究生，基层单位要制定创新型人才培养战略，根据单位发展和行业发展需要制定人才培养方向，通过单位后期优势配置手段，将合适的岗位分配给适应的人，充分利用人才对于岗位所需技术的熟练，做到充分发挥其创新能力水平。

二、拓展单位发展思路，为创新型人才提供更大发展空间

基层单位应该加强创新载体建设，为各类创新型人才创新活动提供平台。积极寻求单位间的合作交流为创新型人才提供更广阔的交流平台和合作机会。认真贯彻落实国家、省出台的一系列创新激励政策，鼓励单位通过提升研发平台等级吸引更多高层次创新型人才到单位就业。

充分认识到自己在创新型人才培养中的主体作用，与高校和科研院所开展紧密合作，造就一批能够独立思考、解决经济发展中的实际问题、切实可用的创新型人才。加快成立独立的技术中心，积极转化创新成果，快速的技术开发和成果转化，提升了单位的创新竞争力和质量竞争力，为职工展示了单位发展美好的前景和强大的实力。

三、改进培训方式方法，加大人才创新素质能力培育

在当今社会，知识更新迅速，掌握先进的科研知识和技术对创新型人才永远保持创新活力尤为重要。所以，单位不仅要培养潜在创新型人才，开发其创新素质，帮助其尽快完成潜在创新型人才向创新型人才的转化，实现质的飞跃；也要对现有创新型人才进行培养，帮助职工设计其职业生涯计划，为创新型人才保持创新活力、强化创新内部动机搭建事业发展平台，加强知识更新培训，定期学习相关知识，提升专业水平和创新能力。质的飞跃需要量的积

累，单位要在日常工作中处处注意对创新型人才的创新素质进行培养。

重视培育人才的创新思维，要进行创新思维的培训，创新思维是进行创新活动的前提，掌握创造性思维方法，跳出固有的思维模式，就掌握了创新的主动权。思为行之先，在思维活动上有了灵活性、跳跃性和发散性，在行为上就有了创新性。创新思维不是凭空想象，要在实践活动中获取灵感，要给职工充分的工作自主权和言论自由，通过建设单位技术中心和单位创新网络等平台，给职工实践、论证和表达自己创新想法的机会；通过各种形式、内容的单位文化竞赛活动等形式，锻炼职工的抽象思维、发散思维、灵感思维和聚合思维的创新思维方式，克服职工的从众思维、权威思维和书本思维等固化、刻板的思维瓶颈，努力培养出一批有想法、敢质疑、善于联想、具有创新思维的高素质职工。

创新活动的进行离不开创新知识的支撑，不具备单位发展所需要的主体知识系统的职工不可能成为创新型人才，创新不是臆想，要有实践价值。没有创新知识基础，创新思维的表达也是一纸空谈。所以，招聘了新的人才后，单位应该注重对人才的教育和培养，结合单位的发展规划和所需人才方向开展有针对性和实效性的培训活动，并支持人才本身的进一步深造。单位要定期对创新人才进行知识更新培训和监测，不断更新先进的理论知识和实践技能，维持创新活力；搭建单位技术核心人才的培养平台，定期选送人员学习相关专业的新知识、新技术，在资金上支持、安排上优先，为创新人才的深造学习创造更多的机会；通过开展产学研研讨会、技术对接会等形式增加创新型人才的人才交流机会，有利于创新灵感的碰撞；培养高层次创新型人才和行业领军人物。

四、强化创新资金投入，重视创新型人才队伍建设

随着知识经济时代的到来和创新型国家、创新型城市的建设，创新型人才的数量和质量成为影响单位核心发展力的关键因素。单位要增加创新意识，从根本上解决重生产、轻管理的短视思想。充分认识到创新型人才的作用，自觉地将创新型人才队伍建设纳入单位的长期发展战略中。

加强潜在创新型人才转化，形成一支高水平、高层次的创新型人才后备军。单位的人才发展战略要社会环境和政府政策等宏观环境特点，制定出符合单位未来发展方向的创新型人才提升与开发计划。在所有职工中选出优秀的职工作为潜在创新型人才储备军，对其进行培养和开发，帮助其完成向创新型人才的转化工作。同时，通过职工互动学习以及现有创新人员和潜在创新人员的带动学习，提高职工整体创新素质水平。

加大创新投入，人才是单位的基础，人力资源建设就是促进企业长期发展的根本动力。从这个角度看，职工培训就应该得到极大的重视，对人力资本进行投资并实现增值是单位创造价值、实现长期发展规划的有效途径。在创新型人才、特别是高层次创新型人才严重不足

的情况下，单位发掘其内部具有创新型素质的人才进行开发培养是一条获取高层次人才的有效途径。

五、完善创新激励机制，提升人才创新动机

创新动机是引导和维持人们进行创新活动的前提，分为内部动机和外部动机。内部动机包括成就感、责任心等；外部动机包括创新氛围和经济动机等。单位既要注重创新型人才进行创新活动的内部化动机激励，也要注重外部化动机激励。内部动机要注意创新型人才的品格培养，首先，要培养百折不挠、不怕失败的精神，要不怕犯错、敢于犯错，在实践中验证理论；为创新型人才提供各种尝试平台，给创新型人才进行创新活动的空间、资金和材料，在创新活动风险较大时，领导要勇于承担责任。其次，培养创新型人才的奉献精神，市场经济时代，单位在考虑对创新型人才给予精神激励和物质激励的同时，也要注意培养职工的奉献精神、成就动机、团队意识和集体主义思想。

外部动机要注意创新型人才成长的环境建设和激励机制建设，单位要完善人才考核制度，建立创新收入与创新成果挂钩的分配制度，还要根据创新型人才层次、创新主体作用，在收入分配上有一定区分；建立自主创新产权保护激励机制，对于做出突出贡献的高层次创新型人才给予一定的奖金鼓励，加强对创新型人才的中长期激励。

六、优化基层工作环境，保障创新型人才成长

营造有利创新型人才成长的舆论环境，形成尊重人才、爱戴人才的企业氛围。对在企业科技创新活动中获得重要创新成果的创新型人才，给予奖励和表彰，通过选树典型、大力宣传创新事迹。为创新型人才提供一个宽容失败的环境。创新是在做前人没做过的事，创新的实现过程是艰巨的，创新型人才顶着巨大的压力。所以要为创新型人才提供一个保护环境，对于成功的创新型人才给予奖励，对于失败的创新型人才给予理解和支持。

大力开展单位创新文化建设，加强单位负责人的创新意识。单位从上到下要坚信人人都有创新潜能，让创新成为单位的灵魂，融入单位文化，使职工自发的提升自己，以自己能成为创新型人才为荣。创造良好的工作环境，提倡自由、竞争。给创新型人才充分的自主空间，冲破束缚，放飞想象力的翅膀。单位的发展需要所有职工共同的努力，倡导在竞争中合作，在合作中竞争的和谐、共赢的职工关系。

总之基层单位只有加大引进创新型人才，坚持培养创新型人才，鼓励支持创新型人才，才能建设出一支为单位发展所用的创新型人才队伍，最终实现单位和个人的互利共赢，共同发展。

（作者单位：海河水利委员会海河下游管理局）

基层水利职工队伍急需紧缺人才需求分析

何通国　张学峰　吕发万　陈　俊

人才资源是实现水利发展战略目标的基本保障，人才战略是水利发展战略的关键和重要支撑。近年来,四川省德阳市水利系统在人才引进、人才培养和人才结构调整上取得了一定的成绩,但从人才队伍现状来看,仍与快速持续发展的水利事业不相适应。为此,笔者就德阳市基层水利人才现状进行统计研究,进一步分析该市基层水利职工队伍急需紧缺人才需求。

一、全市基层水利人才队伍现状

据 2016 年初统计,全市水利系统人才总量为 765 人。其中,六县(市、区)的基层水利职工人才量合计 668 人,占全市人才总量 87.3%。基层水利人才队伍中,党政人员 108 人,占基层人才总量 16%,专业技术人员 357 人,占基层人才总量 54%,经营管理和工勤技能人员 203 人,占基层人才总量 30%。

(一)基层水利人才队伍中党政人才情况

由于编制数量有限,基层水利人才队伍中的党政人才占比最少。从学历分布来看,大专以上学历的党政人才占 95%,还有极少部分的中专、高中学历。从专业类型来看,水利专业党政干部仅占 28%,大部分党政干部为非水利类人才。

(二)基层水利人才队伍中专业技术型人才情况

基层水利人才队伍中专业技术型人才占比最大,357 名专业技术人才中大学专科、大学本科学历人才占 98%，硕士以上学历人才较少；水利类专业人才占专业技术人才总数的 70%;职称分布中,初级职称人员占 56%,具备中、高级职称的人才数量还不到 1/3,其余为见习及其他包括新进人员及事业单位管理岗位人员;年龄情况 45 岁以下占 75%,专业技术人才队伍逐渐趋于年轻化。

(三)基层水利人才队伍中工勤技能人员情况

188 名基层工勤人员中,目前尚无高级技师,技师 19 人,高级工 61%、中级工 23%;工勤技能人员学历普遍偏低,高中及以下学历人数最多;非水利专业人数占 62%;大部分工勤人员年龄已超过 45 岁。

通过对三类人才情况的统计分析发现,一是基层党政领导干部学历层次分布相对合理,但非水利专业党政人才较多，在干部职工教育培训过程中需要注重加强水利管理类培训。二是专业技术型人才的年龄、学历和职称分布基本成正比，但近 1/3 的非水利类专业技术人才在未来职称晋升中，会因非水利类职称数量有限而无法正常晋升职称，需要考虑转入管理岗位实现晋升。三是基层水利工勤人员存在学历普遍偏低、年龄偏大、技师和高级技师数量较少等情况。

二、基层水利人才情况分析

“十二五”期间人才总量呈减少趋势，原因有三个，一是由于编制紧缩，新进人才数量少于离退休人员数量；二是由于水利基层站所条件艰苦、待遇偏低，存在人才流失现象；三是由于政府资源整合，一部分业务部门划转到其他单位导致人才总量减少，如 2014 年底水产站全部划转到农业局。

从学历变化情况分析，大专及以下学历人数逐渐减少，硕士、本科学历人才逐渐增多，基层水利人才学历层次逐年提高。

从专业变化分析，水利类人才总量变化不大，但由于老员工退休、在职职工继续教育培养等原因，非水利类专业人数逐年减少。

从职称变化分析，中、高级职称人才逐年增加，但初级职称、见习、管理岗位人员仍占大多数。

三、目前基层水利人才队伍特点及紧缺人才类型

虽然基层水利人才的学历、职称层次逐年提高，但是基层水利人才队伍发展速度远不能满足本市水利建设快速发展的需要。

一是全市水利系统具有大学本科、研究生学历的人才仅占人才总数的三分之一。队伍中大部分为大、中专学历，还有 15.8%的人仅具备高中以下学历。人才学历普遍偏低，而且高学历人才中学水利专业人才较少，非水利类如法律、经济、管理类专业居多，具有本科以上学历的人才中多数为党校在职学历或自考学历。从学历结构的分布来看，水利系统人才队伍中具有水利类专业的高学历人才还有待补充，现有人才队伍里中低学历职工的教育培养有待加强。

二是水利人才队伍中 45 岁以下人才占比过半，46~54 岁人才占总数的三分之一，人才队伍逐渐趋于年轻化，人才队伍不断有新鲜血液输入。但是客观分析，建市初期的大批水利专业人才已逐渐步入退休年龄，无力顾及水利业务技术工作；35~40 岁的水利专业技术人才虽数以百计，但因工作需要，大部分人已走向各级领导岗位，主要精力和时间忙于行政管理事务，无暇顾及技术业务工作。35 岁以下青年人才在水利一线的工作经验较少，自身业务素

养还不具备独当一面的能力。因此一些水利一线还存在"缺岗"现象。

三是虽然专业技术人才总数已占人才队伍总数的一半,但是从职称结构分布来看,中、高级职称仅占人才总数的22.5%,人才队伍中初级职称、管理和见习人才占大多数。这一分布比例与水利建设发展需求极不匹配，高层次专业技术人才的缺乏严重制约了本市水利工程建设的快速发展。

四是领军式、带动式"帅才"匮乏。水利科技带头人奇缺;青年尖子人才数量不足;懂经营又懂技术的复合型人才稀少;还缺少技能过硬的工匠型人才;人才政策、人才培养、人才管理、人才资源配置等基础性工作还有待将强。

四、新形势下的基层水务工作需要水利人才支撑

德阳市委曾提出在四川省发展大局中要实现科学发展、转型升级、改革开放、新型城镇化、全面小康等五个方面走在四川省前列,并且确立了全面创新改革和"成都与德阳统筹建设实现一体化"两个"一号工程"。水务部门要为全市实现发展目标提供重要水利保障,因此基层水利建设发展也要准确把握新常态、适应新常态。

(一)新常态下水利发展新思路、新形势

一是实现全面建设小康社会战略目标、推进经济结构的战略调整、建设生态文明、建设社会主义新农村和全面推进现代农业,对水利发展提出了新的更高的要求,要求水利发展不断拓展服务功能、不断延伸效用、不断丰富内涵,建设和管理任务更加繁重。

二是水安全引起了中央高度关注,已经上升到了国家安全的战略高度。水利作为加快基础设施建设、水利发展改革、重点工程建设、生态环境建设、水利执法、水利管理、改善民生的重点领域,社会发展趋势和经济社会发展有新要求。

三是国家加强政府的社会管理和公共服务能力、推进政府职能转变,深化水利改革的政府改革,对水利改革和管理提出了更高的要求,也为深化水利改革与加强管理创造了条件;四是全球气候变化,导致极端气候现象增多、水资源分布更加不均、洪旱灾害的不确定性更加突出,水利应对自然灾害的任务更加艰巨。

(二)新常态下对基层水务工作提出了新要求

一是全面建设小康社会、保持经济社会平稳较快发展要求加快水利基础设施建设,实现现代农业和生态城市规划目标,全面提升水利的保障能力。

二是构建和谐社会、保障和改善民生要求加快民生水利建设,优先解决关系民生的水利问题。

三是应对气候变化和突发公共事件，要求不断提高复杂条件下水利防灾减灾水平和应急管理能力。

四是建设生态文明要求转变粗放的水土资源开发利用方式，扭转资源环境持续恶化的状况,实施最严格的水资源管理制度,大力推进节水型社会建设。

五是消除制约水利发展的体制性和机制性障碍,构建科学发展的长效机制,要求不断深化水利改革。

六是完成新时期、新阶段水利建设和管理任务要求,全面加强水利行业建设能力。

(三)新常态对基层水利人才的新要求

自十八大以来,中央要求水利应在支持国家重要发展战略、生态文明建设以及饮水安全和保证民生方面发挥更多和更大作用。这一要求对基层水利工作是一新的挑战,对基层水利人才同样也是挑战。在面临水利改革发展的新形势下,基层水利人才还需要从三个方面“补齐短板”。

首先,基层水利人才的专业面要达到全覆盖,才能与实现全市“一高两率先”的奋斗目标相适应。

其次要重点补充和培养水生态文明、饮水安全、水权交易、水利投融资等重点领域的基层水利人才,来适应国家、省、市对水利改革发展要求。

三要实现高端人才配置达到行业平均水平。

五、基层水利人才队伍建设发展方向的建议

(一)优化人才的发展环境,营造人才成长的良好氛围

人才发展环境是吸纳人才、造就人才、发挥人才的客观条件。要以科学发展观为指导,坚持科学的人才观,积极营造良好的内外环境,为人才的发展、成长创造有利条件。关心、爱护人才,扶持人才干事业,支持人才干成事业。

一是我市水利系统还需建立科学的用人机制,以能力和业绩为导向,建立科学的评价和激励机制,想干事的给机会,能干事的给平台,干成事的给地位。对会管理和有技术专长的人员不拘一格,提拔重用,积极搭建成长平台;要重视年轻人才的培养和使用,积极选派他们参加上级举办的各种培训班学习;对于政治素质好、工作能力强、有发展潜质的青年干部,主动给位置,压担子,使他们在实际工作中得到锻炼,尽快成长,担当重任。

二是要改革收入分配制度。建立符合单位特点、体现岗位绩效和分级分类管理的收入分配制度,使职工的劳动报酬与其岗位职责、工作业绩相联系,工资奖励要适当向关键专业技术岗位和野外一线岗位倾斜。积极探索项目工资、工种工资等各种适应不同岗位特点的新的分配形式,不断提高人才的工资待遇,切实做到以待遇留人。

(二)坚持三支人才队伍建设不放松

一是加强公务员队伍建设,提高公务员整体素质。继续加强公务员教育培训,深入开展

行为规范教育，以学习贯彻《行政许可法》为契机，推进公务员依法行政。完善公务员制度建设，完善公务员考核体系和操作办法；加强公务员作风建设，强化公务员监督和管理，确保廉洁从政。

二是加快科技带头人和青年尖子人才队伍建设。采取“引进来，送出去”的措施，引进高等院校教授和国内、外水利类知名专家进行水利技术指导、专业讲座，选拔各类业务能手到国内重点高等院校深造或国外培养，提高本市水利系统人才队伍的科技水平；将本局承担的市级或局级重点工程项目及科技攻关项目，与有关高等院校或科研院所进行合作，采取联合攻关或合作研究等方式，锻炼本局技术带头人队伍。

三是实施水利技能人才工程。争取在3~5年内，在水利行业特有工种中培养出一批代表本工种较高水平的高级技师技能人才；培养一批水利特有工种技师；进一步开展水利特有工种的技能竞赛活动，激发技术工人立足本岗、苦练技能、争当技术能手的热情；进一步加强水利特有工种技能培训，不断完善职业技能鉴定的考核办法。

（三）实施规范、有效的人才激励制度

按照《德阳市水利科学技术奖励办法》《〈德阳市水利科学技术奖励办法〉实施细则》等针对各类人才的奖励办法，予以适时奖励，充分发挥物质奖励和社会荣誉双重激励作用。

（四）健全局内部人才合理流动的运行机制

研究制定人才内部有序流动的程序、办法和相关配套政策，发挥局人才交流中心在人才内部流动和合理配置中的枢纽作用，使人才能够真正流动起来。

（作者单位：四川德阳市水务局）

加强水利信息化人才队伍建设几点建议

晏锦松

中共中央关于水利工作的新要求，开设了水利发展的新篇章。水利发展进一步改革新局面，有必要确保以水利队伍人才的质量，完善水利人才结构，实施必要的培训和教育，以促进在新的历史条件下水利快速发展。

一、水利信息化人才队伍建设的现状

进入了一个新的历史时期，人才的竞争是促进行业发展的重要手段。留住人才，培养人才，人才的发展，成为提高各行业在激烈的市场竞争中的有效竞争力，和实现可持续发展的有效途径。统计显示，水利人才结构并不容乐观。虽然近几年，引进高学历人才的系统，但由于人才流动性较大，整体素质的提高缓慢。

第一，虽然中国水利人才队伍不断调整和完善，但整体文化水平和专业素质不是很高，特别是对引进新的人才，包括复合型人才，高技能，高层次人才结构更是极为罕见的，不能满足中国的进一步改革发展的需要。

第二，培养的方法增加，但仍然需要对训练进行改进。近年来，各级干部采取了深造，送技术骨干到工厂培训等工作，培养了大量的信息技术人才。但训练的质量和战备训练效率不高，与完成执行任务的要求仍然有很大的差距。

第三，初具规模的人才群体，但高端人才依然紧缺。从目前的信息技术人才数量规模来看，多数单位对人才需要的培训以满足工作为主，在复合、专家、领导型方面的人才并不多。主要的问题是没有合理的结构，培训率较低；在信息工作领域和总体规模不匹配，高层次专家数量太少，尤其是主战装备缺乏专业人才骨干。

第四，效益为标准的人才评价。一方面要能够准确，客观地评价人才，对人才的评价，避免主观性，盲目性，随意性；在另一方面，以充分调动他们的主动性，积极性和创造性，鼓励他们积极努力，最大限度地发挥人才的价值，促进单位效益最大化。

二、重视水利信息化人才建设具有重要意义

全面推进人才队伍建设，加强水利信息化组织人事工作，它作为一项重要任务，可以解决水利发展的人才需求问题。经过多方努力后，在领导的高度重视下，水利人才建设取得显

著成效，正在稳步推进干部人事制度改革，及对人才素质的普遍提高，对深入实施水利人才规划具有重要意义。此外，在教育和培训，薪酬管理等方面，都需要进一步加强自身建设的改革。然而，调查数据显示，在新形势下，中国水利人员的素质虽然普遍提高了，但是从技术角度来看，并不能满足水利建设可持续发展的需要。这就要求水利组织人事工作，不断地做出基于水资源开发规划和优化调整，以促进水资源可持续发展。

三、加强水利人才队伍建设的有效途径

（一）进一步确立信息化人才工作优先发展理念

人才在确定单位发展战略上必须建立在优先位置，把人才作为第一资源。必须体现人才优先战略思想、战略目标、重大举措、重大项目和具体工作安排的重大政策，努力实现人力资源开发的优先级以及优先级的人员结构调整，人力资本积累的优先级，在人才投资要有优先保证。单位决策者，使相关部门合理规划人才、能力和任务，积极研究、协调和人才培养，引进流程，考核评价，激励等相关的指导工作，要注意为调动和发挥各相关部门的积极性，交流不同意见，各种矛盾及时处理，组织协调各方力量齐抓共管，形成合力。要继续加大对人才工作的投入，使人们在体制机制建设取得新的进展工作，促进新业务的发展，有一个科学重大的有效的突破，要加强人才强企战略的实施监督检查。党政领导制定单位生产力目标，目标责任制，直接把人才第一的观点工作纳入“一把手”年度目标，严格评估每年干部的绩效，提升评估和决策的重要基础，保证人才队伍建设的政策，落实措施，切实形成培养人才、使用人才的常态机制。

（二）着力优化信息化人才队伍结构

通过内部人才市场，人力资源和其他渠道的整合，积极引导各类人才的系统内有序流动。要不断完善机制，集聚高层次人才，重点培养凝聚一批具有创造力的，复合导向型的高素质人才，在单位急需发展的时候，加紧培养专业技术人员和生产技能人才。加强敏锐的市场洞察力，增强对分析能力和复合型人才市场营销能力的培养，提高专业化人力资源的密度。要继续推进“112 人才工程”，培养和造就一大批适应单位发展需求、层次清晰、年龄结构合理、专业结构配套的人员。要不断完善开放的用人制度，坚持培训和引进政策，并建立一个多层次、多形式的专业人才的培养，引进培养人才系统。按照高起点，专业宽泛的原则和多种多样的方法，提高引进人才的管理办法，科学合理的引进与单位的发展相适应的特殊人才。

（三）创新信息化人才培养方式

在操作中，第一有必要做到教学和需求的组合。每个培训需求应先进行调查，按需教学，建立不断完善课程和培训内容，实现供求一致的科学的培训计划。第二个是教学和互动的相互结合。实践优势和理论优势结合起来，着力解决工作人员应知会的问题，提高了工作效率

和工作人员工作的质量,实现教与学相长。第三是做传统教学与现代教学相结合,使教育和培训反映时代的特点,跟上时代的步伐。我们要结合实际,及时调整思路和对策,改革训练内容,形式,并且综合运用的教风、学风、案例、模拟、体验式等教学方法,运用现代化的教学方法和信息技术应用的手段,提高教育和训练方法,以促进在线培训,远程教育,加大科技含量。良好的网上大学可以起到教育和培训的作用,为单位的管理和发展提供人才保障和人才储备。在人才评价方面本着以“优良成绩,优化结构,重点倾斜”的基础,不断完善和丰富的人才评价标准,通过竞赛和调考的组织能力,扩大竞争,丰富竞争内容,规范项目,旨在提高各级各类竞赛中充分参与,通过各种形式的竞争,加快选拔和丰富培训人员的类型。

(四)多层次激励人才,实现跨越式发展

要坚持党监督遵循市场经济规律的原则,市场主体在人才培养、吸引、使用、配置、激励等方面发挥着主要作用。要建立健全劳动、资本、技术和管理生产要素按贡献参与分配的制度,分配形式灵活多样,形成参与分配,并在此基础上,建立规范有效的人才激励机制,进一步完善人员养老,医疗保险等配套,内外衔接人才保障体系,不断强化待遇留人、事业留人和感情留人,为各类人才创新创业营造更加良好的环境。此外,健全激励机制,可根据奖励单位的弹性,促进采取物质激励和精神激励相结合,奖励水利人才做出突出贡献,特别对实现科学技术改造成果的人员,在各种表彰做出的突出贡献进行奖励,以增强竞争人员进取意识。

综上所述,水利建设的成就,直接关系到国民经济和人民生活质量的发展。水利工作实现健康发展,必须结合行业惯例,在新环境条件下的发展,水利工作要积极探索建立提高人员物质管理机制,营造一个良好的人才发展规划的环境。引导和推动水利人才的合理布局,才能够促进中国水利平稳较快发展。

(作者单位:四川省玉溪河灌区管理局)

远程教育培训实践与展望

周建文

远程教育已经由教育的边缘模式,发展成为教育的主流模式。网络时代的远程教育不再是作为一种替补的教育形式,提供补救的学习机会,而是作为一种代表未来方向的教育形式,正在引领基础事业单位职工培训教育的全面变革,目标是为所有人提供终身学习的机会。在网络时代,远程教育肩负着空前重要的历史使命,也必然面临着更大的新挑战。远程教育的实践者必须充分地认识到这一重大变化,才能够站在新的高度上去推动远程教育的全面发展。

当今社会信息技术的进步对社会的发展产生极其巨大的影响,其影响波及社会的各个领域,促使了知识经济的崛起。人们生活方式有了根本的改变,在一生中不断学习,发展自己的潜能和不断选择未来被认为是人的基本权利。终生学习的重要性更加凸现,终生学习的观念已被普遍认同。

远程教育作为一种教与学的模式,为基层事业单位职工提供更多自主学习的机会;远程教育允许在更大范围内、更有效地共享知识资源。因此,在网络时代,远程教育是基层事业单位职工教育培训的重要手段。

一、远程教育的内涵

远程教育,是指基于多媒体及互联网技术等传播介质,在职工与教育组织之间进行系统教学和通信联系的教育模式。通俗意义上讲,是通过音频、视频(直播或录像)以及包括实时和非实时在内的计算机技术把课程传送到基层单位的培训模式,是一种跨地区的培训体制。

基层事业单位远程教育培训是随着信息技术发展而产生的一种新型方式。以互联网教育为辅,远程教育为主的培训方式,以多媒体技术和远程技术为核心的远程教育技术体现了一种全新的教学思想,促进了基层事业单位职工教育培训逐步趋于一种科学、合理、高效的最佳优化状态。

二、远程教育在基层事业单位的应用现状

(一)课程资源

远程课程类别众多,来源多样。课程内容一般包括政治理论、政策法规、业务知识、文化素养和技能培训等多个类别。不仅包含世界经济形势、国家新出台的政策措施、如何应对突

发事件等实用性知识,还有军事、历史人文甚至养生、心理调适等方面的知识拓展性内容,满足各类职工的多样化需求。大部分远程课程自带文字资料和考试题目。远程课程一般通过采购中央党校、国家行政学院等国家级干部培训机构的课程,或如精英在线教育科技有限公司、中国青年教育音像出版社网络资源中心等公司的视频资源。在授课师资上,有部长、司局长等官员、专家、学者,还有公司高管、国外专家等,课程资源质量优异。部分地区的课程除购买外,也有根据地区特色自建远程课件或是公开课,更具实践意义和地方特色。

(二)培训方式

目前,多采用两种方式开展远程培训教育:远程自助学习形式和专题培训形式。大部分地区的远程教育方式在线自主学习,平台提供课件超市、个人空间、学习社区、直播课堂、电子书库等多个栏目,打造图书馆式自主学习平台,提供丰富多样的学习资源,满足各级各类人员的学习需求。对于报名和学习过程中遇到的技术和学习疑问,按单位组织有专门的在线学习联络员或管理员,负责本单位解决在线学习的报名相关问题和相关技术问题。

三、远程教育培训需进一步探索的领域

(一)创新基层事业单位职工教育的混合式培训模式

远程教育将成为未来基层事业单位职工教育培训的重要形式和组成部分,在未来一段时期内,远程培训的不断发展会对党校、行政学院等传统培训机构的师资、课程、经费等方面造成越来越大的冲击。但是,这并不意味着远程培训能够替代传统培训。二者关系的焦点主要在于培训资源的再分配,远程教育在补充党校师资力量不足、教学内容不够丰富等方面具有很大的优势。所以,远程教育和传统教育各有所长,相辅相成。因此,如何整合远程教育与传统教育,形成优势互补、相得益彰的良好局面是非常必要的。其中的难点是,远程教育对讲师是一个很大的挑战,如讲师如何适应远程培训方式,有效搜集丰富学习材料、有效组织远程教学、使用远程工具调动学员的积极性、鼓励学员深入地探索相关问题、在线批改作业和点评、整理学员提供的材料形成生成性知识等,这些工作都需要讲师对远程学习平台的操作比较熟悉才能得心应手。远程教育与传统教育融合——混合式培训,需要教学形式的创新。一方面,远程教育应借鉴传统课堂教学的优势,变人机交互为师生、生生交互,为职工营造集体学习氛围,提高远程课堂教学的效果。另一方面,应充分发挥远程教育原有的理想模式,如以“职工”为中心、最大化利用优质资源、突出职工的认知主体地位和学习的主动性等优势。加强对教学过程监控,避免远程迷航、学习者被动接受视频教学,在学习上出现放任自流等负面效果。

(二)建立基层事业单位职工远程教育的质量评估体系

质量是提高远程教育水平和认可度的保证。但远程培训开始较晚,相关理论的建设和实

践正处于起步阶段,对培训的主体、测评方式、评价指标的设计等涉及衡量培训质量的一系列基础问题都还没有深入研究,难以提供一整套切实可行的、科学的、系统的评价远程教育教学质量的方法。目前对远程教育的质量评估主要集中在职工满意度方面,对整个培训项目和教学质量的评估普遍还处在探索和调研阶段。对远程教育的质量评估,首先是需要明确评价主体,包括对培训机构、教学过程、学员培训效果的全部培训项目的评估。再有是建立完善科学的评价指标体系。对培训机构,包括参训人员完成率、培训效果、基地建设、经费保障等;对教学质量包括课程设置、培训效果等;对职工培训效果的评价,包括受训职工是否掌握政治理论要点、受训后素质和能力是否有所提高等,应有一系列详尽和便于操作的评价指标。最后,应重视评估的激励促进作用。特别是对教学质量的评估,保证对职工有必要的激励和约束,对学时学分、学习成绩等提出具体的量化要求;通过"模拟讨论室"、远程学习和面对面学习的衔接办班等新形式,强化集体感,增强约束力,从而保证培训的质量和效益。

(三)加强基层事业单位职工远程教育的服务意识

不论是远程教育还是传统教育,能做到以学习者为中心,从学习需求出发,提供充分的学习支持服务,就能更大程度上激发学习者的内驱力。在非面对面的远程教育中尤其要注意对学习者的支持服务,增强服务意识。一方面,在课程设置上,要充分考虑职工自身需求。学习需求是多样化、个性化的,不能仅从岗位需求角度设置课程内容,要一定程度上满足其个性需求。另一方面,教学过程中的互动交流一直是远程培训的重要话题。师生之间的情感交流的不足是远程教育固有的局限, 但可以从提高培训管理服务的精细化, 营造远程学习的"软环境"来改善。首先,是教学设计的精细化。加强培训需求调研,可通过问卷调查、职工访谈等方式深入细致调研,从整体上了解不同层次、类别职工的培训需求,从细节上把握职工所在单位、职工本人在远程学习中最需要解决的具体问题,由此决定培训目标和课程设置。其次,是网上学习环境的精细化。包括提供操作便利的学习平台、完备流畅的学习资源、足够的虚拟实践操作机会,加强情感交流和教学交互。还有,形成以评估促学习机制。加强职工对课程设置针对性、授课艺术性、培训管理细致性、培训方式多样性等满意度调研,定期召开视频会议搜集学习疑问,每周发布学习情况统计报告等,激发职工学习动机。最后,深入挖掘职工电子学习档案。根据在线学习平台能够详细记录职工的学习活动,例如选修了哪些课程、观看课程视频的时间、在线答疑和学习论坛的发言记录、在线考试的记录和得分、提交的作业和讲师批改情况、参与课程共建和资源分享的情况等,进行数据挖掘和分析,根据这些数据与分析结果,对职工教育培训的现状进行研究,查找各类职工群体的学习需求点与学习热点,为制定职工培训规划、进行培训管理提供重要的参考数据。

(作者单位:四川省玉溪河灌区管理局)

加强职工教育培训建设
构建现代化水利人才队伍的探讨

李　鹏

围绕水利事业进一步深化改革发展的新局面，就要以提升水利人才队伍质量为目标，不断培养现代化新型水利人才，改善水利人才队伍结构，长期实施必要的培训教育工作，以促进水利事业在新的历史条件下快速发展。

一、都江堰管理局人才队伍建设现状

进入到新的历史阶段，人才培养是一个基础工程、系统工程和长期工程，只有全面准确了解人才队伍建设的现状，才能增强人才培养的针对性和有效性。近年来，四川省都江堰管理局不断在培养新型复合型人才上进行努力探索，积极鼓励干部职工进行继续教育学习，以适应都江堰水利事业不断发展的需求。目前，研究生及以上学历已达到 10 人，本科学历 166 人，专科学历 184 人，高中及以下学历 189 人。其中，专科及以上学历占全局职工总数的 64%。

"十二五"到"十三五"期间，管理局在水利人才队伍结构上不断进行调整和完善，本科及以上学历的工作人员由 19%提高到 31.8%，大专及中专学历的工作人员由 50%提高到 67%。从拥有专业技术职称的工作人员数量来看，已经超过了 38%，但是其中高级技术工和技师所占有的比例依然很小，大约为 9.14%。因此，在工作中我们充分认识到不断提高职工队伍综合素质，既是一项十分紧迫的任务，也是一项长期的战略任务。

二、加强水利人才队伍建设实施策略

（一）加强组织领导，提升干部队伍整体素质

多年来，都江堰管理局牢固树立大教育、大培训的观念，始终把建设高素质人才队伍作为水利事业发展的重要支撑，把干部培训工作提上重要议事日程，通过各种理论培训、岗位培训、业务培训、继续教育等方式，打造一支作风过硬、结构合理、专业配套、技术精湛，能适应现阶段竞争需要的高素质专业人才队伍，促进水利事业快速、持续、健康发展的培训工作思路。

(二)注重复合型人才综合培养,确保干部职工培训工作取得实效

2014—2016年期间,在全力培养水利实用人才的同时,通过“请进来、走出去”等方式组织开展和选派人员参加各类专题培训班20余期,培训人员近300人次,系统地学习水利行业法规、水利业务技能、水利水电运行管理、安全生产等方面知识,并在四川水利职业技术学院和省水利干部学校进行继续教育学习,不断提高干部职工的专业技术职能和相关业务水平;结合党风廉政教育活动、政治教育讲座等,组织党员干部进行党课教育100多次,其中包括党校、行政学院、干部院校主题班培训,各类专题培训、网络培训、干部大讲堂,着眼提高党员干部政治理论修养。

(三)结合水利工作实际,不断拓宽学习培训渠道

针对水利工作操作性、实践性强的特点,管理局一直积极拓宽培训渠道,为干部职工提供更多的培训机会。充分利用数字化平台,定期刊载水利工程技术知识,发布各类水利研究课题论文,为大家提供了学习交流的平台。同时,鼓励干部职工通过函授、自学、远程教育等形式提高学历和水平。本着“缺什么、补什么”的原则合理安排,因地制宜、分门别类地由经验丰富、技术较强的老同志与年轻同志结对,在理论上教,工作中帮,技能上带,及时总结往年的培训经验,突出专业知识掌握,注重提高实际操作能力。

(四)创新教育培训模式,探索教育培训长效机制

为了进一步加大干部教育培训力度,提高水利人才队伍整体素质,不断更新培训理念,优化培训内容,创新培训方式。2016年年初,以干部职工需求为导向,拓展和创新培训内容,向各部门调研《职工培训需求调查表》,进一步激励干部职工的主观性学习需求。这种培训思路的大转变,以加强人才队伍的能力建设为重点,变“要我学”为“我要学”,极大地调动了干部职工的积极性,既保障了各类培训取得实效,又提高了培训效果。

(五)加强教学管理与学员管理

“一个班子一盘棋,一位人才三分力。”管理局始终以制度建设为中心,在深化内部基础管理上下功夫,每年制定《职工教育培训计划》,对各类培训班的计划上报、培训费的收取、培训的教学管理等都作出明确规定,在行政管理上抓高效,在教学管理上抓严谨,在学员管理上抓过程,在后勤管理上抓服务,进一步规范培训办班行为。2016年1月5日修订并印发了《四川省都江堰管理局职工教育管理办法》,使培训工作有章可循,规范有序,为培训教学工作提供了有力的支持。

三、完善制度,建立人才培养长效工作机制

人才工作的有效推进要靠系统科学的制度做保障。管理局高度重视人才制度建设,人才工作逐步走上制度化、规范化、经常化的轨道。

(一)制定科学的人才队伍建设规划

一方面通过“退五进二”的方式优化配置,改善人员结构不合理的状况。另一方面切实加强人才引进,积极引进单位急需紧缺的各类人才,保证各项工作的良性运行。同时,科学制定未来人才引进方向,确保单位战略目标有效实施。

(二)建立再教育机制

2016 年,管理局进一步明确工作思路及重点,按照《职工教育管理办法》的部署和要求,围绕加快水利工作发展的目标,先后出台了干部职工参加各类学历学习、技能培训、考试的政策规定,提供充分的经费和时间保障。对行政执法和技术岗位人员加强岗位培训,每年对水政执法人员进行全员培训;每年汛期前,对水利干部职工进行分级分层培训。坚持精神奖励和物质奖励相结合的原则,逐步形成“尊重劳动、尊重知识、尊重创造、尊重人才”的良好人才成长环境。

(三)建立规范制度化的竞争激励机制

依据《党政领导干部选拔任用条例》和有关人事政策规定,制定了《后备干部培养管理办法》《中层干部选拔任用管理办法》等制度,将教育培训与职工的考核、提升、晋级、调动等紧密结合起来,以公开、平等、竞争、择优为导向,不断增强各类人才的成就感和责任感,激发他们的进取精神和竞争意识。

(四)建立责任机制,优化人才队伍

通过多年来的各类培训经验,管理局先后颁发了《人才培养责任制实施办法》《人才工作管理制度》等文件,并对培训项目加强评估和总结,不断修正和优化培训计划,以促进改进教育培训工作,提高教育培训实效。逐步形成党委统一领导,一把手亲自抓,分管领导专门抓,职能部门具体抓的人才工作格局。建立多元化的人才评价指标和参数体系,实行领导联系制度,对重点技术骨干进行重点培养,将素质和能力培养贯穿于水利干部教育培训的全过程,有效提高水利干部教育培训工作科学化、制度化水平,形成“科技兴水”的良好格局。

加强职工教育培训建设,构建现代化水利人才队伍是推动水利事业可持续发展的重要保障。都江堰管理局紧紧围绕水利改革与发展的大局,开展人才教育培养工作,在培养选拔干部、加强教育培训、改善队伍结构、改革体制机构等方面进行积极的探索,取得了显著的成效,在水利系统形成“以改革促人才、以人才促发展、以发展促和谐”的良好环境,努力培养和造就出一支高素质的水利人才队伍。

(作者单位:四川省都江堰管理局)

推进水利基层人才队伍建设

杨 斌

一、水利事业的发展对水利基层人才队伍的要求

我国全面建成小康社会的奋斗目标，对水资源的承载能力提出了新的要求。目前，我国人均水资源占有量2100立方米，仅为世界平均水平的28%，正常年份缺水500多亿立方米，并且用水方式还比较粗放，万元工业增加值用水量为世界先进水平的2~3倍；农田灌溉水有效利用系数0.52，远低于0.7~0.8的世界先进水平。面对水资源的严峻形势，必须树立人口经济与资源环境相均衡的原则，加强需求管理，在改革发展稳定各项工作中，把水资源、水生态、水环境承载能力作为刚性约束。“十三五”水利规划要求补齐补强民生水利短板，积极推进水生态文明建设，增加水利公共产品和服务供给，着力构建与全面建成小康社会相适应的水安全保障体系，在水资源节约和开发利用、防洪抗旱减灾、水生态保护、水利管理改革等方面规划了主要目标，为水利发展提供了重要遵循。

东风渠管理处按照“十三五”水利规划要求，积极践行“节水优先、空间均衡、系统治理、两手发力”的治水新思路，大力加强水利工程建设和信息化建设，进一步增强水资源科学配置能力，建设较为完善的水利管理与运行机制，全面提升公共服务能力，为灌区社会经济发展提供可靠的用水保障。到“十三五”末期，实现灌区工程管理科学化、规范化、制度化，完成东风渠“高速水道”建设，初步形成“小型维修养护项目”管养结合、“中型维修养护项目”管养分离的机制；实现灌区输配水管理集控化、科学化、精细化，初步实现灌区用水从用水计量到计量用水的转变；努力将东风渠灌区打造成为都江堰信息化、现代化、节水型示范区。

东风渠灌区建设发展的高要求，迫切需要一支具有“献身、负责、求实”精神的素质优良、结构合理的水利基层人才队伍。在管理方面，需要一支善于谋划、组织得力、勤政务实、敢于担当的管理队伍；在工程技术方面，需要一支系统掌握水利工程运行管理有关的专业知识，了解水利工程运行管理的新技术发展状况，能为灌区发展提供技术支持的工程技术队伍；在工勤技能方面，需要一支能承担水利工程运行的技能操作和维护、后勤保障、服务等职责，适应信息化技术设备的工勤技能队伍。

二、东风渠灌区基层水利人才队伍现状

东风渠灌区位于成都平原腹心，是全国特大型灌区都江堰灌区的重要组成部分，灌区年引都江堰来水45亿立方米左右。东风渠管理处的职工分布在成都市和眉山市的十九个县（市、区）内，承担着16条总长816公里干渠，15座枢纽闸，1726个供水制口，291.72万亩灌面，以及灌区1000万人口的生活、生产和环境用水输供任务。截至2015年10月，在职职工387人，其中管理岗位52人，专业技术岗位113人，工勤岗位222。灌区基层水利人才队伍的现状表现在三个方面：

（一）人才层次现状

在职工队伍中，研究生7人，大学学历92人，大学专科196人，中专以下学历92人；在本科学历中，全日制大学本科仅12人；许多职工参加工作时初始学历普遍较低，大多数是在职党校、夜大、函授等经管专业取得本科及专科学历，所学专业与从事的水利工程管理工作岗位很多不相对应。

（二）人员结构比例现状

对比岗位设置数，管理岗位人才不足空缺16人，专业技术岗位人才严重缺乏空缺142人，工勤技能岗位人员严重超编120人。

（三）年龄结构现状。

由于政策的原因，在2013年以前，近十年来未能引进人员，职工趋于老年化，人才断档的风险正逐渐显现。45岁以上职工199人，占总数的51.4%；35~45岁职工178人，占总数的46%；35岁以下10人，占总数的2.6%，全处职工平均年龄49.8岁 。

综上所述，东风渠灌区基层水利人才队伍的现状是职工年龄结构老化严重，人才总量不足，管理岗位人才不够，高层次专业技术人才和高技能人才匮乏，与将东风渠灌区打造成为都江堰信息化、现代化、节水型示范区的要求不相适应。

三、人才队伍建设中存在的困难

东风渠管理处在“十二五”期间的人才工作经过周密规划和具体实施，人才队伍建设工作取得了实效。其中管理类人才占职工总数的比例提高到11.6%左右；专业技术人才的比例提高到32.8%，获得高级工以上资格的高技能人才的比例提高到42.8%，但是仍存一些困难：

一是人才短缺更加严重。近几年是人员退休高峰期，2016年退休19人，在五年内将有78人退休，占在职职工总数的20.2%。虽然近年开始招聘大学生，但人才断档的风险现状并没有改变。

二是工勤岗位等级晋升困难。编制核准的102个工勤技能岗位，目前超编120人，按目前工勤技能岗位聘用管理的办法，到2027年，高级工岗位人员自然减至设定人数20人 ；到2032年5月，中级工岗位人员自然减至设定人数70人。现已取得高级工资格而未聘的人员有21人，在2027年前退休时都只能以中级工岗位等级退休，取得中级工资格而未聘人员有2人在2032年5月前退休时都只能是初级工岗位等级退休。2016年，将有9个技师资格竞争1个技师岗位;2028年，将有90个高级工资格竞争几个高级工岗位。

三是在编制内引进人才仍然受到限制，不能退多少补充多少，不能尽快补充各类人才，改变人才短缺现状。

四是人才引进方式受限，不能引进高职院校人才补充水利基层一线工勤工作岗位。

四、扎实推进基层水利人才队伍建设

怎样扎实推进基层水利人才队伍建设呢？只有以水利事业的发展对基层水利人才队伍的要求引领，从东风渠灌区基层水利人才队伍现状出发，充分认识人才队伍建设中存在的困难，科学制定水利人才队伍发展目标，从体制机制、组织保障、教育培训形式多样等方面入手，扎实推进基层水利人才队伍建设。

(一)水利人才队伍发展目标

东风渠管理处按照“十三五”水利人才工作的总体要求，在客观分析水利人才队伍现状和科学预测水利发展对人才需求的基础上，提出人才工作的总体目标：一是高层次高技能人才规模稳步增长；二是人才队伍文化和专业素质提高；三是人才结构进一步优化；四是人才分布趋于合理；五是基层水利人才短缺局面得到改善；六是人才使用效能明显提高；七是水利人才工作体系进一步完善。到2020年，管理类人才占职工总数的比例维持在11.8%左右；专业技术人才的比例从32.8%提高到41.2%，工勤岗位人员的比例由54.4%降到47%。

(二)建立健全水利人才激励机制，充分发挥职工的干事创业的积极性

在发展目标明确后，建立能充分发挥职工的干事创业积极性的管理体制，是推进基层水利人才队伍建设的重要举措。2016年，东风渠管理处新的领导班子从灌区长远发展着眼，为充分调动和发挥广大职工的干事创业的积极性，在灌区建设第三级股、段、点、组的管理体制，11个基层水利管理站共设置了62个股、段、点、组。62名忠诚于水利事业、爱岗敬业，具有较好的群众基础和组织管理能力的职工，到股、段、组、点长的管理岗位从事水利基层管理工作。为此，制定了《四川省都江堰东风渠管理处水利工程管理基层股、段、点、组设置和管理办法(试行)》，将责权利落实到股段组点长的岗位上。第三级股、段、点、组的管理体制建设，积极推进了东风渠事业单位聘任制度、收入分配制度和岗位管理制度改革，增强单位的生机与活力，营造有利于各类水利人才健康成长的新环境，必将为造就一支基层水利人才骨干队

伍发挥重要作用。

在制度方面，还制定了《竞聘进岗管理办法》。该办法建立和完善了以品德、知识、能力和业绩为主要内容的技术技能人才评价机制。岗位的晋级竞聘除满足基本任职条件外，还将以参加竞聘人员的综合计分加工作业绩计分的总分数，从高到低依次聘用。办法将管理岗位、技术岗位、工勤岗位竞聘进岗制度化、公开化，让每个职工都知晓竞聘进岗的条件和要求，根据计分方法能计算出自己的得分，也将岗位管理和聘用管理结合起来，保证竞聘进岗公开、公平、公正。

（三）根据“十三五”水利人才队伍建设规划，做好人才的引进补充工作

在2020年内有78人退休，占在职职工总数的20.2%，做好人才的引进补充工作形势紧迫。近两年，职工总数低于编制数后，基本上补充人员只有退休人员的50%。只有积极争取上级支持，公开招聘补充足够大学生，才能改变人才断档的风险；同时，按照国家有关规定以交流的方式，把经验丰富的人才补充到水利工程供水管理的关键岗位。一些水利工程供水管理的工作任务，逐步探索购买社会服务，以劳务引入的方式，解决特殊人才使用问题。

在人才引进的类型上，引入急需的专业人才，进一步改善各类人才结构以适应水利事业发展需要。除了引入水利工程有关专业人才外，还积极引进财务、审计、行政管理人才，针对灌区信息化建设需求，还连续引入信息化专业的人才。目前，各类引入人才在东风渠灌区信息化、现代化、节水型示范区的建设中正发挥积极作用。

（四）紧密结合水利实际，切实加强水利干部职工继续教育培训工作

本着“缺什么补什么、干什么学什么”的原则，着眼信息化、现代化、节水型灌区建设目标，分类制定在职人员2016年培训计划，预算了各类继续教育经费16万余元。坚持多渠道、多形式、多层次、个性化的教育培训方式，把集中培训与挂职学习结合起来，把脱产学习与专业进修结合起来，健全干部教育培训学时制度和自主选学制度，积极推行网络培训、专题讲座、交流学习、自学读书等多样化的学习方式，不断拓展培训渠道，进一步满足职工多样化的学习需求。

第一，通过站（所）长培训平台，提高基层水利站长水利实用技术水平与服务管理能力。2015年参加2批次、4人次的调训工作，希望今后能加大调训力度，能多派人参加调训，力争五年内所有站长都能调训一次。

第二，通过水利系统专业技术人员继续教育培训平台，加强专业技术人员高新技术知识培训。要认真执行《四川省专业技术人员继续教育条例》，充分利用好水利系统专业技术人员继续教育的重要基地，按照条例要求对专业技术人员进行经常性的知识更新、补充、拓展，提高专业技能、管理水平，保证每年80学时的教育培训时间，增强创新能力知识和技能培训。目前，这一继续教育培训平台未完全发挥作用，只满足于评聘专业技术职务需要，应当加强专业技术人员继续教育培训的日常管理，把每年继续教育培训的情况纳入年度考核，作为竞聘进岗的条件。

第三，利用水利职业教育基地做好枢纽闸运行人员、渠道维护人员等工勤岗位人员的继续教育培训工作，使工勤岗位人员的自身素质满足信息化、现代化需要。计划用三年时间，枢纽闸运行人员、渠道维护人员等工勤岗位人员都轮训一次。2011 年以来，处属张家桥电站、罗家桥电站分别进行了微机监控的自动化改造，由于自动化程度提高了，为了适应安全生产要求，提高职工操作技能，在改造后对所有运行职工进行安全生产及操作技能继续教育培训，并且通过安监局考核，取得了特种作业操作证。

第四，利用网络平台做好干部职工教育培训工作。近年来，东风渠管理处充分网络平台，组织职工参加各类网络知识竞赛和学习活动，提高职工的综合素质。其中，每年组织 80 多名职工参加全国水利安全生产网络知识竞赛活动，2013 年获得全省参赛单位第二名，2014 年、2015 年均获得全省参赛单位第一名，5 名职工分列全省个人排名前 5 名，15 人进入全省个人排名前 20 名。

第五，加强学习交流，开阔眼界，提高基层水利人才队伍素质。听十遍不如看一遍，除了做好管理岗位人才学习交流外，还应推进技术岗位、工勤岗位人才的交流学习，在灌区内的各管理站之间、丘陵灌区与平坝之间相互交流，到先进水利管理灌区学习取经，学习好的水利工程管理经验，以先进的人和典型事，教育人，激励人。

（作者单位：四川都江堰管理局东风渠管理处）

山东黄河首席技师及首席技师工作室创建的实践与探索

王春生 吴 东 张 旭 王传伟 郑金龙 丁 涛 徐 辉

一、山东黄河技能人才队伍基本情况

截至2014年10月底，山东黄河工人队伍共3839人，其中通用工种1696人，特有工种2143人，分别占工人队伍总数的44.18%、55.82%。在特有工种中，河道修防工1997人，闸门运行工109人，分别占特有工种的93.19%和6.81%。

二、山东黄河首席技师制度的创建

2004年3月18日，中共山东省委、山东省人民政府印发了《关于实施人才强省战略，进一步加强人才工作的意见》，做出了实施人才强省战略、加快技能人才培养的战略部署。根据这一精神，为加快高技能人才队伍建设，提高高技能人才队伍整体素质，调动广大技能人才学技术、比贡献的积极性，2005年7月，山东黄河河务局制定印发了《山东黄河河务局首席技师选拔管理办法(试行)》，在全国水利系统较早、黄委首次实施了首席技师制度。截至目前，山东黄河河务局共开展首席技师评选4次，共有24人被评为山东黄河首席技师。

三、首席技师工作室的创建

(一)创建过程

根据《水利部办公厅关于做好全国水利行业首席技师工作室建设工作的通知》精神，于2013年3月初步建设完成了全国水利行业首席技师和黄河水利委员会首席技师工作室。为发挥首席技师工作室技能带头作用，按照《黄委首席技师工作室管理暂行办法》要求，规范首席技师工作室各项管理，紧密跟踪掌握本工种最新技术和发展动态，解决技术技能难题，较好发挥了首席技师工作室在本行业、本工种中的引领示范作用。

(二)创建取得的成效

1. 高技能人才的引领示范得到充分作用

通过创建首席技师工作室，形成了两个以首席技师为核心的技能创新团队，较好地发挥了首席技师的聚集效应，通过首席技师的言传身教，师傅良好的职业道德、严谨工作作风潜移默化的影响,使年轻技术工人看到了岗位成才的希望和前途,带动了一批批年轻技能工人投入到治黄工作实际中去。

2. 培养了一批技能骨干人才

首席技师工作室“传帮带”方式是培养提高技能工人素质的重要途径,技术工人对首席技师这种手把手教的传承方式非常认可,认为它的最大好处是边学边干,能够做到理论和实践的有效结合,易理解,好接受,进步快。如首席技师张洪昌结合黄河防洪新形势、把传统技术与现代科技相结合,使即将失传的治黄绝技,结合现代科技得以传承和发扬光大。

3. 攻克了一批技能技术难关

首席技师工作室发挥技术团队的优势,积极钻研技术技能,攻坚克难,刻苦钻研,在引黄供水、河道修防、工程施工等具体工作实践中解决了一批技术难题,取得了多项科技成果。如菏泽首席技师亓传周,团结带领郓城杨集闸管所杨再银等技能人员,在工作实践中进行了水闸技术改造、流量测验等技改项目二十余项。其技术团队参与研制的无线传输自动接收仪,能够自动输出流量成果,节省了人力物力;针对闸门止水橡皮老化引起漏水这一普遍现象,改进了闸门顶止水压板形状,推广应用了四氟层橡塑止水新材料,解决了闸门止水橡皮易磨损、老化而造成漏水问题,推广后,单座水闸年可节水 520 万立方米,资金 20 余万元。

4. 促进了山东治黄事业发展

在山东黄河河务局两个技师工作室引领示范下, 山东黄河广大技术工人技能水平有了明显提高,他们积极投身到山东黄河治理开发与管理事业中去,有效促进了山东黄河事业的发展。亓传周首席技师工作室团队完成了郓城县引黄供水调查和引黄水闸引水能力调研工作,为所在单位水量调度和引水流量指标的申请提供了可靠的数据;群策群力,解决了杨集闸启闭机动力柜设备技术难题;完成了《山东省引黄供水基础资料数据库》的统计整理和水闸运行管理的自检自纠,为水闸安全运行提供了保障。

(四)创建存在的问题

1. 首席技师工作室技术团队协作配合仍需加强

目前两个首席技师工作室虽然组建起了两个技术团队, 但受制于黄河一条线分布的地理位置限制,特别是闸门运行工首席技师团队,团队成员分布在山东黄河各个引黄闸上,距离较远,团队成员隶属各个闸管所,同时各自都有本职工作,管理比较松散。虽然建立了 QQ 交流群,但聚在一起共同研讨、交流的机会少,共同开展的技术攻关时间没有保障,技术团队力量还没有得到充分发挥。

2. 首席技师工作室技术团队组成缺乏技术保障

首席技师工作室团队的主体是以首席技师为领头人的技能工人, 但不排斥邀请高层次专业技术人员担当技术指导。毕竟进行技术攻关、解决技术难题,有时需要多个学科提供理论支撑。闸门运行工和河道修防工两个首席技师工作室都没有聘请高层次专业技术人员担当技术指导，在一定程度上削弱了技术技能研发、攻关水平。

3. 技能技术难题攻关缺乏经费保障

受制于山东黄河河务局是具有水行政管理职能的事业单位的体制机制制约，由于不是科研单位，科研经费缺乏。虽然黄河维修养护公司是企业，但维修养护经费也是来源于国家财政资金拨款，且国家对维修养护经费使用都有明确的规定，开展技能培训、技术攻关、技术革新、编写教材、模型制作等，缺乏正常的资金投入渠道。如闸门运行工首席技师工作室仅仅在 2013 年建设时，有上级拨款 10 万元，河道修防工首席技师工作室启动资金仅仅有 5 万元。在两个首席技师工作室正常运转后，首席技师工作室建设缺乏财政保障。

4. 河道修防工种缺乏实战磨炼

在小浪底水库建成后，黄河下游发生大洪水机率大大降低，黄河防洪工程出险的机会也大大减少，很多河道修防技术工人没有经历过洪水考验，一些河道修防技术缺乏实战检验。如近年来黄河调水调沙期间出现的险情，大多为跟石走失、墩蛰险情，抢护一般采取机械抛石等，用来处理管涌、堤防决口等险情的过滤围井、水中进占等技术没有了用武之地，导致技术工人缺乏实战磨炼。

5. 首席技师工作室运行机制还需进一步完善

目前首席技师工作室都建立了工作团队，但团队成员职责、分工要进一步明确，首席技师工作室同人劳部门、业务部门、工会等部门的关系要理顺，明确各部门在首席技师工作室运行中承担的角色和职责，改变首席技师工作室单打独斗的运行模式。

6. 首席技师工作室目标考核机制还不够健全

目前，还没建立具有水利特色，富有黄河流域特点的首席技师工作室考核评估标准以及考核办法，对首席技师工作室年度计划完成情况缺乏监督检查，年度工作计划进度滞后，内业资料整理不够完善。

四、关于首席技师工作室创建的若干思考

（一）首席技师工作室团队的组建

一是要摸清基本情况，有的放矢组建团队。两个首席技师工作室涉及闸门运行、河道修防两个工种，在组建首席技师工作室技术团队时，一定要充分考虑团队成员专业、特长、年龄、实践操作等多种因素，形成具有较强互补性的专业技术团队。以闸门运行工为例，山东黄河共有引黄闸 63 座，其中 4 座为开敞式水闸，其余都是涵洞式水闸。引黄闸的设计引水能力 2423 立方米每秒，每年引黄河水 70 亿立方米左右，占到山东省用水总量的近 1/3。63 座引黄闸中，有 51 座引黄闸实现了远程监控。闸门运行工承担的主要工作职责有水文测验、水位

流量观测、水闸维修抢险、闸门机电操作、自动化(计算机)监控、工程管理等职责,涉及技能专业有水文、测量、水利水电工程、机电、计算机、通信等专业知识,在组成以亓传周为首席技师的专业技术技能团队时,要充分考虑团队人员专业、学历、特长等知识机构构成。

二是各单位要大力支持首席技师工作室开展工作。闸门运行工和河道修防工两个首席技师工作室的技术技能团队,成员都来自各个不同的单位,河道修防工首席技师工作室团队成员还相对集中一些,都是来自东平湖管理局所下属的5个县局,人员相对集中。但闸门运行工首席技师工作室团队以菏泽河务局供水分局人员为主,吸收了河口管理局供水分局、济南黄河河务局供水分局、德州黄河河务局供水分局等单位人员,人员比较分散。一旦需要集中进行技能研讨、开展技能攻关、解决技术难题时,就需要各单位大力支持团队成员的工作,合理安排其本人的工作,并在出差、进行科研、学习等方面给予支持。

三是加大首席技师工作室团队的技术技能培训。各单位在制定培训计划、加强教育培训工作时,应把两个首席技师工作室的团队成员作为技能人才的重点培训对象,针对技术工人存在的不足或即将应用的专项技能,有针对性对他们进行培训,增强他们的知识储备,拓宽他们的业务面,让他们多学习本行业、本工种的前沿知识技能,启发他们自己去思考、实践、摸索,增强自己科技创新能力。

(二)首席技师工作室团队目标任务

要在认真分析基层一线现有技术力量的基础上,充分结合和考虑工程建设、黄河防汛、堤防日常养护等工作实际,研究确定首席技师工作室的目标任务。

1. 培养技能人才

首席技师工作室的主要目标任务之一,就是培养锻炼技能人才。针对技术工人文化素质偏低,理论水平和操作技能滞后的实际情况,首先单位要适时对一线工人进行业余文化知识补课,使其掌握一定的初、高中文化知识;其次鼓励职工报考成人函授和职工大(中)专脱产学习,进行专业学历教育,提高职工的专业文化水平;再次把技能人才培训列入年度职工教育计划,根据治河发展需要,围绕更新知识、提高工作能力,采取电视讲座、专题培训、研修班等形式,举办岗位技术培训班,分期分批进行专业轮训,使技术工人达到年内规定的继续教育天数,以尽快提高职业技能,并激发技工积极学文化、学技术的热情;要发挥首席技师工作室的传帮带作用,充分发挥“师带徒”等团队技术力量,在较为突出的技术工人中确定一批培养对象,能者为师,取长补短、相互学习,相互帮助、相互促进,共同进步。让更多的技术工人参与,让他们在学中干,干中学,能够提高解决实际问题的能力,以提高其学习技术、苦练技能的积极性。

2. 技术革新、技能攻关

首席技师工作室的创建工作是一项长期任务,各级应当群策群力,共同建设好首席技师工作。一是可以采取上级下达技术革新任务的形式，给首席技师工作室以压力、担子。上级单位可以站在宏观角度，具有前瞻性地提出一些前沿技能课题，作为首席技师工作室的技术革新、技能攻关项目，指导首席技师工作室能够紧跟时代步伐。如在黄河河道修防工作实际中，鉴于近年来机械化发展越来越快，推土机、挖掘机等机械非常普遍地在防汛抢险、堤防施工中广泛应用，传统抢险技术如柳石枕等面临着如何适应形势、如何革新等问题。二是首席技师工作室要紧紧围绕引黄供水、防洪工程维修养护、防汛抢险等工作实际，在提高生产质量、提高生产效率方面，提出技术革新、技能攻关课题，发挥首席技师工作室的人才聚集效应，帮助解决实际生产难题。构建技术创新平台。三是努力挖掘技能人才的创造性和能动性，以应用技术类创新成果评选为平台，优先提供研究时间和研究资金，鼓励创新成果的研制。

3. 服务引黄供水、河道修防实践

成立首席技师工作室的最终目的，还是服务治黄工作实践，更好地促进山东治黄各项工作。如以张洪昌为首席技师的河道修防工首席技师工作室成立以来，注重发挥首席技师团队的技术指导作用。组织技能人才先后参与到堤防日常维修养护、工程建设等工程。在预计工程投资 9000 余万元的南水北调配套工程邓楼泵站建设及预计投资 1000 万元的京杭运河邓楼船闸上游引航道土方开挖工程的建设中，技能人才在工程建设中发挥了重要的作用。在日常堤防养护工作中，经常组织工作室成员到管理段、养护队对日常堤防养护进行技术指导，同时听取基层一线职工对堤防日常养护的意见与建议，通过一系列工作，使日常堤防养护工作水平得到了进一步提高。黄河闸门运行工承担着引黄水闸安全运行、测流测沙、涵闸远程监控等防汛和调水任务，技术标准高、岗位责任重大。

（三）首席技师工作室团队目标任务完成情况

首席技师工作室是个新鲜事物，各项工作都在探索阶段。山东黄河河务局自 2013 年创建首席技师工作室以来，建立了各项管理制度，拟订了年度工作计划。根据工作开展需要，亓传周首席技师工作室制订了工作室管理制度、仪器设备管理制度、科技创新制度、考核制度等，并制作牌匾，张贴上墙；张洪昌首席技师工作室制订了工作室会议制度、考核制度、档案管理制度、经费使用制度等；两个工作室都根据生产工作实际拟订了年度工作计划，对工作目标任务进行了细化，落实了责任人和督办人，为工作室各项工作的顺利开展奠定了基础。

（四）首席技师工作室团队目标任务业绩考核及评估

一是注重技能人才培养，积极开展职工技能培训。亓传周首席技师工作室团队编写了《闸门与启闭机运行》《水闸低压电器设备》《水位含沙量流量测验》《闸门自动控制》《水闸电气原理及基本故障排除》等闸门运行工培训教材；2013 年对新上岗的闸门运行工人进行了为期一周的闸门、启闭机、远程监控、流量测验、供水安全及启闭设备故障排除的技术技能培训；对参加闸门运行工职业技能鉴定的考生进行了考前培训；张洪昌首席技师工作室积极开展技术工人队伍业务指导，先后有 2 名同志顺利取得技师任职资格、3 名同志晋升河道修防工高级工。

二是发挥高技能人才示范带动作用，开展首席技师工作室"传帮带"活动。由首席技师亓传周和徒弟杨再银组成的"师带徒"小组，以及首席技师张洪昌与徒弟林存折组成的"师带徒"小组，在水利部人事司、水利部人才资源开发中心开展的水利行业"师带徒"典型经验交流会上，被评为"优秀师徒"，颁发了优秀师徒证书。

三是在生产工作实际中发挥团队技术技能优势。亓传周首席技师工作室团队完成了郓城县引黄供水调查和引黄水闸引水能力调研工作，为所在单位水量调度和引水流量指标的申请提供了可靠的数据；群策群力，解决了杨集闸启闭机动力柜设备技术难题；完成了《山东省引黄供水基础资料数据库》的统计整理和水闸运行管理的自检自纠，为水闸安全运行提供了保障；组织技术团队讨论了《黄河水闸技术管理办法》征求意见稿，积极向上级反馈意见和建议；承担了济南河务局闸门运行工技能竞赛理论和实际操作的命题工作。

四是积极开展技术攻关和技术革新。亓传周首席技师工作室为解决水闸引水流量测验中水深和流速仪定位误差以及测流历时过长和劳动强度大、效率低等问题，完成了便携式多功能流量测验杆研制，该项目获黄委会"三新"认证；针对水闸测压管易发生堵塞，造成观测数据不准确或无法观测，甚至危及水工建筑物安全等问题，研制了便携式水闸测压管清理设备，该项目获山东局科技火花奖一等奖；技术团队还参与了《堤坝草坪防滑鞋》和《柴油机高压油管接头冷却模具》两项新型专利的研制工作。

（作者单位：山东黄河河务局人事处）

浅议黄河经营与人才培养

郭菲菲　邢婷婷　巴　伟

由于事业单位经费不足等现实原因,黄河系统事业单位涉足经营势不可免。从20世纪80年代开始至今,黄河经营工作已经开展了三十余年,有成绩,也有不足。黄河经营最大的障碍就是人才的匮乏。

一、黄河水利系统涉足经营的历程

黄河水利系统涉足经营创收是从80年代初开始的,黄河人肩上拥有修、防、管、灌、营五大职能。刚开始,不仅各级领导重视,职工积极性也高。黄河河口管理局(当时单位名称为东营市黄河修防处)成立了“工程处”,各县区局都成立了机械队,购买了铲运机等施工设备,立足黄河,打入社会,组织创收。虽然施工的技术含量和机械化程度不是很高,但大家都认为是一项事业,努力拼搏,埋头苦干,夏顶烈日,冬冒严寒,一年近300天奋战在工地上无怨无悔。机关和从事后勤的职工同志们除主动当好后方外,也融入淤区开发、种植养殖、庭院经济等多种经营的行列。真可谓全民动员、红红火火。职工不但工资、补助照发,每季还能领到近千元的“综合经营提成”(离退休人员年底享受300~500元)。不仅解决了职工钱柜子、米袋子、菜篮子,而且帮助职工建起了楼房,从农村搬进了城市,真正过起了城市人的生活。

1999年3月,黄委会提出“小河政、大实体、事企分开”的改革要求。原工程处进行了体制和产权重组,更名为“东营市黄河工程局”,取得营业执照,正式成为具有独立法人资格和独立承担民事责任能力,取得水利水电施工二级资质的全民所有制企业。各县区局成立了所属的施工处,借助工程局的资质和牌子经营生产,工程局提取一定比例的管理费用。

2003年3月,省局提出了企业改制,事企分开,原东营市黄河工程局改制为山东乾元工程集团有限公司,公司由山东乾元工程有限公司(母公司)和5个子公司组成,均具备独立法人资格。尤其是本局后来通过自己不懈努力,取得了水利水电总承包一级资质,占据了水利施工市场的资质优势。

经过多年发展,山东乾元集团已发展成为拥有水利水电工程施工总承包一级、港口与航道、市政公用工程施工总承包二级、房屋建筑工程施工总承包三级等资质的大型施工企业。近十年,乾元集团通过自主投标、自主施工,完成了超二十亿元的工程产值,施工足迹遍布全国十七个省(地),为单位解决了困难,给职工创造了收益。

二、黄河企业经营存在的问题

黄河企业从无到有,从小到大,逐步发展。黄河职工在完成了修、防、管、灌等各项治黄任务的同时,通过经营创收取得了巨大的经济和社会效益,弥补了治黄经费不足,提高了职工生活质量,稳定了黄河队伍。但是,也必须清醒地看到,黄河企业毕竟属于体制内企业,经营过程中存在着各种问题。

(一)黄河企业起步晚、规模小,抗风险的能力差

与社会上的企业相比,黄河企业各方面都处于弱势。特别是有巨大实力的国有施工企业迅猛扩张,领域逐步拓宽,方式日趋多样化,他们凭借其技术、管理和资本优势,拥有广泛的市场占有率。市场迅速从单一的经营战略向灵活多样的经营战略转变。而我们的企业起步晚、规模小,企业底子薄弱,市场领域越来越小、经济效益越来越低。

(二)市场透明度差

眼下的工程施工市场虽然实行招投标制,但由于种种原因,仍然存在着透明度不高、市场化水平低、利益保护严重、用不正当手段竞争等不正常现象。加上工程活源“僧多粥少”致使工程施工的平均利润低而不稳,而且存在着工程款不到位、施工受干扰及项目“三角债”等问题,加大了施工难度和财务风险。使我们的黄河施工企业面临着生存艰难的境地。加上前几年,增长方式是以产值多少为主要考核指标,致使我们广揽活源、大量垫资、多创产值,结果造成了干活越多负债越重的不利局面,到如今仍债台高筑、不堪重负。

三、黄河企业经营原因分析

目前企业存在的问题,归根到底有两个深层次原因:体制和人才。

首先,体制是根本原因。我们的企业仍属于黄河内部企业,经营管理体制和运行机制不适应市场经济发展的要求, 尚未建立起符合改革发展要求和黄河特点的国有经营性资产管理体系,对企业实行多头管理,责任不清,出资人职责不到位,缺乏必要的激励与约束机制。

其次,人才问题是关键原因。以黄河河口管理局为例,管理局和各县区局从事企业经营的人员数量少、专业差、结构不均衡。

数量少:乾元集团公司人员总数是 33 人,在岗 31 人,除去留守的 10 余名人员外,能够派驻工地、外派或出差的人员不足 20 人,与施工、投标等工作性质、任务量不成比例;专业差:33 名职工中取得经营管理或土木工程等企业相关专业学历的占不到 50%, 企业急需懂经营、会施工的人员;结构不均衡:女职工和男职工比例基本持平,男职工比例相对于企业工作性质太低。在年龄结构上,50 岁以上的和 30 岁以下的占 60%,可谓老的老、小的小。

本文认为,体制问题不可逾越亦不可更改,在现阶段现实情况下讨论黄河企业经营,关键是其“人才培养”。

四、黄河企业经营人才培养路径

(一)选好带头人是关键

必须配齐配强经营班子,并全力支持他们的工作,为他们提供干好工作的环境和条件。一要建立现代经营文化,在市场经济中,不是经营决定市场,而是市场决定经营。经营只有能动地适应市场、搏击市场,才能最大限度地拥有市场。那就要引导员工树立市场理念,适应市场,开发市场,创造市场。二是引导员工发扬团队精神和敬业精神,促使员工树立:企业是企业与员工共同生存和发展的平台;企业是制度共享,利益共享,风险共担的大家庭;企业是一所大学校,员工在为企业做出奉献的同时,自身素质也会得到提高的观念。三是引导员工树立法律意识、契约意识、危机意识、创新意识,通过构建现代企业文化,促使员工热爱、振兴经营,发展经营。

(三)选好培养方式是根本

事业的竞争、技术的竞争、市场的竞争,说到底就是人才的竞争。黄河经营企业由于起步晚,规模小,队伍中又多是半路出家的黄河职工,黄河企业队伍高素质人才短缺、人才总量不够、人才结构不合理和整体素质不高成为不争的客观现实。必须致力于人力资源的开发和管理,培养造就一批高素质的人才队伍,提高经营队伍的整体竞争力,造就更多的现代化管理的企业家、经营管理人员、专业技术带头人、项目经理、复合型人才和外向型人才,使经营人才队伍知识化、专业化水平再上一个大的台阶。培养经营人才应把握以下几点:

一要高起点。企业人才培养既是短期计划,也是长期规划。尤其是对于黄河企业来说,施工及经营人才非速成型人才,制定人才计划要与企业远期规划相适应,着眼于现实需要和未来发展。在培养形式上,建议黄河企业与相关专业高校、有实力的培训机构建立长期合作,有针对性地为企业输送人才;要坚持计划培训与自主培训、系统培训与专题培训相结合,形成全方位、多层次、科学化的人才培训机制。

二要重点作业。黄河企业最紧缺的人才是管理人才和施工专业人才。因此在培训内容上,重点做好企业领导人的资本运营、经营管理、法律法规、信息网络等管理方面的培训,以及施工管理、成本管理、项目管理等应用方面的培训。通过培训,改善人才队伍结构,激发人才队伍活力,带动企业经营管理人才队伍整体素质的提高。

三要创新机制。体制内的黄河企业难免受到传统的选任标准和选任方式的影响,且这种影响仍程度不同地制约、阻碍着现有人才资源的合理配置和使用。因此,要继续推动黄河企业人才培养,就要探索企业人事制度改革。笔者建议,黄河企业领导人选任,可引入竞争机制,根据企业领导人员的职务分类,积极探索组织推荐、公开招聘、民主选举、竞争上岗等多种选拔方式，完善委任制、选任制和聘任制等多种任用形式，发现和选拔优秀企业经营人才。在企业领导人的考核和管理方式上，笔者建议实行差异化、灵活化管理。由上级直接的、微观的、行政化的管理，向间接的、宏观的、去行政化管理靠拢。黄河河口管理局曾提出，对企业管理要“管大、管少、管活、管好”，减少具体事务对企业经营造成的影响，建立以严格审计为基础，以经营业绩和工作实绩考核为重点的企业领导干部考核机制，这是推动企业管理、降低企业压力的一项新的措施。健全经营管理人才激励和监督约束机制。

四要优势互补。黄河企业往往面临“一才难求”“一才难留”的窘境。究其原因就是企业人才待遇与付出的不成正比。笔者建议，对待企业经营人才，首先要明确激励机制。处理好精神鼓励与物质奖励的关系，重点是在给予优秀企业经管人才应有的地位和荣誉的同时，加大物质激励的力度，使他们的劳动和价值能够得到相应的回报。其次是促进人才的合理流动。打破部门所有、单位分割、身份差别等困境，为企业经营管理人才提供公平竞争的平台。努力为企业经营管理人才施展才华、健康成长创造良好的外部条件。

总之，黄河企业经营重在人才，只有选好培养方式，以职工为中心，才能为黄河企业输送源源不断的人才资本，为其经营发展提供智力支持。

（作者单位：山东黄河河务局黄河河口管理局）

如何建设适应黄河现代化发展需求的人才队伍以及思路、对策

李 儒 蔡久伟 毕经涛 张 伟

随着社会经济的迅速发展,科技进步日新月异,我国的黄河事业不断发展并取得了举世瞩目的成绩,治黄现代化发展水平上了一个新的台阶,这与培养和造就一大批优秀的水利专业技术人才和管理人才是分不开的。事业发展靠科技,科技发展靠创新,能不能创新,关键是人才,单位人才队伍的素质决定了单位事业的发展速度,高素质人才必然会带动单位事业的快速发展。那么建设适应黄河水利现代化发展需求的人才队伍,就必须要有一批具有高素质、掌握高科技、具有创新力的人才。就必须建立中长期规划、尊重人才营造氛围以及建立完善人才教育培训、引进、评价、选拔使用、激励机制等方面建立适应提黄河人才队伍建设的机制、措施。在新的治黄理念、新的治黄方略、新的治黄目标下,都给黄河现代化发展人才队伍建设提出了新的更高的要求。这就需要我们加快人才队伍建设步伐,努力培养和造就一支素质优良、结构合理、配置科学的高素质治黄人才队伍。

一、如何加强人才队伍建设方面的思路

(一)充分认识加强人才队伍建设的重要性和紧迫性

坚决贯彻“尊重劳动、尊重知识、尊重人才、尊重创造”的方针,坚持党管人才的原则,大力弘扬改革创新的精神,牢固树立人才资源是第一资源的观念,确立人才工程是第一工程的地位。坚持以自主培训和好中选优原则,在原有行之有效的人才培训形式基础上,以发展的视角,不断进行方法、途径和形式的创新,把着重点放在员工素质提升上,并引入竞争机制,营造公正、公平、公开,尽职、尽责、尽才的氛围,坚持选人用人的正确导向,使得想干事的有机会、能干事的有舞台、干成事的有地位。通过公开招聘、考试考核、竞争上岗的方式,达到“使用一个人,激励一群人,培养一批人”的效果,大力倡导“想干事、能干事、干成事”,切实做到对人才“大气、大度、大方”,激发各类人才的创造活力和创业热情,为治黄事业现代化发展提供坚强的人才保证。

(二)要有前瞻性的进行人才的储备

以建设“三条黄河”,实现“维持黄河健康生命”的治黄终极目标为要求,强化对人才需求多样化、专业化、高端化的需求。不仅需要专业技术、生产技能人才,更需要懂管理、善策划的全面行管理人才,这就要求在人才培养上和人才引进上具有超前意识,立足单位实际,按照专

业相近、能力适合的原则，把有开发潜力的人员安置到相应岗位，通过实践锻炼、专业技能培训等多种方式，使他们尽快进入角色，适应新岗位需要，并保持岗位工作的稳定性与连续性。

（三）要对人才进行效益化培养

倡导“德为前提，能为本位，竞争上岗，绩效评优”，的理念，打造人尽其才的环境，努力做到吸引人才，淘汰庸才，用活人才，在识才上，要不唯学历、不唯资历、注重能力。人才评价标准的效益化，一方面要准确、客观地评价人才，避免人才评价的主观性、盲目性、随意性；另一方面要充分调动员工的主动性、积极性和创造性，促使他们积极努力工作，以人才价值的最大化促进单位利益的最大化。

二、加强人才队伍建设的对策

（一）树立科学人才观，营造良好的人才发展氛围

着力加强人才培养机制，确立人才作为第一资源的地位及作用，把人才发展放在优先发展的位置。必须把人才优先发展切实体现到治黄发展的战略思想、战略目标、重要政策、重大举措、重大工程和具体工作部署中，努力做到人才资源优先开发、人才结构优先调整、人才资本优先积累、人才投入优先保证。积极研究、协调和指导人才培养、引进、流动、评价、激励等相关工作，注重调动和发挥相关部门积极性，沟通不同的意见，及时处理出现的各种矛盾，组织协调各方力量齐抓共管，形成合力。要持续加大人才工作的投入力度，使人才工作在体制机制建设上有新进展，在人才效能发挥上有新突破，在服务治黄事业科学发展上有新作为。树立“人才资源是第一资源”和以人为本的观念，切实加大人才工作宣传力度，大力宣传优秀人才的典型事迹；重视人才、关心人才，及时了解各类人才的思想动态和工作、生活情况，帮助解决实际困难，努力创造容才、爱才、护才、培才的舆论氛围和人才环境，进一步调动人才的积极性和创造性，确保人才队伍建设政策、措施的落实，切实形成重视人才、培养人才、科学使用人才的常态工作机制。使各类人才的劳动和智慧竞相迸发。

（二）着力优化人才队伍，积极引导各类人才在系统内有序流动

要不断完善高层次人才集聚机制，重点培养创造型、复合型、外向型高素质人才，加紧培养熟悉和掌握各类专业技术和生产技能的人才，着力培养复合型人才，培养和造就一大批适应发展需要、层次结构分明、年龄结构合理、专业结构配套的人才队伍。要不断完善开放型人才体系，坚持培养和引进并重的方针，坚持开放式的人才观，构建和完善多层次、多形式的专门人才培养、引进体系。要按照起点高、专业广和方法活的原则，完善人才引进管理办法，科学合理地引进和促进发展相适应的特殊人才。

（三）创新人员教育培训方式，提高人才队伍整体素质

人才培养，要立足当前，着眼长远；要树立大教育、大培训的观念，构建以能力建设为核心，以需求为导向，以竞争为手段，以理论培训、知识更新、实践锻炼为形式的人才终身教育体系，促进学习型单位的形成。要结合实际，及时调整思路和对策，改革培训内容、形式和手段，综合运用讲授式、研究式、案例式、模拟式、体验式等教学方法，应用现代教学方法和信息技术，改进教育培训方法，大力推广网络培训、远程教育，增大科技含量，发挥好网上大学在教育培训中的作用，要在提高思想道德素质、科学文化素质和身体健康素质的基础上，重点培养人的实践能力、创新能力。对党政人才，通过培养其理论素养，战略思维和党性修养，全面提高其领导能力；对企业经营管理人才和技术人才，通过构建市场化、社会化、技能化的培养机制，提高其市场竞争能力和实际操作能力；对专业技术人才，通过加大职业培训力度，把理论培训和实用技术培训相结合，短期培训和中长期培训相结合，不断提高其学术科研水平和将科研成果产业化的能力。要在现有人才评价、遴选机制和标准的基础上，本着“突出实绩、优化结构、重点倾斜、兼顾一线”的原则，不断完善和充实人才的评价标准，通过组织技能竞赛和调考，不断扩大竞赛种类，丰富竞赛内容，规范项目设计，提高各类技能竞赛的全员参与性，通过多种竞赛形式，加速选拔和培养人才。

（四）完善人才评价机制和使用机制，充分调动职工的积极性，为优秀人才提供良好的发展空间

要坚持党管人才原则，遵循市场经济规律，发挥市场主体在人才培养、吸引、使用、配置、激励中的主体作用。在人才的评价问题上，要确立科学的人才评价标准，既要坚持德才兼备原则，从规范职位分类和职业标准入手，建立以业绩为核心，由品德、知识、能力等要素构成的各类人才评价指标体系，真正将其统一起来。为各类人才的创新创业和发挥才能创造更加优越的环境，进一步完善人才绩效考核评价方法和依据，认真总结试点经验，扩大绩效管理工作的范围，充分发挥绩效管理对于发现问题、提升业绩、奖勤罚懒、人才激励的作用，多层次激励人才，使各类人才在事业中工作有业绩、职业有发展、贡献有回报，形成以事业吸引人才、以绩效评价人才、以薪酬激励人才、以责任锤炼人才的良好人才环境，努力为各类人才脱颖而出营造良好环境。

优化人才选拔使用新机制，加快人事制度改革，从人选人转变到制度选人，严格按照德才兼备的原则，围绕引入竞争机制这个重点，进一步推行和完善公开招考、招聘、竞争上岗、破格提拔等制度，为优秀人才脱颖而出提供舞台，真正把那些素质过硬、群众公认的人才用起来，真正做到能者上，庸者下，优胜劣汰；努力做到人尽其才、才尽其用、才岗相适，使人才较易找到用武之地，把人才用好用活；要采取固定用人与流动用人、专职用人与兼职用人相结合的用人方式，不求所有，但求所用，广泛招揽人才为我所用。

总之，人才队伍建设已上升到事业发展的战略层面。加强人才队伍建设，必须要进一步积极探索和研究人才队伍建设的规律，结合自身实际，超前谋划，统筹考虑，明确思路，扎实推进，只有这样，才能建设一支专业素质过硬、充满创造力和创新思维的人才队伍，为治黄事业科学发展提供坚强的人才保证。

（作者单位：山东聊城安泰黄河水利工程维修养护有限公司）

创新职工教育工作　不断提高职工业务素质

张　敏　许士杰　吴璐璐

随着黄河水利各项事业不断发展,人事劳动教育工作也面临着新形势、新任务、新要求,这就需要我们进一步解放思想,坚持以人为本,强化服务意识,创新职工教育工作思路,充分发挥各方面积极性,不断完善职工教育的配套措施,落实有关职工教育的政策与规章制度,实现职工教育管理工作的正规化、科学化、制度化,不断提高职工业务素质,为黄河事业的持续、健康发展提供高端人才支撑。

一、坚持围绕中心,服务大局

人事劳动教育工作涉及每个职工的切身利益,特别是在管理体制、收入分配机制大变革的新形势下,职工思想意识存在种种顾虑,如水管体制改革后涉及的养老保险问题、退休待遇问题,职工普遍关心的子女就业问题、医疗保险社会统筹问题,等等。人事劳动教育干部在听取职工反映问题时不能急,要耐心、细心、用心、真心,把职工反映的问题梳理好,用国家现有的人事劳动政策与所反映的问题,对号入座解释好,把人事劳动管理政策宣传好,把职工的思想认识引导好。始终坚持以人文本,是创新职工教育管理工作,不断提高职工业务素质,确保稳定的前提和法宝。

(一)加强理论学习,提高自身服务大局的意识,增强培养人才工作的紧迫感

围绕中心谋划劳动人事教育工作是做好各项工作的基础,培养高素质人才更是关键。人事劳动教育工作首先就是要培养一只政治过硬、素质优良、作风扎实、技术领先的领导干部队伍和专业技术人员队伍。培养人才是一个单位永续发展的不竭动力,同时也是职工自身发展的需要和单位领导的祈盼,是实施人才强局战略的必由之路,是历史赋予人事劳动教育部门的责任,做好这项工作迫在眉睫,时不我待。因此,人事劳动教育工作者,要加强政治理论学习,提高自身素质,以提高职工素质为己任,要有宽广的胸襟和情怀,要有强烈的时代感和紧迫感,以自己的形象和素质去带动和影响干部职工,引领职工增强大局意识、中心意识、看齐意识,为梁山黄河河务局的中心工作多做贡献。

(二)确定工作方向和工作重点

人力资源管理是一门学科,这门学科是随改革发展而发展的。在人事劳动管理中上级出台了各项管理规定和政策,贯彻落实各项管理规定和政策是人事劳动教育部门的职责所在,

方向所在。要在局党组的领导下开展,工作重点要放在抓落实上。基层人事劳动教育部门是落实政策、落实本局党组决议的执行部门,人事干部要进一步提高素质、严明纪律、公道正派。工作上要全面部署、重点突出,确保执行人事劳动教育管理政策不走样。

(三)加强与其他部门的协调,提高人事劳动教育的主动服务意识

人事劳动教育部门是做人的工作的,需要方方面面的支持和帮助,要加强与其他部门的沟通协调,以人为本,主动作为,人的工作做好了,职工积极性调动起来了,其他各项工作就好完成了。因此,人劳部门要主动为每一职工排忧解难,为职工办好事、办实事。深刻认识劳动人事教育工作面临的新形势,新任务,增强做好劳动人事教育工作的使命感和责任感,探讨和实践人事劳动教育工作的新方式、新方法、新途径,自觉地把劳动人事教育工作放在单位事业发展的大局来认识、来把握、来部署,坚持紧紧围绕中心,服务大局,去谋画人事劳动教育工作新思路,在干中学,在学中干,实践要紧扣工作的主题和重点,协调部门,因人施教,以点带面,统筹兼顾,抓好落实。

二、加强作风建设,增强职工教育的感召力。

人事劳动教育工作也是一项政策性非常强的工作,工作中要准确把握方针,理解政策,坚决按方针政策办事,杜绝随意性,要加强人事部门和人事干部的作风建设,增加职工教育的感召力,为职工教育工作顺畅开展奠定坚实基础。

(一)认真学习人事劳动教育方面的文件规定和相关政策,深刻理解的基础上,做好政策宣传工作

劳动人事教育工作部门和干部,要把人事劳动教育方面的政策和规定牢记在心,努力提高自身素质,要树立良好的责任意识、服务意识、奉献意识和形象意识。内化于心,外化于行,遇见成绩让,碰到困难上。在职务职称晋升、工资调整、技术工人等级考核、干部职工考核、奖励、工人技师评审,以及涉及的各项费用标准、政策依据的执行上,要一视同仁,要采取公示、召开会议、下发文件等多种形式及时进行。

(二)建立健全各项规章制度

做到用制度管人管事,保证人事劳动教育工作规范、透明,公正、公平,防止工作的随意性。要树立和谐发展的理念,善于协调化解各方面的矛盾,激发人的创造活力。

(三)树立公平正义的理念

在分析问题、化解矛盾、处理问题上,树立以人为本的理念,坚持公道正派,从关心人、尊重人、爱护人出发,一切从实际出发,尊重事实,讲道理,辨是非,大事讲原则,小事讲风格,求大同存小异,力求公平、公正。

（四）实现好、维护好、发展好最广大人民群众的根本利益

这是人事劳动教育工作的重中之重，也是工作的根本目的。人事劳动教育工作要多关心人、多尊重人，了解职工的愿景和文化精神需求，利用人事劳动教育的有限资源，发挥无限的作用，促进职工的全面发展和进步。

（五）时时处处严格约束自己

做到自重、自省、自警、自励，正确对待个人得失，不计名利，不讲价钱，不图虚名，不事张扬，勤勤恳恳，兢兢业业，扎扎实实做好各项工作，全心全意为人民服务。

三、创新培训内容和方式方法，增强教育培训的针对性和实效性。

坚持与时俱进、开拓创新的精神状态，进一步解放思想，适应工作需求。坚持创新培训内容和方式方法，适应教育培训新形势新任务的要求。围绕职工能力建设的要求，大力开展科学发展观以及现代经济知识、科技知识、法律知识和社会管理知识和水利专业技术的培训，创新培训方式方法和培训内容，增强职工教育培训的针对性。根据不同的培训对象，有针对性地采用不同的培训方式方法，增强教育培训的实效性。要积极开展网络培训，大力推动自主选学，不断满足职工对培训内容的个性化需求。解放思想、与时俱进、开拓创新，以新的观念、新的风貌，开创职工教育工作新的局面。

（一）加强领导，营造氛围

各级水利部门要提高认识，加强组织领导，高度重视职工教育工作，要把职工教育纳入人才工作的总体布局进行统筹考虑。加强组织领导，按照“任务明确、人员到位、经费落实”的要求，进一步健全职工教育工作机构，充实工作力量。企事业单位要根据职工教育任务需求配备相应工作人员，具体负责计划制定、组织实施和日常管理等工作，保证职工教育任务的顺利完成。

（二）完善机制，改进内容，创新方法，全面加强继续教育基础建设

建立完善有关管理制度。完善职工教育培训登记制度，对专业技术人员全面实施教育培训登记制度，通过培训证书和学习档案，连续记载专业技术人员接受教育的基本情况。实行教育评估制度，对职工教育总体工作、责任目标、活动内容、个人学习效果等实施综合评估；对职工教育培训班实施培训质量评估，考核培训课程和培训组织实施的质量和效果。实施职工教育统计制度，把职工教育纳入人才工作统计体系之中，对职工教育人数、时间、内容、经费等进行统计。建立完善继续教育激励约束机制，将职务评聘与教育效果相结合，把参加继续教育的情况作为聘任专业技术职务或申报评定技术资格的重要条件。科学设置培训内容，要注意挖掘深度、拓宽广度，以专业科目培训为主导，公需科目培训为补充；科目培训要立足黄河水利科技发展前沿，体现发展趋势，注重理论与实践相结合；黄河水利部门要结合本地区的工作特点拟定有针对性的专业培训科目；公需科目培训要立足拓展知识、开阔眼界、启发创新思维。

（三）学习培训的目标和侧重点要从实际出发，以业为主，因时制宜，因人而异

从实际出发是开展创建学习型行业活动的一个基本起点。素质的完善、人才的培养、行业两个文明的提升，都必须紧密结合黄河水利事业发展的实际，紧紧围绕黄河工程建设和工程运行养护发展这个主题，确定学习培训的侧重点和目标，由浅入深，由专及广，循序渐进，逐步拓宽学习范围，以培养专门人才为主，适当培养复合型人才。在当今科学技术高度发展，不断更新，知识大爆炸的时代，尤其需要这种明智的选择，否则无异于浪费时间，误人子弟。

（四）在保障机制上要增加职工教育培训的投入

过去一个扭曲的思维定式，一直左右着人们的行为，那就是发展就是经济发展，发展就是经济增长。忘却了生产力三要素中的人是第一要素（主导）的道理。黄河水利行业的干部职工在这种思维定式的束缚下，长期以来，重建设轻管理，重工程轻教育，重经济发展，忽视人力资源的培养。认为职工教育是“软任务”，“搞办学不易出政绩”，职工教育摆不上应有的位置，教育投入不够，办学经费紧张，教学基础设施差，教师队伍不稳定。

四、全面提高劳动人事教育人员自身素质

人事管理工作是引导事业顺利发展的导火索，是激励干事创业的加油站。群众利益无小事，只有把人的问题处理好，干部职工才能事往一处想，劲往一处使，干事才有激情，管理才会出效益。要出台符合单位实际，符合职工愿景的人事管理制度，创造风正、气顺、人和的工作和学习环境，单位才有凝聚力，形成思维活跃、富有创新的工作思路，制定规范有序的办公秩序和纪律规定，工作才有进步。

人事干部要从自身素质做起，深知“泰山不拒细壤，故能成其高；江海不择细流，故能就其深”的哲学道理。工作中注意平时，不忽略细节，上述哲理说明“细节决定成败”。 所以，无论做人、做事，都要注重细节，从小事做起。我们的古人就提倡“天下大事，必作于细；天下难事，必成于易”；人劳工作细小的纰漏，就有可能影响到职工终生命运或利益；人事干部管人难，在细节上把人管好更难。这就要求人事干部务必提高素质、务必学习业务，以一丝不苟的精神，严谨细致的工作作风分析问题，处理问题，从小处入手，举一反三研究自己所从事的工作，大事通盘考虑，小事提高警惕，把工作做好做实。

一是要求人劳干部应树立良好的形象，用心工作，老老实实做人，扎扎实实干事；二是抓落实，各项工作的完成都是在调研、规划、实施、总结的程序上完成的，干好各项工作最主要的是总结是结果，前期工作再好，如果虎头蛇尾，工作得不到落实，就是“烂尾楼”，领导批评，群众抱怨；三是“打铁先得自身硬”，想把劳动人事教育工作做好，劳动人事教育干部只有素

质高、能力强、业务精，才能胜任工作，把工作做好。除了加强劳动人事教育人员的理论知识和业务培训，还要在实践中锻炼，不断提高劳动人事教育干部的政治鉴别力、政策运用能力和水平，熟练掌握组织人事工作的方针和政策，在能力建设上下功夫。

综上所述，创新职工教育是加快水利科技进步、加速黄河水利经济发展的必要条件。因此，应有目的、有计划、有组织地对黄河水利职工进行教育培训，培养适应黄河水利基础设施建设和水利基础产业以及社会主义经济发展需要的各类优秀人才。

（作者单位：山东黄河梁山河务局）

论水利档案工作人员培训教育

张 越

水利工程档案如实反映了水利工程建设管理的全过程，是水利工程生命周期中各项计划、决策的重要凭证和依据，对于水利工程的安全运行和充分发挥效益至关重要。水利档案工作人员思想素质、业务能力提高，积极性得到发挥，是做好水利档案工作的关键。

一、水利档案工作人员现状分析

1. 部分单位领导档案意识不是很强，对档案工作重视不够，也未能认识到档案人员培训教育的重要性。对档案人员的培训教育没能纳入计划，没有给予足够的扶持，档案工作人员素质不高，管理技术落后。

2. 个别档案人员对档案工作的重要性认识不足，政治素养和责任心较差。部分档案人员，尤其是部门兼职档案人员存在随意应付了事的思想，文件归档不及时，整理不规范，甚至有丢失文件现象。专职档案人员对各部门和基层的档案工作指导力度不够，造成机关与基层单位档案工作发展不平衡。

3. 档案人员受传统工作思想的影响，不能与档案现代化管理联系起来，开发利用与需要脱节。部分档案工作者对于自身工作所面临的巨大挑战认识不足，或者满足于已掌握的知识，在接受新的技能后不懂得如何将其运用到实际工作中，或者缺乏应用的动力，不愿花费时间和精力来整合提高新的技能，工作还停留在简单、被动地整理、存档、应付了事的管理水平上。在信息采集、加工、开发、传递与提供利用方面涉足很少，使档案管理基础工作与档案资源开发利用出现断层。

4. 档案人员素质参差不齐，人员频繁变动。部分单位的档案工作还停留在保管员的职能上，有的单位档案人员因一岗兼多职疲于应付日常事务，没有时间和精力专门从事档案管理工作，加上工作变动频繁和业务素质欠缺，直接影响了档案管理工作的持续性和稳定性。此外，档案人员因业务不精，导致归档文件的整理、分类和保管期限划分等问题上不够准确，档案立卷归档不及时，影响了档案工作的系统、规范，这些单位档案管理的不规范造成了各单位档案管理、应用水平的差异，给上级档案部门的开发利用造成了一定的困难。

二、档案人员培训教育应采取的措施

1. 宣传培训教育的重要性。档案工作人员培训教育，应从档案事业发展的战略高度去认识，档案工作的水平和社会地位的高低，取决于档案工作人员思想和业务素质的高低，档案工作在未来社会中的竞争是人才的竞争，而人才的竞争则取决于档案部门在培训教育上付出的努力和代价。搞好培训教育，从中受益的不仅仅是档案工作人员个人，它还将对档案工作乃至整个档案事业产生不可估量的影响。我们必须大力宣传档案培训教育的重要性、紧迫性，切实提高档案工作人员对培训教育的认识，积极主动地参加学习，接受培训教育。

2. 加强对档案培训教育工作的领导。各单位领导要加强对档案工作重要性的认识，自觉更新档案意识，对新形势下高素质复合型档案人才的迫切需求有一个清醒、深刻的认识，制定单位档案培训教育工作规划、计划，并从经费上给予保障，真正做到有组织、有计划、有经费，保证培训教育工作的顺利进行。

3. 建立健全培训教育制度。根据档案事业发展的需要，制定行之有效的管理制度，以保证培训教育的顺利进行。建立健全考核制度，规定考核的时间、内容、教育方式、考核方法，考绩和聘任的关系。各级档案行政管理部门，应将档案人员的培训、考核和使用有机地结合起来，做出相应的规定，建立相应的制度，规范约束档案人员积极参加培训教育。凡是申请晋升档案专业技术职务的，都应参加档案培训教育，取得相应的培训证书，每年参加培训教育的时间不得低于规定天数和课时，并填写培训登记表备查。各级档案专业技术职务评审委员会在评审专业技术职务时，要把是否经过档案培训教育作为评审依据之一，以保证档案培训教育的制度化和经常化。

三、档案培训教育的对象和内容

1. 档案培训教育的对象大体分为三类：一是档案部门负责人，提高他们的素质，对整个档案工作发展能起到带头和保障作用，促进档案工作也就能够顺利地开展。二是档案工作专职人员和业务骨干，提高他们的素质，是推动档案工作发展的关键。三是各部门档案兼职人员，提高他们的素质，能够增强他们的责任心，促使他们认真履行好岗位职责，自觉遵守各项规章制度，确保文件不丢失，做好文件立卷归档和案卷移交工作。

2. 档案培训教育的内容。档案培训教育是根据档案工作人员的岗位需要，在一定政治、理论和专业知识基础上，以提高政治思想理论水平、工作能力和操作技能为目的的定向培训。培训教育内容首先应是国家有关档案法令、法规，如《中华人民共和国档案法》、《中华人民共和国档案法实施办法》等。其次是党的基本政治理论与国家的路线、方针和政策。三是档案专业知识和相关的专业技能。四是应了解和掌握新兴学科的知识，学习档案学及档案工作的新理论、新政策、新方法、新技术,重点是档案信息的理论化管理与开发利用,改变自身的知识结构,努力将自己培养成为一专多能的复合型人才。五是档案工作人员的职业道德和信息素质教育。职业道德教育是档案人员培训教育的必修课,通过职业道德教育使档案工作人员树立正确的世界观、人生观和价值观,充分认识档案工作是一项崇高的职业,认识到做好这项工作的重要性和历史意义,爱岗敬业,踏实奉献。六是信息素质培养,应重点加强档案人员的信息意识、信息道德、信息观念的教育,提高广大档案人员的信息素质,使广大档案工作人员充分发挥自己的潜能,搞好档案信息的开发利用。

四、介绍几种实用的档案专业技术培训方法

档案管理工作专业性较强,工作头绪繁杂,规定办法及整理细节较多,且不容易记,整理方法的掌握需要一个较为长期的摸索、实践和锻炼的过程,单纯的、短时间的培训很难使档案管理人员全面准确掌握立卷归档标准,因此,培训方式可以采取以下几种:

1. 集中培训与“以干代培”相结合的方式。较为规范的整理标准和管理模式,可以让档案管理人员模拟借鉴,理清工作头绪,较为扎实地掌握立卷归档整理的方法,尽快适应档案管理工作需要。让档案工作人员到档案管理比较规范的单位帮助工作,“以干代培”,边整理边讲解的学习培训方法还是较为可行的,比较直观,又便于记忆,有利于对归档要求的掌握。可以先举办立卷归档知识培训班,集中统一讲解立卷归档的方法和整理规范,然后分期分批让档案工作人员到管理规范的单位帮助工作,通过边干边学,尽快掌握归档文件整理技术。

2. 短期培训和集中整理交流相结合的方式。短期培训只能讲解基本的立卷归档知识,但大部分单位档案管理人员只有一名,个人实践起来不容易准确把握,可采取短期培训后集中整理的方法,把参加培训单位的档案管理人员集中起来进行文件资料的整理,边整理边交流,加深对保管期限、分类办法等方式方法的记忆、理解和掌握,培训人员及时检查他们的整理情况,并解答工作中的疑难问题,让档案管理人员较为快速地掌握文件的归档整理方法。

3. 集中培训和参观学习相结合的方式。集中培训几天,讲解专业知识和整理技术,然后组织档案管理人员参观学习档案管理比较规范的单位的档案管理工作,让他们到档案室、到库房看目录、看案卷、看归档文件、看案卷的上架排列、看归档文件目录、档案盒等各条款的填写要求,有一个较为全面直观的认识、学习的过程,尽快掌握专业技术。

(作者单位:山东黄河河务局东平湖管理局)

河南黄河干部分类培训的实践与思考

裴志强　赵志强　刘峰良

为了更好地贯彻落实《干部教育培训工作条例》精神，提高干部队伍整体素质和工作能力，河南黄河河务局不断探索干部培训模式，创新培训工作机制，优化培训工作方式、方法，结合工作实践、干部培训需求丰富培训内容。经过多年的培训工作实践，河南黄河河务局总结了一套完备的培训工作方法，指导干部培训工作高效优质地开展，促进了干部队伍的成长。本文主要对干部培训进行深入分析、研究，总结工作经验，发现存在的问题，并提出建设性意见。

一、干部培训分类依据

河南黄河河务局作为黄委在河南的二级事业单位，承担黄河河南段的防汛、治理、开发等任务。因此，河南黄河河务局治黄队伍庞大，人员层次多样，成为黄委第一大局。干部作为河南黄河河务局治黄队伍的主干，承担了大量的防汛抢险、治黄科研攻坚、工程建设、维修养护等任务，加强对干部进行培训，切实提高干部队伍的整体水平和业务能力，对河南治黄事业的发展起到了至关重要的作用。

为了提高干部培训工作的针对性，做到培训有的放矢，我们根据岗位性质、工作职责将干部队伍分成三支：党政人才队伍、经营管理人才队伍、专业技术人才队伍。三支队伍之间既有区别又有交叉。党政人才队伍由机关参公人员组成，主要从事行政管理工作；经营管理人才队伍由企业经营管理人员组成，掌舵企业发展，引领企业在市场经济中发展壮大；企事业单位中专业技术人员组成专业技术人才队伍，承担了单位的大量科研攻坚、工程施工建设等任务，构成了整个干部队伍的主体。我们根据各支队伍的特点确定培训目标，选择培训内容、培训方式，做到按需施教、因材施教。

二、干部分类培训经验做法

（一）党政人才队伍培训情况

《干部教育培训工作条例》规定：干部教育培训的对象是全体干部，重点是县处级以上党政领导干部和优秀中青年干部。因此，干部培训工作的重点在党政人才培训，而党政人才培训工作的重点在县处级以上党政领导干部，同时兼顾优秀中青年干部。

扎实开展党政领导干部培训。党政领导干部是全局干部工作重心，其领导能力的培养和业务水平的提高是党政领导干部工作的重要内容。通过组织调训的方式组织党政领导干部积极参加上级组织的培训班，比如水利部党校培训班。另一方面我局也积极开展党政领导干部培训，比如新提拔干部廉政培训班、河南黄河领导干部能力建设培训班、防办主任培训班、党支部书记培训班。

积极组织开展全局优秀青年干部培训。优秀青年干部是党的事业的希望、党政人才队伍的后备力量。为切实提高青年干部政治素质、工作能力，培训班采用各种形式进行培训，例如专题讲座、主题演讲、现场教学、无领导分组交流讨论以及拓展训练等，并结合实际开展专题调研，撰写调研报告。这些形式的培训大大扩宽了知识面，拓展了视野，提升了个人驾驭工作能力和素养。

（二）经营管理人才队伍培训情况

经营管理人才尤其是高层次经营管理人才是企业健康发展的重要人力资源支撑，是河南黄河经济发展的中坚力量，领导企业在市场经济大潮中劈波斩浪，为治黄事业的顺利开展发挥了重要的作用。因此，我局提出以企业经营管理人才培养为重点，着力建设懂业务、会经营、善管理的复合型经营管理人才队伍的建设思路。加强对高层次经营管理人才尤其是复合型经营管理人才进行培训，重点放在提高经营管理能力，同时强化业务水平。为此，我们开展了以下针对性培训。

高层次经营管理人才培训。与经管局联合，每年举办一期培训班，培训对象为局属企业主要负责人、分管经济工作的副局长等，培训内容主要为企业集团掌控、法人治理结构、领导策略、商务谈判和“一把手”文化等，旨在提高高层次经营管理人才的决策能力、主动适应能力、企业管理能力等。通过几年的培训，局属企业管理层能力较以前有明显的提高，企业规模不断发展壮大，经济效益逐年提高，职工收入也有显著的增长，职工满意度呈现上升趋势。

中层经营管理人才培训。近几年连续举办了多期河南黄河河务局施工项目经营管理实务培训班，培训了几百人次。培养对象为局属各企业的施工项目管理业务骨干，培训方式为理论学习与实践实习相结合。由于采用集中封闭学习的方式，能够保证学员认真全面细致学习业务知识，工地实践学习则能够使学员增长实践经验和动手能力，通过培训班培养了一批优秀的项目经理，解决了局属企业项目经理缺少的难题。

（三）专业技术人才队伍培训情况

专业技术人才队伍是干部队伍的主体，承担了大量的科研项目、工程建设、防汛抢险等工作任务，在治黄事业中发挥了中流砥柱的作用，专业技术人才队伍的建设和发展关系到单位发展，在每年的全局工作报告中都会强调加强专业技术人才队伍建设。对专业技术人才进行培训，提高专业技术水平成为专业技术人才队伍建设的一项重要工作。

根据专业领域由各业务部门牵头组织开展培训。根据专业技术工作要求，各主管部门、单位组织开展相关业务培训，加强专业技术人员的业务能力，提高从事相关专业的技术水平。比如，核算中心举办税法业务知识培训班，这是针对企业会计从业人员开展的税法相关业务知识培训，旨在使会计从业人员熟悉税制改革的前沿知识、小微企业税收优惠政策、营改增、公司法修改后的变化等，增长业务知识，增强业务经办能力，为企业发展在税制方面出谋划策，促进企业健康成长。

培训方式除了传统的授课式外，增加了考察学习、实践锻炼、研讨、网络培训等方式。传统的授课式方便知识的传授、技术的传承，其弊端一是沟通的单向性，学员的学习情况、疑难问题缺少渠道反映、解决，二是缺少动手实践的机会，缺少手把手传授，不利于学员的动手能力提高。针对这些弊端，我们在授课式外结合培训需求、培训内容等增加了研讨、考察学习、实践锻炼等方式。比如，在人事劳动干部培训班上增加了研讨、考察学习的内容，充分调动了学员的学习和思考积极性，课堂学习的内容通过研讨和考察学习的形式得到进一步加深。

三、对干部分类培训模式的思考

经过近几年的实践，干部培训取得了一些显著的成效，干部队伍整体素质得到明显提高，干部工作能力得到锻炼和增强，为治黄事业的健康发展提供了优质高效的人力资源。但是，在取得成绩的同时，我们也要看到还存在一些不足，需要我们认真总结思考，为下一步干部培训工作开展奠定基础。

（一）存在为完成培训任务而进行培训的思想

由于培训完成情况纳入年终考核，干部提拔、职工申报职称需要学时数达到规定要求等等，这导致出现了为完成培训任务而组织培训班，为凑够学时数而去参加培训班，不再考虑培训能不能提高学员工作能力、能不能帮助职工解决工作中遇到的问题，与培训的初衷背道而驰。

（二）对培训效果缺少客观评价

对培训进行客观评价，培训是否达到预期的培训目的、取得预定的培训效果，关系到后期培训的组织开展。只有掌握培训效果，了解培训存在哪些不足，并进行总结思考，才能为以后的培训工作指引方向。目前获知培训效果的途径是收集学员填写的综合评估表来了解培训实施情况，至于学员学习情况则缺少有效的、全面的、客观的评价手段。

（三）培训课程设计科学性有待提高

培训课程的设计缺少合理的、科学的操作规范，业务主管部门根据工作需要，研究一下就确定培训课程，很少考虑课程设计是否合理，主观性强。而且部分培训课程常年使用，受制于培训教师的知识更新程度，课程存在部分老化现象，不能跟上社会、科学技术发展的步伐。

需要提高培训课程设计得科学性和课程内容的新颖性。

（四）与高校等教育机构缺少稳定的联系机制

高校等教育机构拥有完备的教育设施和充足的师资力量，充分利用高校等教育机构的优秀的教育资源为干部培训服务是培训工作的重要创新点。目前与高校等教育机构联系较少，在培训方面缺少合作，需要进一步加强与高校等教育机构在干部培训方面的合作，促进干部培训工作向更高层次迈进。

针对以上问题，我们认真分析原因，学习先进经验，按照《干部教育培训工作条例》精神，提出以下改进的工作思路：

1. 分类培训与全员覆盖相结合

将干部队伍分成三支队伍，根据各自特点、需求开展分类培训，能够做到精准培训，切合工作需要。另一方面，在分类培训的基础上，尽可能地让每个职工都能够接受培训，扩大培训覆盖面，提高培训达标率。

2. 常规培训与创新模式相结合

继续坚持加强常规培训，做好培训管理，不断提高培训质量，增强职工工作能力。在常规培训中不断探索培训模式，紧跟培训发展趋势，深入分析培训需求，创新培训形式，更新培训内容，使培训工作向纵深方向发展。

3. 突出重点与统筹兼顾相结合

既要抓好重点培训，通过重点培训切实解决目前面临的人才资源困境，同时又要做好统筹兼顾，对非重点培训同样不能放松管理，做到培训工作重点突出、兼顾全局。

干部培训工作开展得如何关系到干部队伍培养、成长情况，关系到河南黄河事业的发展，我们要以高度的责任感扎实做好干部培训工作，充分运用总结的干部培训经验，并在培训工作实践中不断总结经验、发现不足，使干部培训工作更上一层楼。

（作者单位：河南黄河河务局人事处）

河南黄河水利水电企业职工培训存在的问题与解决途径浅析

张莹滢

社会经济不断发展,企业改革持续推进,在未来的企业发展中培训工作是一项关键性工作,对企业人员素质的提高、视野的开拓、思想的进步以及企业的全面发展都起到了决定性作用。为了更好地适应社会经济发展模式的转变,河南黄河水利企业的培训工作也亟待全面提升不断创新。

一、企业培训存在的主要问题及原因

(一)培训工作的制度化、规范化执行力度不够

目前在企业发展过程中,企业管理者和员工自身均对培训重要性认识不足,在实际的培训工作开展中有两个突出问题:一是管理者认为对培训经费的过多投入是一种浪费,当企业效益不好时,一般首当其冲降低的就是员工的培训经费;二是对培训时间和工作时间的关系处理问题,一旦遇到施工任务吃紧,就首先放弃培训任务。在我们开展的培训班中经常听到的缺席原因就是员工在工地无法参加培训。普遍的价值取向认为企业发展就是施工任务的完成,员工培训可有可无。

(二)培训需求分析不够

有些培训没有建立在深入的培训需求分析上,虽然管理层对培训也有良好的愿望,但是对培训具体需求缺乏科学、细致的分析,导致培训工作盲目性凸显,针对性不足。培训需要根据企业发展刚性需求(如企业需要的各类资格证等),岗位需求,企业高层、中层和基层员工分层培训需求和企业发展长短时间目标效益要求进行不同的培训需求分析。

(三)培训缺乏系统性和有效的评估机制

当前企业培训未能与企业的战略目标有效结合,存在“缺什么就补什么”“流行什么就补什么”的现象,缺乏系统性。对企业培训的统一管理意识薄弱。培训管理机关对培训任务的完成更多的关注点在数量的多少,以及是否完成上级安排的任务,培训效果往往会放在培训考量标准的末尾,且在实际工作过程中,培训任务繁杂而培训效果评价方式单一,导致培训质量缺乏保障。

（四）员工学习动力缺乏

培训形式基本停留在授课式培训，许多职工参与兴趣不强，大多学员是被动的学习，将培训当成是纯粹的工作任务，存在敷衍情绪，有些学员纪律散漫很难主动参与到学习中去。虽然在单位会议上员工代表提出希望加强培训，但在实际的培训过程中却不珍惜来之不易的培训机会。部分员工存在学多学少都一样，干多干少都差不多的问题思想。员工自身缺乏主动学习的兴趣，企业缺少对于员工学习积极性调动的激励措施和学习必需性督促的约束机制。

二、解决存在的主要问题的对策探索

（一）转变培训观念，完善培训制度

首先，企业必须加大人力资本的投入。想要保证企业未来的良好发展，建立一支强有力的人才队伍，就必须下大力气做好企业员工的培训工作。不仅局限于基本技能的开发，更要注重员工分析问题和解决问题能力的提高。不仅要重视培训的短期效果，更要重视长期效益。其次，员工对待培训也要有一个正确的价值观念。自 2012 年以来，河南黄河河务局针对所属企业当年工作需求，每年设定一个主题开展活动，努力营造企业文化氛围，提高企业核心竞争力。其次应以企业文化为依托，建设良好的培训文化，创建学习型企业，以培养全员学习的良好风气。通过企业文化发展方向的细化，努力在企业中形成学习氛围，促进员工素质的提高和正确学习观念的建立。

（二）注重企业培训需求分析

随着企业培训的不断深入，河南黄河河务局根据自身情况，目前已经逐步建立了高层次经营管理人才培训、中层管理实用人才培训和专业技术岗位技能培训的“三位一体”培训体系，为经济发展提供了人才保障。

为了企业培训的进一步完善，笔者认为应当运用组织整体分析法，即以组织整体为基点，以战略目标位依据，明确组织培训需求。在企业的“十三五”发展规划中应从以下三方面入手，更加精准定位培训需求，进一步实现企业战略目标。

第一，企业法律环境。企业法律环境分析是培训需求分析的重要内容。法律环境是指国家或地方政府所颁布的各项法规、法令和条例等，是企业开展活动的准则。比如说近年来，政府对安全生产工作要求越来越严格，对施工企业的监管力度也越来越大。这就意味着企业的安全、质量管理人员的相关专业能力都需要随环境变化要求不断提高。目前河南局经济发展管理局针对所属施工企业每年都组织水利水电施工企业主要负责人、项目负责人和专职安全员安全生产“三类人员”培训班。对于目前的税制体制改革这种新问题的出现，也及时举办相关的营改增培训。

第二,员工素质结构。企业员工的整体素质结构对企业的培训需求有着直接性的影响,如果想确定培训需求,就必须准确分析员工素质现状与实时市场环境差距。河南黄河水利水电企业基本为传统施工企业,员工整体文化素质偏低,学历、技术职称、职业水平多有不足。针对这种现状,经管局持续举办有针对性的各种培训,如企业一级建造师短缺,经管局对部分员工实施全封闭式的培训学习,取得了不错的效果。因养护知识短缺,对相关员工分批次进行全面培训工作。尽管目前展开了不少培训工作,但是由于员工文化基础差,所以差距仍然存在,需要在实践中不断更新定位培训需求。

第三,组织战略目标。企业的决定性发展战略目标的确立与开展还是由企业的高层管理人员确立。无论是经营规模目标还是盈利水平目标,市场开拓的关键人物是企业的高层次管理人员。这部分人员的各项能力都亟待加强。河南黄河水利水电企业目前也认识到了这一问题,近几年针对企业也专门办了企业高层次经营管理人员培训班。这种效果不像技能培训和持证培训立竿见影,但是能在潜移默化中对企业的良性发展起到至关重要的作用。

(三)建立有效的培训效果评估机制

因为培训效果具有滞后性,再加上每个员工自身的差异性,要客观全面的评估培训效果是一件具有难度的事情,但同时也是我们需要特别重视的一个环节。良好的评估机制的建立有助于避免培训组织方“两头不讨好”的状况出现,一方面能有助于下次培训水平的提高,另一方面也有助于提高员工的满意度。唐纳.克帕屈格提出的“四层次评估模型”(见表)是当前培训效果评估的通用方法。

效果评估设计

层次	衡量方式	对应问题
反应层	问卷调查及课后询问	受训人是否喜欢本次培训项目;课程是否有用;对培训者及培训内容的意见建议等
学习层	考试	受训者在培训后,对相关知识和技能的掌握提高程度等
行为层	同事、上下级绩效考核	受训者在培训后行为有无不同;在工作中是否能对培训知识和技能进行应用
结果层	工作效率等	企业是否因为培训提高员工工作积极性; 业务及工作效率是否有所提高;效益是否能因此增长等

(四)完善企业的激励机制和约束机制

培训组织方的努力和一系列条件的完善只是培训效果达到标准的一个方面, 真正的重点还在于员工参与学习的积极性和愿意为之付出的努力程度。能够促进员工全身心的投入培训工作的重点就是企业的激励机制和约束机制的建立。在日本和德国这些国家,对于员工学习的通道的开通和激励措施的实施都尤为重视, 特别是对于黄河企业这种企业员工流动性低的企业,这种激励措施的投入更加值得。一是不用担心投入后的人才流失,二是更能促进企业的长远效益。这种激励结果也很符合我们目前所提出的工匠精神。除了激励措施以外约束机制的建立也尤为重要,特别是对于河南黄河水利水电企业这种国有企业而言,因其员工流动性低,收入相对稳定,员工心态缺乏积极性,思想相对僵化。单纯的激励措施不足以全面调动学习积极性,需要把培训结果与奖罚挂钩,把是否接受培训、是否认真培训及培训学习结果优劣作为晋级、提薪的重要依据,并将考核成绩记入员工档案。对不重视员工培训的企业给予一定处罚,对不认真参加培训学习不合格的员工进行处罚。

目前管理局也采取了一些激励机制,比如最直接的激励措施,就是对于能够成功考上一级建造师的员工,给予一次性资金奖励或者提高工资标准奖励。但是这种只能针对特例现象存在。关于约束机制,虽然也有相关的政策,但大多更注重形式化,实际操作情况效果均不理想。如果希望达到更好的效果,就需要建立一个更加全面的企业激励机制和约束机制,最终从措施上促使大家都去重视员工的培训工作。

水利水电企业的教育培训并不是等同于学历教育或者是证书取得类教育，它的重要意义在于能够成为企业当下及未来提供后备应用型人才的一个不可或缺的支撑点。目前,河南黄河水利水电企业大多采取传统的、原始的管理模式,在基础的管理层面如成本管理、财务管理等方面还没有真正上路。与先进企业相比,我们的企业在战略管理、人力资源管理和知识管理等高层次管理方面还没完全深入。近年来,河南黄河水利水电企业管理协会一直致力于企业培训的业务开展和更新改革中，虽然取得了一定成绩但仍未能将员工培训作为人力资源管理的一个核心手段纳入施工企业管理全过程，河南黄河水利水电企业在教育培训工作上仍需要不断强化。

(作者单位:河南黄河河务局经济发展管理局)

以用为本推进基层治黄人才整体开发

白一峰　陈留心

事业要发展,人才是关键。目前,黄河的治理与开发正处于由传统向现代转变的重要时期,治黄建设和创新思维的理念提出了新的更高的挑战。这就需要我们培养和造就一支素质优良,结构合理,配置科学的人才队伍。基层涉及更多的应该是人才的培养问题,"十二五"期间,开封第一河务局大力实施人才强局战略,高度重视人才队伍建设,在强化组织领导、完善工作机制、健全培养体系、夯实工作基础、建设高技能人才队伍等方面取得的显著成绩。

一、人才队伍分析

(一)人才队伍现状

"十一五"人才情况:截至2010年底开封第一河务局在职职工234人,学历分布本科学历的28人,专科学历的35人,中专学历23人,中专以下职工78人;职称情况,具有高级职称2人,中级职称17人,初级职称27人;职工技术人才情况,高级技师5人,技师40人,高级工90人,中级工6人,初级工33人。开封第一河务局35岁及以下64人,36~45岁62人,46~55岁96人,56岁以上12人,平均年龄为41岁。

"十二五"人才现状:截至2015年底该局在职职工216人,研究生学历6人,本科59人,专科81人,中专18人,高中及以下57人。各级各类专业技术人员人,高级职称2人,中级职称29人,初级职称及以下68人。工勤岗位高级技师8人,技师55人,高级工37人,中级工28人,初级工40人。截至目前,该局已有3人获得国家级技能人才荣誉称号,4人次获得省部级以上技能人才荣誉称号。

从上面对基层职工队伍的分析可以看出:"十二五"期间,该局为建立一支高素质的治黄人才队伍,采取多种行之有效的措施。通过一系列的岗位培训、岗位练兵、技能竞赛等,为优秀技能人才打造了发展的平台,促进了人才的脱颖而出,激发了全体职工刻苦钻研技术,努力提高技能水平,争做技术技能型、知识技能型、复合技能型人才的热情。同时,全局技能人才职业资格等级结构逐年改善,技能水平大幅度提高,为该局黄河治理开发工作提供了强有力的技能人才支撑。

（二）人才队伍存在问题

1. 人才类型配置不合理

基层各类专业技术人员，从人员上看，人数不少，占职工总数比例较高，但学科分布不尽合理，大部分分布在水工建筑、工民建等学科，而从事经济、管理、法律、外语、计算机应用、网络管理等方面的人才少之又少；在工程技术人才中，精通黄河防洪抢险、防洪工程测量、施工得多，精通道路、桥梁工程建设、预算的少；在基层第一线治黄队伍中，对计算机应用、网络管理等内容一知半解或者一窍不通，成为一种普遍现象。文化水平低、综合素质差，对新技术、新知识的理解和运用均十分困难。

2. 高层次及拔尖人才少

在科学技术高度发展的社会，在市场竞争日益激烈的今天，行业管理和单位的竞争都需要高科技人才和高水平管理人才。作为基层水管事业单位，要想在目前社会中取得较好效益，立于不败之地，没有高科技人才，没有高水平管理人才，那是不可能的。治黄建设同样需要高层次专业技术人员和管理人才队伍做坚强后盾。在黄河基层单位职工队伍中高级职称的高层次人才严重缺乏，制约了基层单位的市场竞争力和工作创新及高新技术的推广应用。

3. 职工的工作能力和学历、职称不相符

从学历教育方面看，部分人员虽然取得了较高的学历，但自身文化素质并未达到相应水平。在技术工人队伍中，有部分人员虽然通过了技术等级鉴定，相继取得了相应的技术等级资格证书，但在实践中其实际工作能力和操作经验并未达到同等级的技术水平，在治黄工作中难以发挥应有的作用。

二、加快人才队伍建设措施

在人才队伍建设方面，局党组提出科学的用人方法，只唯才，不唯亲，实行能者上、庸者下，看政绩的用人方法。党组注重对年轻职工的培养，把有培养前途的年轻职工放在重要的岗位上施以重任，用实践指导他们工作，用任务锻炼他们能力，用信任给予他们创造，千方百计为年轻职工提供成长、成功的平台，促进了人才的脱颖而出。

（一）提高认识，加强领导

领导重视是搞好人才开发培养的关键，建立一支高素质的治黄人才队伍，是一项长期的工作。局领导把人才问题提到关系治黄事业发展成败的高度来认识，增强人才危机感和人才开发的紧迫感，把整体性人才开发提到重要议事日程。领导对人才问题重视程度，直接影响到本单位人才开发培养工作的力度，关系到人才开发工作的整体性和效益。人才培养，一把手亲自抓，分管领导集中精力抓，把人才培养工作列入各级领导干部的目标管理责任制。大力倡导尊重知识、尊重人才，把人才开发培养作为促进治黄事业的重要措施，紧密配合全局的中心工作，更好地为黄河的发展服务。对人才培养的状况和成果，作为考核、评价一个领导班子政绩的重要内容之一。

（二）加强教育培训，提高全体职工的整体素质

按照按需施教，学用结合和注重实效的原则，着眼于整体素质的提高，积极构建治黄终身教育体系和学习型组织，自觉融入和适应知识经济时代的发展，努力提高基层全员职工的岗位适应能力。

寓教于乐、学习内容多样化。在集中学习过程中，我们不搞单纯乏味地政治业务和其他学习，而是以寓教于乐的形式，多样化地开展。如上防汛抢险课时，由专业技师讲防汛知识、防汛常识、什么是专业术语。通过自己在抢险过程中遇到了什么情况采取了什么措施，达到了什么效果等，大家既听得懂、听得明白，又深入浅出，潜移默化地使大家在听故事一样的氛围中接受了防汛抢险知识教育。同时我们在授课时达到多样化，如档案收发管理、职工培训教育与职称评聘、什么是防汛预案和汛期应遵守的纪律，精神文明建设等多方面全方位地进行业务技能和政治教育，同时组织青年学习小组人员对全局工程情况进行考察了解，使他们全面掌握我局险工、控导工程的分布情况，使大家常感到有学不完的专业知识和实践。

（三）打造平台，磨炼成长

打造平台磨炼成长，使他们在工作实践中理论与实际相结合，尽快进入角色，独当一面，是我们促其成长、成才的一个重要途径。

从长期发展角度考虑，该局在把物质资源的开发转向人才资源的开发，想尽一切办法吸引人才、培养人才、善用人才、发展人才，把人才开发看作是我们对未来命运的投资。采取的措施一是有效地利用好现有人才，给他们创造一个较好的发展空间和展示自己才华的舞台，因为他们对目前所从事的工作比较熟悉，有较丰富的实践经验，给他们创造一种环境，使现有人才中的拔尖人才能够脱颖而出，从而起到拉动作用。二是对新参加工作的大学生，有意识地进行压担子，除了引导学习，重点指导外，从组织上、从生活上进行关心、爱护，让他们感到大家庭的温暖，让其在复杂的工作学习和快乐的娱乐生活中茁壮成长。三是对近年分配的大学生，从各方面调动积极性，对重要岗位，让他们竞争上岗、试用一定时间，让大家评议，称职留用，不称职离岗，达到能上能下，能进能出，留者称职，走者服气，使他们能在实践锻炼中都能找到适合自己特点的位置，从而全面展示自己的才华。四是对新近分配的复转军人和青年职工中的优秀技工，大胆使用，精心培养，定期培训，按上级要求规范职称评审工作，让他们在适宜的环境中充分发挥自己的聪明才智，达到人尽其才，快速推进该局的发展步伐。

三、人才培养的探索

"英雄不问出处",用人不拘一格。真正的人才不再被学历、出身(国籍)、工作经历而捆绑死。高学历的光环将逐渐被淡化,真正检验人才的是市场,是投入产出比。单位对高级人才的评判最有发言权,因为它是用市场机制的"赛马"形式,不拘一格地选择人才。用不着伯乐来"相马",是因为"千里马常有,而伯乐不常有",而且能够避免伯乐自身的偏颇之处。通过"赛马"机制"赛"出的才是一个单位真正需要的高级人才。

但我们也应看到,这个标准不能绝对化。首先,就目前的情况而言,职称和学历的评定和认定,往往掺杂着一些复杂的因素,并不能代表一个人全部的和真正的水平。其次,人才是有针对性的,即他在自己所从事的某一领域某一行业甚至某一单位某一企业内才有用武之地。在这种背景下,以职称和学历划线就显得过于宽泛,有可能使人才难以择良木而栖,而用人单位也难以唯才是用;而这种画线从另外一种意义上来说又显得过于狭窄,它使得没有职称和学历的人才空怀一身武艺,使得用人单位尽管虚位以待却只能望才兴叹。这可以说是资源的双重浪费。最后,在人才的认定上,一些地方普遍存在着简单化的倾向。一是指仅以职称和学历这种只能反映人的局部能力的内容分界;二是指它对人才的认定是粗线条的而非细线条的;三是指它是以人事部门为主导而不是以实际需要为主导。这种倾向等于将人才"一勺烩",对用人单位来讲,就有可能造成引来的虽是人才、却对不上胃口的尴尬。

四、人才培养的几点建议

(一)首先确立技能人才也是人才,并非本科生、研究生、专家学者才是人才的新型人才观念;其次落实技能人才各项优待政策。加大岗位成才培养力度,充分发挥师傅带徒弟、比学赶帮等优良传统,提高技能人才的技术水平,并通过举办各类技术技能竞赛,破格评定一批高技能人才,对职业技能竞赛中涌现出来的优秀技能人才,在给予精神和物质奖励的同时,可直接晋升一级职业资格或优先参加上一等级职业资格的考评,以充实技能人才队伍。

(二)建立完善人才竞争机制。按照公开、平等、竞争、择优的原则,坚持德才兼备的原则,积极探索尝试新的用人机制,创造优秀人才脱颖而出的良好环境。要把有真才实学、政绩突出、职工公认的优秀人才选拔到领导岗位上,要把有专业特长、刻苦钻研、技术成果突出的人才搭配到专业技术领导岗位和重要岗位,为英雄创造用武之地,为优秀人才提供施展才能的机会。同时不断发现和掌握一批有培养和发展潜力的优秀人才并调整充实到各级后备行政和技术干部队伍中去,加强培养,跟踪管理,开发使用。增加用人的民主性、公开性和透明度,通过公开招聘、竞争上岗等形式不断发现人才、选拔人才、使用人才,推动干部人事制度改革和人才资源开发。

(三)在抓好总体人才资源的开发、利用、培养的同时,对基层第一线也要制定相应的政策,确保发挥出各类人才的潜能,让人尽其才、才尽其用,对人才要专者有其职,能者有其位,用其所长。进一步完善吸引人才、开发人才的机制,让各类专业人才在既竞争又轻松愉快的气氛中工作生活。制定政策建立和完善吸引人才、开发人才机制,积极营造良好的用人、留人环境,为充分调动高技能人才的积极性,加速优秀人才的培养。应加大年轻技术人员的高职聘任力度,对承担重要技术任务的优秀青年人才优先聘任。

(四)坚持和加强科技人员继续教育制度,积极鼓励技术人才攻读更高学位,单位视情况解决培养经费。同时,有计划有目标地组织科技人员参加各类学术会议,并有计划地派人外出培训和参加合作研究、邀请同行专家来讲学。

(作者单位:河南开封黄河河务局第一黄河河务局)

推进治黄基层单位急需紧缺人才队伍建设

宋 勇 崔洁令 张春焕

党的十八大提出了全面建成小康社会目标任务，为实现这一目标任务，切实加强治黄基层单位人才队伍建设，提高治黄基层单位人才队伍素质，充分调动治黄基层单位人才队伍工作积极性，显得尤为迫切和重要。近年来，治黄基层单位人才队伍总量不断增多，结构不断优化，素质不断提高。但从经济社会发展对各类创新创业人才的实际需求来看，治黄基层单位人才队伍建设仍然存在一些亟待解决的问题。本文分析了治黄基层单位人才队伍建设存在的问题，探讨了关于如何加强治黄基层单位人才队伍建设的对策及措施。

一、治黄基层单位人才队伍建设存在的问题

1. 人才队伍的总量不足，高层次人才稀缺

由于历史原因，黄河基层单位人才队伍底子薄，职工文化素质普遍偏低，全日制本科及以上学历人才、高职称的人才偏少。

2. 结构不合理

一是年龄结构不合理，基层一线职工人才队伍特别是高级技术人才年龄结构偏大，又缺乏补充的年轻人，后续力量严重不足，新老衔接有断层。二是专业结构不合理，水工建筑专业人才较多，经济管理、法律、计算机应用、外语等方面的人才偏少，且大部分人员专业单一，知识面较窄，缺少懂技术、会经营、善管理的复合型人才。

3. 创新能力不足

黄河基层单位很多职工虽然通过后续教育取得专科及以上学历，但原始学历偏低，专业技术人才再教育培训是一个

薄弱环节，导致专业技术人才知识更新不快，墨守成规，创新能力不强。

二、加强治黄基层单位人才队伍建设的对策及措施

1. 创新人才选育机制

围绕解决人才缺乏问题，按德才兼备的原则，在本单位干部、职工中选用人才。我国有句古言，叫“人才难得亦难知”。人才之所以难得，关键是难知。古往今来，一方面听到人才难得的感慨，一方面又怀才不遇，志不得伸，才不得展的叹息，出现了“千里马常有，伯乐不常有”

的现象。为什么识别人才这样困难,原因是多方面的。第一,客观事务复杂性的影响。作为人来说,是世间万物之灵,是一切社会关系的总和,其复杂程度更高。比如有人才华横溢,锋芒毕露,善于言表。有人虽有才华,却含而不露,才华深隐,不易发现。还有人善于伪装巧饰,使人一时难辨真假,好坏难分,出现人才难知的问题。第二,认识的局限性。在对人才的识别上,人的认识——尤其是基层治黄单位受各种条件的限制,其中有历史的、阶段的局限性,又有人的阅历、思想感情的局限性,加之现有的用人制度和人事管理权限以及人才"私有化"现象的存在,另外社会上的不正之风和基层领导的认识方法的差异等,对于人才的识别和选拔更困难了。

要解决人才缺乏问题,首先立足于单位,挖掘人员内部潜力,按照专业化、知识化、青年化的要求,在本单位现有的干部职工中选拔人才、培养人才、使用人才。在识别人才的问题上力争做到全面的看人,看其德、才、识、学、体各方面的优缺点和长短处,对其进行全面权衡;历史的看人,不看人的一时一事,而看他的全部历史和全部工作,对他的功过是非进行综合评定;发展的看人,主要看其向哪一方面发展,从而确定他的发展趋势和方向;实践中看人,不能光听其言而信其行,而应听其言观其行,不仅听他说什么,而应看他做什么,怎么做,更要重视在工作中的实干情况,看其在实践中的完成情况,看其在关键时刻的言行。

"知人才能善任"。从知人到善任实际上是一个发现人才、考察人才、使用人才的过程。在这个过程中要排除论资排辈,求全责备。闲言碎语的干扰,善于发现人才。在发现人才的方法上,总结基层黄河单位工作经验有以下几个。一是群众测评,通过发测评卷,开测评会等方式,让职工把赞成的人才推荐出来供领导参考。也可以利用民主测评干部、民主评议党员的机会进行测评。二是引入竞争机制,在现有的干部、职工中进行公开竞争,选优淘劣,发现人才。三是在工作中发现人才,在工作出色、政治素质好、有专业知识和群众基础的干部职工中发现人才。只要将人才识别好了,启用优秀人才的问题就解决了,人才缺乏的问题就迎刃而解了。

2. 创新人才合理流动

人才的合理流动,对于黄河基层单位来说,不失为解决人才缺乏的一个重要途径。人才流动应由人才相对过剩的职能部门向人才相对缺乏的部门流动,由知识密集型的职能部门向知识稀疏的职能部门流动,不是放任自流。当然,进行人才流动时力求尊重被调节者的意愿,根据其专长和爱好,向能使其发挥专长、专业对口的岗位上调整,尽量减少新的专业不对口、用非所学的现象发生,尽最大努力避免浪费,使人才充分发挥作用。

从当前人才分布的情况看,黄河基层单位中的各职能部门之间差距较大,极不平衡,工程技术人员较多,而文秘、行政管理人才、政工人才相对缺乏。行政管理、文秘、经济管理人才比较缺乏,要解决这些问题,可以通过这几个办法进行。利用优化组合的机会,使一部分人员向缺乏的职能单位自行流动；利用行政手段，由组织人事部门统一调整，解决人才供求矛盾问题；通过政策杠杆，制定规定，让一部分工程技术人员自动向人才缺乏地方去工作。在调节方法上，各基层单位都在进行摸索和探讨，情况不同所采取的方法也不相同的，带有各单位的特色。

另外，从培养人才的全面化方面讲，人才的流动也是培养人才、锻炼人才的客观要求。从近几年的工作情况看，尤其是防汛模拟演习中，只懂一门专业技术而不懂其他专业外的业务的人员难以对付突发性事情，不适应治黄工作的需要。当然，我们不能要求所有的干部职工都成为通晓黄河各种业务技术的多面手，但是，力争我们的人才能熟悉多门业务，多种技术，这个要求对于迅速发展的科学技术和治黄工作变化的特点上讲，是一点也不过分的。实践证明，只会一门技术的人不能称之为“人才”。

3. 创新人才培养方法

在我国的历史上，人们对“人才”做了许多解释，某人“天资聪颖”谓之才，某人“过目成诵”谓之才，某人“发明创造”、取得“科学成就”也谓之才。在人才的内涵上，我们认为广义的“才”还应包括气质、道德、才能、知识等几个方面，“人才”应是诸多因素形成的综合体。人才的形成有先天的条件，也有后天的因素。如果两人的生理素质相差悬殊，那么“天资聪颖”者相对于“智力平庸”者说来，即使后者付出更多的努力，其才能也不可能达到前者的同等水平。但是，事实证明，人才的形成不完全取决于人的生理素质，后天的学习和实践对于人才的形成和发展起着更重要的作用。“智力平庸”者通过学习可以成为才能突出的人，这是后天勤奋努力的结晶。因此，在现有的干部职工中进行培养，给其提供学习和实践的条件和机会。使其成为人才。

在工作中培养。这是培养人才最直接的办法。我们黄河基层单位战线较长。工作岗位繁多，是培养人才的大学校，人民治黄以来，许多老同志通过实践成为治黄工作的行家能手，成为治黄的土专家。随着形势的发展，现在正在进行改革，在改革的过程中，新情况、新问题不断发生，各类矛盾日益复杂，给我们提供实践的机会更多了。利用工人实践的机会，经老同志的传、帮、带和“开展师徒金搭档”活动，使新同志在业务上由不会到会、由粗到精循序渐进的精通本职业务，成为人才。

自学成才。基层单位针对某些岗位人才缺乏，后继乏人的现象，可以采取让干部职工自学的渠道，让政治素质好、有文化基础的同志通过一些大专院校、自修等方式自学，单位上给其提供自学的条件和机会，使其在工作中自学成才。

定向培养。基层单位根据自己人才的配布情况，本着学什么干什么，缺什么学什么，少什么补什么的原则，通过在职教育进行定向培养，使其成为人才。

岗位职务培训和技术培训。针对业务不太熟悉的干部进行岗位职务培训，对技术不熟悉的工人进行技术岗位培训，提高他们的业务能力和技术水平，以解决人才缺乏之急。

总之，加强黄河基层单位人才队伍建设是一项长期的系统工程，应把握好近期目标与长期目标的关系，把握好培养核心人才和满足各类人才需求的关系，把握好重点突破与整体推进的关系，把握好自主培养人才与积极引进人才的关系。要从实际出发，从可能着眼，逐步加快黄河基层单位整体性人才资源开发进程和人才结构的调整工作。我们要不断加强学习，探索制度创新，促进黄河基层单位人才队伍建设，为治黄事业提供人才保障。

（作者单位：河南濮阳黄河河务局台前黄河河务局）

“一室二项三厂”教育模式研究

荆灿红

为创新人才培育模式，进一步发挥高技能人才在人才教育、技术革新等方面的积极作用，黄河明珠水利水电建设有限公司机电分公司围绕首席技师工作室建立职工创新团队，以“‘一室二项三厂’教育模式研究”为课题，充分发挥首席技师工作室的创新优势，为建设一支规模宏大、素质优良、结构优化、分布合理的水利人才队伍服务。

一、“一室二项三厂”教育模式的建立

首席技师工作室创新教育模式，是提高公司职工一专多能、培养高技术人才发展的需要，公司本着积极慎重、大胆委托、重点突破、逐步推进的思路，结合企业实际情况，构建工作室“一室二项三厂”教育模式。自机电分公司职工创新团队建设项目启动实施以来，团队特制定了《“一室二项三厂”教育模式管理办法》，对团队带头人的权利和职责、团队成员的管理、资助经费的管理和使用、人才培养、科技成果创新等方面都做了具体的规定。

根据公司发展需要，首席技师工作室明确把职工“一专多能、高技能人才”培养作为工作室“一室二项三厂”教育模式的目标，逐步规范、强化施工检修队伍，进而全面提升公司人才队伍建设水平。

(一)在“一室”中建立“双导师制”模式

即由首席技师张振辉担任职工技能导师，机械检修分厂主任庞立伟担任职工教学导师，以工学结合一体化的项目式教学为载体，通过专题讲座，技术咨询及应用、现场操作指导等方式开展工作，让职工“在干中学，在学中干”，提升职工素质和职业技能。

(二)在“二项”中实行“成果评比制”方式

即由首席技师工作室成员参与项目完成情况，并在完成项目工程的同时，就完成的新技术、新方法的革新和应用情况进行评比和奖励，对第一完成人进行额外奖励，对自行完成研究报告编写的员工进行再次嘉奖。对各项目部下达项目任务书，就项目部与首席技师工作室结合力度情况进行评估，首席技师工作室成员在所在的项目部就执行首席技师工作室工作情况进行反馈，根据反馈对各项目部进行考核，根据考核情况进行评比嘉奖。

(三)在“三厂”中实行“三合一”制度

“三厂”是机电分公司主营生产部门，即机械检修分厂、电气检修分厂和机械加工分厂。

在理论教育方面，三大分厂的技术人员总结各个分厂的技术资料，通过整理成文件，上报首席技师工作室，由首席技师工作室理事人员进行统一汇编，通过教学导师进行专题讲课培训学习。在技能培养方面，由技能导师带领各分厂主要技术人员首先进行现场动手操作，再由各个分厂技术人员带领分厂各班组分批次进行动手操作训练。在培训过程中如进展不够顺利，可通知首席技师张振辉再次指导，实现分厂无界限，打破一个工种只会一样专业检修，实现“三合一”。通过“三合一”制度的建立，可以使各个分厂的人员掌握机械、电气、机加的专业知识和职业技能，有效推进公司对“一专多能”人才的培养，促进员工个人的可持续发展。

专题讲课和现场培训结束后，参与培训的职工需填报问卷调查，就调查情况掌握职工学习的知识情况，现场问卷调查情况有70%人员达到要求后，进行书面考试，首席技师工作室人员根据日常检修内容及职能扩展方面进行出题，对成绩优异的职工进行公司通报奖励，并颁发公司内部证书，提高职工积极性。

在构建“一室二项三厂”教育模式过程中，职工创新团队以首席技师工作室为依托，由考核小组、办公室、创新小组组成，各个小组由团队核心成员负责，每个研究小组负责人本小组的创新、教学及活动管理。职工创新团队的成员定期组织开会，汇总讨论各阶段的教育成果。

二、采取理论实际两手抓的培育机制

(一)为满足公司人才发展的需求，“一室二项三厂”教育模式从加强理论学习入手，以理论熏陶的方式提升公司广大技术人员的专业理论和素养

1. 用理论教育引领职工培训。为拓展技术人员的视野，提升技术人员的理论基础，开展专业理论知识的培训。工作室成员在坚持自己本职岗位的同时，结合实际找材料，制作PPT专业培训教材，通过首席技师工作室进行了多次专业培训，各分厂技术人员踊跃参加，参与交流讨论学习的气氛高涨。

2. 工作室与三大分厂联合培训。针对三门峡2号机组改造工作，工作室结合施工现场，对施工中遇到的各种困难提出意见和方法，并与机修分厂共同讲解电焊工转轮室刨除，与电检分厂共同讲解定子下线，与机加分厂共同讲解碳化钨项目，不仅提高了工作效率，而且加强了对职工一专多能的培养。

(二)以实际操作技术攻关为抓手，引导技术骨干走专业技师之路，使每位技术人员都能在工作中体会到成功的喜悦。工作室坚持聚焦生产现场，服务生产现场，打造核心团队，引领专业技术人员不断丰富实践知识，提高职业技术水平

1. 开展技能竞赛，提高公司技术人员的积极性和主观能动性。

2. 在三门峡水电厂2号机抢修工作中，面对机组中心水平受力调整的难题，工作室注重基础知识的讲解与实际操作相结合，交流经验、互相沟通、支持配合，创新调整工艺，采用强迫垂直受力调中心的工艺方法，仅用了小半天，机组中心调整就全部结束。

三、"一室二项三厂"教育模式的主要业绩

（一）团队职工导师的教学成果

针对集团公司近几年需进行2号机组~5号机组改造，多数职工数年来只参与机组的大修、小修、维护等项目，机组改造此类大项目都是第一次参加，首席技师工作室职工教学导师，利用PPT课件的方式，对广大职工进行机组安装方面知识的教学。利用班组建立前制作的油、气、水系统检修原理图进行三大专业培训，讲解完后采取职工提问的方式进行专业拓展，系统图讲解完毕后，利用现场机组大修的时机，进行现场教学，拓宽职工知识面。

（二）团队成员的科技创新成果八项

1. 解决围栏式重载省力盖板设计方面问题。盖板防锈成果获得了黄河水利委员会科技成果二等奖。

2. 实现水导瓦修复技术攻关。

3. 完成新疆波波娜电站监控系统安装。

4. 新疆波波娜电站上导呼吸器改造完成。

5. 集油槽内压油装置吸油口管路改造及加双滤网。提高了进入控制系统油的质量。此两项成果获得中国水利教育协会职工教育分会首届"武汉四创"杯"五小"成果三等奖。

6. 完成碳化钨喷涂攻关项目。

7. ABB TRB4600工业机器人编程。成果获得公司科技成果应用技术类一等奖。

8. 三门峡水电厂2号水轮发电机组转子改造技术攻关，首次完成三门峡水电厂转子改造工作。

（作者单位：黄河明珠水利水电建设有限公司）

水利水电设计企业员工素质模糊评价模型及现实指导意义

郭学敏　吕希银　李朝东

随着水利水电设计院事改企的推进和市场经济的发展，企业之间的竞争主要依赖于员工之间的竞争，以人为本的观念深入企业的管理中，企业之间的竞争日益激烈，现代企业之间的竞争，实质上是人员素质之间的竞争，本文采用AHP–模糊综合评价法，对A水利水电设计企业员工素质建立评价模型，将员工定性的素质变成可以用数值表示的定量，加以比较分析，然后根据分析结果，结合水利水电设计企业的特点，为上级部门提供考察下级的方法，为企业培训提供依据、为员工价值观指明方向。

一、概念简介

（一）员工综合素质评价

员工综合素质评价，是员工在企业工作阶段的思想道德修养、专业知识、身心健康状况和劳动技能水平等诸方面的素质在员工身上体现的高低进行综合评价和判断的一种观念性活动。本文根据A水利水电设计院的特点及员工结构的基础上，此企业员工综合素质分为基本素质、思想道德素质、专业素质和绩效素质这几方面。

1. 基本素质

基本素质是指员工自身所有的素质，即身体素质、气质特性和兴趣爱好三方面。

2. 思想道德素质

思想政治素质是指员工的思想道德修养及其表现，包括政治修养，职业道德，行为规范三方面。

3. 专业素质

专业素质是指员工在工作岗位中所需要的业务知识、岗位技能及学习能力。

4. 绩效素质

绩效素质是指员工在工作岗位上所得到个人发展，获得工作满足感及为企业做出贡献所需要的素质，主要包括工作态度、工作能力和工作业绩三方面。

（二）评价模型简介

AHP–模糊综合评价模型可以分为层次分析法和模糊综合评价两部分。AHP–模糊综合评价模型的特征是分析结果简单易懂，方法系统性和针对性强的特点，可以解决笼统的、难以定量的问题，适合各类非确定性问题的解决。层次分析法（简称 AHP）是美国匹兹堡大学教授、运筹学家萨蒂于 20 世纪 70 年代初在为美国国防部研究“根据各个工业部门对国家福利的贡献大小而进行电力分配”课题时，应用网络系统理论和多目标综合评价方法，提出的一种层次权重决策分析方法。AHP–模糊评价体系模型将定性、模糊的素质模型实现进行规范化、数量化的规整，对于那些难以全部量化处理的复杂的管理问题能够得到比较满意的决策结果，因此这是一种确定权重的科学方法。

模糊综合评价法是一种基于模糊数学的综合评标方法。是由美国自动控制专家扎德于 1965 年创立的。该综合评价法根据模糊数学的隶属度理论把定性评价转化为定量评价，即用模糊数学对受到多种因素制约的事物或对象做出一个总体的评价。

AHP–模糊综合评价模型具体操作方法是把欲考察的模糊对象以及反映模糊对象的模糊概念作为一定的模糊集合，立适当的隶属函数，并通过模糊集合论的有关运算和变换，对模糊对象进行定量分析。其基本原理是：首先确定被评判对象的评判语集 $U=(u_1,u_2,\cdots,u_n)$ 和因素集 $C=(c_1,c_2,\cdots,c_n)$。其中，c_i 为各单项指标，u_i 为对 c_i 的评判等级层次，一般可分为 4 个等级（优秀、良好、合格、不合格）；再分别确定各个因素权重向量 N 及他们的隶属度向量 R，经过模糊变换，得到模糊评价矩阵 R；最后把模糊评价矩阵与因素的权重向量集进行模糊运算并进行归一化，得到模糊综合评价结果集 R，即 $R=N\times M$，于是 (C,U,N,M) 构成了一个综合评价模型。

二、评价指标体系构建

（一）确定员工素质的层次结构

根据该企业和员工素质的特点，并且在参考前人所研究文献的基础上，确定所要考察员工的综合素质指标评价体系。员工综合素质可以从基本素质、思想道德素质、专业素质和绩效素质四个方面进行衡量，然后再对各方面做子因素分析（见表 1）。

表 1　　员工素质的层次结构

	因素集	子因素层
员工综合素质 C	基本素质 C_1	身体素质 C_{11}
		气质特性 C_{12}
		兴趣爱好 C_{13}
	思想道德素质 C_2	政治修养 C_{21}
		职业道德 C_{22}
		行为规范 C_{23}

续表

	因素集	子因素层
员工综合素质 C	专业素质 C_3	业务知识 C_{31}
		岗位技能 C_{32}
		学习能力 C_{33}
	绩效素质 C_4	工作态度 C_{41}
		工作能力 C_{42}
		工作业绩 C_{43}

（二）确定判断矩阵

根据水利水电设计院相关方面的研究专家进行权重的评判工作，采用 1~9 标度法平均随机一致性指标的 RI 值可以查表得出，见表 2。然后根据 1~9 标度法将员工综合素质的每个因素进行两两比较的等级及赋值见表 3。

表 2　1~9 随机一致性指标 RI 的值

阶数	1	2	3	4	5	6	7	8	9
RI	0.00	0.00	0.52	0.89	1.12	1.26	1.36	1.41	1.46

表 3　员工综合素质每个因素两两比较

因素 i 与 j 比较	aij 赋值	aji 赋值
i 与 j 同等重要	1	1
i 与 j 稍微重要	3	1/3
i 与 j 明显重要	5	1/5
i 与 j 强烈重要	7	1/7
i 与 j 绝对重要	9	1/9
i 与 j 处于上述两个相邻判断之间	2，4，6，8	1/2，1/4，1/6，1/8

根据员工综合素质层次结构，由水利水电设计企业相关专家进行权重评价，得出各项因素权重分配及其具体权重，采用 1~9 标度法构造员工综合素质模糊综合评价的判断矩阵 N，N_1，N_2，N_3，N_4，如表 4–表 8 所示，然后分别计算出判断矩阵的最大特征值 λ_{max}，及 λ_{max} 相应的特征向量。将特征向量归一化，便得到了同一层次相应于上一层次某指标相对重要性的权重。按照 1~9 标度法得到的判断矩阵进行一致性检验，其方法是：$CI=(\lambda-n)/(n-1)$，其中 λ 为 A 的最大特征根，计算一致性比率：$CR=CI/RI$，如果 $CR<0.1$，则一致性检验通过，否则，要重新构造判断矩阵。

表 4　目标层的判断矩阵表

员工综合素质 C	基本素质 C_1	思想道德素质 C_2	专业素质 C_3	绩效素质 C_4	权向量 N
基本素质 C_1	1	1/3	1/5	1/4	0.0622
思想道德素质 C_2	3	1	1/5	1/3	0.1521
专业素质 C_3	5	5	1	5	0.4712
绩效素质 C_4	4	3	1/5	1	0.3145
$\lambda_{max}=4.052$，　$CI=0.0173$，　$CR=0.0119<0.1$					

表 5　目基本素质层判断矩阵表

基本素质 C_1	身体素质 C_{11}	气质特性 C_{12}	兴趣爱好 C_{13}	权向量 N_1
身体素质 C_{11}	1	3	2	0.5396
气质特性 C_{12}	1/3	1	1/2	0.2970
兴趣爱好 C_{13}	1/2	2	1	0.1634
$\lambda_{max}=3.0092, CI=0.0046, CR=0.0088<0.1$				

表 6　思想道德素质判断矩阵表

思想道德素质 C_2	政治修养 C_{21}	职业道德 C_{22}	行为规范 C_{23}	权向量 N_2
政治修养 C_{21}	1	4	3	0.6144
职业道德 C_{22}	1/4	1	1/3	0.2684
行为规范 C_{23}	1/3	3	1	0.1172
$\lambda_{max}=3.0735, CI=0.0368, CR=0.0707<0.1$				

表 7　思想道德素质判断矩阵表

专业素质 C_3	业务知识 C_{31}	岗位技能 C_{32}	学习能力 C_{33}	权向量 N_3
业务知识 C_{31}	1	3	6	0.6783
岗位技能 C_{32}	1/3	1	3	0.2216
学习能力 C_{33}	1/6	1/3	1	0.1001
$\lambda_{max}=2.8662, CI=-0.0669, CR=-0.1287<0.1$				

表 8　思想道德素质判断矩阵表

绩效素质 C_4	工作态度 C_{41}	工作能力 C_{42}	工作业绩 C_{43}	权向量 N_4
工作态度 C_{41}	1	3	1/2	0.3425
工作能力 C_{42}	1/3	1	1/3	0.1324
工作业绩 C_{43}	2	3	1	0.5251
$\lambda_{max}=4.0811, CI=0.0270, CR=0.0304<0.1$				

由以上表 4—表 8，可以看出以上所有判断矩阵都通过了一致性检验。员工综合素质评价指标体系各级权重显示如下表：

表 9　　员工素质评价指标权重分配表

目标层	因素集	子因素层
员工综合素质	基本素质 0.0622	身体素质 0.5396
		气质特性 0.2970
		兴趣爱好 0.1634
	思想道德素质 0.1521	政治修养 0.6144
		职业道德 0.2684
		行为规范 0.1172
	专业素质 0.4712	业务知识 0.6783
		岗位技能 0.2216
		学习能力 0.1001
	绩效素质 0.3145	工作态度 0.3425
		工作能力 0.1324
		工作业绩 0.5251

（三）模糊综合评价部分

依据以上分析可以得出该水利水电设计院员工素质评价表，本文对 A 水利水电设计院员工素质进行分析时，采用“优秀、良好、合格、不合格”来划分等级，评语集 $U=(u_1,u_2,u_3,u_4)$。根据相关专家对指标进行评价后，整理后得到表 10，调整后得到表 11。

表 10　　统计分析结果

子因素层	优秀	良好	合格	不合格
身体素质 C_{11}	1	3	4	0
气质特性 C_{12}	2	4	2	0
兴趣爱好 C_{13}	3	3	1	1
政治修养 C_{21}	2	2	4	0
职业道德 C_{22}	1	2	5	0
行为规范 C_{23}	1	2	4	1
业务知识 C_{31}	0	1	6	1
岗位技能 C_{32}	1	3	3	1

续表

子因素层	优秀	良好	合格	不合格
学习能力 C_{33}	0	2	4	2
工作态度 C_{41}	0	1	6	1
工作能力 C_{42}	1	2	3	2
工作业绩 C_{43}	1	3	3	1

表 11　　模糊隶属度表

子因素层	优秀	良好	合格	不合格
身体素质 C_{11}	0.125	0.375	0.5	0
气质特性 C_{12}	0.25	0.5	0.25	0
兴趣爱好 C_{13}	0.375	0.375	0.125	0.125
政治修养 C_{21}	0.25	0.25	0.5	0
职业道德 C_{22}	0.125	0.25	0.625	0
行为规范 C_{23}	0.125	0.25	0.5	0.125
业务知识 C_{31}	0	0.125	0.75	0.125
岗位技能 C_{32}	0.125	0.375	0.375	0.125
学习能力 C_{33}	0	0.25	0.5	0.25
工作态度 C_{41}	0	0.125	0.75	0.125
工作能力 C_{42}	0.125	0.25	0.375	0.25
工作业绩 C_{43}	0.125	0.375	0.375	0.125

(四)进行模糊综合评价

本文建立模糊综合评价体系是二级模糊综合评价模型，按照模糊理论对子因素层的指标进行单因素评价,得出上一级指标对目标层的评价矩阵,最后得出结果。

1. 确定员工基本素质的模糊评价

权重向量:$N_1=(0.5396,0.2970,0.1634)$

评价矩阵:$M_1=\begin{pmatrix} 0.125 & 0.375 & 0.5 & 0 \\ 0.25 & 0.5 & 0.25 & 0 \\ 0.375 & 0.375 & 0.125 & 0.125 \end{pmatrix}$

得到综合评价矩阵 $R_1=N_1\times M_1=(0.2030,0.4121,0.3645,0.0204)$

2. 确定员工思想道德素质的模糊评价

权重向量：N_2=(0.6144,0.2684,0.1172)

评价矩阵：$M_2=\begin{pmatrix} 0.25 & 0.25 & 0.5 & 0 \\ 0.125 & 0.25 & 0.625 & 0 \\ 0.125 & 0.25 & 0.5 & 0.125 \end{pmatrix}$

得到综合评价矩阵 $R_2=N_2\times M_2$=(0.2018,0.2500,0.5336,0.0147)

3. 确定员工专业素质的模糊评价

权重向量：N_3=(0.6783,0.2216,0.1001)

评价矩阵：$M_3=\begin{pmatrix} 0 & 0.125 & 0.75 & 0.125 \\ 0.125 & 0.375 & 0.375 & 0.125 \\ 0 & 0.25 & 0.5 & 0.25 \end{pmatrix}$

得到综合评价矩阵 $R_3=N_3\times M_3$=(0.0277,0.1929,0.6418,0.1375)

4. 确定员工绩效素质的模糊评价

权重向量：N_4=(0.3425,0.1324,0.5251)

评价矩阵：$\mathrm{M}_4=\begin{pmatrix} 0 & 0.125 & 0.75 & 0.125 \\ 0.125 & 0.25 & 0.375 & 0.25 \\ 0.125 & 0.375 & 0.375 & 0.125 \end{pmatrix}$

得到综合评价矩阵 $R_4=N_4\times M_4$=(0.0822,0.2728,0.5034,0.1416)

5. 确定员工综合素质的模糊评价

一级指标对目标层的权重分配：N=(0.0622,0.1521,0.4712,0.3145)

评价矩阵 $M=\begin{pmatrix} 0.2030 & 0.4121 & 0.3654 & 0.0204 \\ 0.2018 & 0.2500 & 0.5336 & 0.0147 \\ 0.0277 & 0.1929 & 0.6418 & 0.1375 \\ 0.0822 & 0.2728 & 0.5034 & 0.1416 \end{pmatrix}$

得到综合评价矩阵 $R=N\times M$=(0.0822,0.2403,0.5646,0.1129)

根据最大隶属度原则，在上述员工综合素质各因素评价矩阵中选择数值最大值作为该素质模型最后的评价结果，本文选择数值 0.5646 作为员工综合素质的评价结果，即员工综合素质评价为“合格”。同理可得，员工综合素质因素层和员工综合素质子因素层的考核结果如下表 12 和表 13 所示。

从表 12 可以看出，员工的基本素质良好，思想道德素质、专业素质和绩效素质合格。

从表 13 可以看出，员工综合素质中子因素“气质特性”和“兴趣爱好”考核结果为良好，其他子因素考核结果为合格，此结果说明，员工素质可以基本满足日常工作岗位的需求。

表 12　　员工综合素质因素层考核结果

因素层	评价矩阵	考核结果
基本素质	(0.2030,0.4121,0.3645,0.0204)	良好
思想道德素质	(0.2018,0.2500,0.5336,0.0147)	合格
专业素质	(0.0277,0.1929,0.6418,0.1375)	合格
绩效素质	(0.0822,0.2728,0.5034,0.1416)	合格

表 13　　员工综合素质子因素层考核结果

子因素层	评价矩阵	考核结果
身体素质	(0.125,0.375,0.5,0)	合格
气质特性	(0.25,0.5,0.25,0)	良好
兴趣爱好	(0.375,0.375,0.125,0.125)	良好
政治修养	(0.25,0.25,0.5,0)	合格
职业道德	(0.125,0.25,0.625,0)	合格
行为规范	(0.125,0.25,0.5,0.125)	合格
业务知识	(0,0.125,0.75,0.125)	合格
岗位技能	(0.125,0.375,0.375,0.125)	合格
学习能力	(0,0.25,0.5,0.25)	合格
工作态度	(0,0.125,0.75,0.125)	合格
工作能力	(0.125,0.25,0.375,0.25)	合格
工作业绩 C_{43}	(0.125,0.375,0.375,0.125)	合格

三、现实指导意义

本文利用 AHP-模糊综合评价的方法对水利水电设计企业员工综合素质进行科学有效的分析,得出员工综合素质各方面的考核结果,然后参考最终的考核结果,并结合该水利水电设计企业的特点综合考虑,具有现实指导意义。

(一)为上级部门考察下级单位提供调查方法

此统计方法简单易懂,通俗明白,具有很强的操作性,通过此方法,上级部门可以根据评语集得出下级单位属于哪一个级别“优秀”“良好”“合格”或是“不合格”,从而对下级单位做出公正而且正确的评价。

（二）为企业培训员工提供参考依据

水利水电设计企业不应该只关注员工的业务知识和岗位技能，而应全面注重员工基本素质、思想道德素质和绩效素质等方面的培养和训练。各个水利水电企业应该充分利用本文分析方法，帮助员工找出自己在工作岗位上所欠缺的素质，并制定行之有效的员工培训方案，提高员工综合素质，为企业增强发展的活力，使企业获得良性发展。

（三）为企业员工价值观提供导向

企业的价值观是企业员工评价事物价值时所持有的观点和标准，而企业核心价值观是企业价值体系中的核心，对于任何一个企业而言，只有当企业内绝大部分员工的个人价值观趋同时，整个企业的价值观才可能形成。企业根据自己的特点，具体情况具体分析，找出适合本企业核心价值观的员工素质，确定符合企业生存和发展的具体素质，实施必要的激励措施，使员工努力增强这几方面素质，激发员工释放潜能，促进员工个人目标的实现，最终使个人与企业共同和谐发展。

（作者单位：河北省水利水电勘测设计研究院）

员工培训是获得高素质人才的重要途径

肖 琳 王颖倩 李朝东

随着知识经济的来临,企业生存环境的恶化及竞争压力的加剧,企业的竞争逐渐表现为人力资源的竞争。企业要想增强核心竞争力,必须加强员工培训,可见,员工培训是企业获得高素质人才的重要途径。

一、员工培训的意义

员工培训是企业开发人力资源的基础, 而开发人力资源则是促进生产力发展的重要途径。一个企业,要创造良好的经济效益和社会效益,需要各级各类人才的培养和全体职工素质的提高,所以切实做好员工的培训工作对企业的可持续发展具有深远的意义。

1. 可以增强企业竞争力。通过培训,员工能够掌握正确的工作方式和方法,使他们的工作质量大幅度提高,企业的成本也会因此得到进一步的降低。通过培训,可以加强企业员工之间的沟通和协调,减少部门间的摩擦和冲突,增强企业的凝聚力和向心力,大大提高整个企业的工作效率。因此,员工培训会增强企业的竞争力。

2. 有助于提高企业的绩效。通过培训,使员工获得或改进了与工作有关的知识、技能、态度,员工的个人绩效将得到进一步的提高。企业的绩效是员工个人绩效的集合,员工个人绩效的提高势必会带动企业整体绩效的提高。

3.有利于满足员工个人的需求。很多员工,尤其是优秀的员工,如果在很长时间内能力得不到提高,将会产生茫然感和失落感,在这种情绪的影响下,可能会促使他们离开企业另谋他就,企业将失去大批优秀的人才,因此企业应及时对员工进行相应培训,以满足员工的培训需求。

二、我国企业员工培训存在的问题

我国企业的员工培训工作近几年才刚刚兴起,大多是模仿西方国家的模式,培训工作还存在许多问题。

1. 企业培训工作没有与企业总体目标紧密结合。企业无论为员工提供何种培训,其目的都是为实现企业的总体目标,然而在实际培训过程中,往往容易出现内容、方式、课程与企业总目标联系不紧密的情况,培训只是流于形式。

2. 对培训认识不足。一是不重视培训。不重视培训的表现是多方面的,如:有的企业管理者认为现在的员工想法多,流动性大,花费大量的人力、物力、财力培养了人才,但却留不住人才,为他人做了嫁衣,得不偿失,所以不培训。有些企业认为当前企业效益好,员工的素质还可以满足企业的需要,暂不培训。有些企业认为培训只是人力资源部门的事情。还有些急功近利心态的企业,培训了几次员工,就想立竿见影,马上见效,等等。二是培训"万能论"。一些企业在重视员工培训的同时,又进入一个误区,就是过分强调培训。员工技能不足了,培训;销售业绩下滑了,培训;服务态度不好了,培训;等。只要有危机,就会想到培训,把培训当成是解决管理问题的灵丹妙药。殊不知,人是最难培养的,"十年树木,百年树人",员工成才需要一个过程,有许多不确定因素影响他的成长,仅靠几次培训就解决企业问题是远远不够的。

3. 仅强调培训计划,不强调培训结果。实施培训关键是看培训后的效果。有不少企业非常重视培训工作,但是对于培训结果如何却不太关心,这种培训浪费了大量的时间和人力,效果却不好。

4. 只培训少数成员。这种现象在不少企业都存在,这里有两个误区:其一是有的领导认为培训管理人员应该重点培训那些经过挑选,有发展潜力的人员。每次不管培训什么内容都让他们参加,从而忽视了所有管理人员的培训;其二是认为单位的目前工作最主要。因此,只让那些没什么事的工作人员参加培训,于是培训就集中在某些人身上。造成了"闲人培训,忙人没时间培训,急需人员不培训"的结果。这样的培训没有任何效果。

5. 培训的短视效应,没有为企业的长远发展打好基础。一个企业在其中长期发展中,应该对要达到的中长期目标及早进行预培训,否则到了需要用人的时候青黄不接。业务工作就没办法顺利进行,以至影响企业的整体发展。

6. 培训方法简单,培训过程不连续。新员工只接受到基本的岗位培训,时间一般为一周左右。然后就自己开始独立工作;而且,很多企业只有基本的岗位培训,没有连续的培训方案,进入企业后完全依靠个人的自觉性学习。

三、解决员工培训过程中存在问题的途径

1. 做好企业培训必须转变观念。"性格决定命运,思路决定出路"。不同的思维方式,会产生不同的行为,导致不同的结果。要想做好员工培训工作,首先从企业管理者角度必须对企业培训的意义予以重新认识,重新定位培训在企业生产中的地位,把企业培训看成是关系企业未来生死存亡的大事情。企业管理者要有人才的忧患意识,要明白今天的培训决定着明天的企业竞争力、信誉度和员工素质结构,培训是企业可持续发展的动力保证。如果没有完善的保证机制,一部分企业员工在没有参加培训前勤勉工作,培训之后则忙于跳槽,使企业蒙受较大的损失,使送培单位的管理者寒心。所以,要想做好培训工作,必须转变这种观念。

认识到加强员工培训是企业的需要，对于一些管理机制的问题，则可以通过一些其他措施得以有效克服。

2. 做好企业培训，必须选择受训员工。众所周知，烧制陶胚，如果胚才不佳，再怎么煅制，也不会出精品。企业在送培员工时，除了考虑岗位需要，也应考虑员工自身特点，因势利导，把岗位需要和员工需求结合起来，做到在受训员工选择中注重资质、注重潜质，开发禀赋，挖掘潜能。

3. 做好培训工作，必须拥有足够的教学资源投入。培训教育与学历教育不同，它不仅仅是知识的更新，同时是企业文化的孕育与灌输，通过进一步提高员工已有知识技能，达到企业现阶段的要求。所以一方面要求培训教育的师资队伍的水平要高，要求任教培训的师资既有理论又有实践经验，同时还应有一定的前瞻性。另一方面，企业在培训过程中还应有针对性地对一些仿真系统进行建设，提高学员的实际应用技能，同时根据实际情况，在现有师资无法提供有效培训的时候，合理外聘教师或送学员外出进修。这一切都需要有财力、物质等教学资源的充分保障，才能做好培训工作。

4. 办学方式上以达到培训目标为主，具体形式灵活多样。由于参加企业培训的员工大都是在职人员，企业也不可能为了员工的培训而停产，这就决定着企业员工不可能大量、长期的脱产上学，这就要求企业培训机构在培训工作中坚持原则性与灵活性相结合。根据企业发展，根据员工实际情况，培训时间长、中、短相结合，培训内容理论与实践相结合。

5. 科学设置培训课程。由于培训的针对性，所以培训课程的设置应注重科学性，实用性，前瞻性，有的放矢，重点突出。

四、企业员工培训体系设计

1. 应进行市场需求分析，要了解企业外在的环境如何，企业现在的发展情况怎样，企业未来的可能方向，企业内部的员工知识结构，与企业未来发展差距在哪，差距多少，等等。

2. 进行课程设计。明确了要培训的方向，就可以根据这个方向了解有哪些课程或技能的学习可以对这个目标起到有效弥补或增益，编排课程。

3. 进行动态过程控制。由于培训的员工大都来自其他部门，作为培训机构的管理部门和任教教师对其不可能知之甚深。虽然培训要达到的目标是统一的，但员工的基础直接影响到目标结果发实现。所以要了解员工的已有的知识技能情况，同时在有条件的情况下，安排任课教师之间及与学员之间座谈，商讨最有效的互动教学方法和各课知识的衔接，避免不必要的时间浪费。

4. 进行学习效果反馈评估。作为一个封闭的信息循环系统，反馈环节必不可少。没有反馈环节，无法得知培训工作效果的好坏，也无法尝试更新改进。具体的反馈形式可以有多种：

与受训员工面谈、问卷、对受训员工若干年的追踪调查等，总结经验与不足，为以后培训工作提供有益借鉴。

五、我国企业员工培训未来发展趋势

纵观国内外企业员工培训的理论研究与时间发展，可以看出企业员工培训存在以下几个方面的发展趋势：

1. 企业员工培训的内容从战术性转向战略性；从适应现实工作需要，着重知识技能方面的提高或补充，转向扩展知识、提高能力、增长才干。

2. 企业员工培训的对象从以生产工人为主发展为全员培训，从企业员工培训发展到相关人员培训。近年来，企业员工培训对象还从企业员工扩展到企业相关人员，例如，顾客、合作厂商的员工等。

3. 现代企业员工培训的方式越来越灵活，越来越现代化，引入了许多方法与手段，如电化教学、情景模拟、案例分析、职务轮换、评价中心、行为模仿、挂职锻炼等，使培训更加吸引人，效果也更好。

4. 为了适应科学技术及经营管理的发展，为了满足员工个人成长的需求，许多企业都开展了深入、广泛和持续的继续教育、终身教育等，并且鼓励业余学习。

5. 企业员工培训的社会化趋势。一些企业借助社会力量培训其员工，可以不必再为培训自己的员工而建造培训中心，这样既节省精力又节省金钱。

6. 企业员工培训逐步发展为资格证书培训。无论是企业的管理人员、专业技术人员还是操作人员，都存在着上岗的资格问题。通过适当的培训项目或课程，使他们获得相应的任职资格或技术等级。随着知识经济时代新理念的冲击，企业员工培训将更具文化内涵，融知识性、实用性和开发性于一体，以满足企业和社会对其高素质成员的要求。

总之，员工培训是企业可持续发展的一件大事，决定企业明天的市场份额。因此，企业应该不断加强员工培训，切实做好每一年，每一期的员工培训计划，通过不断培训，加强员工素质，依靠这支高素质的企业队伍搏击商海。

（作者单位：河北省水利水电勘测设计研究院）

集团公司社保经办人员教育培训体系建设探讨

彭方勤　常群力　宋俊杰　曹　琳

社会保障是保障人民生活、调节社会分配的一项基本制度。就统筹推进城乡社会保障体系,党的十八大提出了要坚持全覆盖、保基本、多层次、可持续方针,以增强公平性、适应流动性、保证可持续性为重点,扩大社会保障基金筹资渠道,建立社会保险投资运营制度,确保基金安全和保值增值,健全社会保障经办管理体制,建立更加便民快捷的服务体系等要求。

社会保险是社会保障的核心内容,其政策性、专业性、技术性比较强,对经办人员要求较高。从总体上看,全国经办机构工作人员的理论素质、专业技能和业务能力还不能适应新形势下实施规范化、信息化、社会化管理服务的要求。为了提高汉江集团公司社保经办人员的业务及研判政策的能力,很有必要建立完善的社保经办人员教育培训体系。

2000 年根据《汉江集团公司机关机构改革方案》成立社会保障中心。由原社会统筹养老保险(失业保险)中心、医疗保险管理中心和住房公积金管理中心合并组建,为事业单位(上述中心现有的对内对外名称保留),业务归人力资源部领导。主要任务是:负责研究和贯彻执行国家的有关政策、法规,拟定集团公司的管理制度;办理集团公司社会统筹养老保险、失业保险、医疗保险和职工住房公积金业务;协调处理内、外部业务关系。2006 年根据《社会保障中心机构改革方案》中心内部机构调整,共设四个科室,编制 21 人(其中领导职数 2 人),现有在册职工 18 人,下设征缴科、审核科、财务科、综合科。集团公司各成员单位指定工作人员负责办理各单位的各项社会保险业务。

一、集团公司社保经办的现状和特点

(一)集团公司社保中心的职能

社保中心作为集团公司社会保险经办机构,承担着集团公司社保政策执行者、基金管理者、社保服务提供者的职能。包括:政策执行者、基金管理者、社保服务提供者。

(二)集团公司各成员单位的社保经办职能

社保中心对口的承办社会保险业务的集团公司成员单位共计 43 个,各成员单位负责上报各项社会保险月度及年度征缴报表,负责收集并初审各项保险待遇支付材料。做好社保政策的宣传及解释工作。

(三)集团公司各成员单位社保经办的特点

各成员单位社会保险协管员作为参保职工和社保中心间的纽带，在参保服务、待遇支付、政策宣传等方面起着非常重要的作用。目前各成员单位社保经办存在着如下问题:一是不能做到专人专险。集团公司各成员单位社保经办人员多为财务科或劳资科工作人员兼职办理,大的单位各项保险分工比较细,小的单位一人负责多个险种的具体业务办理。二是人员不固定,变动频繁。受人员退休、单位机构变动、人员换岗等因素的影响,集团公司各成员单位社保经办人员经常发生变动。

二、教育培训存在的现状和问题

(一)教育培训概况

集团公司社保中心每年定期举办住房公积金协管员培训班,就住房公积金政策,住房公积金提取、贷款业务办理等内容进行培训。通过培训加强了住房公积金协管员的业务经办能力,通过对实际工作中遇到的问题进行探讨使业务经办人员更深层次的理解把握政策。每年向二级单位征集公积金业务合理化建议,对优秀者进行表彰。国家及地方政府出台新的社保政策法规后,社保中心组织开展政策培训及解读工作。中心组织编写政策汇编,供职工及社会保险经办人员学习。根据实际工作需求,到二级单位开展社会保险法及医疗保险核销政策专题讲座,增强职工的保险意识。社保中心内部人员根据工作需要定期开展业务讨论会,通过讨论学习政策,交流工作经验。新进人员采用导师带徒模式,通过“传帮带”让新员工快速熟练业务流程走上工作岗位。

(二)教育培训需解决的问题

集团公司社保中心每年制定并实施教育培训，在一定程度上提升了社保经办人员的经办能力及政策把握能力。目前集团公司社会保险经办人员教育培训要逐步细化,形成完整的教育培训体系,并制定教育培训制度。

三、教育培训建设的指导思想和总体目标

(一)教育培训的指导思想

社会保险经办人员的培训工作,以党的十八大重要思想为指导,以全面提高社会保险经办人员的政治素质、业务素质和经办能力为目标,建立规范化、系统化、制度化的培训机制,培养造就一支全心全意为参保职工服务,作风硬、业务精、效率高的队伍,圆满完成社会保险业务经办任务。

(二)教育培训的目标

社会保险经办人员教育培训以社会保险政策法规、业务技能为重点,提高依法行政、开

拓创新和履职尽责的本领,不断增强政治、业务和综合素质。培训实行统一规划,分级负责。社保中心经办人员以提高贯彻执行社会保险政策能力和经办管理能力为主,二级单位经办人员以提高业务技术水平为主。按需施教,学用一致。培训要长期、中期、短期相结合,政治理论、业务知识与社会实践相结合,社保基础理论与新观念、新知识、新技术相结合。

大力推进学习型、服务型、法制型、廉洁型队伍建设,内强素质,外树形象,进一步提高新形势下社会保险经办管理服务水平,提高社会保险经办工作人员综合能力素质,着力打造社会保险经办工作人员务实高效作风,促进廉洁自律建设,达到业务素质明显提高;依法行政和公共服务能力进一步增强的目的。

四、教育培训的对策及措施

(一)教育培训的主要内容

深入了解社会保险经办工作人员思想和职工的需求,遵循按需培训、增强实效、联系实际、学以致用的原则,研究制定各项社会保险的培训内容和重点,设计和丰富授课内容。培训内容要围绕社会保险经办人员应具备的能力展开。

1.学习能力。建立学习型组织,把学习和培训作为促进能力增长的长期工作,有规划有计划地进行。

2.执行能力。建立效能型管理体制、运行机制、组织结构、服务流程、信息系统,按时保质将各项社会保险政策转化为参保职工的利益。

3.管理能力。制定技术标准,规范业务流程,提升管理手段,优化经办模式,打造公共服务窗口。

4.服务能力。树立服务理念,规范服务行为,简化办事规程,敢于信息披露,接受社会监督,反馈及时,满意度高,提供优质、便捷、高效服务。

5.风控能力。加强参保人信息管理、财务管理和社保基金管理,建立风险监测和预警系统,防范道德风险和化解系统风险。

(二)教育培训实施及培训方式

社会保险经办人员教育培训实行外培、内培与自学相结合,建立完善的内培体系,探索网络培训教育。强化业务培训,坚持把经办人员培训学习纳入经办机构能力建设的头等大事来抓,每年分层次、分期、分批次,围绕业务政策、操作规程和新问题研究等内容,对经办人员进行全面培训,大力提高经办人员的政策和业务水平。也可按照业务经办实际,见缝插针,组织好以业务小竞赛、问题小会诊、经验小交流和评比小讲评等具体措施,努力提升经办人员经办效率。

汉江集团公司社会保障中心以社会保障能力建设中心为载体,分期分批地开展社保中心业务经办人的培训、二级单位社保业务经办人员培训。

1. 社保中心业务经办人的培训。该培训计划每年制定计划，不定期举办，分为内部培训及外部培训为主。内部培训分为各业务分管领导对业务经办人员进行国家宏观政策进行培训，以及各项保险业务经办人员，对其他保险业务经办人员，进行本业务相关的政策、法规、经办流程进行培训。内部培训旨在提高社保中心业务经办人员的业务综合能力。

2.二级单位社保业务经办人员培训。根据经办工作需要每年制定计划，不定期举办，重点培养社会保险经办人员的业务经办能力。按照社会保险类型分别对政策、法规、经办流程进行培训，年底根据一年工作的实际情况开展业务合理化建议征集及评比奖励活动。

外部培训：每年积极参加政府部门及上级业务主管部门组织的各项保险业务的培训，及时掌握国家的政策导向，加强与政府机构及上级业务主管部门社保业务经办人员的沟通及业务探讨。参加社会培训机构的专业培训。根据实际工作需要，对相关封闭运行企业的管理模式及政策执行情况进行考察学习。

（三）教育培训评估

评估是培训的重要组成部分，是考察培训是否达到目的，培训方法是否合理的重要方法。培训评价的目的是明确培训对象的知识技能提高是否来源于培训，找出培训的不足，归纳总结教训，发现新的培训需求，算出培训的费用效益，为企业管理层决策提供信息。

社会保险经办人员教育培训培训评估可以从以下三个方面内容进行：

1.社保经办人员的反映。培训结束时向社保经办人员发放满意度调查表，使其对培训讲师的水平、课程内容设计、授课质量以及是否实用等问题进行反馈。

2.学习的效果。对参与学员的培训前后进行业务办理能力进行比较，明确学员培训后其知识、技能和态度是否提高和改观。

3.行为的改变。确定学员是否通过培训改变了行为，可以通过培训后一段时间的观察和记录得知，通过诸如业务办理时效、职工满意度调查等。

（四）教育培训的持续改进

半年进行一次培训工作的总结，评价培训课程、培训实施、培训教材、培训教员、培训效果是否符合培训目标等，并进行必要的培训课程改进和纠正。

（限于版面，本文刊用时删减部分内容）

（作者单位：汉江集团社保中心）

校企合作创新水利人才培养模式的探索与实践

——以长江工程职业技术学院与陆水试验枢纽管理局共建省级实习实训基地为例

汤能见 李振斌

随着我国社会主义市场经济的发展,水利行业的基础性、全局性、战略性地位日显突出。水利水电建设在全国、在长江流域、在湖北区域经济建设中发挥着越来越大的作用。与此同时,我国水利基础设施相对薄弱的状况与国家经济社会快速发展的要求不适应,传统治水观念和水利管理体制与社会主义市场经济体制不协调的矛盾日渐凸显, 现代水利对水利人才队伍建设高标准、高要求的迫切性更加突出。为了确保水利事业的可持续发展,水利人才队伍建设必须采用职工在岗培训与技能人才引进并举的措施。一方面需要持续不断补充新的技能型专门人才,同时需要对现有水利从业人员进行在岗技术技能培训,提高在职干部职工适应水利发展新形势、新要求的能力。在水利水电类专业高素质新员工人才培养与提高现有水利职工队伍素质的职工在岗培训中,水利职业院校和水利企业共建实习实训基地,在水利人才培养培训过程中的作用就显得十分重要。

一、基地的诞生

长江工程职业技术学院是与水利行业有深厚渊源的公办高等职业技术学院。学院始终把为水利行业和地方经济建设培养生产、建设、管理、服务一线的高素质技术技能人才作为根本任务,突出水利水电办学特色,打造水利高职教育品牌,为水利行业和湖北经济社会发展服务。在国家"建设人力资源强国"的号召下,学院抓住全国水利高等职业教育示范院校建设的契机,深入贯彻落实科学发展观,以服务为宗旨,以就业为导向,以发展为主题,以增强水利特色为重点,以合作办学、合作育人、合作就业、合作发展为主线,进一步发挥水利行业高职学院的优势,加强与水利行业企业的全面合作,探索健全校企深度融合的新模式。努力实现以水利为特色,以工科为主体,全面提升学院综合办学水平,全面提升水利人才培养质量,为水利行业和湖北经济社会发展服务的目标。

长江水利委员会陆水试验枢纽管理局是三峡试验坝——陆水水利枢纽的管理单位,负责陆水水利枢纽(包括陆水电厂)的运行管理任务。经过 40 多年的风风雨雨,现已成长为拥有1300多职工,300多技术人员的国家二级水利水电施工企业。除完成陆水试验枢纽建设和管理运用外,还多次派出队伍参加国内外水利水电工程建设。

早在1974年,长江水利水电学校(学院的前身)在陆水试验枢纽工地恢复建校开始,就依托长江水利委员会,将陆管局作为专业实践教学和岗位技能实习实训的重要场所,进行着密不可分的合作,建立了兄弟般友谊。进入21世纪,学校体制由水利部划转到湖北省管理、改制更名为高职学院和2008年学院整体搬迁武汉以后,陆水基地的地位更加重要,建设得到了迅速发展。2012年,根据《省人民政府办公厅关于进一步推进高校实习实训基地建设的意见》(鄂政办发〔2012〕69号)、《省教育厅关于推进湖北高校省级实习实训基地建设的通知》(鄂教高〔2012〕14号)等文件精神,由长江工程职业技术学院、长江水利委员会陆水试验枢纽管理局联合申报了陆水水利水电实习实训基地,在湖北省教育厅、财政厅共同推荐下,通过湖北省教育厅组织专家考察审核验收,被湖北省人民政府授予校企共建的“湖北高校省级实习实训基地”。此后,学院确定陆水试验枢纽管理局实训基地建设列入重点发展规划,明确提出要将陆水实习实训基地打造为湖北省乃至全国水利行业职业教育和职工培训的示范基地。

二、基地的发展

校企共建实习实训基地是学院加强校企合作的重要手段。陆水试验枢纽实习实训基地建设,以培养提高学生和职工的职业实践能力、技术服务能力和职业素养为宗旨,按照“互惠互利、真诚合作、双向参与、共同发展”的方针,在陆水水利枢纽完善实习学生居住及生活区,配套相应设施,实现在工作现场理论实践一体化的教学形式,使教育教学资源进一步优化,建设成适应水利行业职业教育教学与水利职工培训的基地,提高学生教学和职工培训的质量。

陆水水利枢纽实习实训基地在建设的过程中,依照导向性、共享性、效益性的原则,通过广泛的社会调研和反复多次的专家论证,在企业工程技术人员的指导下,建成了集教学、培训、科研、生产于一体校外生产性实训基地。实训基地建设成效得到了同行院校的广泛认可,全国各地多所高等院校的相关专业,都在本基地开展学生的实习实训。

陆水试验枢纽管理局实习实训基地作为重点建设的校外实习基地,成为学院校企合作、工学交替、双师型教师队伍培养的重要平台。为加强陆水枢纽实习实训基地的建设与管理,双方分别设置了相应的管理机构和职能部门。学院与陆管局联合成立了陆水枢纽实习实训基地管理委员会,由学院院长和陆水试验枢纽管理局副局长任主任,下设基地建设领导小组、基地教学管理小组、基地财务管理小组,办公室挂靠教务处,制定了职责与任务,已形成了“学校和企业牵头、系部组织实施、企业专家培训指导、教研室协调管理、后勤部门配合保障”的管理结构，深化和加强了校企间的合作。经过最近5年的建设，陆水基地在基础设施建设方面已经初具规模，现已建成集学生公寓、招待所、教室、食堂、运动室及其他相关活场地于一体，可同时满足约200人的教学、生活需要，是水利、电力、勘测类教学理想的实习实训综合场所。

三、基地的特色

陆水水利枢纽实习实训基地建设，按照“生产性、真实性、示范性、开放性”的原则，围绕“任务驱动、三级实训”工学结合教学模式，以培养学生“职业能力、专业能力、社会能力”为目标，体现校企合作的魅力。校企双方逐步加大投资力度，努力实现融专业实践教学、在岗职工培训、职业技能培训、行业技能鉴定、生产科研服务“五位一体”，是水利行业具有示范引领作用的校企共建实习实训基地。

（一）教学理念新

在实习实训教学的实施过程中，针对实训对象具有“多态性”的特点，根据项目或课程的难易程度、学生技术特长与兴趣爱好等进行合理分向，“因材施教，量体裁衣”，满足不同层次、不同兴趣学员的需求。为保证学生实训学习效果，采取小组形式授课，以项目分析、技术指导、研讨等行动导向教学方式进行，充分调动教育培训对象的积极性。

（二）教学模式特

实践教学包含专业技能单项实训、综合实训（任务实训或仿真实训）、顶岗实习3个层次，形成以专业技能单项实训为基础，以任务实训或“仿真”综合实训为切入点，以校企合作顶岗实习为突破口的“三级”实践教学体系。实习实训以“任务驱动”作为最基本的教学方式，主要以任务包的形式下达，以结果考核加过程考核相结合的形式进行成绩评定。

（三）课程体系实

实训基地的课程体系是在收集了大量的就业信息、企业岗位需求的基础上，结合高职学生和培训职工的特点，本着实用、创新的原则进行规划和设计。以知识、能力、素质三位一体构建实践课程，并全学程贯穿素质教育。以能力模块为教学的基本单元，结合水利行业生产任务，达到“教、学、做”三合一。如“水工综合实习”、“电气运行实习”、“地质综合实训”、“水文测验”等实践环节的实习条件优越，师资力量雄厚，能随时保障实习教学需求。

（四）教学团队优

基地按“双师结构”教学团队和技能培养目标的要求，依托校企合作组织的优势，整合校企双方优秀师资资源，形成了一支优秀的教学团队。一方面，学校选派优秀教师参加基地教学，并以陆管局实习基地为平台，注重教师实践技能的培养培训，提高教师的实践能力；同时聘请陆管局生产一线有专业特长的优秀工程技术人员、行业企业专家、技术骨干、能工巧匠等担任兼职教师,组建了稳定的专业骨干师资队伍。

(五)真实项目教

基地的课程采用“案例教学法”和“项目教学法”,在实习实训教学和项目开发中,所用案例均是来自一线的真实项目或真实开发,可满足水利、水电、测绘、水文等多个专业的有关实习实训。在授课和开发过程中,由有丰富开发经验行业企业专家和有丰富教学经验的教师共同授课和指导,模拟真实的生产环境与真实生产相结合,采取行动导向教学方法。在每门课程的讲解过程中,不但透彻地讲解每个理论知识点,还将一个完整的案例合理地分解成若干模块,并结合相应知识点进行讲解和实践。

(六)管理企业化

基地的教学与培训,所有实训项目和实训课程,从设计到实施,均有规范的流程,以确保实训的质量。按“有好的过程,才可能有好的结果”的理念,将实训项目的过程管理采取规范化管理,注重实训过程的监控,同时遵守实习实训基地合作单位的考勤制度,实行上下班严格考勤。采取阶段式检查和任务目标考核相结合的方式进行成绩评价。加强职业素质教育,让学生了解企业、接触企业,尽快找到自己在企业中的位置。

(七)服务全方位

基地充分发挥师资力量和基地技术条件和环境的资源优势,面向高等学校、水利行业、企业开展科技开发、技术服务、技能培训、职业资格鉴定、行业项目实施等工作,不断提高社会服务能力和辐射带动能力。在基地,学生和学员是主体,教师是服务提供者。教师不但教会学员如何分析、设计、操作,更重要的是影响、引导、教会学员如何做到诚信待人、团队协作沟通、敬业、创新,潜心培养培训新型水利职业人。

(八)辐射作用强

利用与基地合作多年来在培训、教学、实训、项目开发中积累的经验,结合长江水利委员会的资源优势,联合水利行业企事业单位,共同打造仿真与生产相结合、理论与实际相结合,在全国水利职业教育与职工培训中有影响力、令学生和学员满意的实训基地,在水利人才队伍建设的实习实训中,起到示范带头作用。近年来,基地承担了长江工程职业技术学院、武汉大学、华中科技大学、湖北水利水电职业技术学院、西安理工大学等学校 20 多个项目数千人的实训实习教学任务。

四、基地的业绩

(一)安排学生实习实训

全国多所高校的水利、电力、测绘、水文等专业,每年近 1000 名师生在基地进行实习实训。第一阶段是认识实习,学生以掌握基本技能为主,由指导老师带领学生联系到陆水试验枢纽实习实训中心的陆水水力发电厂、陆水自动控制技术有限公司等各二级单位，进行参观、学习和现场劳动；同时了解企业文化、机构设置、人员分工、生产过程、管理内容、坝体形态等，通过认识实习使学生对企业有一个初步的感性认识，为专业课学习打下坚实的基础。第二阶段是跟岗实训，培养综合技能，组织二年级学生深入陆水水利试验枢纽实习实训基地，根据专业分流到各二级单位进行实训，进一步加深、巩固和提高，获得从事生产、管理生产的知识和技能，提高分析问题，解决问题的能力。第三阶段是顶岗实习，即将毕业的学生，在学完教学计划规定的全部课程之后，有针对性地到陆水试验枢纽实习实训基地进行实习，填写顶岗实习报告，进一步认识本专业的工作范围、性质、职责、方法，增强学生的职业素养，为毕业后顺利进入企业工作奠定基础。

（二）企业优秀技术人员聘为兼职教师

以实习实训基地为交流平台，深化校企合作，学校聘请了陆管局一批经验丰富的工程技术人员为兼职教师，成为学校“双师结构”教学团队的重要力量。如学院聘任了陆水水利枢纽试验管理局局长张翾、副局长季晋庭等为兼职教授；聘任了副局长熊传强“楚天技能名师”（湖北省教育厅聘）；聘任了建筑设计院院长葛建国等为专业建设指导委员会委员，指导专业建设；我院水利工程系、电力工程系、勘测工程系分别聘请68名陆管局高级技术人员为兼职教师，参与专业建设、指导学生实习实训、共同开发教材。

（三）提高学院人才培养质量

学院与陆水试验枢纽管理局相互派出专业指导老师和企业专家，双方教学人员在实际中相互研究，形成优势互补，双方人员都得到了理论与实际能力的提高，形成了教学队伍人才优势；在基地对学生采用“零距离，无接缝”培养学生各种专业综合素质，学生在全方位地学习各类专业技能，了解到企业对人才的需要现状，根据自己的不足能对自身的学习计划重新进行规划，加强了知识学习和能力的培养。陆水试验枢纽管理局实习实训基地的建设对教师、技术专家、学生三者在实习实训过程中形成了职业优势。通过和陆水试验枢纽管理局的紧密合作，学院改革了课程体系和教学内容，以市场需求为导向，积极面向就业岗位，建立了全新的专业人才培养模块。为学生提供了一个大型的公共实训平台，切实保证学生实践教学活动，提高实习实训教学效果，实现产学研相互接合，相互渗透，达到学校、企业、学生三方共赢的局面。

（四）促进校企科研合作

基地的建立促进了学院产学研工作。成立校企合作科研办公室，促进产学研结合，使得校企双方在科研攻关、成果转化等方面优势互补，加强合作，取得了一定的成效。为此学院加大对工程施工技术、工程建设管理、工程试验与检测、工程运行与管理、技术服务、课程开发等方面的合作。在科研合作中，学院与陆水试验枢纽管理局实习实训基地在工程建设上共同开发完成很多科研项目。如学院与陆管局技术人员共同承担《国家职业分类大典》6个职业标准的修订获得水利部专家组的好评。校企共同开展职工教育及培训项目开发，根据企业确定的各类培训项目，积极组织优质师资和设施，共同制订实施方案，确保企业委托的培训任务顺利完成。如受陆水枢纽管理局委托招收在职职工，业余时间授课，通过学分制管理完成学历教育的办学模式，学员毕业后在取得职业资格证书的同时还取得本院的成人教育学历证书。

（五）促进学院“双师素质”教师队伍建设

联合开展职业技能培训和“双师素质”教师培养，有力促进了教师职业技能的提升和双师结构师资队伍建设。以“双师结构”教师队伍建设为核心，我院教师和陆水试验枢纽管理局的专业技术人员深度参与基地实习实训教学活动，并逐步建立相对稳定的人员双向兼职和流动机制，组织专业技术人员和高级管理人员担任指导教师，来我院进行专业讲座或接受培训，陆水试验枢纽管理局也接受我院教师到基地挂职锻炼或顶岗工作，提高在校教师的实践能力。如电力工程系多次派教师参与陆水水力发电厂变压器检修和电厂继电保护装置检修。组织师生参加陆水枢纽除险加固工程监理，取得了丰硕的教学、科研成果。

（六）促进校企共管基地的规范化建设

在基地建设过程中，形成了一套规范的管理体系和制度体系，促进了校企共管基地的规范化建设。成立实习实训基地联合管理委员会，全面负责合作基地的建设和运行管理。负责基地的宏观管理、运行和建设资金使用；成立实习实训基地建设领导小组，负责校企合作工作的统一协调和管理，进行合作项目的规划、组织实施和项目管理，实现各类合作项目的资源共享；成立实习实训基地财务管理小组，负责基地的财务、资金使用计划、资产、经济合同等经济活动的指导、管理、督查、审计和经费管理；成立实习实训基地教学管理小组，组织管理学生在实训期间的所有具体工作，保证学生所处的工作环境都是真实环境，执行的规范都是职业标准，实训的项目和学生今后所从事的职业及工作岗位要求一致，使学生能在实际工作岗位中进行职业规范化训练。

（七）校企深度合作实现双赢

学院以省级实习实训基地为平台，与陆管局在师资交流、企业文化宣传、教师下企业锻炼、企业职工培训、科研开发及工程项目实施等开展了全面深入、卓有成效合作，为学校提高教师双师素质和学生职业技能与素养、企业提高干部员工技能进行了有效的探索。组织部分教师与陆管局技术人员共同开发教材，如已编制《水工混凝土质量监测》《水利水电建设项目档案管理》《国际工程合同管理》《国际工程索赔》《水利工程施工试验与检验》《水利水电堤坝工程实验检测与无损检测技术》《档案管理学》《水利水电工程资料整理汇编》《机械安全工程》《建筑工程安全技术与管理》《发电厂及变电站电气设备》《电气运行》等10本专业教材。

通过实习实训,学院为陆管局和水利企业储备了大量的人才,涉及水利水电建筑工程、电气自动化技术、发电厂及电力系统、建筑电气工程技术、土木工程、水文与水资源等为企业的发展奠定了良好的基础,同时又减少了企业的人力成本,增强了员工对企业的认同度与忠诚度。近几年,先后有168名毕业生被基地各二级单位录用。

五、建设体会与经验分享

陆水基地经过四十年的发展和近十年的完善,从最初依靠体制和情感纽带,企业仅仅为学校提供实习场所,到现在校企共建共管基地,共同开发实训项目和内容,共同制定人才培养方案,共同开展教科研活动等全方位的校企合作,实现了基地功能质的飞跃。

(一)制度保障

学院专门成立了校企合作办公室,负责全面协调校外实习基地的管理与运行工作,并制订了全校统一的《实习实训基地使用与管理实施细则》。同时校企合作办公室会同相关系部进行不定期检查、评估基地实习情况,不断完善校外实训基地有关制度和企事业扶持政策,使企业和学院在"校企合作"的过程中实现共赢。

(二)经费支持

学院的经费优先支持实训教学,在利用中央财政支持实训基地建设的过程中按照1:1配套,并且通过企业共建,产学研合作等多种渠道进行筹资建设。企业在共建过程中,在规定允许的范围内,提供了无偿的资助,充分展示了国企人的社会责任感。

(三)组织保障

成立校外实训基地工作组。工作组组长由系主任担任,成员是水工教研室的骨干教师。工作组主要负责与企业定期沟通联系,组织和实施实训教学项目以及开展各项产学研活动。

(四)专家作用

学院成立由区域内行业、企业、主管领导和楚天技能名师及教学骨干教师组成的专业建设指导委员会。充分发挥专家们的指导作用,不定期地听取他们对校企合作实训基地建设的意见,合理设置实训任务,制定实训教学计划和教学大纲,力求专业实训与生产工程零距离。

长江工程职业技术学院与陆水试验枢纽管理局的合作,为校企合作提供了加强水利人才培养的案例。随着中央和地方政府大力推进现代职业教育,不断在政策制度及经费上给予大力支持,校企合作必将不断深入,走进更深层次的发展,实现你中有我,我中有你,互惠互利、合作共赢的局面。

(作者单位:长江工程职业技术学院)

土建类“校企双赢”式人才培养模式研究

——来自相关企业和个人的调查

何向红　张　信　王　瑾

一、导言

(一)研究背景

近年来,随着我国交通事业迅猛发展,土建类专业人才需求异常旺盛。尤其是职业院校纷纷开设土建类专业或专业方向。如何培养出符合行业要求的土建类技术技能型人才是每个学校共同面对的实际问题。土建类专业技术的课程具有专业性强和操作性强等特点,而且土建类专业技术的教学内容和教学实施目前仅仅局限于学校的相关实训场所,没有很好地模拟工程实际环境,导致了学生学习兴趣不高、主动性不强等现象比较普遍,研究如何根据专业教学特点,整合校企资源,共同培养出适应行业要求的土建类技术技能型人才是当务之急。

(二)国内外动态

目前,较发达的国家和地区,职业教育校企合作办学方面形成了比较成熟的模式。如美国的“校企契约”模式:通过政府和工商协会的组织介入,约定院校与企业之间建立合作关系;英国的“工读交替”模式:由政府发动企业参加职业教育;法国的“学徒培训”模式:半工半读或工学交替;澳大利亚的“新学徒制”模式:政府推出的培训计划;韩国的“产学合作”模式:规定企业员工要接受“在职培训”。我们可以发现,这些校企合作模式主要是通过政府主导,并没有建立在双方资源共享,优势互补,共同需求的双赢基础上。从目前国内校企合作发展状况看,学校的积极性往往要高于企业,通常是学校单方面热情去洽谈,而相关企业所表示出来的兴致并不高。校企双方在合作上以学校投入为主,企业相对被动。

(三)目的意义

学校和企业属于不同的载体,高职学校的任务是培养技术技能型人才,属于公益性质;企业则是以追求利润为第一要务,属于商业性质,但利润要通过人才的高效劳动去获得。从求同存异的角度出发,只有开展“校企双赢”的合作模式才能使两者的利益最大化。

本课题所研究的土建类专业“校企双赢”人才培养模式,就是要在学校与企业、行业之间架设一座桥梁，在人才培养、教学研究、技术研发以及人员培训、资源共享、信息互通等方面形成互利互惠、优势互补的合作模式。亦即在我院现有校内实训中心的基础上，积极与校外实训基地相互交流、学习，将企业先进的技术和设备以及优秀的专家资源有效利用起来，充分发挥校内外两个实训基地的作用，不断充实教师及学生的知识水平和动手能力，同时也能满足企业用工要求，通过合作培训提高职工知识理论水平。基于这种“校企双赢”的人才培养模式，有效寻找两者均衡利益的突破口，最终达到学校和企业双赢。

二、研究思路和方法

（一）研究思路

以湖北省建设行业对土建类人才的需求为依据，把人才培养目标确定在培养交通、土建等建设企业一线具有独立进行施工及检测能力的高端技能型人才上，以校企合作为平台，以工学结合为途径，以实训基地为纽带，以校企双赢为目的，着力寻求人才培养模式的适用性和创新性。

（二）研究方法

本课题在研究过程中涉及以下几种方法：

1. 调查法：深入兄弟院校进行交流学习，了解当前土建类专业技术专业建设的教学现状；深入行业、企业进行调查，了解土建类行业对专业技术人员知识、能力和素质的要求，并且了解岗位的工作职责、工作内容、操作方法和设置情况。

2. 文献资料法：利用网络和图书馆资源，进行相关资料的查询，了解国内外土建类专业“校企双赢”模式的校企合作的动态，有效利用相应成果。

3. 归纳演绎法：经过以上的调查、调研及文献资料查询，将相关信息进行整理和归纳，探索出土建类专业“校企双赢”的有效突破口，并应用、服务于人才培养模式研究。

4. 专家讨论法：不定期召开了会议，邀请课题组的专家及校外土建类单位技术部门的专家，讨论如何科学、合理地设置职业岗位和工作任务，培养符合企业要求的土建类专业人才，共同探讨人才培养模式研究中的问题与不足。

5. 行动研究法：土建类专业人才培养模式最终要运用到学校的教学实践中的，适合边研究，边实践，寻求合理可行的合作模式，并用实际过程去检验，使合作模式更加有效可行。

三、调查结果及分析

（一）调查方式

本调查在三类人员中进行调查：企业管理人员、一线施工技术人员和在校学生及顶岗实习学生。

在调查中主要采用的资料收集方式是自填式问卷法，当场作答，当场回收，调查员对填答有困难的调查对象进行相应指导。另一种方法是通过网上分发问卷传回答案的形式进行土建类专业“校企融合”人才培养模式研究与实践的问卷调查。

同时，课题组非常重视实地调研工作，先后走访了中国水利水电第五工程局有限公司第五分局、中水电四局武汉分公司、中建三局第一建设工程有限责任公司、中建钢构有限公司、中交第二公路勘察设计研究院有限公司试验检测中心、武汉中交试验检测加固工程有限责任公司、湖北长江路桥股份有限公司、中铁大桥局七公司等企业。与相关领导和技术人员进行了校企合作方式的交流和座谈，并通过现场填写调查表形式进行了解。

本次调查采用网上调查和现场调查相结合的形式，通过认真的资料整编，剔除不合格答卷，共回收企业有效问卷 38 份，个人有效问卷 220 份。

（二）调查结果

具体调查结果主要反映在以下方面：

1. 调查对象主要为国有企业，民营企业不多，调查人员主要为男性，女性不多，这些与该工种的职业性质有很大关系（图 1 和图 2）。

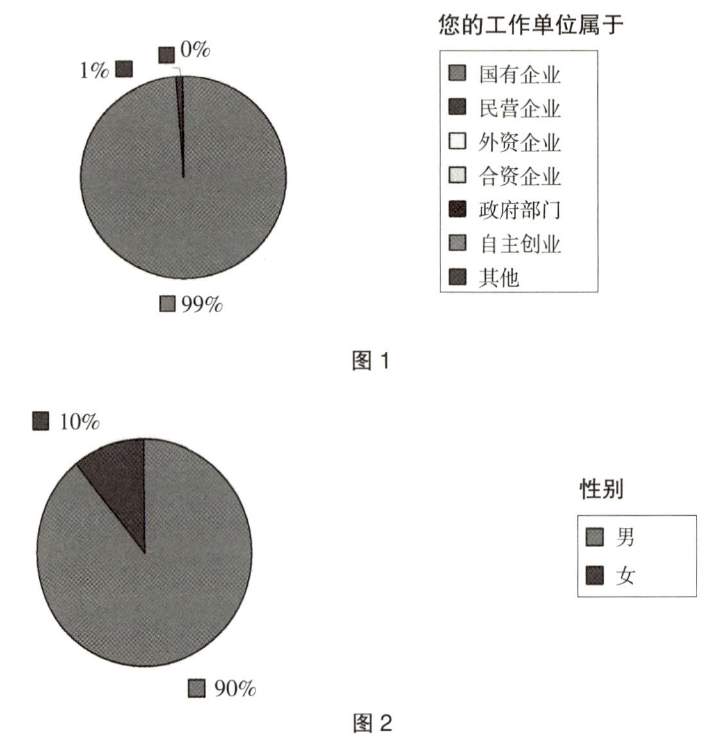

图 1

图 2

2. 被调查者都认为，“校企双赢”培养土建类人才的模式具有很大优势，具体方面见图 3。

贵企业认为本专业“校企双赢”人才培养具有哪些优势(可多选):

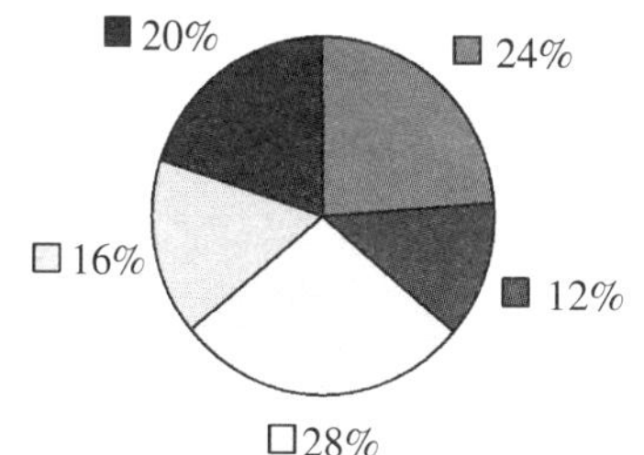

- 学校能够讲授系统的理论知识
- 企业具有先进技术及设备
- 企业具有真实的工作环境
- 学校具有相应的实验实训场所
- 可以利用企业优质师资,缩短学生的工作适应期

图 3

3. 目前企业在“校企双赢”合作方面最希望得到学校帮助的是解决用工困难、职工人员培训以及在科研技术攻关和实训室建设等方面得到院校的支持(图 4)。

请问贵企业希望职业院校能够提供哪些方面的服务或开展合作?

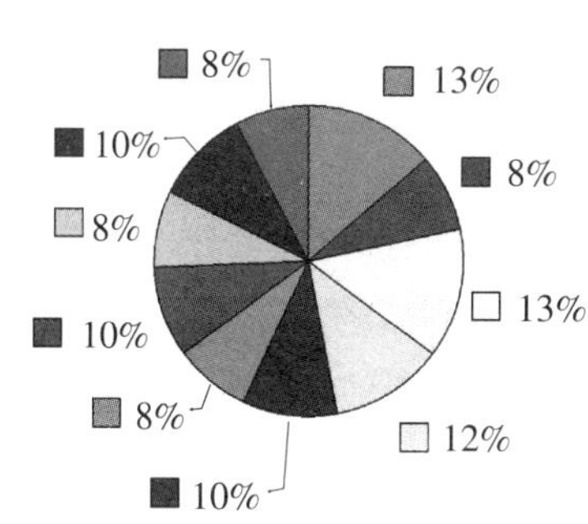

- 为企业开展员工培训
- 为企业进行订单培养
- 为企业提供毕业生
- 参与人才培养方案的设计与实施
- 共建实验室(检测中心)
- 学生参与实习、实训
- 教师参与实践
- 设备仪器资源共享
- 企业员工担任兼职教师
- 企业专家开设专题讲座

图 4

4. 我国目前校企合作的主要影响因素首先是政府政策引导不够,缺乏合作机制和合作平台。同时,由于企业的生存与获得的利益密切相关,此项也是较大的影响因素(图 5)。

您认为本专业“校企合作”人才培养面临的主要问题有哪些(可多选)

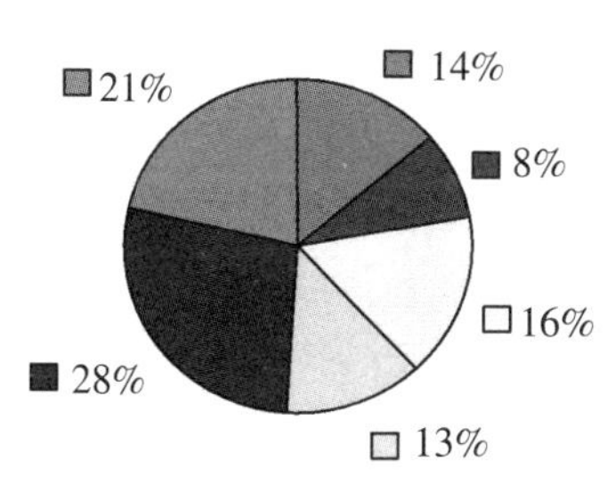

- 缺乏政府相应的政策引导
- 企业获益较小
- 缺乏合作机制
- 学校缺乏主动性
- 缺乏校企双方交流的平台
- 学校与企业工作性质不同导致具体实施难度大

图 5

5. 对于校企合作意义，企业和个人都有较清醒的认识和积极态度，部分企业家看作培养人才、促进企业发展的有效途径(图6)。

贵企业认为本专业"校企双赢"人才培养的意义有哪些(可多选)：

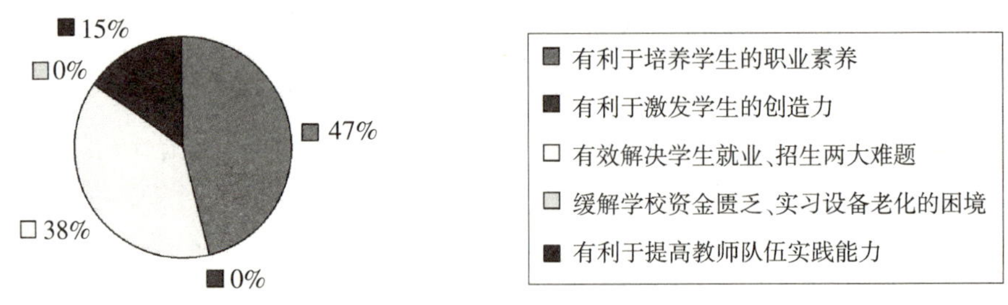

图6

6. 目前大家比较认可的校企双赢人才培养模式形式主要有：共建实训基地、订单班、顶岗实习模式、教学见习模式等(图7)。

贵企业认为本专业"校企双赢"人才培养适合的模式有哪些(可多选)：

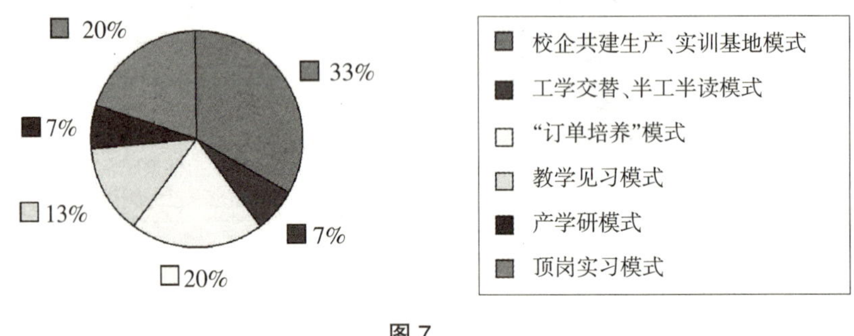

图7

7. 几乎所有企业对毕业生的要求均主要反映在要求综合素质高、技术技能性强方面(图8)。

您认为单位选人用人最关注哪些方面的素质：

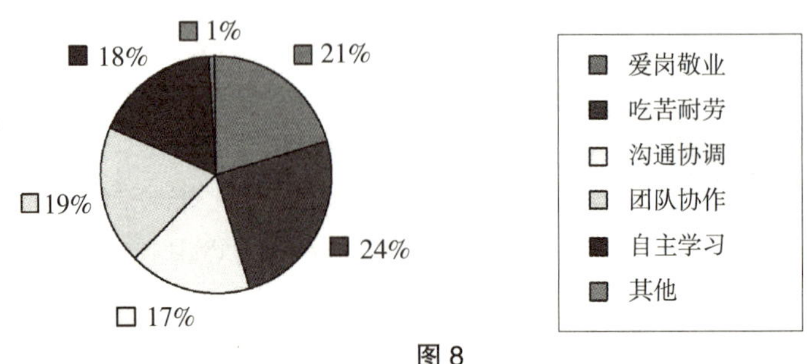

图8

（三）问题分析

综合以上分析，可以清楚地看到：校企合作的顺利进行与否，主要影响因素是政府引导，政策执行机制；学校和企业双方缺乏交流共享的平台，双方合作的愿望得不到充分的展现；即使有愿望合作，也因缺乏合作机制而执行难。同时也应看到，目前很多企业还只是面临自身利益需要时才热衷于合作，并没有上升到社会责任感。这个与国家层面上的政策引导有很大关系。

目前校企双赢的合作模式主要是：实习实训基地共建、订单班式人才培养、顶岗实习模式以及教学见习模式等。至于产学研一体化模式的实现有待于更深层次的合作。

之所以这几种形式比较多，首先是我国教育体制一直是学历制为主，知识的传授为上，学校教育缺乏实际生产的实际场景，所以对实习、实训的要求比较迫切。其二是人才需求是企业市场化所面临的迫切任务，所以要培养适应企业所需人才，必须采用“订单式”培养方式，做到人才供销两旺，另外，从高职学生学习阶段来看，顶岗实习阶段实行校企合作方式是保证实习效果最好的方式。既能避免学生漫无目的地找实习单位，防止专业不对口，又能克服甚至出现实习轮空的现象。其他如教学见习、工学交替形式等也在不同程度上满足了人才培养要求。

四、主要结论及对策

综上所述：开展工学结合，实行“校企双赢”的土建类专业人才培养模式，已经被越来越多的学校接受并实施，虽然该模式在实践中还面临许多具体困难，但有着强大的生命力。随着这些年的发展和探索，“校企双赢”的人才合作模式，已有一些较成熟的形式，但是这些形式要达到完全的实行，还要经过一个漫长的过程，目前各职业院校都在积极寻求、摸索各种模式的实行可行性，基于模式的适用性，还要视具体校企合作的双方情况而定。

对“校企双赢”进行探索与研究，将有利于找到学校和企业合作的突破口，围绕这个突破口进行思考，打破两者的合作壁垒是迫在眉睫的任务。

针对以上思路，为了更好地促进“校企双赢”合作模式顺利实施，建议采取以下措施：

1. 校企合作可以以共建生产、实训基地为切入点，签署合作协议，以法律文件形式来保障双方合作机制，并经常召开交流会，增进互信，建立畅通的交流平台。促进合作的稳定性和长期性。

2. 企业具有真实的工作环境，学校在土建类专业技术教学场所可以部分在企业中进行。学生的实习实训、顶岗实训可以在企业进行，并签署相关协议保障实训正常进行。

3. 企业和学校可在共建实验室、教师参与实践等其他方面开展合作或服务。

4. 除了上述重点技能外，教学中还要注意工程图识读、施工与管理能力的培养。

5. 为了改善企业中性别比例严重失调的状况，稳定员工队伍，可鼓励更多女性毕业生从事检测工作。

6. 土建类专业是一个发展潜力巨大的岗位，目前从业人员不多，待遇较为优厚，有着较好的就业前景。

7. 企业特别关注毕业生拥有此专业的职业资格证书，建议充分鼓励学生重点学习这方面的知识，同时学校可帮助企业培训员工参加考试。

8. 注重对毕业生进行综合素质的教育和就业指导，具备耐得住寂寞、细致认真、反复求证的品格，对于从事土建类职业尤其重要。

9. 注重合作中的沟通、协调和管理，双方应有专人负责联系和沟通，及时调整相关政策，保证合作的通畅性；完善测评制度，使学生成绩与岗位安排、工资级别挂钩，提高学习动力；充分注重学生的职业素养和企业文化素养的熏陶，实现学生的合格输出。

五、总结

综上所述，土建类专业的培养方向应该从行业生产一线对技能型人才的急需出发，在施工、检测、造价等专业领域实施技能型紧缺人才培养工作。建立校内外实训基地和校企合作的长效机制，优化教学和实训过程，探索新的培养模式。坚持为经济结构调整和技术进步服务，为促进就业和再就业服务的办学指导思想，树立以就业为导向，以全面素质为基础，以能力为本位的教育理念，提高职业教育对社会的反应能力，缓解市政行业技能型人才的紧缺状况，促进职业教育的改革与发展。

（作者单位：长江工程职业技术学院）

水利人才教育培训的实践和探讨

——以广西水利人才教育培训为例

余金凤　陆克芬　马雪娟

水利是现代农业建设不可或缺的首要条件,是经济社会发展不可替代的基础支撑,是生态环境改善不可分割的保障系统,具有很强的公益性、基础性、战略性。加快水利改革发展,不仅事关农业农村发展,而且事关经济社会发展全局;不仅关系到防洪安全、供水安全、粮食安全,而且关系到经济安全、生态安全、国家安全。多年来,广西水利厅十分重视人才队伍建设,采取各项措施,做了大量工作,取得了一定成效。但是,整个水利系统仍然存在人才总量不足,基层水利相关专业人才严重缺乏,专业人才的匮乏已经对基层水利工作产生了较大影响。

一、广西水利职工培训的现状

(一)水利专业人才总量不足

由于水利项目建设、防汛抗旱等工作,面广量大,需要大量专业技术人员。但由于体制、机制、待遇等原因,进入基层的水利专业人才不足以满足工作的需要。

(二)水利系统职工学历低、职称低

学历偏低。各市本科以上学历所占比例不足20%,大专所占比例不足25%,高中及以下比例超过50%。专业技术职称偏低。各市高级职称所占比例低于5%,甚至有的县级水利局高级职称为0人,中级职称大约50%,中级以下约45%。

(三)水利类专业人员比例极低

各市水利系统水利专业毕业生比例均不足30%。水利工程管理单位严重缺乏工程技术人员,部分小型水电站运行工作人员缺乏专业知识,运行过程中仅靠经验判断,乡镇级水利管理站水利类专业人员短缺严重。

(四)年龄结构不合理

各市专技人员平均年龄超过40岁,部分管理单位20年来未招人,最年轻职工超过40岁。年龄结构出现明显断档,人才培养青苗不接。

（五）水利系统工资待遇低，导致人才流失

由于体制机制及财政等诸多原因，县、乡级水利单位员工待遇较差，入编难，加之基层水利工作专业性强、条件艰苦、上升空间不畅等诸多因素，导致县、乡两级引进水利专业人才难，留住人才更难。

二、实施人才培养重点工程取得实效

“十二五”期间，广西水利厅着眼于实施党政干部人才培养工程、青年干部人才培养计划、高技能专业技术人才培养计划、基层水利人才专业能力提升工程等。截至 2014 年底面向基层、厅属单位水利干部职工举办各类培训班 154 个，培训各类人才 2 万多人次，同时组织水利系统人员参加各类培训 133 万人次，投入培训经费 1.4 亿元。人才队伍培训取得了显著效果，主要措施如下。

（一）加强党政人才培养

按照加强党的执政能力建设和先进性建设的要求，全面加强领导干部的理论学习、党性修养和实践锻炼，突出抓好履行岗位职责必备知识培训。2011–2014 年间，共培训广西水利系统党政干部 8.5 万人次。水利厅分别举办了处级干部培训班、水利专业技术人才高级研修班、青年干部培训班、公务员培训班等，进一步加强党政人才的培养。

（二）加强专业技术人才培养

实施专业技术人才知识更新工程，每年开展以水利规划设计、水资源管理、建设管理、农村水利、防汛抗旱、水土保持、水利科技、水文和水利信息化等为重点的专业技术培训，2011—2014 年间，共培训水利系统专业技术人员约 20 万人次。

（三）加强基层水利人才培养

针对缺乏水利专业背景和工作经历的基层水利领导干部和乡镇水利站长，以提高水利政策理论水平、推动水利科学发展能力和提高水利实用技术水平与服务管理能力为目标开展培训。“十二五”期间，水利厅举办了 5 期县市水利局长培训班，6 期乡镇水利站长培训班，各市也分别举办基层水利人才培养班，进一步加大了基层水利人才的培养。

（四）加强技能人才培养

大力开展水利行业职业技能培训和职业资格鉴定工作，加强了水利职业技能鉴定质量管理，高级技师和技师评审及职业资格鉴定纳入水利部职业技能鉴定指导中心管理。“十二五”期间，培训技能人才 5535 人，其中高级技师 61 人、技师 734 人、高级工 3041 人、中级工 1095 人、初级工 604 人。

三、水利职工培训的效果分析

(一)人才队伍文化素质不断提高

“十二五”期间,积极实施基层水利人才学历提升工程,同时依托高校,在全行业范围内开展水利继续教育活动,水利人才队伍学历层次得到提高。“十二五”末,水利系统大学本科以上学历人员的比例提高到 21.77%;中专以上学历人员的比例提高到 66.37%,如图 1 所示。

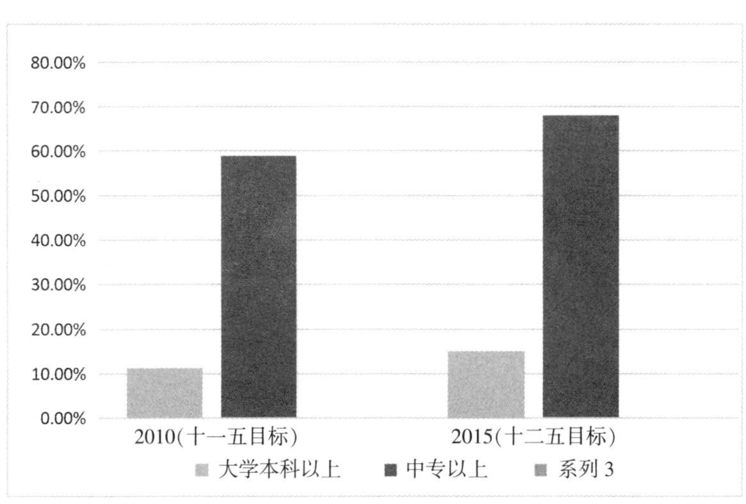

图 1　学历结构变化

(二)人才队伍结构进一步优化

进一步深化职称制度改革,完善专业技术人才评论办法和评价标准,由图 2 可见,职称结构得到了很大的提升。

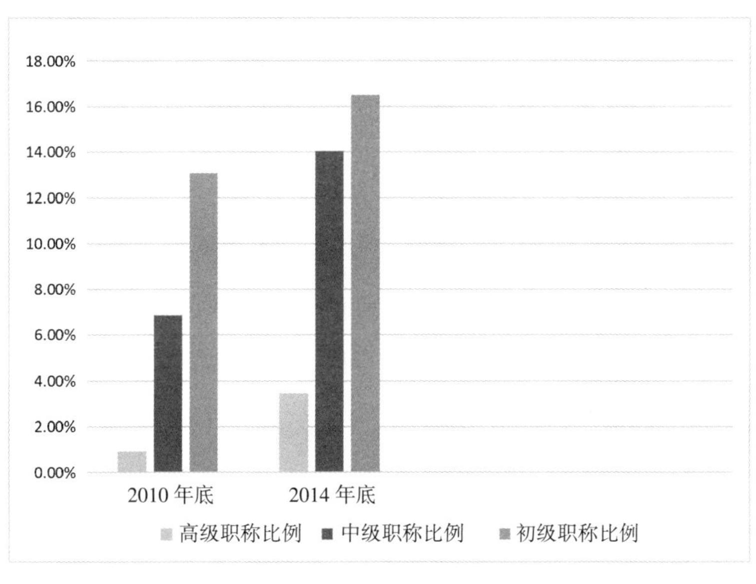

图 2　职称结构变化

截止到2014年末，广西水利系统职工队伍总人数为26368人，其中党政人员4444人，专业技术人员6855人，经营管理人员1253人，工勤技能人员13816人。其中的学历结构如图3，职称结构如图4。由图可见，学历结构中专以下的占60.31%，中初级职称占49%，接近一半，因此，水利职工教育培训工作仍需要进一步加强。

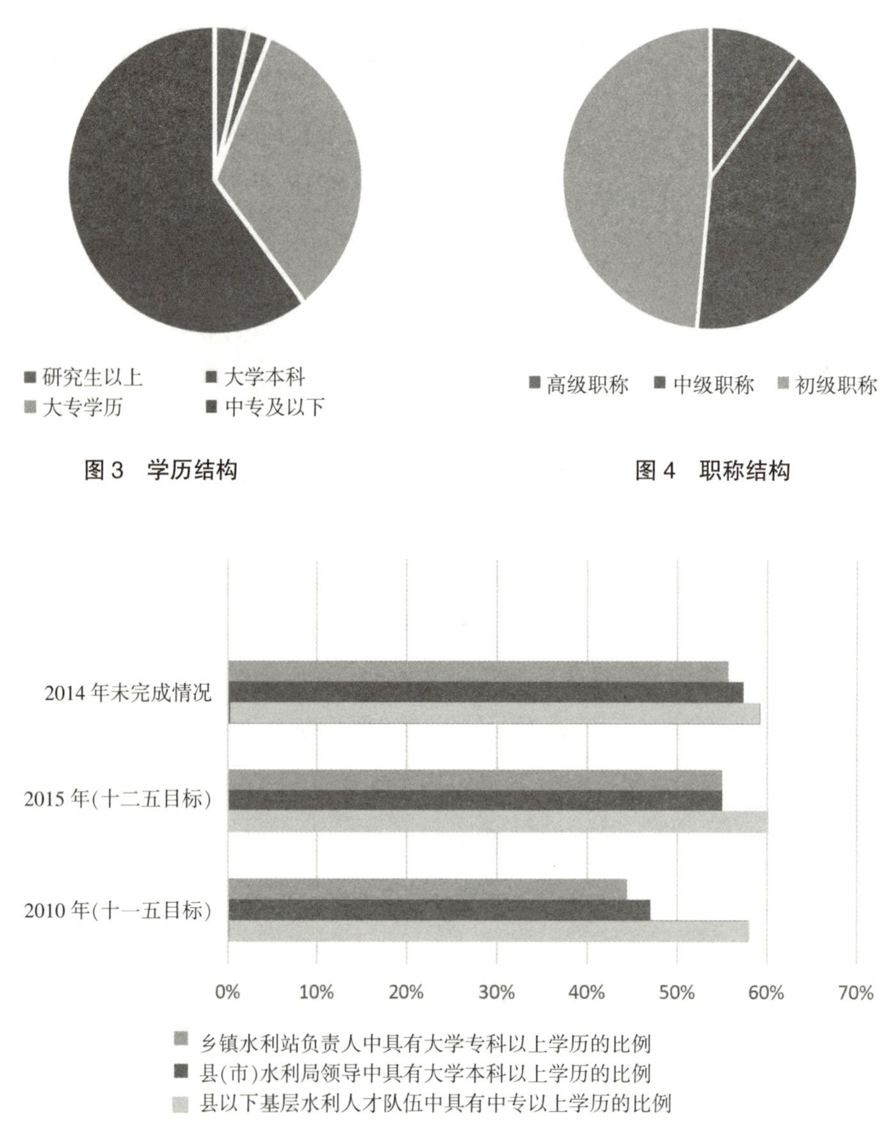

图3 学历结构

图4 职称结构

图5 基层水利人才职称结构指定完成

(三)人才分布逐步趋于合理

“十二五”末，基层水利人才短缺局面得到改善，2014年末，县以下基层水利人才队伍中具有中专以上学历的达到59.28%，县(市)水利局领导中具有大学本科以上学历的比例达到57.36%，乡镇水利站负责人中具有大专以上学历的达到55.71%，见图5所示。人才分布逐步趋于合理。

四、水利人才发展存在的问题

“十二五”期间，人才教育培训制度建设得到强化，人才教育培训工作顺利开展，人才队伍建设取得了良好的成效，但仍存在一些突出的问题。

（一）各类人才之间发展不平衡

1. 基层水利专业人才短缺

基层水利队伍人员中水利专业总人数所占比例过低，仅占30%，非水利专业人数构成比例占70%。因此大力引进水利专业人才工作仍需进一步加强。

2. 高技能人才比例偏低

技能人才中具有技师和高级技师资格的人员比例较低，仅占技能人才比例2.64%。

3. 专业技术职称人数偏低

基层水利队伍中具有专业技术职称的人数较少，基层单位中高级职称人数也比较少。

4. 高层次人才缺乏

广西水利系统高层次人才缺乏，特别是学术技术带头人、青年科技拔尖人才尤其缺乏。

（二）培训经费投入不均衡

人才队伍教育培训投入规模得到进一步加强，但是基层水利人才培训投入还不平衡，基层水利站所的经费普遍比较困难。由于受财政体制的限制，未形成多元化人才发展投入体制。

（三）人才工作管理人员素质还需进一步提升

人才管理的信息化建设和信息化水平还较低，水利系统人才发展研究和人才研究成果仍需加强。

五、加强水利人才培训建议

（一）培训内容多元化

1. 全员性培训

包括有水利基础知识普及性的全员培训；水利新政策与新技术的全员培训；水政水资源管理、水利水电工程建设管理等知识的培训；水利干部职工道德素质教育、政策法规教育、党风廉政教育等方面的全员培训。

2. 岗位性培训

如业务岗位普遍需要行业管理知识，特别是行业管理操作实务与处理的培训；工程招投标管理知识和技能的培训；水利信息化（计算机应用）知识和技能的培训；水利水电工程建设管理知识和技能的培训；防汛抗旱(山洪灾害防治）知识和技能的培训；水利法规和管理制度知识的培训；管理岗需要政务处理综合知识培训，如水利公文写作、水文化建设等内容的培训。

3. 个性化需求培训

如工作人员初任或轮岗时，进行工作交接和经验交流等岗前培训；后备干部竞争上岗知识培训；报考水利岗位资格考试的人员的考前辅导；申报职称的相关培训等。

(二)培训形式多样化

1. “集中面授”式的培训

大范围大规模综合性及视频培训效果一般，很难达到培训目的。而集中面授，特别是封闭式集中面授，效果最好。

2. “巡回讲课”式的培训

面对全员的基础知识类培训，集中授课会产生过高的培训费用，且太多人员离开工作岗位也不现实。因此，可以采取统一安排时间、统一组织实施，到各基层单位进行“巡回讲课”的办法。

3. “点菜定单”式的培训

各地区自然条件不同、人员组成差异以及工作侧重点不同，需要专门针对某些业务进行培训等。可以通过送课上门，提供“点菜定单”式的培训。

(三)培训时间灵活化

水利工作要持续的防洪抗旱，基层技术人员工作量多任务重，因此离岗参加培训的时间不宜太长，进行 5~7 天的短期培训较好；而业务骨干、专业人才培养等类培训，进行 1~3 个月左右的集中封闭式培训；针对性较强的专门业务能力培训，由于内容比较单一，则进行 7~10 天中长期培训；更新知识或水利基础知识类培训，3~7 天的短期培训为宜。

(作者单位：广西水利电力职业技术学院；广西壮族自治区水利厅)

水利职工远程教育培训网络平台建设研究

王启田　申加亮　张殿明　崔维群　黄　山

一、水利职工远程教育培训网络平台框架构建与探索

通过对水利行业兄弟单位的大量调研与分析，也认真总结了山东水利职业学院的经验，同时也与培训单位与学员深入沟通交流，对水利职工远程教育培训网络平台做了如下的探索与研究。

（一）平台设计原则

水利职工远程教育培训网络平台作为促进水利事业发展，提高水利职工素质，提高生产效率，最终服务国民经济的信息网络产品，应能全面提供相关资源的对接窗口。涉及水利行政部门、培训机构、水利企业和有需求的社会人员等众多服务对象。网络合作组织相对有一定的广度和社会复杂性，故设计原则应符合系统可靠性、开放性、和高效性的原则。

可靠性。平台设计应考虑网络环境下各类用户资源的需求与接入。近年来随着互联网的高速发展，互联网犯罪的次数逐年上升，其犯罪手段也越来越多，水平越来越高，网络资源的接入，设计项目的承接，成果的推介，甚至涉及一些经济、个人方面的信息，所以平台设计应首先保证其可靠性。另外，在保证可靠性的基础上，应及时便捷的接受更多的网络用户，不断持续丰富水利及相关服务资源，这就需要我们管理员具备一定的专业性，需要及时可靠的审核注册信息。

开放性。在开放的平台上参与者以低廉的成本，便捷的手段丰富自己的知识。无论是个人和企事业单位团体都可以在平台上自学或者定制需要的知识模块。基于互联网的包容性，平台应尽可能多的接收用户，意味着更多的水利从业人员得到素质的提高，也意味着水利系统在人才使用上有更好的选择。所以，平台设计应遵循开放性的原则。

高效性。平台的建立的目的之一是利用互联网的优势，降低成本，提高办事效率，拉近地域空间距离，方便快捷完成远程培训。这就需要网络的办事流程要具备简洁、智能的特征，在大数据背景下，通过历史数据的记录和分析，及时更新培训模块，系统自动评价知识模块和培训指导教师的受欢迎程度，及时修正和更新不合适的地方。同时平台应注重整合相应资源提高效率，如：可聘请相关水利专家定期参与网络互动或技术论坛。

（二）平台设计的目标和依据

准确合理的原则制约是前提，平台体系还需具备目标明确、依据可靠的条件才能搭建成功。

水利职工远程教育网络培训平台设计的目标是：将目前国内已经成熟的现代远程教育技术和成功的远程教育管理经验用于水利职工培训，积极探索适应现代水利的水利远程网络培训的新体系，从制定计划、实施、设计思路、设计内容、技术支撑、模块确立、模块建设、资源建设、资源管理、考核、评价，设计要素、运行保障等各个方面综合考虑，以达到高效、高质量的培训效果，保障培训的顺利进行，推动水利职工远程培训的发展。

构建水利远程网络培训体系的依据：一是尊重需求，适应客观条件，重点解决优化资源共享、工学矛盾、提升培训效率、政策保障、运行监督、资金保障等；二是要规范水利职工培训的组织管理过程；三是加强与水利背景学校之间的优势互补。

此外，课题系统设计上还从以下几个方面进行了分析研究。

第一是远程培训体系是建立在对行业的需求、经营、发展以及行业特点等的深入调研分析的基础上。这些是培训系统平台的生存环境，只有在对以上这几个方面做了充分的调研分析之后才能为行业设计出符合自身持续发展的、高效的培训体系，有针对性地为行业培养出所需人才。否则，培训体系的有效性及发展前景将大打折扣。

第二是远程培训体系的技术架构和功能模块的设定。远程培训平台的技术架构的适用性是整个培训体系能否高效运转的基础。远程培训平台是互联网技术、通信技术、多媒体技术、虚拟技术等信息技术发展、成熟后的必然产物，信息技术的不断发展必将为未来的远程培训系统带来更高的效率和性价比。合理的技术架构应能适应新技术的不断发展，系统的升级和兼容性意味着一定时期内培训系统更低的运营成本。功能模块设定的合理性能更合理的解决时间和空间矛盾，也为培训师生利用平台提供了更大的便利，进而提高了培训的高效性。

第三是远程培训体系应具备更大的容纳性。水利职工数量庞大且组成复杂，水利行业的行政、企业属性不同、层次不同要求培训平台必须具备更广阔的容纳性。水利职工培训平台设计时应充分考虑到成人学习者的特殊性，有针对性地采取多样化、多层次的培训手段及内容，以高效性为目的兼顾培训效益。

第四是远程培训平台对导师的素质要求提出了更高的要求。现代教育理论的发展和信息技术的不断更新，远程网络环境的特殊性也要求培训导师必须刷新教师角色，网络培训要求导师必须具备出色的引导、设计、创新、开拓、研究等方面的综合能力。

第五是远程培训体系的运行保障必须得力。首先是健全机制，健全的组织管理机制能为整个培训体系起到保驾护航的作用。明确的继续教育机制和激励机制是提高水利职工培训积极性的重要因素。其次，系统的组织管理和公平合理的考核、监督机制是保障培训平台顺利运行、健康发展的基础。

（三）平台框架设计

整体框架设计是水利职工远程教育培训网络平台建设的核心要素，关系到平台建设的成败，关系到平台能否得到广大用户的认可。整体框架设计上要以方便、高效的服务理念，紧扣促进水利事业大发展目标，充分利用现代先进网络技术，体现远程水利业务培训规律，着重围绕平台功能、平台模式和平台运作机制进行整体框架设计。

为了做好利用互联网开展职工培训的各方面的工作，构建适应现代水利建设、提高水利职工素质的水利远程网络培训体系是前提，它包括技术架构、组织管理机制以及配套政策支持，这三个方面是有机统一的整体。

技术架构是整个培训体系的基础元素，是水利现代远程培训得以实施的一个重要平台。技术架构设计的合理与否对水利现代远程培训的质量起到了关键的作用。水利远程网络培训体系的技术架构在充分利用水利自身的培训资源和通信网络的基础上，坚持高起点，以实际应用需求为依据，将互联网作为远程培训的主要技术手段，并辅之以水利内网、卫星宽带及视频会议系统，构建了一个先进、功能强大、覆盖面广、能最大限度满足水利职工培训需求、有水利行业特色的远程网络培训技术架构。总体设计如图 3 所示。

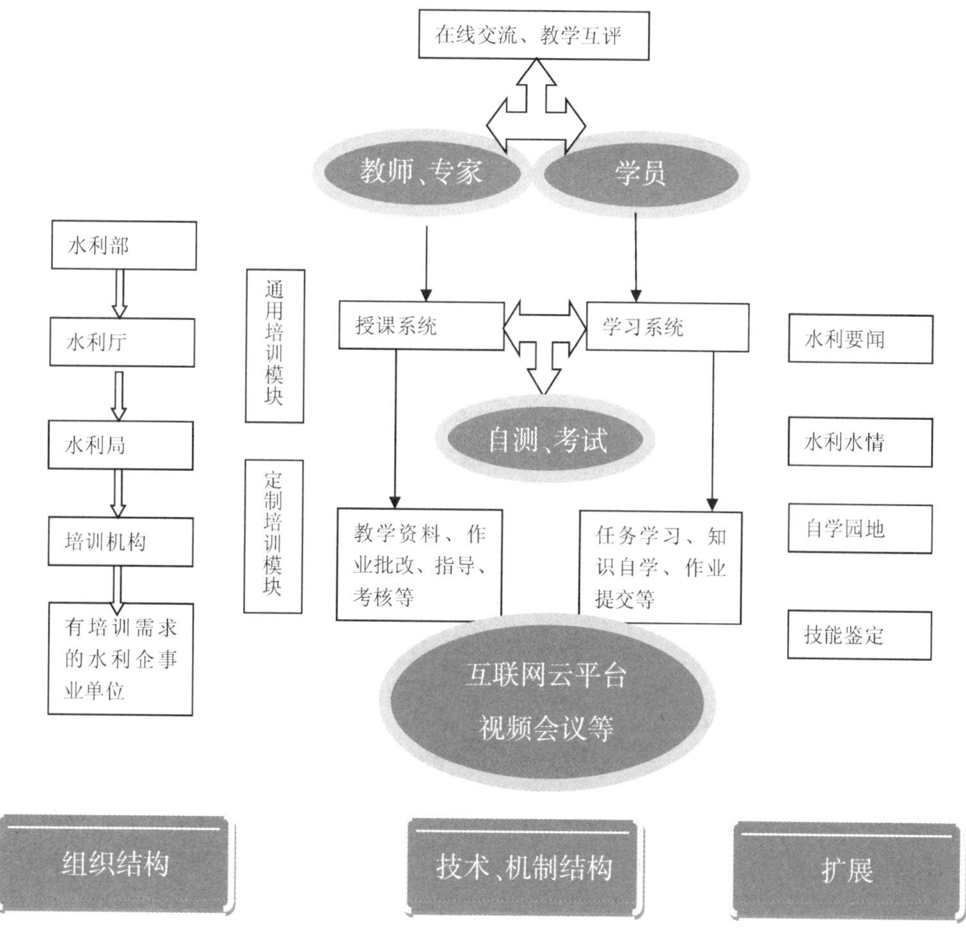

图 3 水利职工远程教育培训网络平台体系的总体设计

二、水利职工远程教育培训网络平台主要模块功能设计

在对水利职工远程教育培训网络平台框架设计的前提下，几个主要的模块的功能设计到用户的效率,应贴心设计。

水利职工远程教育培训网络平台应用系统的功能实现应基本覆盖培训活动的各个环节它需以学员为中心,为学员创造个性化、智能化的培训环境。

本文初步研究和探索的水利职工远程教育培训网络平台的框架主要包括用户管理模块、注册报到模块、培训知识模块定制、缴费模块、考核评价模块、在线互动模块等必要模块,另外可扩展水利要闻、水利水情知识、自学园地、技能鉴定等模块,具体见图4。

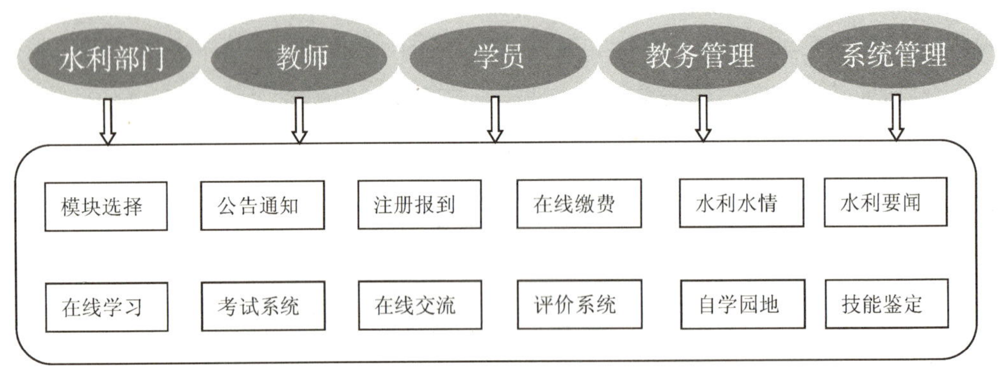

图4　水利职工远程教育培训网络平台的框架

系统主要有五种角色,每个角色权限和功能不一,注册时由系统管理员负责审核。水利部门管理人员主要使用模块选择、公告通知、在线缴费、评价系统等模块;培训教师主要使用在线学习、考试系统、在线交流、评价系统等模块;学员能对所有模块使用;教务管理人员主要使用模块选择、公告通知、注册报到、在线交流、评价系统、自学园地、技能鉴定等模块,系统管理人员主要负责注册审核和对系统的维护管理。

整个培训系统主要涉及两方面的内容,一是在线学习,二是培训体系管理。在线学习调用的在线学习、在线交流、考试、评价系统等。培训体系管理主要是由各级培训机构的管理员实施的,主要包括培训的需求、计划、组织实施、成本核算、评估、统计以及资源的管理。

(一)管理模块功能设定

系统设定的五种角色权限不一，在系统注册的时候系统管理员审核给予各角色相应的权限,管理模块主要涉及系统管理员、水利部门管理人员、教务管理人员和培训教师。系统管理员权限最高,教务管理人员主要在培训机制方面管理,水利部门的管理人员主要在培训定制、过程监控方面参与管理;培训教师主要在培训过程实施方面参与材料、考核评价方面的管理。管理机制如图5所示。

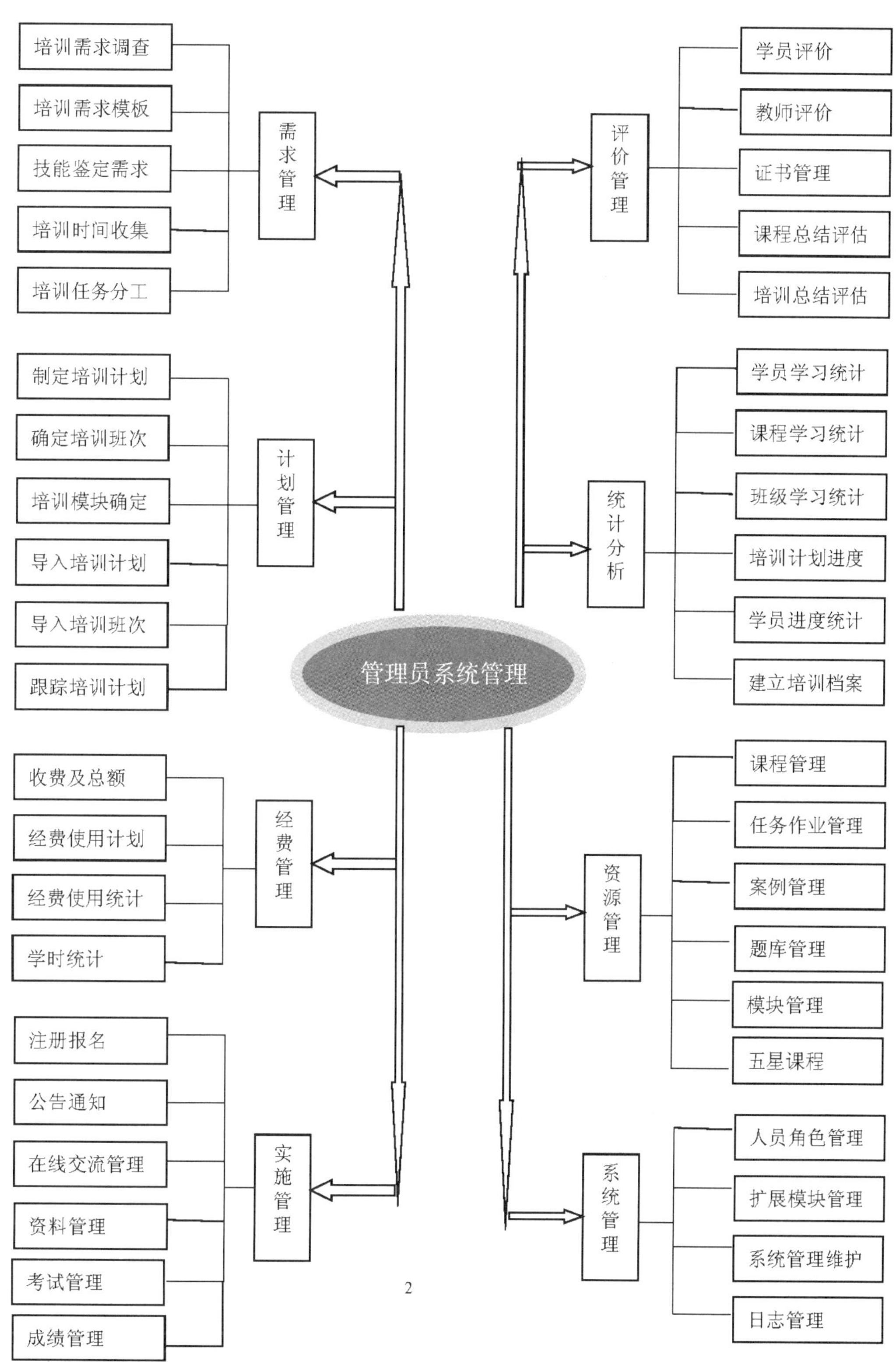

图 5　水利职工远程教育网络管理平台管理机制

(二)在线学习模块功能设定

学员在线学习模块是水利职工远程教育网络管理平台的核心，整体平台主要围绕如何克服时域和空域的客观条件下，高效低成本的解决学员的学习问题。学员学习如图6。

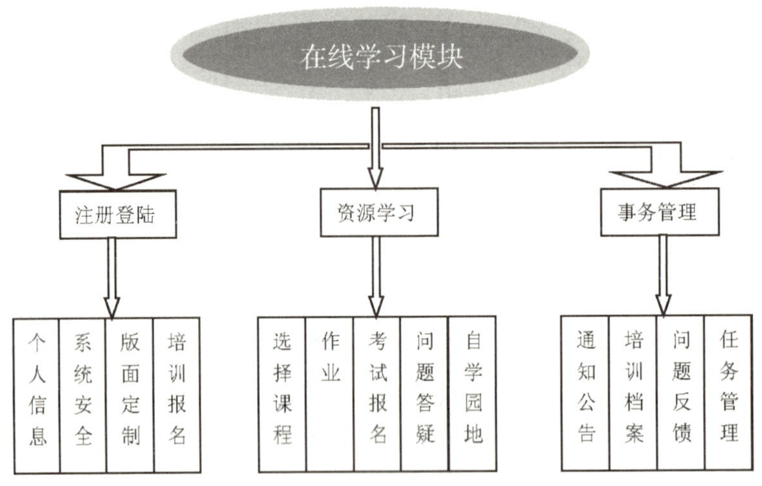

图6　在线学习模块功能图

学员首先要进行网站注册，才可以通过用户名与密码登录进入网络培训系统。具有权限的学员可以在任何地点进入上图所示的模块自行学习。网络学习的优势是解决了传统教学在场地上、资源上和时间上的限制，弊端是容易让学员产生孤独感，降低学习热情。因此，采用多媒体交互手段最大限度模拟传统课堂，配合多样化和实时化的交流方式，为学员在网络上营造“学习共同体”，提高培训效率和质量，是系统最关键的任务。

(三)教师管理模块功能设定

为了提高培训的效率和质量，培训平台需聘任若干名高水平的培训教师任教，主要是定期登录系统为学员做交流、答疑、辅导、考核。教师管理模块主要功能如图7所示。

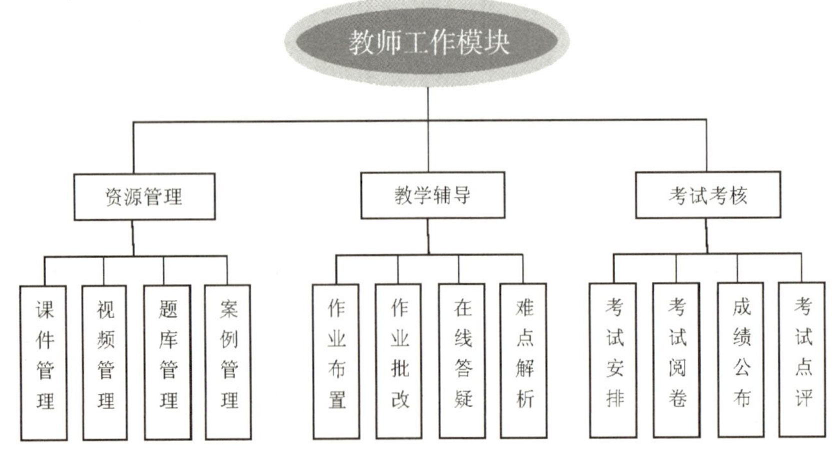

图7　教师工作模块功能图

同样教师注册登录需要系统管理员审核分配权限，教务管理人员也应具备教师的审核权限或者聘任权限,教师注册流程如图 8 所示。

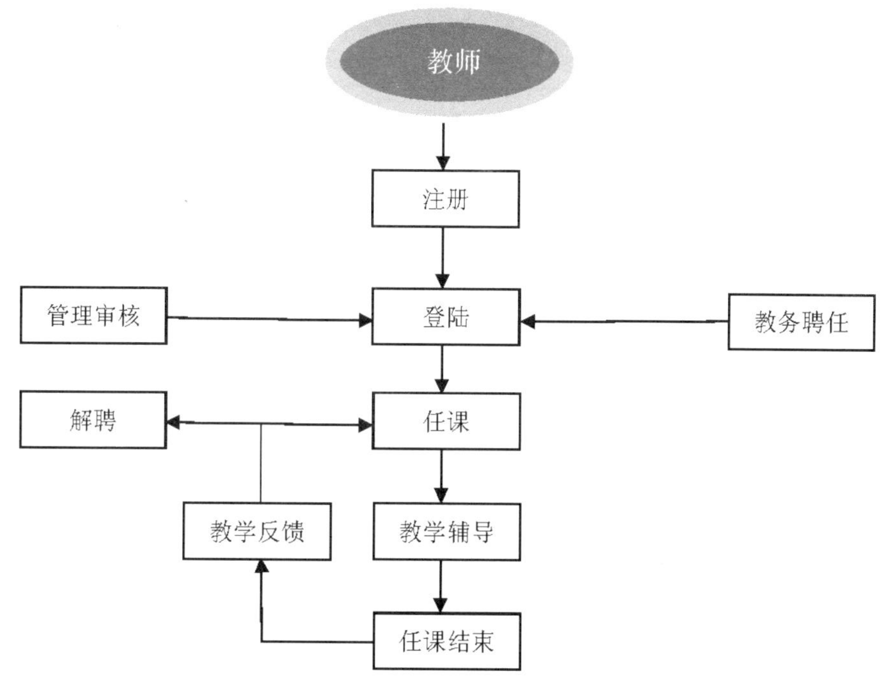

图 8 教师注册工作流程图

(四)在线交流模块功能设定

远程网络培训和传统的课堂培训相比一个很重要的差别就是学员之间、学员和教师之间很难保证时域、空域的同步,但是学习过程中,学员之间、学员和教师之间的交流和协作又是不可或缺的,也是极其重要的。在线交流模块担负着师生之间交流的重要任务,如何利用网络技术有效的多途径实现师生之间的在线交流也是网络平台能否良好运行的重要保障。

远程网络培训不能像传统培训那样通过实地课堂构建学习共同体，缺乏面对面的交流会使成员在心理上感觉遥远。此外,异步学习使得交流变得缓慢,也延缓了形成学习共同体的进程。在网络培训中,教学的重心已由教师“教”转向学员“学”,学习以自学为主,迫使学员减少对教师的依赖,加上教师的一些功能为“教师代理”(实现教师部分功能的软件)所取代,教师与学员之间的天然联结也弱化了。

网络培训强调学员的主动性。协作学习在建构主义的学习中是十分重要的。因此,需要按照建构主义的学习理论来建构网上协作学习的环境。情景学习是协作学习中最具有特点的,也是最能体现协作学习优势的。集中力量建构良好的情景学习环境,能使学习者能在此环境中建构自己的知识,更加有效地学习。

基于以上分析,在线交流模块考虑多途径解决教学过程中的这些矛盾,高效保障学员学习的顺利进行。在线交流模块功能设置如图 9 所示。

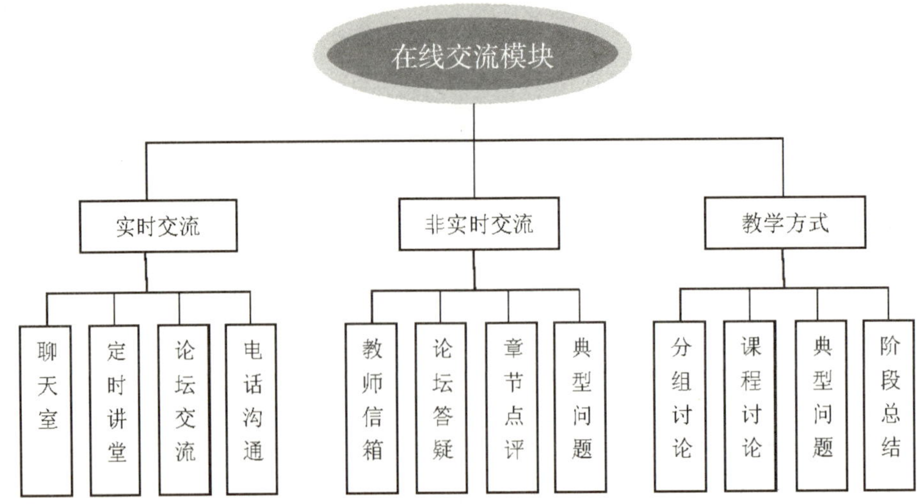

图 9　在线交流模块功能图

(五)后台设置模块功能设定

后台设置模块是远程教育网络平台管理系统的基础。其中后台管理子模块主要是执行系统数据库维护功能,包括对数据字典的维护、数据库的备份转储及数据恢复等功能;用户管理子模块包括了对系统中用户的基础数据录入、用户密码设置、权限管理。机构管理子模块主要是设定系统中的机构名称及层属关系;题型管理子模块主要设定题型分类名称,以便在题库管理模块中对相应试题库进行分类;修改密码子模块主要对拥有公共权限(如用户管理权限)的用户自身的登录密码提供修改功能,具体如图 10 所示。

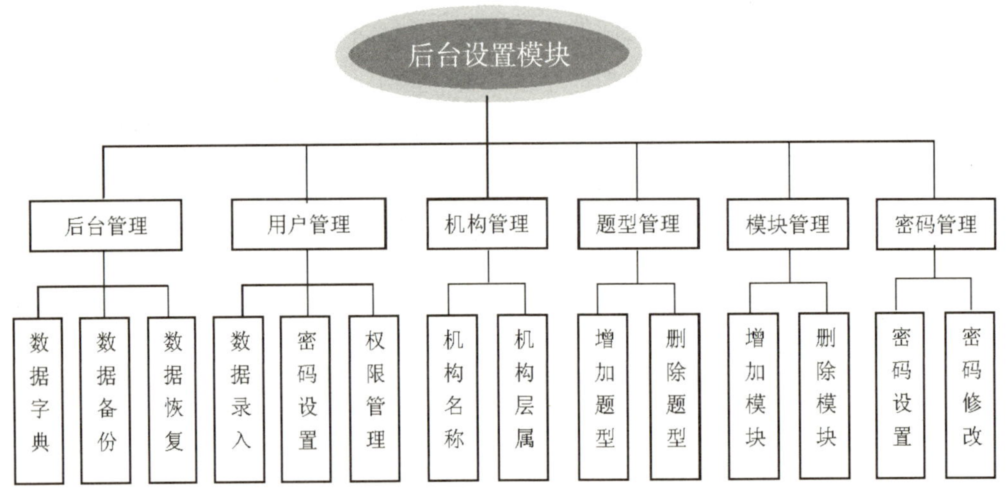

图 10　后台设置模块功能图

（六）其他模块功能设定

在线考试系统目前已经非常成熟，客观题目采用机器从题库抽题并自动判卷，成绩实时显示给考生，非客观题由教师阅卷后录入系统。考试成绩报送评价系统，评价系统学员综合考试、作业、上站学习次数、学习时间等情况得到课程考核成绩，合格后报送任课教师、教务管理人员，教务管理人员汇总后反馈给培训单位并颁发证书。对于未及时考试的学员，教务管理人员和培训导师及时关注，并根据情况给予帮助，知识层面的问题由导师负责辅导解决，其他问题由教务管理人员协助解决。

评价系统模块应具备两大方面功能。一是综合各方对问题的反馈，主要是学员、水利行业人员对网络平台、课程、培训导师、教务组织、系统运行等情况的评价反馈，由教务管理人员统一汇总协商各方处理，目的是改进平台相关问题，保障远程网络培训进一步提高和发展。评价系统还包括培训导师对学员问题的反馈，同样由教务管理人员统一协调处理。二是评价系统还具备对学员和教师上站时间，交作业次数(改作业次数)，讨论次数，提问次数(答疑次数)、浏览课程次数等信息进行跟踪统计，统计数据在学员成绩和导师考评中占一定的比重，综合各项数据得到学员和导师的"教""学"质量，结合评估系统对于教师的教学质量和学员的学习质量定期给出结论，保证培训质量。评价系统模块设定功能图 11 所示。

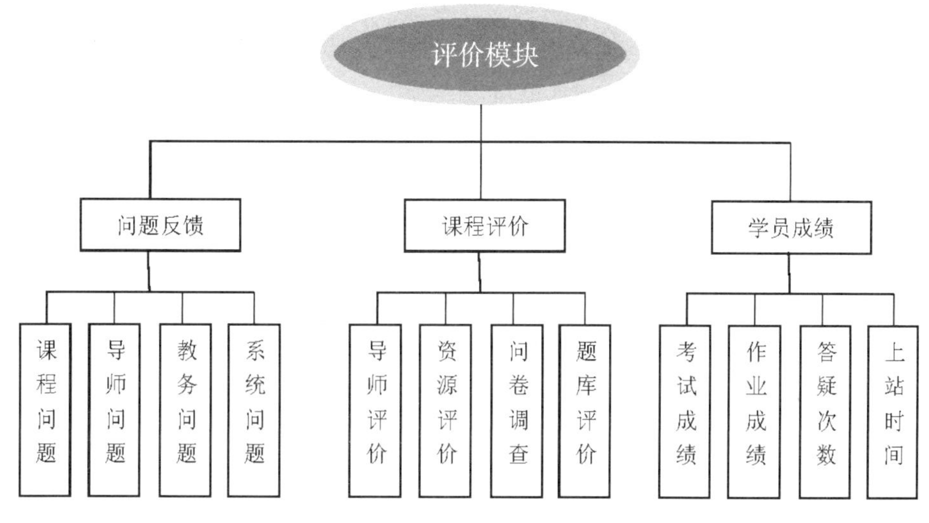

图 11　评价模块功能图

三、水利职工远程教育培训导师应具备的素质

培训导师必须与信息时代的发展同步，导师的角色应及时适应互联网等新技术而转变。新的形势下，随着多媒体计算机和网络技术的日益成熟，引发各行各业的巨大变革，导师和学员的师生关系也应进行革新，学员必将是网络培训教育系统构建的核心，从传统的被动的

学，转变为教学关系的主动建构者，培训教师渐渐从传统的知识传授者与灌输者转变为学员的导师、意义建构的促进者、课程的开发者、合作者、信息资源的设计和查询者、学员的学术顾问、研究者和学习者等角色。信息时代的培训导师除具备渊博的专业知识外还应具备以下素质要求。

（一）优秀的舵手

在网络时代，学员很容易从外部数据资源中获得信息，教师的角色不再以信息的传播者、讲师或组织良好的知识体系的呈现者为主，其主要职能已从“教”转变为“导”——引导、指导、诱导、辅导和教导。诚如著名教育家杜威所说，教师是一个引导者，他必须是一名优秀的舵手，学员是教学这艘大船前行的主动力。

（二）出色的设计师

为激发学员学习兴趣，使学员能自发的主动探索和完成培训知识，培训导师必须是一个出色的设计师，能创设具备足够吸引力的情景为学员提供必备的信息资源，将培训知识完美的创设与情景中。引导学员进一步提高自学能力，学会充分利用各种信息资源。远程网络培训必须克服时间和空间的矛盾创设培训教学情景，培训导师必须能够设计开发出先进的教学情景和教学资源，并将它们融于培训活动中，为学员创设必要的、最佳的学习环境。

（三）杰出的团队协作者

远程网络的特殊性造成了沟通交流的实时性存在一定的困难，远程网络培训的协作是一种新型的协作关系，强调学员的全员参与，在导师的协作下讨论、学习、交流，共同对知识进行辩证。通过团队协作，学员与导师的思维与智慧就可以为整个群体所共享，整个学习群体共同完成对所学知识的建构，在这种新型的协作学习环境中，导师作为群体协作者的作用体现在组织协作团队学习，并对协作学习过程进行辅导，与学员建立良好、和谐的师生关系。

远程网络培训系统对导师的团队协作能力提出了更高的要求。网络培训的团队协作包含两个方面，首先是导师之间的协作，团队相较个人的力量对比是毋庸置疑的，团队在课程、资源的开发，培训过程的辅导都需要培训导师具备杰出的团队协作能力；其次是培训肯定要涉及分组讨论和分组完成的大型作业，如何协调好学员小组之间的讨论学习也对培训导师的团队协作能力提出来更高的要求。

（四）知识渊博的学术顾问

当然，无论是传统的培训还是远程教育培训都需要教师具备渊博的知识，但是网络培训环境重在强调导师的“顾问”角色，网络培训环境师生角色转变的结果是学员为主动参与教学环节的主体，导师必须适应这种转变，变灌输式教学为顾问式教学，事实证明，水利职工群体由于是具备一定实践经验的成人教育，他们具备成为教学环境主体的能力，同时网络培训环境也使教学为主体的教学关系难以实施。为保障学员的个体学习，因材施教，实施个性化教学,使每一学员的潜力得到最大的发挥,导师必须是一位具备渊博知识的学习顾问。

(五)不断创新的开拓者

互联网等众多新技术的不断发展,各门类专业知识的不断更新,现代教育对导师也提出了更多的挑战,这就要求我们的导师不再是重复知识的传递者,而是必须具备不断创新和进取的开拓者。首先,导师必须实时更新培训的专业知识,实时纳入行业发展的新技术、新理论、新标准。导师在构建课程培训体系时必须综合社会各方面的长大变革对课程体系和教学模式的影响。创新课程培训体系,以社会需求为目的,更新更替课程内容,将新技能、新标准完美融合于课程培训体系中,重新构建课程的教学策略和形式,利用评价反馈体系完善课程体系。其次,导师应具备创新能力。导师应利用新的多媒体信息技术提高学员的学习效率,将新的信息技术应用于教育实践。新的创新、新的开拓要求导师具备对自己的教育实践、教育现象的反思能力,善于发现问题、发现新现象的意义,对教育实践保持敏感和探索,不断地创新自己的工作并形成总结认识。另外,导师还应具备对新的教育问题、思想、方法等多方面的探索和创新能力,运用多方面的知识和经验,综合地、创造性地形成解决新问题方案的能力,这使教师的工作更富有创造性和内在魅力。

四、水利职工远程教育培训网络平台设计要素

水利职工远程教育网络平台除了具备丰富的教学资源、高素质的培训导师和成熟完善的教务管理外,还应充分地利用通信技术、网络技术与多媒体技术,将现代信息技术和教学手段融合于互联网技术,在远程教育培训网络平台中加入智能化元素,能使教与学的效率大大提高。

(一)搭建逼真的学习环境

平台设计需充分利用多媒体技术和虚拟现实技术为学员营造和创设出一个逼真的虚拟环境,以解决因为物力、财力或时空的限制带来的问题。搭建逼真的学习环境,多途径的师生沟通交流方式可弥补在交互方面的不足。为学员创设的虚拟学习环境逼真、高效,集成性和交互性好。

(二)个性化教学服务

通过采用集体备课的方式,可以达到优化教学内容,提高教师授课水平的目标;网络平台中的学员来自工作一线,主观能动性比较强,思想独立,他们可以自主安排学习计划、自由决定学习步调,自主选择学习时间和地点。通过使用现代多媒体技术,它可以使教学内容变得更加生动有趣,以吸引学习者的注意力;通过网络教学系统提供的网上提问与答疑,可以增强学习者学习的目的性和互动性;通过网络培训平台自学园地等栏目,可以拓宽学员的学习视野。

(三)智能化教学管理

教学管理是成人远程网络培训工作的难点之一,所以建立一套科学的教学质量保障、考评和记录体系,并对教学过程实施有效性的控制,保证培训的质量和效率,一直是成人远程网络培训倍加关注和探讨的问题所在。建立智能化的远程教育网络平台监督学员的整个学习过程,而且可以实时监控教学过程,可使教学质量控制变得简单化。

(限于篇幅,本文节选自《水利职工远程教育培训网络平台建设研究报告》中的章节)

(作者单位:山东水利职业学院)

2016年中国职协一等奖

基层水利职工继续教育调研报告

余启银　张永凤　孔　政　黎冬萍

水利，担负着国民经济基础设施和基础产业建设的重任，是保障社会经济发展的重要因素之一。基层水利是水利工作的重要领域，长期担负着农村饮水、农业灌溉、服务广大群众的重任，是支撑水利发展、维持农村社会稳定、促进国民经济又好又快发展的重要基础。水利要发展，人才是关键。加强基层水利队伍建设是建立与社会主义新农村相适应的基层水利保障体系的重要工作内容之一。但由于受各种条件的限制，基层单位职工教育培训工作还存在诸多问题，基层水利人才队伍建设还远远不能满足民生水利发展的要求，因此必须加强基层水利职工的继续教育工作，以提高水利基层人才队伍管理与服务能力，促进水利事业科学发展。

为深入贯彻中央1号文件精神、《国家中长期人才发展规划纲要(2010—2020年)》和《关于进一步健全完善基层水利服务体系的指导意见》，按照中组部、人力资源社会保障部、财政部、中编办和水利部的有关要求和全国水利发展“十二五”规划编制总体部署，着眼于为基层水利事业科学发展提供人才保障和智力支持，2014年，基层水利职工继续教育课题研究组对水利基层职工继续教育情况进行了深入的调研，广泛收集资料，并认真进行了分析总结。课题组对湖北、甘肃、浙江、宁夏、山东、河南等省、市、自治区进行了重点调研，也对其他少数县级水利单位县以下基层水利单位进行了调研，收回有效调研问卷203份，收集到各单位做法和经验的总结材料多份。根据调研的情况和统计分析，形成了以下调研报告。

一、基层水利职工继续教育的基本情况

(一)基层水利职工继续教育得到重视

党中央高度重视农村水利建设，加大了对基层水利的投入。各地方单位根据中央和水利部的文件精神也出台了一些相应的政策措施：比如安徽省水利厅出台了《关于建立健全基层水利服务体系的指导意见》《安徽省乡镇水利站考核验收与奖补方法》等，要求乡镇水利员持证上岗，鼓励乡镇水利员积极参加培训和学习；甘肃省水利厅也出台了《干部教育培训规划》《干部教育培训实施细则》《关于进一步加强干部教育培训工作意见的通知》等，对基层职工继续教育培训工作做出了规范和要求；湖北水利厅大力实施“412行动计划”加强基层职工培训，着力提升基层水利人才素质；福建省出台《关于加强村级农民技术员队伍建设意见》，

在全省全面开展了乡村农民水利技术员的培训工作。

(二)基层水利职工继续教育培训工作处于良好发展态势

在中央和水利部的相关政策和精神指导下,各水利单位都加强了基层水利的建设,更加重视基层水利人才队伍的建设,把加强职工继续教育工作,加紧职工队伍建设摆在重要位置,开展了分层次、有针对性的培训,基层水利职工继续教育工作得到了长足的发展。调研显示,近三年来,基层水利职工继续教育培训的平均次数比较多、规模比较大,培训对象等方面都有所扩宽,职工能够得到各种教育培训的机会有大幅增长。

比如,安徽省出台了政策要求乡镇水利员持证上岗对全省乡镇水利员进行了水利专业基本业务知识和实用技术脱产培训,以全面提升基层水利职工业务和服务社会的能力,对全省乡镇水利员进行了大规模培训;长江委水文局每年职工业务技术培训班都在100期及以上,培训人数都在2000人次以上;湖北水利厅重点实施700名县市水利局长、800名水利站长和3000名业务骨干培训;浙江义乌市2011年一次性培训全市村级水务员800余人;江苏省水利厅与河海大学合作,举办多项、多期基层水利职工培训班;甘肃和宁夏水利厅加强了技能人才的培训。

(三)基层职工继续教育培训工作体现了新的特色

很多单位在创新载体、拓宽渠道、完善培训机制等方面,使基层职工继续教育培训在工作思路和工作方法上得到进一步的完善和创新。从自身单位和地域实际出发,开展了形式新颖、内容多样的教育培训,职工继续教育培训工作体现出新的特色。有的基层单位尤其是企业通过"独立选题,联合攻关,交流培养"的方式,让有想法、爱钻研、有技术的技术骨干能够走到一起,共同攻关,增强了创新活力。山东水利厅开办农民水校,将教学资源"打捆"投入到乡、镇、村,对水利员进行培训;湖北水利厅实行以赛代训、以赛促学活动;四川绵阳水电学校送教下乡等都很具有特色。不少单位,对自学并取得各类资质证或高等级学历的职工还给予不同额度的奖励。还有一些基层水利企业,对职工每年度参加培训的学时、学分都做出了强制性的规定,不足的要力争在年底前补齐。

二、存在的主要问题

(一)继续教育培训工作尚不能适应单位发展的需求

随着科技技术的飞速发展对职工的知识技能、创新能力、管理能力的要求越来越高,但是对职工的素质培训和技术培训不能及时进行,大部分一线职工各部门管理人员、技能人员不能得到有效的培训。加上培训工作多数仍停留在基本的技能培训和管理培训上,且多以陈旧的培训方式为主,培训效果有待提高。根据单位的整体发展合理地进行布局规划略显不足,缺乏分专业、分层次和循序渐进的培训。

（二）没有最大限度地调动职工参与培训的积极性

目前，依然有部分职工对继续教育培训工作还是不够重视。老职工的“铁饭碗”观念、有经验职工的自满思想、职工怠于学习的情绪、实际接受能力差等因素导致一些职工对参加继续教育学习不感兴趣，被动参加的多，主动学习的少，应付的多，真正求知的少。单位需求和职工个人发展的要求不能很好地结合起来，再加上培训没有结合单位生存的一些根本性问题，因而难以充分调动职工的积极性。此外，有的单位鼓励措施不到位，这些都导致职工接受继续教育的积极性低落。缺乏“苦练内功、培养后劲”的意识和行动，长期以来只会导致从业水平和工作能力的下降。

（三）继续教育内容形式比较僵化，难以适应现实的需要

一是课程大纲和教材不符合实际需求。不分行业、专业和对象，使用同样的教材；不能提供基层单位急需的继续教育内容，更没有前瞻性的继续教育内容，导致部分继续教育和基层单位实际需要脱节；部分继续教育培训基地建设一成不变，实践知识更新慢，跟不上新形势发展的需要。二是教、需脱节。从事继续教育的专职教师、专家授课重视理论，教学习惯于以教材为本，对现场管理、生产技术等实际情况缺乏了解，脱离了企业及岗位技能实际的需要，无法满足职工对岗位技能的需求。三是主要还是以业务知识为主，内容比较单一，理论多而实际操作少，课程不够丰富。培训不够系统，显得比较零散，在内容确定、时间安排、培训方式、具体措施上都会出现不同程度的欠缺。四是继续教育的培训方法途径依然比较传统，基本上仍旧是以传统方式为主，不够灵活，乏味枯燥，多数情况下采用讲授的形式，其他方式相对较少。实践学习往往是零散的单兵作战，缺乏统一的规划。

（四）继续教育质量亟待进一步提高，培训效果反馈还不够科学全面

一是对于继续教育质量重视程度还不够。有的单位按照上级要求或者结合单位发展实际，被动地派出数量不等的职工参加继续教育活动，对于学习质量和学习效果反馈信息重视的还不够，导致职工对继续教育工作质量不重视。二是继续教育学习质量不高。现阶段，基层水利单位职工特别是专业人才总量不足，高层次管理人才和技术、技能人才匮乏，仅靠职工参加继续教育来提高综合素质，对学习过程缺少监督，甚至无法监督，导致学习过程失控，质量不高，流于形式，使投入和收获不成比例。一些组织继续教育的机构抱着完成任务的态度，只要课时完成了，内容讲到了，就算达到目的。对于是否掌握了学习内容，教学是否达到了预期效果，缺乏科学的评估和严格的控制管理措施。三是依然存在继续教育缺少针对性，学而不能致用的情况。存在无的放矢现象，效果并不理想。部分职工接受继续教育后学历提高了，但现场处理各种复杂问题的能力没有提高。四是培训评估方式还是以考试考核为主，不够全面科学，所以评估效果打了折扣。又由于常常搞突击式的培训，人多量大，时间紧，给出题、考核、阅卷带来许多困难，培训部门对培训后的效果不能进行全面、及时的分析和评价，因而无法对后来进行更合理有效地培训规划,从而不能保证培训效果和质量的进一步提高。

(五)职工继续教育培训经费投入还是不足

根据目前国家规定,职工教育经费可提取工资总额的 1.5%,从业人员技术要求高、培训任务重、经济效益较好的企业,可按 2.5%提取,列入成本开支。通过调查显示,能够完全按照规定来提取职工教育经费的单位基本没有。调研显示,继续教育的经费主要还是靠单位自筹。经费的欠缺,直接影响到教育与培训的合理投入,使工作长期处在一般化水平。

(六)工学矛盾依然比较突出

基层水利职工编制本来就较少,承担的工作任务非常繁重,还有许多基层水利职工长期在外业,条件非常艰苦,没有相应的学习培训时间和条件。而且基层水利职工几乎都工作在生产一线,时间紧、任务重、工作杂、压力大、技能要求熟、岗位要求各异,加上家庭生活负担重,精力有限,分身乏术,影响了专业技术人员继续教育的开展。

三、对策与建议

(一)避开工学矛盾,优化培训安排

没有相应机构的单位,应尽快设置专门的培训部门,增加具有专业从事职工继续教育工作资质的人员,专人专管。也可以和相关培训机构或者水利院校建立稳定的合作关系。同时,应科学优化培训安排。如在时间选择上,避开生产经营高峰期。在新职工加盟、职工晋升、岗位轮换及技术革新的恰当时机,对新知识渴求性较高,培训效果会比较好。还要设计好合适的教学点及时间,以便于职工机动学习,达到用较少的投入取得最佳效益的目的。

(二)丰富培训内容,注重因材施教

从单位实际来讲,职工的岗位技能和专业知识,仍然是培训的重点。但同时,也应拓宽思路,扩宽培训内容,将一些新的、包括非技术的观念融入其中,即使次数不是很多,也很可能产生事半功倍的效果。比如进行心理健康辅导,工作中可能存在工作压力大、收入偏低等因素的影响,心理上容易出现偏差,进而影响到工作和生活。如果在这方面进行的辅导,提前做好疏通工作,或者教给职工一些自我调节的方法,可能会让职工感到格外暖心,有效减少这类问题的发生。

此外,随着培训水平的提升,应加大对基层职工素质现状的分析,合理化进行区分,有针对性的因材施教,避免造成培训对象培训内容不对路而听不懂,或不屑一听,达不到培训的有效目的。如果能结合案例,借鉴兄弟单位的优秀成果,会更贴近工作实际,有实用价值并达到资源共享的目的。

近些年出版的基层水利职工继续教育教材,规范性、系统性比较缺乏。建议培训教材与时俱进,进行合理规划,充实更新内容

(三)继续教育形式多样化,多元教学并举

培训方式对培训效果起着至关重要的作用,因此在培训时应注意选择创新方法,结合各地区基层水利部门实际,灵活采取自学、集中培训、网络培训、专题研讨、示范交流、学历教育、高校委培、以赛代培等形式开展,使职工保持学习的新鲜感,激发学习兴趣。除了使用授课法,还有很多新的教学方法可以选择,如访谈研讨法、视听技术法、工作轮换法、案例分析法、角色扮演法,等等。

在按照多层次、多渠道、多形式的办学模式设置课程的基础上,可采用脱产、半脱产、函授、自学、网络远程教育等多种继续教育学习方式。也可采取"一事一培"有针对性的专项培训方式,满足受教者学习新知识、新技术的需要。只需组织得法,再邀请相关专业人员给予一定的指导,费用低廉,效果也不错。此外,实践学习由于其现实指导意义巨大,仍是非常实用的培训方式。但要有一定的组织和规划,避免学习不够系统,知识零散,并要扩大内涵,发掘实践学习的新方法。以下方式可借鉴:

1. 加大基层水利部门与院校联合办学力度。充分利用水利院校的教学资源,根据水利行业的需要,采取"订单"方式与学校联合办班,选送专业技术人员进修、学历教育,培养实用型人才。适应水务一体化要求,在高校开设水务工程系,举办水务技能培训,促进水务专业和水务管理队伍的成长。

2. 开展专业技术人员"师带徒"活动。广泛深入地开展专家配助手、师傅带徒弟、手拉手活动,在实践中培养和培训专业技术人员,解决一些单位关键岗位专业技术人员青黄不接的问题。

3. 部、省两级教育培训人员到基层举办讲座。部、省两级人才比较集中,应根据基层需要抽出干部和专家上门举办讲座,到基层出差或检查工作时,带有培训任务,提前与出差单位联系,根据需要认真准备授课内容,或根据发现的问题,灵活机动地为基层职工进行专业培训。

4. 以赛代培、以赛促学。定期组织开展水利行业技能竞赛或各类专业知识竞赛,以赛代训、以赛促学。

5. 大力开展网络教育。挖掘自身现有人才潜力,培养本土人才。网络远程教育是一种相对节约、效率显著的继续教育途径。运用信息技术优势,通过网络进行在线授课,可快速普及到一线职工,取得扩大受训范围、提高学习效率的成效。

6. 制作免费自学光盘,克服工学矛盾。以《水利领导干部专业能力建设培训大纲》为纲,将包括中央的治水方针、水利部党组的治水思路及其实践、水资源与国民经济和社会发展的关系、水权与水市场理论、国内外水利发展概况及先进发达国家水资源管理经验、我国水资源基本状况、水利建设主要成就、水利面临的主要问题、水利系统组织结构与基本职责、所在

地区及流域水资源分布情况等内容的水利综合知识；水行政管理、水利规划计划、水资源管理、水利工程建设管理、农村水利、水旱灾害及其防治、水污染防治与水环境保护、水土流失及其治理、水利征地与移民、水利工程运行管理、农村水电、水利科技管理、水利经济等领域的基本知识为内容的水利专业知识；水法、防洪法、水污染防治法、水土保持法、河道管理条例、水利产业政策等法律、政策规定的主要内容和要求的水利法律法规制知识制作成专题讲座，刻成光盘，免费发放到基层单位或个人，通过纸质考核或撰写学习论文进行《行业证书》学时登记。

7. 大力开展送教下乡活动。除了讲授国家水利政策、法规和基础水利技术培训外，还可以结合当地实际开设最严格水资源管理制度、现代水网建设、防汛抗旱实用技术与减灾措施等实用性课程，在实践中培养和培训基层水利专业技术人员。

（四）完善培训管理，注重培训实效

一是抓好继续教育对象的选择，增强针对性。根据职工具体岗位、具体工作特点循序渐进、分类教育，加强专业技术人员的培养。加大对各类职工的培训、教育力度，为其成长提供学习的平台，提高他们的素质和技能。严格培训管理，确保培训质量。

二是严抓继续教育的效果。在培训实施中，抓住以下5个环节：组织需求调研，开展分类培训；科学设计方案，有针对性设计培训课程；聘请名师授课，提高课程效率；加强过程管理，确保培训质量；严肃考核登记、建档，作为干部考核的内容和任职、晋升的重要依据之一。推广案例教学、情景模拟、实践教学、交流研讨、体验式教学等培训方法和手段；严格控制继续教育学习过程；提前制定好学习计划，建立考核奖惩制度，对参与的职工和部门加强监督与考评，防走过场；选用有能力、有责任、有经验的教师施教，并根据讲师及学员的意见对授课内容和方式进行适当调整，及时纠正偏差；开展学习效果调研，及时反馈其中的疏漏和不足，以利于持续改进；加强班级管理，确保现场施教质量。

三是抓好学用结合。结合岗位和工种特点，制定切实可行的培训措施，加强职工的业务技能培训和劳务用工培训。要把培训学习和生产有机地结合起来，统筹安排，通过办班和现场实习，因人而异，因地制宜，保证继续教育的质量。

（五）完善基层继续教育运行管理政策和保障体系

1. 强化组织保障。各级领导要切实加强基层水利职工继续教育工作的顶层设计，要把基层水利职工继续教育工作和基层水利人才队伍建设工作纳入水利事业发展的总体布局，建立健全基层水利人才队伍培养体系，明确目标，落实责任，确保培训工作的有效实施。各级水利人事部门要切实加强对基层水利人才队伍建设的归口管理，密切与各业务部门之间的合作，形成职能部门主管、相关部门协助的工作格局。

2. 加大对基层水利职工继续教育的投入。建立水利教育培训经费的固定渠道，规定在新建项目经费中明确一定比例的经费作为培训经费；调整职工教育培训经费取费标准，从根本上解决职工教育培训经费投入严重不足的问题。把基层水利职工继续教育培养经费列入财政预算，并切实予以保证；在水利建设和科研项目经费中要安排一定比例的专用资金；制定对地方水行政主管部门举办的基层水利人才培养项目给予补贴的办法，加大培养力度。要积极拓宽投入渠道，建立健全水利部门、单位、社会和个人相结合的多元化的人才培养投入机制。

3. 加强培训基地建设，增强师资培训能力。充分利用中央和地方组织部门会同教育部门设立的高校干部培训基地、各流域机构和各省水利行业培训机构等资源优势，开展各类培训。鼓励水利类高等院校以及社会培训机构在水利大规模培训干部工作中发挥积极作用。努力构建布局合理、分工明确、优势互补、功能完备、特色鲜明、管理规范、竞争有序的基层水利干部和技术人员教育培训施教机构网络体系。进一步完善水利行业定点培训机构准入制度，加强培训机构评估，逐步建立优胜劣汰的竞争机制。加快水利专业课程师资库、专家库建设，为大规模开展基层水利职工继续教育培训工作提供师资保障。

4. 加强大纲、教材（课件）建设，提高培训效率。我国水利高校、培训机构众多，师资资源丰富，可以高质量编写出国家级水利人才培训教材和具有地区特点的区本教材及课件，以丰富培训内涵，提高培训效率。

5. 加强培训质量评估，建立激励约束机制。以提高培训质量和效益为目标，建立和完善培训质量评估制度、培训质量评估档案管理制度，逐步实现培训质量评估工作的科学化、制度化和规范化。建立培训质量评估的约束机制，将培训质量评估结果与主办单位办班数量和承办单位的施教资格以及承担的培训任务量等紧密结合起来，考核业绩，不断提高培训的质量和效果。

民生为上，治水为要。发展民生水利、造福人民群众是我们坚定不移的追求。强化基层水利队伍建设，切实提高基层水利建设、管理与服务能力，继续教育是科学知识转化为现实生产力的重要手段，也是盘活现有人才的最有效途径，对水利可持续发展有着重要的意义。同时，继续教育也具有长期性和艰巨性，需要我们脚踏实地，认真做好学习过程的诸环节，及时调整和修订继续教育规划，加强水利基层职工继续教育工作，不断提升基层水利职工素质，促进水利事业的持续发展。

（作者单位：长江水利委员会人才资源开发中心）